珠明山居丛稿

熊清元 著

图书在版编目（CIP）数据

珠明山居丛稿 / 熊清元著. — 北京：商务印书馆，2024
ISBN 978-7-100-23887-8

Ⅰ. ①珠… Ⅱ. ①熊… Ⅲ. ①中国历史－古代史－文集 Ⅳ. ①K220.7-53

中国国家版本馆CIP数据核字（2024）第082866号

权利保留，侵权必究。

珠明山居丛稿

熊清元　著

商　务　印　书　馆　出　版
（北京王府井大街36号　邮政编码100710）
商　务　印　书　馆　发　行
北京虎彩文化传播有限公司印刷
ISBN 978 – 7 – 100 – 23887 – 8

2024年8月第1版　　开本 640×960　1/16
2024年8月第1次印刷　　印张 32 3/4
定价：168.00元

序

呈现在读者面前这部《珠明山居丛稿》，是我非常尊敬的老师熊清元教授的个人论文集。熊老师毕生从事汉魏六朝文史研究，已经超过了四十个年头，收在本集中的学术论文既没有耸人耳目的新奇观点，也没有深奥精妙的理论阐发，更没有华丽精致的辞藻，只是扎扎实实的文史考证，有一分证据说一分话，一如与长者对谈，朴素皮相下是经历岁月而沉淀的智慧，言之有物，平实可信。

这些论文，多涉及历史人物的职官仕历考证、作品系年和语词解释，还包括一些经典著作中的句读标点问题，或许没能解决历史上的重大问题或悬案，但对于具体历史人物、历史事件和作品的研究是有裨益的。如指出丘迟《与陈伯之书》中"霜露所均"是指中原，纠正了自唐李善以来以为指"霜露所及的地方，意谓天地之间"的错误（《丘迟〈与陈伯之书〉"霜露所均"新说》）；考证六朝官制无"正员外郎"（《"正员外郎"辨误——〈江淹集〉的一个校勘问题》），进而校订《北齐书·颜之推传》"吏部尚书宗怀正员外郎颜之推"当校勘标点为"吏部尚书宗懔、正员郎颜之推"（《〈北齐书·颜之推传〉的一个校勘问题》）；重新解读沈约《郊居赋》"逾三龄而事往，忽二纪以历兹"，批评伍叔傥读书不仔细、日人铃木虎雄存先入之见，故误以为此赋作于天监六年，实则应作于天监九年（《沈约〈郊居赋〉作年考辨》）。我总是朴素地以为，学术研究的基础是求真，无论多么炫人眼目的新奇观点，如果没有坚实的文献做支撑，终究只是海滩上的沙雕城堡，在几个浪头的冲刷下就会瓦解，甚至消失得无影无踪。因此，谁能说从事基础文献工作不重要呢？而真正的历史研究，不就是由一个一个的具体研究构成的吗。

同时，熊老师对古人和当下的流行观点从不盲从，这些文章中有很大一部分是商榷性质的。在指出问题时，文章多直接引用原文而很少综述，以示原原本本，绝不歪曲作者的观点以证成己说；同时，这些文章直接提到学术权威、大学者的大名，也绝不为"尊者讳"。学术乃天下公器，公开发表见诸文字自当接受天下人的评述。熊老师总是很谦虚地说，自己的研究也仅是一家之言，非常期待这些学者对这些商榷文章进行再商榷。但直到今天，还没有看到一篇"反商榷"的文章。抑或学者们不屑回答，抑或这些考证如老吏断狱，片言解纷。读者读罢，自有判断。

熊老师是1949年生人，今年已经七十五岁了，不太会使用电脑，而习惯阅读纸质书籍，习惯用铅笔在书籍的天头地尾做旁批，看到值得商榷的地方习惯用钢笔在格子纸上写下文字。十多年前，他出版一百七十多万字的"今注本二十四史"《梁书》，书稿完全是手写的，且工工整整地抄写了三遍，让出版社编辑惊异。近十年来，我们一起出版了《金楼子疏证校注》、《萧绎集校注》、《萧绎评传》、《金楼子译注》、《梦泽集》等著作。熊老师说自己退休了，做这些著作是兴趣爱好，让我署名第一作者，我很明白这是老师对学生的提携和爱护。我也曾屡帮熊老师打印文稿，代投文章。然相较于十年前，刊物上很少再看到这类文章了。或许是时代变得太快，学风转移了吧。然而我每次去熊老师家，看到他瘦弱的身体匍匐在书桌前昏黄的台灯下，或埋头书籍，或奋笔疾书，总不由得肃然起敬。这个时代，还是有人在坚守。这本文集的出版，就是对这种坚守的证明。

陈志平

2024年3月

目 录

南朝之部 1

    任昉诗文系年考证 3

    任昉在南齐的仕历及相关问题 17

    南朝之扬州刺史及其治所考析 34

    丘迟《与陈伯之书》"霜露所均"新说 43

    《文选》丘希范公宴诗题无"张"字说新证 47

    "竟陵八友"三考 55

    范云为国子博士的时间问题 64

    《汉魏六朝百三家集题辞注》商榷 66

    《南齐书》研读札记 73

    《南齐书》点校订补 79

    梁武帝天监三年"舍事李老道法"事证伪 86

    姚氏父子与《梁书》 95

    《梁书·刘显传》点校匡补 113

    《梁书》点校辨正 116

    中华书局本《梁书》补校35例 130

    "正员外郎"辨误

        ——《江淹集》的一个校勘问题 144

《北齐书·颜之推传》的一个校勘问题　147

《隋书·百官志上》点校匡补　150

鲍照《从过旧宫》诗新笺　156

《撰征赋并序》注释失误举例　162

《沈约集校笺》点校举误　173

沈约《郊居赋》作年考辨　180

关于南朝文学作品的几个问题　189

校史札记三则　194

1984年以来国内宫体诗研究述略　197

《南北朝文学编年史》失误例证　205

谈《南北朝文学编年史》中作品系年的问题　216

《中国文学编年史·两晋南北朝卷》齐梁部分的若干问题　224

谈《梁简文帝集校注》的校勘与注释问题　254

《梁简文帝集校注》注释失误举例　266

日本影弘仁本《文馆词林》中的两个问题　286

《文馆词林》卷三四七佚名阙题残篇考　294

《文馆词林》卷四五五阙题残篇碑铭碑主考　298

《日藏弘仁本文馆词林校证》断句失误举例　303

《日藏弘仁本文馆词林校证》匡补　312

《金楼子校注》订补举例　345

《金楼子》补笺　362

《金楼子校笺》标点举误　373

《金楼子校笺》笺注商榷　381

建安之部 *409*

曹丕《黎阳作》三首写作时间考辨 *411*

王粲《从军诗五首》后四首系年考辨 *417*

《曹植新探》若干问题之商榷 *422*

《曹植集校注》商兑 *432*

《曹植生平八考》两误 *440*

《建安七子集校注》证误 *444*

嵇康未官中散大夫吗? *454*

读书札记八则 *459*

杂丛部 *471*

说"缓歌慢舞凝丝竹" *473*

"主人下马客在船……"别解 *477*

说"飞车跨山鹘横海" *479*

《学林》点校商榷 *481*

《汉唐方志辑佚》举误 *490*

《全唐诗典故辞典》偶识 *502*

漫谈拄杖 *508*

后　记 *514*

南朝之部

任昉诗文系年考证

任昉（460—508）是齐梁时代很重要的作家。其诗，钟嵘《诗品》将之与谢朓、江淹、沈约等并列，入于中品；其文，当世即有"沈诗任笔"（《梁书》本传）之称，《昭明文选》选齐梁作家各体文章36篇（诗赋除外），任昉一人即占近二分之一，达17篇之多。可见他在齐梁文坛上的地位。但对这样一位作家，时至今日还很少有人予以重视，研究他的文章寥寥无几。这当然是令人遗憾的。

任昉著作甚丰。据《梁书》本传所云，有《杂传》247卷，《地记》252卷，文章33卷。均佚。今传文集《任中丞集》（又名《任彦升集》）为后人辑本，未能完备。严可均辑《全梁文》收其文64篇，近人逯钦立《全梁诗》辑其诗21首。今依严、逯所辑[①]，将其诗文之有年代可考者62篇悉依年代先后编次，并加考证，庶几于任昉之研究有所助益。

永明三年（485）：《为王嫡子侍皇太子释奠宴》

《南齐书·武帝纪》："（永明三年）冬十月壬戌，诏曰：'皇太子长懋讲毕，当释奠，王公以下可悉往观礼。'"又《南齐书·礼志上》："（永明三年）冬，皇太子讲《孝经》，（上）亲临释奠，车驾幸听。"按：任仕宦期间，皇太子释奠唯此次。其时沈约有《侍皇太子释奠宴》诗（参《中国历代著名文学家评传·沈约》），此作当与之同时。唯沈约当时直接服务于东宫（《梁书·沈约传》），故得直接侍宴赋诗，而任昉当

---

① 诗文题目偶有辩正。

时为司徒刑狱参军事①,乃代人作诗。

永明五年(487):《为庾杲之与刘居士虬书》

《全齐文》卷二四据《广弘明集》一九录庾杲之《为竟陵王致书刘隐士》,与此书后半全同,当为此书之一部分。《南齐书·刘虬传》载,虬,屡征不就,"竟陵王子良致书通意",亦终不出。此书乃以庾之身份致竟陵王求士之意于刘虬耳。此书有"君王卜居郊郭,萦带川阜。……且弘护为心,广孚真俗,思闻系表,共剖众心。妙域筵山河,虚馆带川涘,实望贲然,少酬侧迟。昔东平乐善,旌君大于东阁;今王爱素,致吾子于西山,岂不盛欤"之语。观此,是书显系竟陵王开鸡笼山西邸,广延学士时作。考《南齐书·竟陵王传》及《梁书·武帝纪》等知,子良开西邸延学士在本年,故系此书于是年。

永明六年(488):《为褚谘议蓁让代兄袭封表》

此文《文选》卷三八收录。吕向于题下注云:"蓁,南康郡公褚渊嫡子。少出外继,有庶兄贲袭爵。蓁既长大,贲上表请归封于蓁,天子许焉。而蓁上此表让于贲也。"此表文有云:"臣蓁言,昨被司徒符,仰称诏旨,许臣兄贲所请,以臣袭封南康郡公。"知此表作期与贲上表时间紧相续接。而据《南齐书·褚渊传》附《褚贲传》,贲永明六年上表称疾,让封与弟蓁。故知此表作于是年。

《又表》

《又表》有云:"贲婴疾沈固,公私废礼,逢不世之恩,遂良己之志,确然难夺,有理存焉。臣既承先旨,出缵傍统,受命有资,反身何奉。……臣贲息霁,年将志学,礼及趋拜,且私门世适,二三攸序。若天眷无已,必降殊私,乞以臣霁奉膺珪社。"据此知,前表既上,帝未

---

① 《梁书·任昉传》未明载永明三年任之官职,只云:"永明初,卫将军王俭领丹阳尹,复引为主簿……迁司徒刑狱参军事。"但考《南齐书·王俭传》及《武帝纪》知,王俭永明二年领国子祭酒,丹阳尹,永明三年八月"领太子少傅,本州中正,解丹阳尹"。任昉由丹阳尹主簿迁司徒刑狱参军事,当在王俭解丹阳尹之时,即永明三年八月。

允,又上此表,明已不欲受爵,乞以贲息霁袭贲爵也。故此表当是前表上后不久作,故系于是。

永明七年(489):《求为刘瓛立馆启》

《南齐书·刘瓛传》:"(瓛)住在檀桥,瓦屋数间,上皆穿漏。学徒敬慕,不敢指斥,呼为青溪焉。竟陵王子良亲往修谒。(永明)七年,表世祖为瓛立馆,以扬烈桥故主第给之,生徒皆贺。"此启有"瓛之器学无谢前修,辄欲与之周旋,开馆招屈。臣第西偏,官有闲地"云云。这显然是竟陵王子良对世祖上言的口气。故知此文乃是年代子良作也。

永明八年(490):《为齐竟陵王世子临会稽郡教》

《南齐书·武十七王·竟陵王子良传》附《昭胄传》:"永明八年,自竟陵王世子为宁朔将军、会稽太守。"故知此教必作于是年。

永明九年(491):《别萧谘议衍诗》

《梁书·武帝纪》载,萧衍永明年间,"累迁随王镇西谘议参军,寻以皇考艰去职"。考萧衍生平仕历,为谘议唯此次。据《南齐书·武十七王·随郡王子隆传》及《武帝纪》,知随郡王萧子隆永明八年八月代鱼复侯子响为荆州刺史,九年赴荆州亲府州事。萧衍为随王谘议参军赴荆州当在其时。又,当时送别萧衍者,王融有《萧谘议西上夜集诗》、宗夬有《别萧谘议衍诗》及任昉此诗。衍有《答任殿中、宗记室、王中书诗》。衍答诗有云:"问我去何节,光风正悠悠。兰华时未晏,举袂徒离忧。"知其时正当春日也。故知任昉此诗当系于本年春。

《王文宪集序》

此序,《文选》卷四六收录,乃昉为所辑王俭集而作之序文也。序有云:"昉行无异操,才无异能,得奉名节,迄将一纪。"张铣注:"得奉名节,谓昉与俭交游也。"按:王俭永明二年领丹阳尹(《南齐书·王俭传》),昉为其主簿(《梁书》本传),然其交游更在此前(参《梁书·良吏·伏暅传》)。故仅据"迄将一纪"难以确考此序作年。据《南齐书·王俭传》,俭自建元末,齐高帝遗命为尚书令,至永明七年薨,未离此职。而此序有云："士感知己，怀此何极。出入礼闱，朝夕旧馆。瞻栋宇而兴慕，抚身名而悼恩。"张铣注："礼闱，尚书省也。"观此，知昉此序当其为官于尚书省时作。昉永明年间"迁司徒刑狱参军事，入为尚书殿中郎，转司徒竟陵王记室参军"（《梁书》本传）。其为尚书殿中郎在本年左右，前引萧衍《答任殿中、宗记室、王中书诗》题可证。故此序殆作于本年。

隆昌元年（494）：《竟陵文宣王行状》

此文，《文选》卷六〇收录。文末有云："易名之典，请遵前烈。"吕延济注："盖易名立谥典请遵奉古人之盛烈。"故知此文乃竟陵王子良死后未加谥号以前作。题云"文宣王"者，殆《文选》编者所加。据《南齐书·郁林王纪》载，萧子良隆昌元年四月薨。此行状必作于其时。

《为萧侍中拜袭封表》

表有"诏书拜臣袭封竟陵郡王"云云。按：《南齐书·武十七王·竟陵王子良传》及所附《昭胄传》，谓郁林初，昭胄为侍中。子良薨（参上），子昭胄嗣。故知此表本年作。

延兴元年（494）：《为齐明帝让宣城郡公第一表》

此表，《文选》卷三八收录。《梁书》本传云："齐明帝既废郁林王，（齐明帝）始为侍中、中书监、骠骑大将军、开府仪同三司、扬州刺史、录尚书事，封宣城郡公，加兵五千，使昉具表草。其辞曰"云云。即此表。据《南齐书·郁林王纪》及《海陵王纪》，隆昌元年七月癸巳废郁林王，同月丁酉海陵王即皇帝位，改元延兴。"以尚书令镇军大将军西昌侯鸾为骠骑大将军、录尚书事、扬州刺史、宣城郡公。"故知此表当作于其时。

《上萧太傅固辞夺礼启》

此启，《文选》卷三九收录。李善于题下注云："刘璠《梁典》曰：'昉为尚书殿中郎，父忧去职……齐明作相，乃起为建武将军、骠骑记室。再三固辞。帝见其辞切，亦不能夺。'"是萧太傅乃齐明帝萧鸾也。

鸾为太傅在延兴元年十月（《南齐书·海陵王纪》），同月即登皇帝位，改元建武。故知此启当作于本年十月。

建武二年（495）：《为范始兴作求立太宰碑表》

此表，《文选》卷三八收录。李善于题下注云："吴均《齐春秋》曰：竟陵文宣王子良薨，西昌侯以天子命假黄钺、赠太宰。萧子显《齐书》曰：建武中，故吏范云上表为子良立碑，事不行。"据此知太宰乃指竟陵王子良，此表乃任昉代始兴内史范云（《梁书·范云传》，云齐明帝建武年间曾出为始兴内史）作也。其作期当在建武年间，然建武年号前后五年，具体作年在何年未详。今按：表文有"人之云亡，忽移岁序"之语。子良卒在上年，此表当作于此年。另，表又云："臣里闾孤贱，……策名委质，忽焉二纪"。六臣翰注："得委质事太宰已经二十四年。"据《梁书·范云传》，云始事竟陵王子良在建元初（479），至建武末（498）亦只20年，昉云"二纪"乃概数，非必24年，不可据此推断此表作年。

《为卞彬谢修卞忠贞墓启》

此启，《文选》卷三九收录。李善于题下注引《济阴卞录》曰："（卞）壹字望之，永嘉中除著作郎。苏峻称兵，为尚书令、右将军领右卫。峻至东陵口，六军败绩。壹乘马被甲赴贼，……为贼所害，赠侍中开府，谥忠贞公。"据此及本启，卞忠贞即死于东晋咸和二年苏峻之乱的卞壶，卞彬之高祖。《南齐书·明帝纪》载，建武二年十二月丁酉，有诏曰："旧国都邑，望之怅然……或功济当时，德覃一世，而茔垄攒秽，封树不修，岂直嗟深牧竖，悲甚信陵而已哉！昔中京沦覆，鼎玉东迁，晋元缔构之始，简文遗咏在民，而松门夷替，埏路榛芜。虽年代殊往，抚事兴怀。晋帝诸陵，悉加修理，并增守卫。"是齐明帝诏修东晋明君功臣之陵墓。此与启文所述"伏见诏书并郑义泰宣敕，当赐修理臣亡高祖晋故骠骑大将军、建兴忠贞公壶坟茔"云云，正相吻合，故系此启于是年。

《吊刘文范文》

《梁书·刘之遴传》:"(之遴)父虬,齐国子博士,谥文范先生。"据《南齐书·高逸·刘虬传》载,刘虬,南阳涅阳人,徙居江陵,齐世屡征不仕,建武二年冬卒。而任昉一生未尝入荆州,吊文亦云:"余与先生,虽年世相接,而荆吴数千,未尝膝行下风,……终于对面万古,莫能及门,故以此弭千载之恨。"则此乃刘虬卒后不久遥吊之文,今暂系于此。至若任昉为何吊刘虬,一则因刘虬高逸之名颇盛,二则与昉赏识虬子之遴不无关系(据《梁书·刘之遴传》)。

建武四年(497):《为王思远让侍中表》

《南齐书·王思远传》:"上既诛(王)晏,迁为侍中,掌优策及起居注。"按:据《南齐书·明帝纪》,王晏被诛在建武四年正月。晏被诛前为骠骑大将军、侍中、尚书令(《南齐书》本传),则王思远迁侍中是接替王晏侍中之职。故知此表当作于其时。

《答何胤书》

书有云:"得书,知便远追疏董,超然高蹈。虽朝旨殷勤,而轻棹已远。供饩莫申,瞻言增慨。"知其作于何胤初逃官归隐时也。《梁书·处士·何胤传》:"郁林嗣位,胤为后族,甚见亲待。累迁左民尚书,领骁骑、中书令,领临海、巴陵王师。胤虽贵显,常怀止足。建武初已筑室郊外,号曰小山。……至是遂卖园宅,欲入东山,未及发,闻谢朏罢吴兴郡不还,胤恐后之,乃拜表辞职,不待报辄去。"正与昉书所述吻合。据《梁书·徐勉传》,勉上书有"建武四年,胤还东山"之语。又《谢朏传》,朏罢吴兴郡不还亦在建武四年。故知何胤是年归隐也。此书必作于其时。另,此书《全梁文》依《艺文类聚》卷三七题作《为昭明太子答何胤书》,误。昭明太子生于中兴元年(501),昉作此书时昭明尚未出生,故当依《任中丞集》题。

《为萧扬州荐士表》

此表,《文选》卷三八收录。李善于题下注云:"萧子显《齐书》

曰：始安王遥光为扬州刺史。刘璠《梁典》曰：齐建武初，有诏举士，始安王表荐琅邪王暕及王僧孺。"据此知昉此表乃"建武初"代始安王遥光作。"建武初"语义模糊。《梁书》言"初"者，未必指元年或二年，如《刘峻传》"宋泰始初"，实则时当泰始五年（参罗国威《刘孝标集校注》附录三《书梁书刘峻传后》）。今按：表文有"窃见秘书丞琅邪臣王暕年二十一"云云（《梁书·王暕传》节录此表，与此同）。而王暕"普通四年冬暴疾卒，时年四十七"（《梁书·王暕传》）。依此而推，其21岁当在建武四年。① 故系此表于是年。

永泰元年（498）：《齐明帝谥议》

《南齐书·明帝纪》：帝永泰元年七月己酉崩。此议必作于其后不久。

永元元年（499）：《齐司空曲江公行状》

据《南齐书·宗室·萧遥欣传》，遥欣于建武元年受封闻喜县公，后改封曲江公，"永元元年卒，年三十一。赠侍中、司空，谥康公"。知"齐司空曲江公"即遥欣。此行状当作于是年。

《赠王僧孺诗》

《梁书·王僧孺传》载：齐建武初，始安王遥光表荐侯官令王僧孺，僧孺"除尚书仪曹郎，迁治书侍御史，出为钱唐令。初僧孺与乐安任昉遇于竟陵王西邸，以文学友会，及是将之县，昉赠诗，其略曰"云云。即此诗。王僧孺出为钱唐令之时间未详。今按：《梁书》系此事于梁天监初之前，建武初之后。而此建武初实为建武四年（见上文《为萧扬州荐士表》条），故知王僧孺出为钱唐令在建武五年至中兴二年之间。又，王僧孺由治书侍御史出为钱唐令，显系贬官。其被贬之由，盖与遥光有关。建武、永泰年间，遥光擅权，僧孺为遥光所荐，似不可能贬出。永元元年遥光谋反，同年八月被诛（参《南齐书·宗室·萧遥光传》）。

---

① 《为萧扬州荐士表》亦言王僧孺当时"年三十五"（《梁书·王僧孺传》节录同），然其卒年，《梁书》云"普通三年卒"，而《南史》则云"普通二年卒"，颇有疑问，故不以之为据，来推算本表之作年。

王僧孺当于此时因与遥光之关系而被贬出。昉赠诗亦当在其时，故系于此。

中兴元年（501）：《与江革书》

《梁书·江革传》："建安王为雍州刺史，表求管记，以革为征北记室参军带中庐令。与弟观少长共居，不忍离别，苦求同行，乃以观为征北行参军，兼记室。时吴兴沈约，乐安任昉并相赏重，昉与革书云：'此段雍府妙选英才，文房之职，总卿昆季，可谓驭二龙于长途，骋骐骥于千里。'"即此书。建安王指萧伟。据《梁书·太祖五王·南平王伟传》，伟天监元年封建安王。其为雍州刺史在中兴元年三月（参《南齐书·和帝纪》）。《梁书·江革传》"建安王为雍州刺史"云云，伟为雍州刺史时未封建安王，以之相称者，当系"以后称前"（参杨树达《古书疑义举例续补》卷一《以后称前例》），此亦史书常例。故系此书于是年。

《为梁武帝集坟籍令》

《梁书·柳恽传》："时东昏未平，士犹苦战，恽上笺陈便宜，请城平之日，先收图籍，及遵汉祖宽大爱民之义，高祖从之。"此令有云："今虽百度草创，日不暇给，而下车所务，非此孰先。"据此知令为梁武初平京邑时所作。梁武初平京邑在本年十二月（《梁书·武帝纪》），故系此令于此。题称萧衍为"武帝"者，当系后人所加。

《到大司马记室笺》

《梁书》本传："高祖克京邑，霸府初开，以昉为骠骑记室参军。……昉奉笺曰云云。"按：昉所奉笺即此文。此文《文选》卷四〇亦收录。李善注曰："刘璠《梁典》曰：宣德太后以公为大司马录尚书事，以任昉为记室，用旧也。"吕向注曰："齐宣德皇后令以梁高祖武帝为大司马录尚书事，以昉为司马下记室，昉到官而谢之。"《梁书·武帝纪》载，梁武为大司马录尚书事在本年十二月，故系此文于此。

中兴二年（502）：《封梁公诏》、《为府僚劝进梁公笺》、《又笺》

(《文选》题为《百辟劝进今上笺》)、《策梁公九锡文》、《为梁公请改刑律令表》、《进梁公爵为王诏》、《为齐宣德皇后令》、《齐宣德皇后答梁王令》、《宣德皇后敦劝梁王令》、《又重敦劝梁王令》、《禅位诏》、《禅位梁王策》、《禅位梁王玺书》

按：梁台建，禅让文诰数篇，作者颇有疑问。《全梁文》卷四〇任昉《封梁公诏》后，严可均按云："《任昉传》：梁台建，禅让文诰，多昉所具。《丘迟传》：时劝进梁王及殊礼皆迟文也。《沈约传》：高祖命草其事，约乃怀中诏书并诸选置，高祖初无所改。今据之以禅让文诰编入昉集中。"严氏如此处理虽略嫌武断，然《宣德皇后令》、《百辟劝进今上笺》两文见于《文选》，署为任彦升，其为昉作毋庸置疑。《为府僚劝进梁公笺》，据《文选》卷四〇《劝进今上笺》李善注引刘璠《梁典》，可知亦是"任昉之辞"。今权依严氏，具列为任昉之文。又据《梁书·武帝纪》，高祖中兴二年二月为梁公，三月为梁王，四月丙寅即皇帝位，改元天监。则上列诸文皆作于本年二月至四月间。

《为梁武帝断华侈令》

《梁书·武帝纪》载，中兴二年正月，"高祖下令曰"云云，即此令。故系于此。

天监元年（502）：《梁武帝追封丞相长沙王诏》、《武帝追封永阳王诏》、《追封衡阳王、桂阳王诏》、《封临川、安兴、建安等五王诏》、《梁武帝初封诸功臣诏》

按：《梁书·武帝纪》载，高祖天监元年四月丙寅即皇帝位，改元。同日追封诸兄弟，诏封文武功臣。故知上列诸诏必作于其时。

《为范尚书让吏部封侯第一表》

此表有"臣云言：被尚书召以臣为散骑常侍吏部尚书，封霄城县开国侯，食邑千户"云云。而《梁书》本传载范云"迁散骑常侍、吏部尚书，以佐命功封霄城县侯，邑千户"，在高祖即位之日。故知此表之作亦当在其时。

《吏部郎表》

据《梁书》本传，昉为吏部郎有两次：一在天监元年，本传云："高祖践阼，拜黄门侍郎，迁吏部郎中，寻以本官掌著作。天监二年，出为义兴太守。"一在天监三年，详下文。此表有"郎官之重，千金非譬。爰在前世，实光选造……方今皇明御宇"云云。当作于初迁吏部郎中之时。故系于本年。

《奉答敕示七夕诗启》

此启，《文选》卷三九收录。李善于题下注云："《任昉集》：诏曰：聊为七夕诗五韵，殊未尽咏歌。卿虽讷于言辨于才，可即制付使者。"是昉此启乃答梁武诏也。启有云："臣早奉龙潜，与贾、马而入室；晚属天飞，比严、徐而待诏。惟君知臣，见于讷言之旨……"李善注云："《汉书》曰：严安、徐乐上疏言世务，上召见，乃拜乐、安偕为郎中。"李周翰注有云："昉自云此时同此二人而待诏矣。"按：昉以严安、徐乐自比，且有自得之情，明其时亦始为郎中之官也。故系此启于是年（参上）。

天监二年（503）：《出郡传舍哭范仆射诗》、《与沈约书》

此诗，《文选》卷二三收录。李善注云："刘璠《梁典》曰：天监二年仆射范云卒，任昉自义兴贻沈约书曰：永年平生，忽焉畴昔。然此郡谓义兴也。"吕延济注曰："昉出义兴传舍哭范仆射云，遂作此诗。"按：《梁书·任昉传》载，昉天监二年出为义兴太守。范云则卒于是年五月丁巳（《梁书·武帝纪》），据陈垣《二十史朔闰表》，是年五月壬子朔，丁巳为五月六日。而昉诗有云："与子别几辰，经途不盈旬。"故知此诗及书当作于是年范云卒后不几日，要当在五月中。时昉甫至义兴。

天监三年（504）：《天监三年策秀才文》

此文，《文选》卷三六收录。文有云："朕立谏鼓设谤木于兹三年矣。"据《梁书·武帝纪》，梁武立谏鼓设谤木在天监元年四月。可见文题"天监三年"不误。《梁书·任昉传》：昉上年出为义兴太守。被代，

"重除吏部郎中，参掌大选，居职不称。寻转御史中丞、秘书监"。此文必于其吏部郎中任上作。而任昉本年八月已在御史中丞任上了（详下文），故此文必作于本年八月以前。

《奏弹曹景宗》

《梁书·曹景宗传》："（天监）二年十月，魏寇司州，围刺史蔡道恭……景宗望门不出，但耀军游猎而已。及司州城陷，为御史中丞任昉所奏。"即此文。文中云：蔡道恭"率励义军，奋不顾命，全城守死，自冬徂秋，转战无穷"，最后"力屈凶威"，城乃陷。《梁书·蔡道恭传》亦云："至八月，城内粮尽，乃陷。"是司州城陷在天监三年八月也。《通鉴》卷一四五《梁纪》亦载"御史中丞任昉奏弹曹景宗"事于本年八月。此文作于本年八月当无疑。

《答陆倕〈感知己赋〉》

《梁书·陆倕传》："天监初，为右军安成王外兵参军，转主簿。倕与乐安任昉友善，为《感知己赋》以赠昉，昉因此名以报之曰"云云，即此赋。《南史》本传亦云："梁天监初，为右军安成王主簿，与乐安任昉友，为《感知己赋》以赠昉，昉因此名以报之。及昉为中丞，簪裾辐凑。"据此可知，倕此赋当作于陆倕任右军将军安成王主簿后，昉为御史中丞前。今按：安成王秀为右军将军在本年（《梁书·太祖五王·安成康王秀传》），而昉本年八月已在御史中丞任上，是昉此答赋当作于本年八月前。

《答刘孝绰》

《梁书·刘孝绰传》："天监初，起家著作佐郎。为《归沐诗》以赠任昉。昉报章曰"云云，即此诗。按：孝绰《归沐诗》，《先秦汉魏晋南北朝诗》中《梁诗》卷一六题为《归沐呈任中丞昉诗》。逯钦立先生于篇后有云："《文苑英华》二四七作《归沐呈任中丞》，注云：时为著作郎。《类聚》引作《赠任中丞》。"据题知昉时为御史中丞。昉为御史中丞在本年至天监五年（六年春即出为新安太守。见《梁书》本传），而孝绰赠诗在"天监初",言"初"者,当不出三四年,故暂系昉答诗于此。

天监四年(505):《奏弹范缜》

《梁书·王亮传》:天监四年夏,高祖燕于华光殿,诏群臣言政得失。尚书左丞范缜为前尚书令王亮鸣不平。"高祖不悦,御史中丞任昉因奏曰"云云。即此奏弹文。故知此文作于其时。

《奏弹刘整》

此文,《文选》卷四〇收录,未明作年。今按:奏弹中言及刘家奴仆当伯"天监二年六月从广州还,至,(刘)整复夺取,云应充众……今在整处使"。接言"刘整兄寅第二息师利去年十月十二日"如何如何,刘寅妻范氏"今年二月九日"如何如何。则"去年"当指天监三年或四年,"今年"当是天监四年或五年(昉天监六年由御史中丞出为新安太守。详下文)。今暂系此文于此。

《奏弹萧颖达》

《梁书·萧颖达传》:"上受禅,……加颖达散骑常侍,以公事免。及大论功赏,封颖达吴昌县侯,邑千五百户。寻为侍中,改封作唐侯,县邑如故。迁征虏将军、太子左卫率。御史中丞任昉奏曰"云云。即此奏弹文。萧颖达为太子左卫率时间无考,然就其天监元年以来之仕历观之,再结合任昉为御史中丞的时间(天监三年至五年)考虑,系此文于本年,或大致不差。

天监五年(506):《寄到溉诗》

《南史·到溉传》:"(溉)为建安太守,昉以诗赠之,求二衫段云:'铁钱两当一,百代易名实。为惠当及时,无待凉秋日。'"即此诗。到溉为建安太守时间,史无明载,然大致可考。《梁书·文学上·到沆传》:"(天监)三年,诏尚书郎在职清能或人才高妙者为侍郎。以沆为殿中曹侍郎。沆从父兄溉、洽并有才名,时皆相代为殿中,当世荣之。四年,迁太子中舍人。"《梁书·到洽传》:"(天监)五年,迁尚书殿中郎。洽兄弟群从,递居此职,时人荣之。七年,迁太子中舍人。"按:沆、溉、洽相代为殿中，沈居此职在天监三年，洽在五六年，则溉当在四年。而《梁书·到溉传》载，溉任殿中郎后，出为建安内史（职同太守）。则其任建安内史当始于天监五年。昉此诗当作于是年秋日前。梁代外职收入高，《梁书·良吏·伏暅传》载，暅父曼容致仕后，梁武"频以外职处暅，令其得养焉"。昉于新安太守任上作诗亦有"徇禄聚归粮"之句。昉明年即出为外职了，无庸向到溉乞衫段。

天监六年（507）：《赠郭桐庐出溪口见候余既未至郭仍进村维舟久之郭生方至》

此诗，《文选》卷二六收录。张铣注曰："昉为新安太守，郭峙为桐庐令，故伺候之。"诗有云："客心幸自弭，中道遇心期。亲好自斯绝，孤游从此辞。"据注及诗意，知昉出任新安，经桐庐县，县令郭峙候之，昉作此以赠。《梁书》本传载，昉出为新安太守在天监六年春，故系此诗于此。

《济浙江诗》、《严陵濑诗》

按：昉生平两度出为地方官：一在天监二年，为义兴太守（见前）；一是此次为新安太守。据其《赠郭桐庐诗》，知其赴新安在春天（诗有"逐令行春返"句），又据《梁书》本传载，其任新安太守视事期年卒。则其卒当在天监七年春。义兴郡今属江苏，郡治在今江苏宜兴；新安郡今属浙江，郡治在今浙江淳安西。且浙江、严陵濑皆距新安郡治不甚远（并参宋罗愿《新安志》卷四《山阜》及《水经注》卷四〇《浙江水》）。故可知昉诗凡游浙江山水者，当作于新安太守任上，时当在天监六年。

《泛长溪诗》

《水经注·浙江水》："浙江又东北得长湖口。湖广五里……湖南有复斗山，……山西枕长溪。溪水下注长湖。"是昉所泛长溪即此溪也。故系此诗于是年（参上）。

《落日泛舟东溪诗》

诗有云："不学梁甫吟，唯识沧浪咏。田荒我有役，秩满余谢病。"

与《泛长溪诗》"徇禄聚归粮，依隐谢羁勒。绝物甘离群，长怀思去国"，情调同样消沉，当作于同一时期内。而任昉为义兴太守时，"要溉、洽之郡，为山泽之游"（《南史·到溉传》），似不如此消沉。故系此诗于此。

《答到建安饷杖诗》

逯钦立先生《先秦汉魏晋南北朝诗》中《梁诗》卷一七有到溉《饷任新安斑竹杖因赠诗》。昉诗显系答到溉赠诗。据到溉赠诗题，知其时任昉在新安太守任上，如前所述，昉天监六年春，为新安太守，"视事期年卒"（《梁书》本传），故系此诗于本年。

（原载《黄冈师专学报》1992年第2期）

任昉在南齐的仕历及相关问题

任昉是南北朝时期的重要作家。他在南齐时的仕历,《梁书·任昉传》有一段记述,为避断章取义之嫌,除略去其为齐明帝所具"表草"外①,均照录如下:

> 永明初,卫将军王俭领丹阳尹,复引为主簿。俭雅钦重昉,以为当时无辈。迁司徒刑狱参军事,入为尚书殿中郎,转司徒竟陵王记室参军,以父忧去职。性至孝,居丧尽礼。服阕,续遭母忧。常庐于墓侧,哭泣之地,草为不生。服除,拜太子步兵校尉、管东宫书记。
>
> 初,齐明帝既废郁林王,始为侍中、中书监、骠骑大将军、开府仪同三司、扬州刺史、录尚书事,封宣城郡公,加兵五千,使昉具表草。其辞曰:……帝恶其辞斥,甚愠,昉由是终建武中,位不过列校。
>
> 昉雅善属文,尤长载笔,才思无穷,当世王公表奏,莫不请焉。昉起草即成,不加点窜。沈约一代词宗,深所推挹。明帝崩,迁中书侍郎。永元末,为司徒右长史。②

这段文字是人们研究任昉生平及其作品年代的重要史料依据之一。但由于其叙事上的粗略和模糊,致使有的学者在依据这段文字为任昉及其作品系年时,出现严重失误,其中包括一些颇有影响的论著。

------

① 此"表草",《文选》卷三八亦收录,题名《为齐明帝让宣城郡公第一表》,见李善注本《文选》(中华书局1977年版)或《六臣注文选》(中华书局1987年版)。
② 姚思廉:《梁书》,中华书局1973年版,第252—253页。

本文以《梁书》此段文字为中心，结合相关史料及文学作品，考证任昉在齐代的仕历，并以此为基础，对今人研究结论之某些失误加以辨析，希望得到方家指教。

一

先考任昉在齐代三个官职的任职时间，然后以之为基点，推定任其他官职的时间。

（一）丹阳尹主簿

《梁书》本传载任昉为王俭丹阳尹主簿始于"永明初"，未明确在何年，更未言其去职时间。其实，这两个时间并不难考证。

先看王俭"领丹阳尹"的时间。《南齐书·王俭传》云：

（俭）永明元年，进号卫军将军，参掌选事。二年，领国子祭酒、丹阳尹，本官如故。给鼓吹一部。三年，领国子祭酒。叔父僧虔亡，俭表解职，不许。又领太子少傅，本州中正，解丹阳尹。①

是王俭领丹阳尹在永明二年至三年。此可从《文选》卷四六任昉《王文宪集序》得到印证。②该序有云："（俭）永明元年，进号卫将军。二年，以本官领丹阳尹……三年，解丹阳尹，领太子少傅。"但具体时间则未详。永明二年领丹阳尹之月无考，但永明三年解丹阳尹之月份是可考的。《南齐书·武帝纪》有云："（永明三年八月）戊午，以尚书令王俭领太子少傅。"③《南齐书》王俭本传和任昉《王文宪集序》都是将"解丹阳尹"与"领太子少傅"一同叙述的，其为同时之事就用不着怀疑了。因此可知王俭解丹阳尹必在永明三年八月。尽管从现有文献我们无法确知王俭解丹阳尹后，身为主簿的任昉是否改职，但王俭为丹阳尹

---

① 萧子显：《南齐书》，中华书局1972年版，第436页。
② 萧统编，李善注：《文选》，中华书局1977年版。
③ 萧子显：《南齐书》，第50页。

的这段时间，任昉任其主簿则可确定。

（二）尚书殿中郎

据《梁书》本传，我们只知任昉为尚书殿中郎在"迁司徒刑狱参军事"之后，"转司徒竟陵王记室参军，以父忧去职"之前，其具体时间无载。但至少永明七年至永明九年春，他在尚书殿中郎任上是可考的。

任昉《王文宪集序》自述与王俭之关系，有云：

> 昉行无异操，才无异能，得奉名节，迄将一纪。一言之誉，东陵侔于西山，一眄之荣，郑璞逾于周宝。士感知己，怀此何极。出入礼闱，朝夕旧馆，瞻栋宇而兴慕，抚身名而悼恩。①

六臣张铣注有云："此任昉自序情也。得奉名节，谓昉与俭交游也。迄，尽也。十二年曰一纪也。"据《南齐书·王俭传》，俭建元元年（479）为尚书右仆射，二年转左仆射，建元末齐高帝遗命为尚书令，至永明七年（489）薨，未离尚书令之职。而据《南齐书·礼志上》及《王慈传》，建元元年议朝堂讳榜，"仆射王俭"、"仪曹郎任昉"并有议论。是建元元年，王俭为尚书右仆射时，任昉为尚书仪曹郎。南齐官制，尚书右仆射与祠部尚书通职，不俱置，领祠部、仪部二曹。②是知建元元年任昉正是王俭下属，其"得奉名节"当始于是年。又，李善注"礼闱"云："《十州记》曰：崇礼闱即尚书上省门，崇礼东建礼门即尚书下舍门。然尚书省二门名礼，故曰礼闱。"六臣张铣注更直接："礼闱，尚书省也。"任昉作此文时，得"出入礼闱，朝夕旧馆，瞻栋宇而兴慕，抚身名而悼恩"，是其任职于尚书省应无疑问。任昉自建元元年"得奉名节"至作此序时"迄将一纪"，则序作于永明七年可知。而此序及《南齐书·武帝纪》并载，王俭正卒于永明七年五月，则此序当作于五月以后。考《梁书》任昉本传，昉齐永明中任职于尚书省，惟任尚书

---

① 萧统编，李善等注：《六臣注文选》，中华书局1987年版。

② 此据杜佑《通典·职官典》，中华书局1984年版，今本《南齐书·百官志》"尚书左仆射"条后脱"尚书右仆射，领祠部、仪部二曹"十二字。

殿中郎这一次，故知其永明七年在尚书殿中郎任上。

《古文苑》卷九①录有署名分别为："任殿中昉"、"王延"、"宗记室"、"王中书融"的四首《别萧谘议衍》诗，还有"萧谘议衍答"诗。《古文苑》是唐代已存的旧籍，其所载萧衍与任昉等人作赠答诗时的官职，应是可信的。此赠答诗作于何时呢？我们可以从萧衍任谘议的时间着手。《梁书·武帝纪》载萧衍永明年间的仕历，有云："累迁随王镇西谘议参军，寻以皇考艰去职。"萧衍一生任谘议仅此一次。而府主是时为镇西将军的随王。考《南齐书·武十七王·随郡王萧子隆传》，随王子隆永明八年代其兄鱼复侯子响为镇西将军、荆州刺史，九年亲府州事。是知萧衍为谘议参军，西上荆州，必在永明九年萧子隆亲府州事时。梁元帝萧绎《金楼子》卷一《兴王篇》②载其父萧衍"永明九年出为镇西谘议，西上述职"，就是明证。而萧衍《答任殿中、宗记室、王中书别诗》有"问我去何节，光风正悠悠。兰华时未晏，举袂徒离忧"之句，知时为春日。萧衍与任昉等人赠答诗既然作于永明九年春，则其时任昉在尚书殿中郎任上自无疑问。

由上，我们可以肯定，任昉永明七年至永明九年春都在尚书殿中郎任上。

（三）太子步兵校尉

《梁书》任昉本传述其拜太子步兵校尉在丁父忧、母忧之后，齐明帝崩之前，具体时间亦须考证。

且先考任昉为齐明帝"具表草"的时间。《南齐书·明帝纪》有云：

郁林王废，海陵王立，为使持节、都督扬、南徐二州军事、骠骑大将军、录尚书事、扬州刺史，开府如故，增班剑为三十人，封

---

① 章樵注：《古文苑》，《丛书集成新编》影印《守山阁丛书》本，台湾新文丰出版公司1985年版。

② 梁元帝：《金楼子》，《丛书集成初编》本，中华书局1985年版。

宣城郡公，二千户。镇东府城，给兵五千人。①

据《南齐书》之《郁林王纪》和《海陵王纪》，郁林王被废黜在隆昌元年（494）七月癸巳，同月丁酉海陵王立，改元延兴。据陈垣《二十史朔闰表》②，隆昌元年七月癸酉朔，癸巳为二十一日，丁酉为二十五日。因此可知，齐明帝始为"骠骑大将军、开府仪同三司、扬州刺史、录尚书事，封宣城郡公，加兵五千，使昉具表草"的时间当在郁林王废与海陵王立、齐明正式受职之间，亦即隆昌元年七月癸巳至丁酉的四五天之内。

必须高度重视的是，《梁书·任昉传》述任昉为齐明帝"具表草"事之文，开头即著一"初"字。（《南史》③同传删此"初"字，大谬，说详下文）"初"者，当初，这是史书叙事时所用很重要的时间概念。此处，它表明任昉"拜太子步兵校尉、管东宫书记"在"具表草"之后，也就是在延兴元年七月丁酉以后。

这里，有必要对《南史·任昉传》相关记述之文字稍加辨正。学者周知，《南史》有关梁代部分是以《梁书》为蓝本的。《南史·任昉传》述任昉在齐代的事迹较《梁书》略有增删。其文有云：

> 齐明帝深加器异，欲大相擢引，为爱憎所白，乃除太子步兵校尉，掌东宫书记。齐明帝废郁林王，始为侍中、中书监、骠骑大将军、开府仪同三司、扬州刺史、录尚书事，封宣城郡公，使昉具草。帝恶其辞斥，甚愠，昉亦由是终建武中位不过列校。④

此传于"齐明帝废郁林王"云云之前，删《梁书》原文之一"初"字。似乎任昉为太子步兵校尉在齐明帝废郁林王之前，且其任职是齐明帝决定的。此大谬不然。

---

① 萧子显：《南齐书》，第 84 页。
② 陈垣：《二十史朔闰表》，中华书局 1962 年版。
③ 李延寿：《南史》，中华书局 1975 年版。
④ 李延寿：《南史》，第 1453 页。

据《南齐书》之《武帝纪》、《郁林王纪》、《海陵王纪》等知，齐武帝永明十一年（493）正月，文惠太子萧长懋死，四月，其子昭业立为皇太孙，七月齐武帝崩，郁林王昭业即位。次年即隆昌元年，七月昭业被废，其弟海陵王昭文立，改元延兴。十月昭文被废，齐明帝即位，改元建武。郁林王死时年二十二，海陵王死时年十五，均未有立太子之事。毫无疑问，齐明帝废郁林王之前，齐之为太子者只能是齐武帝之子文惠太子了。太子步兵校尉乃东宫属官，而齐明帝能决定文惠太子东宫之官属吗？

且看永明十一年正月文惠太子死以前，齐明帝萧鸾之官职地位。《南齐书·明帝纪》有云：

> （永明）五年，为持节、监豫州、郢州之西阳、司州之汝南二郡军事、右将军、豫州刺史。七年，为尚书右仆射。八年，加领卫尉。十年，转左仆射。十一年，领右卫将军。①

据《南齐书·百官志》，尚书令"总领尚书台二十曹，为内台主"，而具体选举官吏职在吏部，尚书左仆射只"领殿中、主客二曹事"。考《南齐书·武帝纪》，永明年间为尚书令者先后是王俭、柳世隆、竟陵王萧子良。这些都是齐武帝依重的人物。明帝萧鸾掌握官吏擢拔大权是在齐武帝死，他受遗诏为尚书令以后。在此以前，他不可能随心所欲擢拔东宫官吏。

再看萧鸾与文惠太子之关系。《南齐书·文惠太子传》有云：

> 上（指齐武帝）晚年好游宴，尚书曹事亦分送太子省视……太子年始过立，久在储宫，得参政事，内外百司，咸谓旦暮继体……初，太子内怀恶明帝，密谓竟陵王子良曰："我意色中殊不悦此人，当由其福德薄所致。"子良便苦救解。后明帝立，果大相诛害。②

---

① 萧子显：《南齐书》，第 84 页。
② 萧子显：《南齐书》，第 401—402 页。

读此不难看出,"得参政事"且又"怀恶明帝"的文惠太子,怎么可能让明帝插手东宫官属的选任?

以上足以说明,《南史》删"初"字是完全错误的。现在,我们回到本题,继续考任昉任太子步兵校尉的时间。

上文已考明任昉为太子步兵校尉在延兴元年七月海陵王即位后。那么海陵王即位以后,齐明帝死以前,齐王朝的太子是谁呢?唯有齐明帝之子东昏侯萧宝卷了。《南齐书·明帝纪》明载,建武元年十一月"戊子,立皇太子萧宝卷"。同书《东昏侯纪》亦云:"建武元年,立为皇太子。"任昉为太子步兵校尉,自然是萧宝卷东宫官属。明乎此,《梁书·任昉传》"明帝崩,迁中书侍郎"也就容易理解了。原来,东昏侯即位后,身边依然用东宫旧人。

综上所考可知:任昉为太子步兵校尉始自丁父母之忧服除之时,止于齐明帝崩、东昏侯即位之际,亦即永泰元年(498)七月(据《南齐书·东昏侯纪》)。

考明了任昉以上三职之任职时间,则其在齐代的仕历大致可以推定,今试排比如下:

建元元年(479)至永明二年(484)为尚书仪曹郎;

永明二年(484)至三年(485)八月,为丹阳尹主簿;

永明三年八月至六年(488)为司徒刑狱参军事;

永明七年(489)至九年(491)为尚书殿中郎;

永明九年至十年(492)为司徒竟陵王记室参军;

永明十年至建武元年(494)居父忧;

建武元年至建武三年(496)续居母忧;

建武三年至永泰元年(498)为太子步兵校尉;

永元元年(499)至永元二年(500)为中书侍郎;

永元三年(501)为司徒右长史。

这里应该说明的是:其一,任昉任司徒刑狱参军事的终止时间,据现有材料，已无法确考，故暂定在永明七年之前一年，因为永明七年任昉已在尚书殿中郎任上。实际上这一时间还可能略有提前。其二，任昉为司徒竟陵王记室参军的时间，依现存材料，亦无法确考。之所以将永明十年定为其任此职的终止、居父忧的起始时间，是因为：其一，永明九年春，任昉尚在尚书殿中郎任上，而《梁书》本传云其"入为尚书殿中郎，转司徒竟陵王记室参军，以父忧去职"，表明其任司徒记室参军任期未满而去职，时间不会很长。其二，《文选》卷三九任昉《启萧太傅固辞夺礼一首》李善于题下注有"刘璠《梁典》曰：昉时为尚书殿中郎，父忧去职"云云，无"转司徒竟陵王记室参军"之语，刘璠或许是因其任司徒记室参军时间较短，故略而不言（亦可能是李善引用时误删）。其三，考任昉生平创作，永明十年至建武三年，任昉除写了几篇应用之文外，并无与人宴乐唱和之事，是此期似在居丧①。

二

任昉在齐代的仕历大致明确，近人关于任昉生平事迹及相关作品的某些研究结论就大有必要重新讨论了。为使文章不致过长，且拣几部颇有影响的论著中涉及任昉的某些问题讨论一下。

（一）曹道衡、沈玉成编著《南北朝文学史》第九章第四节《任昉》下，介绍任昉之生平，有云：

　　永明三年，与宗夬一起接待北魏使者。②

其注释云：

　　《梁书·宗夬传》："永明中，与魏和亲，敕夬与尚书殿中郎任昉同接魏使，皆时选也。"据《通鉴》永明三年八月，魏李彪聘齐，至

---

① 参见熊清元：《任昉诗文系年考证》，《黄冈师专学报》1992年第2期。
② 曹道衡、沈玉成：《南北朝文学史》，中国文学通史系列之一，人民文学出版社1991年版，第181页。

五年而边衅重开，南北又中断互聘。永明三年，任昉正任殿中郎。①

今按：这段注释，问题有三：其一，考《南齐书·魏虏传》、《魏书·高祖纪》及《岛夷萧道成传》②、《南史·齐本纪》及《资治通鉴·齐纪》③知，南齐与北魏在齐永明年间，除五六两年无使者往来外，其他每年都有互聘。永明二年和三年，魏使甚至都有两次来聘。"永明中"为什么只能是永明三年，而不能是七年、八年，甚至九年？《梁书·范缜传》有云："永明年中，与魏氏和亲，岁通聘好。特简才学之士，以为行人，缜及从弟云、萧琛、琅邪颜幼明、河东裴昭明，相继将命，皆著名邻国。"④《魏书·岛夷萧道成传》载，北魏太和十五年，"二月，遣员外散骑常侍裴昭明、员外散骑侍郎谢竣朝贡。九月，又遣司徒参军萧琛、范缜朝贡"，"十六年，复遣琛与司徒参军范云朝贡"。北魏太和十五年、十六年即齐永明九年、十年，是范缜、范云、萧琛等永明九、十年使于魏可得称"永明中"。《梁书·宗夬传》之"永明中"为何只能是"永明三年"？其二，"永明三年，任昉正任殿中郎"之说，不知何据。本文前已论定任昉其时不在尚书殿中郎任上。今再说其时任尚书殿中郎者另有其人，此人即顾暠之。《南齐书·武帝纪》载，永明三年十二月丁酉（按：是月甲午朔，丁酉为四日），齐武帝有《耕籍诏》，诏有云："昔期运初启，庶政草昧，三推之典，我则未暇。朕嗣奉鸿基，思隆先轨，载耒躬亲，率由旧式。可以开春发岁，敬简元辰，鸣清鸾于东郊……"⑤意谓齐初以来未行耕籍之礼，明春将"载耒躬亲"。但具体时间如何？朝臣有一番讨论。《南齐书·礼志上》载："永明三年，有司奏：'来年正月二十五日丁亥，可祀先农，即日舆驾亲耕'……通下详

---

① 曹道衡、沈玉成：《南北朝文学史》，第185页。
② 魏收：《魏书》，中华书局1974年版。
③ 司马光撰，胡三省音注：《资治通鉴》，中华书局1956年版。
④ 姚思廉：《梁书》，第665页。
⑤ 萧子显：《南齐书》，第51页。

议。"① 其参与讨论诸人中,有"殿中郎顾暠之",是永明三年十二月顾暠之在尚书殿中郎任上。南朝官制,殿中郎为殿中曹长官,是尚书省诸曹郎之一,定员一人。是永明三年十二月任昉不可能同在殿中郎任上。若说十二月以前任昉在任,十二月改官,那么,任昉一生就有两度任此职,这又与《梁书》本传矛盾。所以任昉永明三年为尚书殿中郎是绝不可能的事。

那么,《梁书·宗夬传》中"永明中"究竟应在何年？依本文上列任昉齐代之仕历,应在永明七年至九年,这还可以从《梁书·宗夬传》得到佐证。在曹、沈二先生注释所引"永明中"至"皆时选也"前,《宗夬传》有"齐司徒竟陵王集学士于西邸,并见图画,夬亦预焉"句,而在其后紧接着有云:"武帝嫡孙南郡王居西州,以夬管书记,夬既以笔札被知,亦以贞正见许,故任焉。俄而文惠太子薨,王为皇太孙,夬仍管书记。"② 据《南齐书·武十七王·竟陵王子良传》,竟陵王子良集学士于西邸在永明五年。③ 是此"永明中"必在永明五年之后,又考《南齐书·武帝纪》文惠太子萧长懋薨于永明十一年正月,其前"俄而",则应在永明十年。因此,据《梁书·宗夬传》宗夬与任昉同接魏使之时间应在永明五年至十年间,而五、六两年齐魏两国无使者往来,故此"永明中"又只能是永明七年至十年了。这正与本文所考任昉任尚书殿中郎的时间一致。至于具体在哪一年,就难以确考了。

在《南北朝文学史》出版十余年后,曹、沈二先生《中古文学史料丛考》面世。其书卷四"任昉永明、天监间仕历"条在引据《梁书·任昉传》中"永明初"至"服除,拜太子步兵校尉、管东宫书记"一段后,接着说:

> 据任昉《王文宪集序》,王俭以永明二年领丹阳尹,三年解职,

---

① 萧子显:《南齐书》,第 142 页。
② 姚思廉:《梁书》,第 299 页。
③ 参见熊清元:《"竟陵八友"三考》,《文献》1996 年第 2 期。

则任昉为主簿必在此时。当时为司徒乃竟陵王萧子良，文惠太子萧长懋卒于永明十一年正月，其间又丁父忧、母忧共五年，上下推之，则任昉当于永明三年间为尚书殿中郎及竟陵王属官，与萧衍、沈约等游，于十年为文惠太子属官。《梁书·宗夬传》："永明中，与魏和亲，敕夬与尚书殿中郎任昉同接魏使，皆时选也。"《通鉴·齐纪》永明三年八月，"魏遣员外散骑常侍李彪来聘"，五年，边衅复开，八年始复聘问，则接待魏使必在此时。①

显然二先生未加细考，将任昉为太子步兵校尉时之太子定为文惠太子，然后再"上下推之"，结论必然错误。其考任昉与宗夬同接魏使之时间一段，内容与本文前引其《南北朝文学史》之注略同，其误自不待言，而其中"八年始复聘问"之"八年"，当是"七年"之误，因为《魏书·高祖纪》、《南齐书·魏虏传》、《南史·齐本纪》、《资治通鉴·齐纪》等都明明白白，写的是"七年"。

（二）罗国威撰有《沈约任昉年谱》②，此谱先载于上海远东出版社1997年版《学术集林》第12卷。今仅摘其中任昉永明二年至八年的有关内容如下：

永明二年（484）下：

卫将军王俭领丹阳尹，引昉为主簿……迁司徒刑狱参军，入为尚书殿中郎。案：俭雅重昉，其又参掌选事，擢昉为司徒刑狱参军及尚书殿中郎当为是年之事。

撰《别萧谘议衍诗》。《古文苑》署"任殿中昉"，知诗为昉官尚书殿中郎时作，又《梁书·武帝纪》载，衍于永明初除随王镇西谘议参军，二书所载恰相符合，诗当作于是年。

转司徒竟陵王记室参军。案前所述竟陵王子良为司徒在是年，

---

① 曹道衡、沈玉成：《中古文学史料丛考》，中华书局2003年版，第478页。
② 罗国威：《沈约任昉年谱》，刘跃进、范子烨编：《六朝作家年谱辑要》上册，黑龙江教育出版社1999年版。

则昉为其记室参军亦当在是年。从此，沈、任二人定交。

以父忧去职。案《梁书》及《南史》都将此事系于转司徒竟陵王记室参军之下，则丁父忧当为是年事。①

永明五年（487）下：

昉是年丁父忧服除，复遭母忧。案昉以永明二年丁父忧去职，三年服阕，时当为永明五年，其父忧服除当在是年。②

永明八年（490）下：

昉服除，拜太子步兵校尉，管东宫书记。案永明五年昉复遭母忧，三年服阕，当是永明八年。故《梁书》本传谓其服阕拜太子步兵校尉、管东宫书记当为是年事……拜尚书殿中郎，与宗夬同接魏使。③

今按：这些考述，确实令人生疑：其一，任昉为王俭丹阳尹主簿、迁司徒刑狱参军、入为尚书殿中郎、转司徒竟陵王记室参军、以父忧去职，可能是一年内发生的事吗？王俭"雅重昉"，难道只在永明二年内？据《南齐书·王俭传》，俭建元四年为尚书令，永明元年参掌选事，四年以本官领吏部，至永明七年死前仍"参掌选事"，其"擢昉为司徒刑狱参军及尚书殿中郎"为什么"当为是年之事"？据《南齐书·武十七王·竟陵王萧子良传》，子良永明二年兼司徒，五年正位司徒，直至永明十一年都在司徒任上，凭什么定任昉为其记室"亦当在"永明二年？因《梁书》及《南史》都将任昉"以父忧去职"系于"转司徒竟陵王记室参军之下"就认定其"丁父忧"当是永明二年事，更是毫无道理。何以见得任昉为司徒记室参军的时间只有永明二年且在这一年

---

① 罗国威：《沈约任昉年谱》，刘跃进、范子烨编：《六朝作家年谱辑要》上册，第398—399页。

② 罗国威：《沈约任昉年谱》，刘跃进、范子烨编：《六朝作家年谱辑要》上册，第402页。

③ 罗国威：《沈约任昉年谱》，刘跃进、范子烨编：《六朝作家年谱辑要》上册，第405页。

内就遭父忧？总之，罗氏这段文字中的"当为"、"当在"都只是既无依据又不合事理的臆断之词。其二，说任昉《别萧谘议衍诗》"为昉官尚书殿中郎时作"，固然不错，但接着说，"《梁书·武帝纪》载，衍于永明初除随王镇西谘议参军"，却大错特错。检商务印书馆缩印百衲本《二十四史》、上海图书馆藏宋刻宋元明递修本及中华书局点校本等学界公认的诸善本《梁书》，其《武帝纪》都是在"竟陵王子良开西邸招文学"几句后，接云："累迁随王镇西谘议参军，寻以皇考艰去职。"无一字之异。"永明初"无疑是罗氏因要强彼以就我而妄加。实际上，萧衍为随王镇西谘议参军在永明九年，任昉别诗作于九年春。笔者上文已有详考。其三，罗氏将任昉遭父母之忧的时间定为永明二年至八年，不仅无可靠依据，且其时长达七年之久，亦不合古代丧礼之制。依《礼记·三年问》"三年之丧，二十五月而毕"①。南齐大概是用王俭之说，"心制终二十七月"②。任昉父忧服除续遭母忧，亦应只五十四月左右，怎么可能长达七年？其四，如罗氏所说，则任昉永明二年为尚书殿中郎，永明八年又"拜尚书殿中郎"，前后两次，是无端替他增加了一次。

由于有以上这些问题，其仕历系年之混乱就不言自明。至于由此带来的其他问题，就不一一辨析了。

（三）曹道衡、刘跃进《南北朝文学编年史》③对任昉仕历及作品有系年，今且摘录永明五年至延兴元年间有关任昉的主要内容如下：

永明五年（487）下：

> 任昉二十八岁，为竟陵王记室参军。王融自谓无对当时，见任昉之文，恍然自失。见《南史·任昉传》。④

----

① 陈澔注：《礼记》卷一〇《三年问》，上海古籍出版社1987年版。
② 魏徵等：《隋书》卷八《礼制三》，中华书局1973年版。
③ 曹道衡、刘跃进：《南北朝文学编年史》，人民文学出版社2000年版。下文或简称《编年史》。
④ 曹道衡、刘跃进：《南北朝文学编年史》，第269页。

永明六年（488）下：

　　任昉二十九岁，作《为褚谘议蓁让兄袭封表》《又表》……此后，以父丧去官。齐武帝曾对任昉伯任遐称赞任昉"哀瘠过礼"的孝心。见《南齐书》本传。①

永明八年（490）下：

　　任昉三十一岁，父丧服阕。作《为齐竟陵王世子临会稽郡教》等。②

永明九年（491）下：

　　任昉三十二岁，时为尚书殿中郎……作《别萧谘议衍诗》等。③

永明十年（492）下：

　　任昉三十三岁，作《为王金紫谢齐武帝示皇太子律序启》。④

永明十一年（493）下：

　　任昉三十四岁，作《为王思远让侍中表》。⑤

齐郁林王隆昌元年，即齐海陵王延兴元年、齐明帝建武元年（494）下：

　　任昉三十五岁，作《为齐明帝让宣城郡公第一表》，明帝恶其辞斥，甚愠。因此终建武中，任昉位不过列校。……见《梁书》本传。⑥

今按：以上编年，存在的主要问题有二：其一，《梁书》本传明云，任昉"入为尚书殿中郎，转司徒竟陵王记室参军"在先，遭父忧在后，而此编年却恰恰相反，定丁父忧在为尚书殿中郎之先。其二，《梁书》本传明云，任昉遭父忧后，续遭母忧，而此编年似乎任昉无遭母忧之事。为什么会有如此错乱？在《编年史》之隆昌元年下，著者有说明云：

---

① 此处《南齐书》实为《南史》之误。曹道衡、刘跃进：《南北朝文学编年史》，第274页。
② 曹道衡、刘跃进：《南北朝文学编年史》，第283页。
③ 曹道衡、刘跃进：《南北朝文学编年史》，第289页。
④ 曹道衡、刘跃进：《南北朝文学编年史》，第294页。
⑤ 曹道衡、刘跃进：《南北朝文学编年史》，第301页。
⑥ 曹道衡、刘跃进：《南北朝文学编年史》，第308页。

《文选》载任昉《上萧太傅固辞夺礼启》,李善注引刘璠《梁典》曰:"昉为尚书殿中郎,父忧去职,居丧不知盐味,冬月单衫,庐于墓侧,齐明作相,乃起为建武将军骠骑记室,再三固辞。帝见其辞切,亦不能夺。"按:依此注文,似本年任昉仍居丧。但是自永明八年至本年,任昉年年都有文章传世,似不像居丧。又《梁书》本传载其为齐明帝作表,为明帝所恶,其时在本年七月,而任昉此文题"上萧太傅"云云,……萧鸾颇恶任昉之文,何以又起之为建武将军骠骑记室呢?我们以为,任昉丁父忧,当在永明六年或稍后,因六年至八年,任昉没有文章传世。这只是推测性意见。《文选》所收这篇启,亦当再深入研究。①

在著者的观念中,居丧期间是不能写文章的。"永明六年至八年,任昉没有文章传世",所以其居丧就在此期间。而"自永明八年至本年,任昉年年都有文章传世,似不像居丧",故《文选》所收任昉《上萧太傅固辞夺礼启》就值得怀疑,"当再深入研究"。著者抱定一个大可怀疑的观念,连基本的史料都随便漠视甚至怀疑,如此"研究",怎么可能得出正确结论。

让我们还是从史实出发吧。先看永明六年至八年,任昉是否真的"没有文章传世"。不须另作考查,《编年史》于永明六年、八年下均系有任昉之作,读者只看一下笔者上文所摘引即清楚明白。至于永明七年,《编年史》虽未列"任昉"条目,但在"萧子良"条下,明言"本年由任昉代笔,作《求为刘瓛立馆启》"②。对这些,笔者都无异议。如此,著者说永明六年至八年,"任昉无文章传世",岂不自相矛盾?再查《编年史》,自永明九年至建武末(498),除建武二年(495)外,每年都列有"任昉"条目,每条下亦均系有任昉作品,读者可以复按。按编

---

① 曹道衡、刘跃进:《南北朝文学编年史》,第 309 页。
② 曹道衡、刘跃进:《南北朝文学编年史》,第 276 页。

者的观念,难道任昉丁父母忧之事都应怀疑?再看齐代居丧期间是否真的什么文章都不能写。现存史料中,我们没有发现直接回答此问题的明确记载,但南朝社会居丧之风习是可考见的。沈约《宋书·孝义传》后论有云:"晋宋以来,风衰义缺,刻身厉行,事薄膏腴。若夫孝立闺庭,忠被史策,多发沟畎之中,非出衣簪之下。"①可以想见当时社会上层不遵礼法之状况。同书《恩倖·徐爰传》有云:

> 世祖崩,公除后,晋安王子勋侍读博士咨爰宜习业与不?爰答:"居丧读丧礼,习业何嫌?"少日,始安王子真博士又咨爰,爰曰:"小功废业,三年丧何容读书?"②

是诸王居丧期间能否读书习业,博士亦无主意。《南齐书·孝义传》后,萧子显曾慨叹:"浇风一起,人伦毁薄,抑引之教徒闻,珪璋之璞罕就。"③《梁书·徐勉传》有"时人间丧事,多不遵礼,朝终夕殡,相尚以速"云云④。可见不遵旧礼已是普遍现象。《魏书·成淹传》载,魏文明太后崩后,南齐遣散骑常侍裴昭明赴吊,成淹对接。在说到齐高帝崩时,成淹指斥齐朝"不遵高宗追远之慕,乃逾月即吉。彪(指北魏使者李彪)行吊之时,齐之君臣皆已鸣玉盈庭,貂珰曜日,百僚内外,朱服焕然"。裴昭明仅以"三皇不同礼,亦安知得失所归"来解释⑤,实际上是默认了其事。这应该是典型例证。任昉虽为孝子,但《梁书》本传言"当世王公表奏,莫不请焉",其迫于王公请托,在如此风习之下,想亦未必能完全拒绝作文之事。若如笔者所考,任昉居丧在永明十年至建武三年,那么其齐初以来的仕历顺序就与史传所载相一致,不存在什么问题了。至于任昉《上萧太傅固辞夺礼启》的可信性问题,《编年史》的

---

① 沈约:《宋书》,中华书局1974年版,第2259页。
② 沈约:《宋书》,第2310页。
③ 萧子显:《南齐书》,第967页。
④ 姚思廉:《梁书》,第378页。
⑤ 魏收:《魏书》,第1752页。

著者之疑问可以从两方面来理解：其一，这是齐明帝的权谋。齐明帝或许已料定任昉会拒绝，而故作姿态，以便登位之前收买人心。其二，任昉丁忧之前已是司徒竟陵王记室参军，现在"夺礼"为骠骑大将军记室参军，地位似不如从前，没有必要"夺礼"接受。因为南齐官制，骠骑大将军位从公，在三公之一的司徒之下。骠骑大将军记室参军与司徒记室参军虽官品相同，还是略有差别的。

明白了以上这些，就没有必要不顾史实，强行将任昉服丧定在永明六年至八年间，且漠视其续遭母忧之事，也不必怀疑其《上萧太傅固辞夺礼启》的可靠性。

笔者研习南朝文史有年，发现不少学者在涉及任昉生平和作品时往往判断有误，有的误断甚至被因袭引用，故在反复细辨史料的基础上写成此文，是耶？非耶？期待着读者的批评。文史研究，收集和细读材料是基础，否则，即便是华丽的大厦也会坍塌，愿以此与同仁共勉。

（原载《中国史研究》2008年第1期）

南朝之扬州刺史及其治所考析

南朝扬州刺史镇建康，而建康同时又是帝都，因而扬州刺史于南朝政权有举足轻重之地位。本文拟对南朝扬州刺史及其治所加以考析，望方家有以教之。

一

考南朝诸史，自宋永初元年（420）刘裕登基至陈祯明三年（589）后主为隋军所执，其间170年中，任扬州刺史者49人：

刘宋17人：庐陵王义真（武帝永初元年至二年正月）；徐羡之（永初二年六月至文帝元嘉三年正月）；王弘（元嘉三年正月至九年五月）；彭城王义康（九年六月至十七年十月）；殷景仁（十七年十月至十一月）；始兴王濬（十七年十二月至二十六年十月）；庐陵王绍（二十六年十月至二十九年十一月）；南谯王义宣（三十年正月至闰六月）；竟陵王诞（三十年闰六月至孝武帝孝建二年十月）；江夏王义恭（孝建二年十月至三年七月）；西阳王子尚（三年七月至前废帝景和元年十一月）；建安王休仁（明帝泰始元年十二月至五年十二月）；桂阳王休范（泰始五年十二月至六年六月）；王景文（六年六月至明帝泰豫元年三月）；安成王准（后废帝元徽元年四月至元徽五年七月）；晋熙王燮（顺帝升明元年七月至二年九月）；萧道成（二年九月至三年四月宋亡）。

萧齐8人：豫章王嶷（高帝建元元年四月至九月）；临川王映（建元元年九月至二年十二月）；豫章王嶷（建元二年十二月至武帝永明十

年四月）；竟陵王子良（永明十年五月至郁林王隆昌元年四月）；新安王昭文（隆昌元年闰四月至七月）；宣城公鸾（恭王延兴元年七月至十月）；始安王遥光（明帝建武元年十一月至东昏侯永元元年八月）；晋安王宝义（永元元年八月至和帝中兴元年十二月）；萧衍（中兴元年十二月至二年四月齐亡）。

萧梁12人[①]：临川王宏（武帝天监元年四月至六年四月）；建安王伟（六年四月至八年四月）；临川王宏（八年四月至十七年五月）；安右将军萧景（十七年五月至普通元年正月）；临川王宏（普通元年正月至七年四月）；孔休源（七年四月至中大通二年正月）；晋安王纲（二年正月至三年七月）；邵陵王纶（四年正月至二月）；武陵王纪（四年二月至大同三年闰九月）；宣城王大器（四年正月至太清三年六月）；南海王大临（三年七月至简文帝大宝二年七月）；南平王恪（三年五月至九月）；王僧辩（元帝承圣元年十一月至四年九月）；陈霸先（敬帝绍泰元年十月至太平二年十月梁亡）。

陈代12人：始兴王伯茂（文帝天嘉二年正月至三年六月）；安成王顼（三年六月至废帝光大二年十一月）；鄱阳王伯山（光大二年十一月至宣帝太建六年六月）；衡阳王伯信（六年六月至九年正月）；始兴王叔陵（九年正月至十三年正月）；新安王伯固（十三年正月至十四年正月）；长沙王叔坚（十四年正月至后主至德元年正月）；晋熙王叔文（元年正月至二月）；始兴王叔重（元年二月至二年五月）；南平王嶷（二年五月至祯明二年×月）；始安王深（祯明二年×月至五月）；会稽王庄（二年六月至三年正月陈亡）。

这49人中，被授扬州刺史时为当时皇帝之子者18人（宋6人、齐3人、梁4人、陈5人），之兄弟者14人（宋5人、齐2人、梁3人、陈4人），之叔或侄者5人（宋1人、齐1人、陈3人），之宗室者3人

[①] 临川王宏出现3次，故实为12人。

（齐1人、梁2人），这部分人总计达40人之多，为扬州刺史之时间有一百四十余年之久。而其他大臣为扬州刺史（包括监扬州或扬州牧者）仅9人，累计时间只有二十余年。

其他大臣为扬州刺史者之9人中，又有两种情况。一是在宋、齐、梁灭亡前不久任扬州刺史的，他们是萧道成、萧衍、王僧辩、陈霸先。萧道成、萧衍、陈霸先后来分别成了齐、梁、陈之开国皇帝（王僧辩被陈霸先所杀，取而代之）。他们之被授扬州刺史，本不是当时皇帝之本心，乃因皇家日薄西山，迫于这些人的权势，不得已而为之。二是其他五位异姓大臣（徐羡之、王弘、殷景仁、王景文、孔休源），他们是在当时政权相对稳定的时期被授为扬州刺史的。其中徐羡之以佐命之功被宋武帝任命，当时他似乎并未认识到这一职位对他潜在的危险性，终于在文帝即位不久便被迫自尽（《宋书·徐羡之传》）。殷景仁虽为扬州刺史，但授职之时已重病缠身，精神恍惚，"为州凡月余，卒"（《宋书·殷景仁传》）。梁代孔休源则只是监扬州，非正式之扬州刺史（《梁书·孔休源传》），可以不论。王弘任职期间异常小心谨慎、忧谗畏讥，多次求退。最典型表现出对出任扬州刺史忧惧心理的是王景文。据《宋书·王景文传》记载，"太宗翦除暴主，又平四方，欲引朝望以佐大业"，征之为尚书左仆射，领吏部、扬州刺史，他"屡辞内授"，以致太宗皇帝不得不"手诏譬之"。诏有云："庶姓作扬州，徐幹木（羡之）、王休元（弘）、殷铁（景仁）并处之不辞。卿清令才望，何愧休元？毗赞中兴，岂谢幹木？绸缪相与，何后殷铁邪？……卿若有辞，更不知谁应处之。此选大备，与公卿畴怀，非聊尔也。"大有扬州刺史定须他不可之势。王景文无可奈何，才勉强接受。此后又一再求解扬州。还是那个太宗明皇帝，担心他"岁暮不为纯臣"，于自己疾笃之时，手诏赐其死。

要对以上种种情况做出解释并不困难。刘穆之的话很能说明问题。东晋末义熙三年，扬州刺史王谧薨，刘裕次应入辅。刘毅等不欲刘裕人，议以中领军谢混为扬州，或欲令刘裕于丹徒领扬州，以内事付尚书仆射孟昶。穆之得知此事，谓刘裕曰：

> 昔晋朝失政，非复一日，加以桓玄篡夺，天命已移。……刘、孟诸公与公俱起布衣，共立大义，本欲匡主成勋，以取富贵耳。事有前后，故一时推功，非为委体心服，宿定臣主之分也。力敌势均，终相吞咀。扬州根本所系，不可假人。前者以授王谧，事出权道，岂是始终大计必宜若此而已哉！今若复以他授，便应受制于人。一失权柄，无由可得。而公功高勋重，不可直置，疑畏交加，异端互起，将来之危难，可不熟念！今朝议如此，宜相酬答。必云在我，厝辞又难。唯应云"神州治本，宰辅崇要，兴丧所阶，宜加详择。此事既大，非可悬论，便暂入朝，共尽同异"。公至京，彼必不敢越公更授余人明矣。（《宋书·刘穆之传》）

刘穆之真不愧是刘裕的心腹谋臣。"扬州根本所系，不可假人"，掌握了扬州也就掌握了京城，掌握了夺天下的主动权。刘裕听取了穆之的意见，这是他后来篡晋的关键性的一步。他正是由扬州刺史而扬州牧，进而登上皇帝宝座的。刘裕开了这个头，前面提到的萧道成、萧衍、陈霸先也一无例外地是走着刘裕的路数而成为齐、梁、陈三代之开国君主。

中国历代的帝王存在着一个普遍的心理：自己在推翻旧政权时，恨不得将忠于旧政权者斩尽杀绝；一旦自己取得了政权，又想要天下人人忠于自己。同样，自己通过什么道路夺取了政权，就特别担心臣下也走自己夺取政权的老路。南朝宋齐梁陈之君主之所以特别重视扬州刺史这一职位，要选择自己认为最亲近、最可信赖的皇室宗亲（特别是自己的儿子和兄弟）担任这一职位；之所以异姓大臣如王景文任此职时诚惶诚恐，屡求解免，最终也在劫难逃；之所以除萧衍、王僧辩、陈霸先之外，齐梁陈三代再无异姓大臣正式担任此职，其主要原因应当就在这里！

二

关于扬州刺史之治所，前人已论及。清赵翼《廿二史劄记》卷八"建业有三城"条有云：

> 六朝时，建业之地有三城。中为台城，则帝居也，宫殿台省皆在焉。其西则石头城，……台城之东，则有东府，凡宰相录尚书事兼扬州刺史者居之，实甲尝数千人。晋时会稽王道子居之。刘裕秉政亦居此。裕出征，则日留府尝使刘穆之监府事。裕讨刘毅回，公卿咸候于新亭，而裕已潜还东府矣。宋末后废帝之弑，萧道成移镇东府。《顺帝纪》：萧道成出镇东府辅政，后进爵齐王。……陈安成王顼辅政，入居尚书省，刘师知等忌之，矫诏令其还东府是也。

赵翼举证固不少，但结论仍未免武断。考《宋书·武帝纪》，徐羡之永初二年正月为尚书令、扬州刺史，三年正月为司空、录尚书事、刺史如故，元嘉元年八月为司徒，录尚书事、扬州刺史如故，三年正月"有罪伏诛"。若依赵说，则徐羡之死前当居东府。然《宋书·徐羡之传》载，羡之奉诏行至西明门外，得知将诛消息，"回还西州，乘内人问讯车出郭，步走至新林，入陶灶中自到死"。是其所居为西州甚明。又《宋书·武帝纪》载，王弘于徐羡之死后继任司徒、录尚书事、扬州刺史，直至元嘉九年五月薨，一直在扬州刺史任上。若依赵说，则元嘉三年至九年五月，王弘当居东府。然《宋书·五行志》、《文选》卷六十谢惠连《祭古冢文》李善注引沈约《宋书》分别明确记载着，元嘉七年彭城王义康"居东府"、"修东府城"。显然王弘不可能同时亦居东府。

精于地理和考据的元人胡三省，其注《资治通鉴》，认为扬州刺史治所在西州。

《资治通鉴·宋纪》载，元嘉三年"羡之还西州"。胡注云："扬州刺史治台城西，故曰西州。"又元嘉十七年，"殷景仁为扬州刺史，……既拜扬州，赢疾遂笃，上为之敕西州道上不得有车声"。胡注复云："扬州治所在建康台城西，故谓之西州。"又永明十一年，"（郁林王）始为南郡王，从竟陵王子良在西州。……夜开西州后阁与左右至诸营署中淫宴"。胡注又云："帝（指郁林王）少养于子良妃袁氏，子良为扬州刺史，故帝从在西州。"

胡注说徐羡之、殷景仁居西州时为扬州刺史，诚然不错，但说竟陵王萧子良为扬州刺史居西州，则大谬不然。

考《南齐书·武十七王传》及《武帝纪》知：萧子良永明二年入为护军将军兼司徒，镇西州。五年正位司徒，移居鸡笼山西邸，十年领尚书令，同年扬州刺史豫章王嶷薨，子良才为扬州刺史，本官如故，是子良永明二年至十年先后居西州及西邸，并未为扬州刺史。其时任扬州刺史者是豫章王嶷。嶷所居乃东府（详下文）。子良接任扬州刺史后，亦居东府，有史料为证：

《南齐书·武十七王·萧子良传》："（隆昌元年，子良薨），东府施丧位，大鸿胪持节监护，太官朝夕送祭。"

《南齐书·王融传》："（永明十一年）融复上疏曰……会虏动，竟陵王子良于东府募人，板融宁朔将军、军主。"

是子良永明十一年已在东府，隆昌元年薨于东府。其任扬州刺史居东府而非西州，当无疑问。

总之，南朝扬州刺史既有居东府，也有居西州的。胡三省、赵翼均未曾细考，所失在以偏概全。那么南朝扬州刺史治所究竟有无定规？这是应当探讨的问题。

本来，西州、东府的主人，孙吴时已有定制。（南）宋张敦颐《六朝事迹编类》"六朝宫殿"类引《吴实录》有云："有曰台城，盖宫省之所寓也；有曰东府，盖宰相之所居也；有曰西州，盖诸王之所宅也。"不过，至东晋，情况已有所变化。《元和郡县志》卷二五释"西州"云："州廨。王敦及王导所创也。后会稽王道子于东府城领州，故亦号此为西州。"据此，则西州在东晋时已为扬州刺史治所。至于东府，则依然为宰相所居。陈顾野王《舆地志》云："晋安帝义熙十年，筑东府。城西本简文帝为会稽王时第，其东则丞相会稽文孝王道子府。谢安石薨，以道子代领扬州。第在州东，故时人号为东府。"（《世说新语·言语》刘孝标注引《丹阳记》及《文选》卷六十谢惠连《祭古冢文》李善注引《丹阳记》与此略同）按：谢安石薨后，晋安帝宗室会稽王司马道子以司徒录尚书事都督中外诸军事领扬州刺史，故顾野王谓为丞相领扬州。论职位，当然是以丞相为重，故司马道子仍居东府。

时至南朝，以宋孝武帝孝建三年为界，分为前后两阶段。前段大体依东晋旧例，宗室诸王以宰相录尚书事而兼扬州刺史者居东府。但其他任扬州刺史者，包括异姓宰相录尚书事兼扬州刺史则居西州。

前段为扬州刺史者10人。异姓之3人中，徐羡之、殷景仁居西州，上文已明。王弘居西州，史无明载，但其时彭城王义康已居东府（见上文），则他继徐羡之而居西州，当不成问题。

彭城王义康乃文帝之弟，元嘉六年为司徒录尚书事，已镇东府（见上文）。九年六月领扬州刺史直至十七年十月一直居东府。《宋书·武二王·彭城王义康传》记载，文帝因与义康生嫌隙，故"自十六年秋，不复幸东府"，可以为证。

始兴王濬、庐陵王绍虽以宗室诸王而为扬州刺史，但非宰相、录尚书事，故居西州。此点史无明载，但可推得。《宋书·武三王传》载，元嘉十七年彭城王义康出藩，江夏王义恭为侍中、都督扬、南徐、兖三州诸军事、司徒、录尚书事，未言所镇。二十七年秋"出镇彭城"，二十八年"移镇盱眙，修治馆宇，拟制东城"，二十九年"还镇东城"。观"拟制东城"、"还镇东城"（按：东府城，东城即东府。参《通鉴》卷一三四胡注）之语，盖元嘉十七年至二十七年秋义恭镇东府也。然则濬、绍自当先后居西州。

至于南谯王义宣、竟陵王诞等为扬州刺史时间既短又值刘劭"肆逆"之际，所治未可考。庐陵王义真永初元年至二年非宰相录尚书事任扬州刺史,却镇东城(详《宋书·武三王传》),乃由于刘裕刚登位,政权不稳固,自己又不宜仍任扬州刺史,故将刺史招牌挂在其子义真身上,"事无大小,悉由寄奴(刘裕小名)"(《宋书·长沙景王刘道怜传》)。这是权宜之策,不可据以否定我们前面的结论。

宋孝武帝孝建三年七月,西阳王子尚非宰相录尚书事而为扬州刺史,本当居西州。时荧惑守南斗,孝武帝废西州旧馆,使子尚居东城以厌之,"西州竟废"(《宋书·沈怀文传》)。自此以后,在通常情况下,不管是否是宰相录尚书事,扬州刺史皆居东府。兹述证如下:

《宋书·文九王·始安王休仁传》载,废帝景和元年十一月,明帝殒废帝于华林园,"明旦休仁出住东府",次日即授之司徒、尚书令、扬州刺史。泰豫元年后废帝即位,安成王准非宰相而为扬州刺史,直至即皇帝位前皆在扬州刺史任上(《宋书·顺帝纪》)。而据《南齐书·高帝纪》,萧道成是"备法驾,诣东城"迎立他为皇帝的。

齐豫章王嶷以中书监、司空兼扬州刺史。《南齐书》本传两次述及其居东府:建元三年,他"疾愈,上幸东府,设金石乐,敕得乘舆至宫六门";永明七年,他乞求还旧第,上令其世子子廉代镇东府。竟陵王子良为扬州刺史居东府上文已言及。西昌侯鸾为骠骑大将军、录尚书事、扬州刺史、宣城郡公,"镇东府城"(《南齐书·明帝纪》)。始安王遥光非宰相录尚书事而为扬州刺史,"收集荆豫二州部曲于东府门"(《南史·齐宗室·始安王遥光传》),"据东府反"(《南齐书·东昏侯纪》)。

梁代,临川王宏子正德于普通三年奔魏,寻复亡归。"常公行剥掠,时东府有正德及乐山侯正则",属"四凶"之列(《南史·萧正蔷传》)。正德、正则兄弟,就自身之地位、身份绝不可能居东府。其居东府者,乃依其父居。其时临川王宏正在扬州刺史任上。又《金陵志》云:"梁临川王宏为骠骑大将军居东府。"(臧励龢《补陈疆域志》卷一"扬州·建康·骠骑航"条引)萧纲中大通二年为扬州刺史,三年七月立为皇太子,"临轩策拜,以修缮东宫,权居东府"(《梁书·简文帝纪》)。

则其为扬州刺史时居东府甚明。还有，"宣城王为扬州刺史，野王及琅邪王褒并为宾客，王甚爱其才。……王于东府起斋，乃令野王画古贤"。（《陈书·顾野王传》）又《梁书·贺琛传》："太清二年，（琛）迁云骑将军、中军宣城王长史。侯景举兵袭京师，王移入台内，留琛与司马杨皦守东府。"是宣城王大器非宰相录尚书事，其为扬州刺史而居东府也。

陈代，安成王顼为扬州刺史居东府，赵翼已言之。始兴王叔陵为扬州刺史，"治在东府"，高宗不豫，太子及诸王并入侍疾。高宗崩，叔陵为乱，"以剉药刀斫后主中项"，"驰车还东府"（《陈书》本传），是叔陵非宰相录尚书事任扬州刺史而居东府也。

亦有为扬州刺史而不居东府的。宋末顺帝即位，晋熙王燮为抚军将军、扬州刺史，但所镇乃寻阳之盆城，乃因"齐王出镇东城，辅政作相"之故（《宋书·顺帝纪》）。齐末晋安王宝义为扬州刺史，本当镇东府，但因"东府被兵火，屋宇烧残，帝方营宫殿，不暇修茸，宝义镇西州"（《南齐书·明七王传》）。陈初，宣惠将军始兴王伯茂为扬州刺史，镇冶城（《陈书·程文季传》），乃因"梁绍泰末东府城焚毁"（臧励龢《补陈疆域志》卷一"建康·东府城"条引《建康志》）。这些皆为权宜，非常规。

南朝后一阶段扬州刺史之治所可考见者大抵已如上述。除几个特例之外，此阶段扬州刺史之治所都在东府当可肯定。

（原载《黄冈师专学报》1994年第2期）

丘迟《与陈伯之书》"霜露所均"新说

梁人丘迟《与陈伯之书》是一篇颇为著名的文章。不独昭明太子将其收入《文选》，唐初编成的《梁书》、《南史》也各自在《陈伯之传》中全文予以录载。近年流行的一些中国古代文学作品选注本，极少不选此文的。可见后人对此文的重视。

此文产生的背景，《梁书》和《南史》的《陈伯之传》都有明白的记载：天监初，梁将陈伯之背梁投魏。天监四年，梁太尉、临川王萧宏奉命北讨，命丘迟私与陈伯之书，劝其归梁。《书》中有如下一段话：

> 夫以慕容超之强，身送东市；姚泓之盛，面缚西都。故知霜露所均，不育异类；姬汉旧邦，无取杂种。北虏僭盗中原，多历年所，恶积祸盈，理至燋烂。

"霜露所均"何解？《文选》李善注云："《礼记》曰：天之所覆，地之所载，日月所照，霜露所坠。"今人注解，如《魏晋南北朝文学史参考资料》（北京大学中国文学史教研室选注）、《中国历代文学作品选》（朱东润主编）、《中国古代文学作品选》（增订本，金启华主编）、《中国历代散文选》（刘盼遂、郭预衡主编）、《古代散文选》（北京师范学院中文系编）等都依据李善注，称"霜露所均"是霜露所及的地方，意谓天地之间。甚至新近出版的《古文鉴赏辞典》（江苏文艺出版社1987年版）也还是说"霜露所均，指霜露所及的天地之间"。

古今学者如此一致，对"霜露所均"的解释似乎已成定论了。笔者细研此文，觉得这样解释至少存在三个问题：其一，如果"霜露所均"与《礼记》中"霜露所坠"一样，是指霜露所及的天地之间，那么丘迟为何不直接用"霜露所坠"而要改"坠"为"均"？是为了"回忌声病"吗？丘迟此文虽属骈体，但骈文的声律在南北朝时代还不十分严格，真正讲究严格的声律是在唐以后"四六文"的要求中，曹道衡先生在《关于魏晋南北朝的骈文和散文》一文中对这一点讲得很清楚。再说"霜露所均，不育异类；姬汉旧邦，无取杂种"四句中，即便是为了避免"上尾"而改"坠"（去声）为"均"（平声），但"均"与"邦"依然同为平声，也还是犯了"鹤膝"之病！（参《文镜秘府论》西卷《文笔十病》）因此可以肯定，丘迟为避声病而改字的可能性是没有的！其二，"异类"无论何时都生活在天地之间。古人虽然有狭隘的民族意识，重华夷之辨，但"异类"自有其发展繁衍的地域和历史。《礼记·中庸》有云："唯天下至圣，……见而民莫不敬，言而民莫不信，行而民莫不悦。是以声名洋溢于中国，施及蛮貊。舟车所至，人力所通，天之所覆，地之所载，日月所照，霜露所坠，凡有血气者，莫不尊亲，故曰配天。""凡有血气者"当然包括"蛮貊"、"异类"。可见就是儒家经典也不否认"霜露所坠"的天地之间是"育异类"的！丘迟难道会对这些都一笔抹杀，说出天地之间"不育异类"这样违反常识的瞎话？其三，北魏自孝文帝迁都洛阳，中原即完全在北魏的统治之下。丘迟这段文章先摆出晋末宋初一度占据中原的"异类"慕容超、姚泓终于灭亡的事实，从而归纳出"霜露所均，不育异类"的结论。然后将这一结论用于当时"僭盗中原"的"北虏"（引者按：实指北魏），言其"理至燋烂"。因而"霜露所均"应指中原才符合逻辑推理原则。若是指"天地之间"，文章在逻辑上岂不违反了同一律令？这篇名文，难道会如此不通？故知以"天地之间"释"霜露所均"不合原文本意，对李善注不应盲从。

其实，"霜露所均"别有出处。这出处不必远求，就在《文选》所载左思《魏都赋》中。赋有云："且魏地者，毕昴之所应，虞夏之余人，先王之桑梓，列圣之遗尘。考之四隈，则八埏之中，测之寒暑，则霜露所均。"《六臣注文选》李周翰云："八埏，八方也；言考之四隅，则为八方之中央也；测之寒暑，则霜露之所均被。言处天地之中也。"三国时期，以魏都洛阳为中心的中原地区为曹魏所掌握。"测之寒暑，则霜露所均"，显然是就魏地，亦即中原地区而言，是说中原地区处天地之中央，寒暑适中，是春露秋霜分布均匀之地。

左思《三都赋》经营十年，影响甚大，不仅当时曾使"洛阳纸贵"，南北朝文人也都非常熟悉。宋、齐时的王俭，就曾以《魏都赋》中"蔼蔼列侍，金貂齐光"之句来证明藩国侍臣有服貂之制（见《南史·王俭传》）。丘迟写作讲求用典的骈文，用"霜露所均"与"姬汉旧邦"互文为对，代指中原，是很平常的事。

说丘迟此书"霜露所均"是指中原，还可从梁武帝为这次北讨所下的诏书中得到佐证。梁武诏令临川王宏督北伐诸军"百道并驱，同会洛邑，戬翦逋丑，鹹扫鲸鲵"，诏文有"左伊右瀍，实殷霜露，鸱鸮是宅，非谓天道"云云。（《全梁文》卷二）这里的"左伊右瀍"，乃出自东汉张衡《东京赋》："昔先王之经邑也，……审曲面势，泝洛背河，左伊右瀍。""左伊右瀍"是就洛阳的地理位置而言的，梁武"左伊右瀍，实殷霜露"云云，显然是说北魏都洛阳是天道所不容的。这正与丘迟"霜露所均"云云四句意近。不同者只在萧衍就洛阳言，而丘迟则就以洛阳为中心的中原言。其实在古人意识中，中原、洛阳往往可以互代。《文选》卷一九谢灵运《述祖德诗》"中原昔丧乱"，李善注云："中原谓洛阳也。"此可以为证。丘迟此语很可能受了梁武诏书的启发。

事实上，古人用《魏都赋》此典的不只丘迟一人。就笔者所见，丘迟以前的东晋人桓温，晋宋之际的范泰，与丘迟同时的北魏宣武帝元恪，丘迟以后唐武则天都用过。

据《晋书·桓温传》载，东晋隆和初，桓温上疏晋哀帝，要求收复中原，还都洛阳。疏中有云："夫先王经始，玄圣宅心，画为九州，制为九服，贵中区而内诸夏，诚以晷度自中，霜露惟均，冠冕万国，朝宗四海故也。"这里的"霜露惟均"即指中原。晋安帝义熙中，宋公刘裕北伐至洛阳，范泰从行（详《宋书·范泰传》），有《为宋公祭嵩山文》（见《初学记》卷五）。文有"刘裕敬荐中岳之灵：惟岳作镇中畿，拟天比峻，……霜露所均，万人是依"云云。这里的"霜露所均"无疑是就嵩山所在之中原之地而言。《魏书·宣武帝纪》载帝《立学诏》亦有云："高祖德格两仪，明并日月，……徙县中区，光宅天邑，总霜露之所均，一姬卜于洛浃。"这里的"总霜露之所均"即是说北魏高祖孝文帝迁都洛阳，总括中原。《全唐诗》卷五载有武则天《石淙》一诗，是则天皇后与群臣游宴之作。诗写许、洛一带山川形胜以及游宴之乐，有"均露均霜标胜壤，交风交雨列皇畿"一联。"均露均霜"与"霜露所均"同一出典，不过武后因诗歌语言之需要而略加变化罢了。

明白了以上这些，丘迟此文用《魏都赋》之典，以"霜露所均"指称中原也就无可怀疑了。

李善博极群书，有"书簏"之称。其《文选》注亦号博赡，为古书四大名注之一。然"释事忘意"（《新唐书·文艺·李邕传》），牛头不对马嘴之处亦不少。其注丘迟此语，不取已收入《文选》的《魏都赋》而远征《礼记》，以致失之眉睫，即是一例。李善以后学者，迷信李注，不假思索，人云亦云，其误也就难免了。

（原载《黄冈师专学报》1995年第1期）

《文选》丘希范公宴诗题无"张"字说新证

《文选》卷二〇载有丘希范（迟）公宴应诏诗一首。此诗题目，李善本作《侍宴乐游苑送张徐州应诏诗》，且其注云："刘璠《梁典》曰：张谡字公乔，齐明帝时为北徐州刺史。"而五臣本无"张"字，吕向注曰："希范时为中郎，武帝弟宏为徐州刺史，应诏送王。"依李善注，则此诗作于齐明帝时，被送者为北徐州刺史张谡（《梁书》及《南史》并作"稷"）；依吕向注，则作于梁武帝时，被送者为武帝弟徐州刺史萧宏，自当无"张"字。

此诗题目究竟有无"张"字，学界至今仍未有一致的意见。主张以无"张"字为是者，有清人何焯、陈与郊，近人逯钦立。逯先生辑校的《先秦汉魏晋南北朝诗》中《梁诗》卷五载丘迟《侍宴乐游苑送徐州应诏诗》，其于题中"送"字下小注云："李善本《文选》'送'下有'张'字，《诗纪》同，六臣本《文选》注云：五臣无'张'字。按无'张'字是。"然而限于体例，未作申述。略有申述的是何焯和陈与郊。何焯云："诗中有'匪亲孰为寄'之语，则五臣本是也。"又于李善注"集题曰：兼中书侍郎丘迟上"下加按云："按集题益知为梁时诗。"① 陈与郊云："张谡史作张稷，在齐为北徐州刺史，而丘迟在梁始为中书侍郎，则吕向谓刺史是武帝弟宏，未为无据。况章内'匪亲孰寄'岂得指张？酌以诗辞，参以人代，李氏不无小舛。"②

---

① 何焯：《义门读书记》卷四六《文选·诗》，中华书局1987年版。
② 乾隆三十七年长洲叶树藩刻本《重刻昭明文选李善注》叶树藩按语引。

显然，何、陈都认为此诗题当无"张"字，理由亦略同：一、据集题"兼中书侍郎丘迟上"，而丘迟为中书侍郎在梁代，故此诗为梁时诗。二、诗"匪亲孰为寄"之句，不可能指张谡。不同的是，陈与郊肯定了吕向注被送者是梁武帝弟萧宏之说，而何焯则未涉及。遗憾的是，何、陈对自己的理由均未能充分说明。

以有"张"字为是的有今人魏明安、陈庆元、曹道衡诸先生。魏先生在《丘迟评传》①中云："《侍宴乐游苑徐州应诏诗》（今按：原文如此，有误）是中兴元年（501）正月为刚卸任北徐州刺史的张稷写的。"陈庆元《沈约集校笺》卷一〇于沈约《侍宴乐游苑饯徐州刺史应诏》下校语云："《四库全书》本《古诗纪》卷八十四注：'丘迟同赋。'《文选》卷二〇有丘迟《侍宴乐游苑送张徐州应诏》诗。如系同赋，沈诗诗题'徐州'前应还有一'张'字。"②魏先生置诗题中"送"字于不顾，将送往诗说成迎来，其误自不待言，但他注意到此诗作于正月，不无可取。陈先生为什么不说丘迟诗应无"张"字而要说沈约诗还应有一"张"字？不得而知。有代表性的意见当推曹先生。曹先生曾两次论述此问题。在《再论丘迟〈侍宴乐游苑送张徐州应诏诗〉》一文③中，在引述了何焯、陈与郊等人的说法后，说："这些说法，我在《略论〈文选〉的李善注和五臣注》一文中，曾提出过质疑。因为临川王萧宏在北伐时，官职为扬州刺史，非徐州刺史；其次，临川王宏此次北伐时，丘迟是随从北行的，不可能是'送王'；再次，诗中有'轻黄承玉辇，细草藉龙骑；风迟山尚响，雨息云犹积；巢空初鸟飞，荇乱新鱼戏'诸句，和十月的节令不符。因此我认为李善注的说法，似较吕向注为可信。"曹先生还进一步以范云《赠张徐州谡》诗为旁证，定丘迟此诗作于齐东昏侯永元二年七月间。笔者认为曹先生论证吕向注所谓"武帝弟宏为徐州刺史"，

---

① 《中国历代著名文学家评传》续编一，山东教育出版社1989年版。
② 沈约著，陈庆元校笺：《沈约集校笺》，浙江古籍出版社1995年版。
③ 曹道衡：《再论丘迟〈侍宴乐游苑送张徐州应诏诗〉》，《文学遗产》1997年第6期。

丘迟"应诏送王"之误，是充分有力的，可为定论。但其于何焯的说法重视不够，限于在李善注与吕向注之间作非此即彼地简单判断，其最终结论难以令人信服。

笔者研读此诗本文，并将其放在赖以产生的政治文化背景下考察，得出的结论是，此诗不可能作于齐代，被送者亦不可能是北徐州刺史张稷，李善注本有"张"字是错的。今试申述如下。

从诗中用典看被送者的身份。此诗中最能表明被送者身份的是"实惟北门重，匪亲孰为寄"两句，弄清楚这两句至为重要。

先说"北门"。此典出自《史记·田敬仲完世家》："威王曰：……吾吏有黔夫者，使守徐州，则燕人祭北门，赵人祭西门，徙而从者七千余家。"裴骃《集解》引贾逵曰："齐之北门、西门也。言燕、赵之人畏见侵伐，故祭以求福。"显然，丘迟诗是以"北门"指徐州。五臣张铣注亦曰："徐州，梁之北门。"沈德潜《古诗源》卷一三选此诗，亦认为诗言"北门重"，"与徐州关合，非寻常征引"。对丘迟用此典，何焯进行了尖锐地批判："按：此徐州，从人，与'邾'同，乃鲁之薛县也。与南北两徐州无与。若引此，则赵人祭西门，更如何牵合耶？"① 不过，何焯的批评未免胶柱鼓瑟之嫌。语言是有社会性的，一旦某一语言符号之意指被社会接受便具有相当的稳定性，人们并不一定要在使用它时去追寻它的原始意义。重要的是"北门"一典在南朝时，通常用来指何地。笔者考察后的结论是指南徐州。首先就地理位置讲，刘宋元嘉八年以淮南为南徐州，镇京口。② 京口距京师建康颇近，且在建康之北。宋文帝元嘉二十六年诏书即称京口为"北京"（见《宋书·文帝纪》）。所以称南徐州为梁之北门是合理的。其次，以"北门"旧典指南徐州，南朝文献中并不乏例。如宋后废帝时，建平王刘景素曾为南徐州刺史，后

---

① 何焯：《义门读书记》卷四六《文选·诗》。
② 据《宋书·州郡志》。

以谋反罪被诛。宋末，景素故主簿何昌宇上书司空褚渊为景素鸣冤，言景素谦退，曾"求解徐州，以避北门要任"①。此徐州即指南徐州。②齐竟陵王萧子良曾先后为南徐、南兖二州刺史。任昉述其事，颂其政绩，即有云："未及下车，仁声先洽，玉关靖柝，北门寝扃。"③五臣吕延济注曰："北门谓润州为国之北门也。"今按：唐之润州治所即南朝之京口。又如，梁末，西魏袭江陵，元帝被害，骠骑大将军、录尚书王僧辩纳贞阳侯萧渊明嗣梁，以陈霸先为南徐州刺史。陈霸先自京口起兵袭建康，王僧辩下南门楼就执。霸先问："何意全无防备？"僧辩曰："委公北门，何谓无备？"（《梁书·王僧辩传》）显然，王僧辩也是以北门指南徐州。这些都是明证。

再说"匪亲"之"亲"。"匪亲"典出《史记》。《高祖本纪》："是日，大赦天下，田肯贺，因说高祖曰：'陛下得韩信，又治秦中。……非亲子弟莫可使王齐矣！'高祖曰：'善。'赐黄金五百斤。"又《齐悼惠王世家》："主父偃方幸于天子，用事，因言：齐临菑十万户，市租千金，人众殷富，巨于长安，此非天子亲弟爱子不得王此。"可见"匪亲"之"亲"本指皇帝之亲弟或亲子，不是一般所谓亲近、亲信。南朝人用"匪亲"一典，沿袭了这一特指意义，没有变化。今略举三证：其一，《宋书·王弘传》载，宋元嘉初，王弘"为侍中、司徒、扬州刺史，录尚书，给班剑三十人"，权势显赫。平陆令河南成粲与弘书，诫以盈满，兼陈彭城王宜入知朝政，竟陵王、衡阳王宜出据列藩。书有云："夫势之所处，非亲不居，是以周之宗盟，异姓为后。"衡阳王义季、彭城王

---

① 据《南齐书·何昌宇传》及《宋书·建平王景素传》。
② 南北徐州刺史而称徐州，南朝人并不那么拘泥。如梁萧纲为南徐州刺史，萧统作诗称之为"徐州弟"，见《先秦汉魏晋南北朝诗》中《梁诗》卷一四，并参《梁书·简文帝纪》；张谡为北徐州刺史，范云作诗称之为"张徐州"，见《文选》卷二六范彦龙《赠张徐州谡》。
③ 萧统编：《文选》卷六〇任彦升《齐竟陵文宣王行状》。

义康皆为当朝皇帝文帝义隆之弟，而竟陵王诞为文帝之子。① 此"非亲"之"亲"，无疑指宋文帝之弟和子。其二，《宋书·武二王·彭城王义康传》载：元嘉十七年，文帝弟大将军领司徒录尚书事彭城王义康被黜，龙骧将军巴东扶令育诣阙上表，有云："且陛下旧楚形胜，非亲勿居，遂以骠骑之号，任以藩夏之重，抚政南郢，绥民遏寇，播皇宋之泽，以洽幽荒。"今按："骠骑之号"云云，指彭城王义康元嘉三年以骠骑将军为都督荆湘等八州诸军事、荆州刺史。显然，"非亲勿居"是指义康为荆州刺史。其三，梁天监元年，武帝萧衍封授其弟宏、秀、伟、恢、憺等五王，沈约代作《封授临川等五王诏》。诏书即有云："隆兹宠号，实允旧章，并非亲勿居，惟贤斯授。"② 亦以"非亲"之"亲"指皇帝之弟。"非亲"之典既然是特指皇帝之弟或子，那么，何焯、陈与郊据以断定迟诗题无"张"字，应是有见地，值得充分重视的。

南徐州密迩京邑，"内镇优重"（《南齐书·州郡志》），其于南朝政权之重要性仅次于京邑所在之扬州。正因为如此，宋武帝刘裕临终"遗诏，京口要地，去都邑密迩，自非宗室近戚，不得居之"③。宋孝武帝诏书亦有"旧京树亲，由来常准"之语。④ 宋末，萧道成为了代宋，"进督南徐州刺史"（参《南齐书·高帝纪》），沈攸之起兵反，责萧道成欲行废立，有书云："朱方帝乡，非亲不授。"⑤ 可见刘宋统治者对南徐州的重视。宋代如此，齐、梁更是如此。笔者据清万斯同《齐方镇年表》⑥并参证《南齐书》、《梁书》，得知齐代为南徐州刺史者13人，除萧谌外，其余12人（长沙王晃、南郡王长懋、竟陵王子良、桂阳王铄、安成王暠、

---

① 沈约：《宋书》之《武三王传》及《文五王传》。
② 沈约著，陈庆元校笺：《沈约集校笺》卷二。
③ 沈约：《宋书·刘延孙传》。
④ 京，指南徐州镇所京口。参逯钦立《汉魏六朝文学论集》中《〈古诗纪〉补正叙例》第二节，陕西人民出版社1984年版。
⑤ 详《南齐书·张敬儿传》，朱方即丹徒，属南徐州，此处代指南徐州。
⑥ 万斯同：《齐方镇年表》，《二十五史补编》本，中华书局1986年版。

江夏王锋、永嘉王昭粲、河东王铉、巴陵王宝义、江夏王宝玄、晋熙王宝嵩、鄱阳王宝寅），全都是当朝皇帝之弟或子。而萧谌为南徐州刺史，只是一个特例。据《南齐书·萧谌传》载，谌于太祖萧道成为绝服族子，郁林王时，"回附高宗，劝行废立"，并于废郁林王之日，亲自领兵先入后宫，故成为高宗心腹。高宗即位，以之为南徐州刺史，但不足一年，即被赐死，南徐州刺史之职终归皇子巴陵王宝义。梁代，自梁初至丘迟去世的天监七年，为南徐州刺史者4人（安成王秀、鄱阳王恢、建安王伟、豫章王综），3人是梁武帝之弟，1人为其子。至于北徐州，齐梁时已是边境小州。齐时为北徐州刺史者15人（崔文仲、垣荣祖、戴僧静、薛渊、王广之、沈景德、王玄邈、萧惠休、裴叔业、徐玄庆、沈陵、王鸿、张稷、王珍国、陈虎牙）无一人是皇帝之近亲。梁代天监七年前为北徐州刺史者是昌义之，更谈不上与梁武帝有何亲属关系。

由此可知，南北徐州在南朝时的地位是不可同日而语的，南徐州刺史非亲不居是南朝的规矩，也是惯例。丘迟由齐入梁，长期仕宦于统治集团中，对于以上所述情况，他当然清楚明白，他怎么会以"北门"之典指北徐州，以"非亲勿居"指张稷呢？

从丘迟的官职看此诗的作期。李善于"丘希范"三字下注云："《梁史》曰：丘迟字希范，吴兴人，八岁能属文，及长，辟徐州从事。高祖践阼拜中书郎，迁司徒从事中郎，卒。集题曰：兼中书侍郎丘迟上。"今按："高祖"，梁武帝也。李善此注，为我们提供了两条信息：（一）丘迟作此诗时在"兼中书侍郎"任上。（二）丘迟为中书郎（即中书侍郎）在梁代。这些是否可靠呢？有必要参证其他材料。关于（一），《隋书·经籍志》"集部·别集"类著录有"梁国子博士丘迟集十卷并录。梁十一卷"。《隋志》成书于唐高宗显庆元年（656）[①]，李善注杀青于显

---

① 《隋书》出版说明，中华书局1973年版。

庆三年。①李善博览群书，注成《文选》，此《丘迟集》，他当见过，故"集题曰"云云之"集"，当即此《丘迟集》。《丘迟集》原文既署题如此，当是可靠的。关于（二），《隋书·经籍志》"史部"著录有"《梁史》五十三卷，陈领军、大著作郎许亨撰"。李善注引《梁史》当即此书。参以姚思廉《梁书·文学·丘迟传》："高祖践阼，拜散骑侍郎，俄迁中书侍郎，领吴兴邑中正，待诏文德殿。……（天监）四年，中军将军临川王宏北伐，迟为谘议参军，领记室。……还拜中书郎，迁司徒从事中郎。七年，卒官。"是李善注引《梁史》与姚思廉《梁书》俱载丘迟为中书侍郎在梁代。又梁钟嵘《诗品》中亦称"梁中书郎丘迟"，唐丘丹《奉使过石门观瀑布诗序》有云："余六代叔祖梁中书侍郎天监中有过石门瀑布诗。"这些都是旁证。丘迟官中书侍郎时作此诗，则此诗当然只能产生于梁代。由此看来，何焯所说"按集题亦知是梁诗"也是正确的。而张稷为北徐州刺史在齐代，故诗题自当无"张"字。至于范云《赠张徐州谡》诗，笔者认为，彼自作诗赠张谡，与丘迟此诗并无瓜葛。说两诗写作时间相近，缺乏根据。或许正是因《文选》中有范云此一诗题，才导致李善或李善以前某人在丘迟此诗题中误加一"张"字。

另外，说此诗作于齐永元二年七月，笔者认为还有两点可疑，也在此略作陈述：一、永元年间，南齐皇帝是东昏侯萧宝卷。此人乃一无赖恶少。《南齐书·东昏侯纪》载："帝在东宫便好弄，不喜书学"，"尝夜捕鼠达旦，以为笑乐"，"委任群小，诛诸宰臣，无不如意"。"性重涩少言，不与朝士接，唯亲信阉人及左右御刀应敕等"，"日夜于后堂戏马，与亲近阉人倡伎鼓叫。常以五更就卧，至晡日乃起。王侯节朔朝见，晡后方前，或际暗遣出。台阁案奏，月数十日乃报，或不知所在。（永元）二年元会，食后方出，朝贺裁竟，便还殿西序寝，自巳至申，百僚陪位，皆僵仆菜色。比起就会，忽遽而罢"。如此之类，不一而足。设宴

---

① 据李善《上文选注表》。

送别，诏臣下赋诗，毕竟是好文之主礼遇大臣之雅致，东昏侯萧宝卷有这种雅兴吗？二、此诗有"轻荑承玉辇"等诸句写景。曹先生认为此景"和十月的节令不符"，这无疑是正确的。但细味"轻荑"、"初鸟"、"新鱼"等词语，似亦与七月的节令不符，而应是春日之景。因此笔者同意魏明安先生此诗作于正月的说法。

据上文考论可知，一、丘迟此诗作于在梁代任中书侍郎时；二、被送者为梁武帝弟或子，且其官职是南徐州刺史；三、宴会的时间大致是春日。将这三点综合考虑，笔者认为，丘迟此诗当是天监二年正月，在梁武帝送其弟鄱阳王萧恢出任南徐州刺史的宴会上所作。因为，据上文所引《梁书·文学·丘迟传》知，丘迟任中书侍郎一次在天监元年至三年，一次在天监五年冬萧宏北伐"还"以后。[①]将丘迟任中书侍郎的时间与萧秀、萧恢、萧伟、萧综4人各自始任南徐州刺史的时间对照[②]，即知，萧恢天监二年正月始任南徐州刺史，其时，丘迟正在中书侍郎任上。

细心的读者也许会问：建康正月，有丘迟诗中所写的那样的春景吗？江南春早，这是众所悉知的。需要特别指出的是，据《梁书·武帝纪》和陈垣《二十史朔闰表》，天监元年闰四月，故天监二年的春天来得特别早（正月初一即当公历2月12日）。即使梁武正月上旬为萧恢饯行，其时辇下风光如丘迟诗中所描述，也是符合实际的。

（原载《黄冈师专学报》1999年第2期）

[①] 据《梁书·武帝纪》及《南史·昌义之传》，陈伯之降在天监五年三月，临川王萧宏还师在同年冬。

[②] 据《梁书·武帝纪》，萧秀、萧恢、萧伟、萧综为南徐州刺史的时间分别是中兴二年三月至天监二年正月，天监二年正月至四年正月，天监四年正月至五年正月，天监五年正月至十年正月。

"竟陵八友"三考

一、"西邸"在鸡笼山

现存史料中，关于"竟陵八友"之称，最早见于《梁书·武帝纪》：

> 竟陵王子良开西邸，招文学，高祖与沈约、谢朓、王融、萧琛、范云、任昉、陆倕等并游焉，号曰八友。

这段文字告诉我们，"八友"之形成与萧子良之西邸有密切关系。然而西邸在何处？《梁书》无载。今本《南齐书·武十七王·萧子良传》亦只云子良永明元年为南兖州刺史，永明二年入为护军将军，兼司徒，领兵置佐，"镇西州"，永明五年正位司徒，"移居鸡笼山邸"。现代有的学者认为西邸在鸡笼山①，则开西邸招文学在永明五年。可惜未见有人申述理由。近年有学者明确提出西邸在西州，主要理由有二：其一，"镇西州当然要开府"，子良镇西州，西邸当即其府邸。其二，鸡笼山在台城之北而不在其西，似不得称"西邸"。因而定开西邸招文学在永明二年②。西邸之方位关系到"竟陵八友"这一文学史上重要的文学集团形成的时间，故有考辨之必要。

先看下列材料：

> （郁林王萧昭业）生而为竟陵文宣王所摄养，常在袁妃间。竟陵

---

① 伍叔傥：《谢朓年谱》，《小说月报》第17卷号外《中国文学研究》；林东海：《谢朓》，《中国历代著名文学家评传》第1卷，山东教育出版社1983年版；萧华荣：《钟嵘》，《中国古代文论家评传》上，中州古籍出版社1988年版。

② 曹道衡、沈玉成：《南北朝文学史》，人民文学出版社1991年版，第164页。

王移住西州，帝（萧昭业）亦随住焉。……及竟陵王移住西邸，帝独住西州，每夜辄开后堂阁，与诸不逞小人，至诸营署中淫宴。（《南史·齐本纪》）

（萧昭业）生而为其叔父子良所养，……既与子良同居，未得肆意。子良移西邸，昭业独住西州，每至昏夜，辄开后阁与诸小人共至诸营署恣淫宴。（《魏书·萧道成传》）

据此，萧子良自广陵（据《南齐书·州郡志》，南兖州镇广陵）移住西州，后又移居西邸，则西邸不在西州，当无可疑。再说，若西邸在西州，则昭业独住西州，常开后阁至诸署淫宴，子良及袁妃焉得不知？昭业何能"肆意"？

那么，西邸究在何处？答曰：在鸡笼山。再看下列材料：

（永明二年，子良）入为护军将军，兼司徒，领兵置佐，侍中如故。镇西州。三年，给鼓吹一部。四年，进号车骑将军。子良少有清尚，礼才好士，居不疑之地，倾意宾客，天下才学皆游集焉。善立胜事，夏月客至，为设瓜饮及甘果，著之文教。士子文章及朝贵辞翰，皆发教撰录。……五年，正位司徒，给班剑二十人，侍中如故。移居鸡笼山邸，集学士抄五经、百家，依《皇览》例为《四部要略》千卷。招致名僧，讲语佛法，造经呗新声。道俗之盛，江左未有也。（萧子显：《南齐书·武十七王·萧子良传》，中华书局点校本）

（竟陵王子良）少有清尚，礼才好士，居不疑之地，倾意宾客，天下才学皆游集焉。善立胜事，夏月客至，为设瓜饮及甘果，著之文教。士子文章及朝贵辞翰，皆发教撰录。居鸡笼山西邸，集学士抄五经、百家，依《皇览》例为《四部要略》千卷。招致名僧，讲论佛法，造经呗新声。道俗之盛，江左未有也。（梁元帝《金楼子》卷三《说蕃》，《四库全书》本）

（永明）四年，进号车骑将军。子良少有清尚，礼才好士，居不疑之地，倾意宾客，天下才学皆游集焉。善立胜事，夏月客至，为设瓜饮及甘果，著之文教。士子文章及朝贵辞翰，皆发教撰录。……五年，正位司徒。……移居鸡笼山西邸，集学士抄五经、百家，依《皇览》例为《四部要略》千卷。招致名僧，讲论佛法，造经呗新声。道俗之盛，江左未有。（李延寿：《南史·齐武帝诸子·萧子良传》，中华书局点校本）

比勘此三段文字，可以清楚地知道：李延寿几乎照抄了萧子显的《萧子良传》，而梁元帝萧绎也只不过在抄《南齐书·萧子良传》时略去了萧子良的仕历而已。其最可注意的相异之处是：《金楼子》和《南史》中"鸡笼山西邸"，在今本《南齐书》中却作"鸡笼山邸"。梁元帝、李延寿能不期而同，有意加一"西"字吗？他们似无此必要。从校勘的角度看，今本《南齐书》当脱一"西"字。学者共知，自宋代以来，李延寿之史盛行，《南齐书》诵习者少，讹脱严重。其脱一"西"字，是极平常之事。退一步说，即使原本不脱，萧、李各自增一"西"字，也只能说明他们二位都知道"鸡笼山邸"即"鸡笼山西邸"。李延寿与萧子显时代甚近，萧绎与萧子显同编过《法宝联璧》一书[1]，断不致将"西邸"之地理位置弄错。

至于"西邸"名称之由来，现在已难确考。鸡笼山在台城西北九里[2]，如果以台城为中心，就方位言，准确地说，确然"不得称西邸"。不过，我们也该知道，古人于方位并不那么拘泥。王鸣盛《十七史商榷》卷六二"江西即江北"条有云："古人言北可以西言之，言南可以东言之，二者得通称。"按古人的习惯，鸡笼山在台城西北而称"西邸"，似亦未尝不可。魏曹植《登台赋》写邺城铜爵台，有"立冲天之华观兮，连飞阁乎西城"之句。潘眉《三国志考证》云："魏铜爵台在邺都北城西北隅。邺无西城。所谓西城者，北城之西面也。"邺之北城

---

[1] 严可均辑：《全梁文》卷一七梁元帝《法宝联璧序》。
[2] 张敦颐：《六朝事迹编类》卷下《鸡笼山》条引《寰宇记》（《丛书集成初编》本）。

而称西城或与"西邸"之称相类。

二、沈约为太子右卫率的时间及有关作品的系年问题

《梁书》和《南史》的《沈约传》都没有沈约官太子右卫率的记载。萧子显《南齐书》中两次提到，一见于《豫章文献王嶷传》，再见于《高逸·杜京产传》。前者在叙及永明十年四月萧嶷死后，即云：群吏中"（乐）蔼又与右率沈约书"。后者有"永明十年，（孔）稚珪及光禄大夫陆澄、祠部尚书虞悰、太子右卫率沈约、司徒右长史张融表荐京产"云云。由萧子显的记载，我们只知道永明十年沈约在太子右卫率任上，而其任此职的起始时间却不得而知。要研究沈约的生平并给有关诗歌系年，这个问题不可不考。

据《南齐书·百官志》，齐代东宫属官中，左右卫率各一人。我们不妨从这里找突破口，求得问题的解决。笔者细检《南齐书》、《梁书》，得知南齐永明年间曾任太子右卫率者除沈约外尚有垣历生、胡谐之、戴僧静、王玄邈、王晏、虞悰、庾杲之等七人。其任此职时间在永明十年前而距永明十年最近者为虞悰和庾杲之。《南齐书·虞悰传》载，"（悰）迁散骑常侍，太子右率。永明八年，大水，百官戎服救太庙。悰朱衣乘车卤簿，于宣阳门外行马内驱打人，为有司所奏，见原。……转侍中"。永明八年京邑大水在七八月间，《南齐书·武帝纪》有载。是虞悰为太子右卫率在永明八年八月以前。继虞悰任此职的是庾杲之。《南齐书》本传言其"迁尚书吏部郎，参大选事。转太子右卫率，加通直常侍。九年，卒"。临终上表，"乞解所忝"，诏不许。是其卒前在太子右卫率任上也。或许有人说，"左"、"右"互误的可能性是有的，庾杲之也可能是太子左卫率。沈约《怀旧诗九首·伤庾杲之》首句"右率馥时誉"之"右率"，冯惟讷《古诗纪》不正是作"左率"吗？回答是：这是冯氏之误。因为永明八年至九年三月任太子左卫率的先后是曹虎和刘缋，《南

齐书·曹虎传》和《武帝纪》有明确记载,庾杲之不可能同时任此职。

由上所考,沈约为太子右卫率始于永明九年当无疑。

笔者留心研究齐梁文学的论著,发现今人讨论沈约为太子右卫率的时间时,有一明显的疏误,即把太子右卫率与右卫将军等同起来。有人据谢朓《酬德赋序》"右卫沈侯"云云及赋中"惟敦牂之旅岁,实兴齐之二六"诸语,以为"右卫"即"右卫率",从而推定沈约为太子右卫率在永明八年①。也有人不加论析即肯定"沈右率即'右卫沈侯'"②。

实则太子右卫率和右卫将军是所属不同、官品不等的两种职官。前者属东宫,武职,官五品,铜印墨绶;后者属西省,掌禁卫营兵,官四品,银章紫绶③。前者可省称"太子右率"、"右率"或"率",后者可省称"右卫"④。遍考南朝诸史,二者绝不相混。因此谢朓以"右卫"称"太子右卫率"是绝不可能的。再说,谢朓永泰元年(498)作赋酬沈约之德,不称沈约当时的官职,而称比当时官职低的七八年前的旧职,这也是不可理解、违背常情的事。另外赋文中"君奉笔于帝储"句,亦明确告诉我们,沈约永明八年是东宫文职官员。而"右卫率"乃武官,亦可作其时沈约非太子右卫率的一个佐证。

明白了这些,那种以沈约为太子右卫率在永明八年的论断就完全失去了根据。

需要顺便指出的是,谢朓《酬德赋序》中"右卫沈侯"之"右"当是"左"字之误。谢朓此赋作于永泰元年冬,诸家已有定论⑤。而据《梁书·沈约传》,自永泰元年七月明帝崩至永元元年,沈约皆在左卫将军

---

① 曹道衡、沈玉成:《南北朝文学史》,人民文学出版社1991年版,第167页。
② 葛晓音:《谢朓生平考略》,《汉唐文学的嬗变》,北京大学出版社1990年版。
③ 据《宋书》、《南齐书》之《百官志》(中华书局点校本)及汪士铎《南北史补志未刊稿·职官志》(《二十五史补编》本)。
④ 参《宋书》之《袁粲传》、《吴喜传》,《南齐书》之《沈文季传》、《张欣泰传》等。
⑤ 参《谢朓年谱》及陈庆元《谢朓诗歌系年》(《文史》第21辑)。

任上。其时任右卫将军的先后有崔惠景、刘暄等人①。宋齐时左右卫将军各一人，沈约不可能与崔、刘同时任右卫将军。故此处"右"字当校正为"左"。

弄清了沈约为太子右卫率的起始时间在永明九年，则当时人涉及"沈右率"的有关作品的系年问题就应该重新考虑了。

现存此类作品都与谢朓有关。在谢集中共有四题：一《同沈右率诸公赋鼓吹曲各二首》，二《和别沈右率诸君诗》，三《奉和竟陵王同沈右率过刘先生墓诗》，四《阻雪连句遥赠和》。其中一、二两题，陈庆元先生分别系之于永明十年秋和九年春②，笔者无异议。第三题陈先生系之于永明八年春而不系于九年春。理由是，谢朓入随王子隆府在永明八年八月，"朓诗不径题奉和随王"，证明其"未入随府"。而伍叔傥系之于永明九年，云"殆是在荆州随王府中和作也"③。窃以为伍说为是。今按：永明八年八月谢朓为随王子隆镇西功曹，九年春子隆赴荆州亲府州事，朓为随王文学随赴荆州。子隆赴荆州时有《经刘瓛墓下诗》赠子良。子良有答诗《登山望雷居土精舍同沈右率过刘先生墓下诗》，其序有云："舍弟随郡有示来篇，……升望西山，率尔为答。"细味此序语气，子隆赠诗时当不在京邑而在离京以后。当时和子良作者有沈约、虞炎、柳恽等，同题为《奉和竟陵王经刘瓛墓下诗》。窃以为，子良答诗至荆州，谢朓方和之，故题为《奉和竟陵王同沈右率过刘先生墓下诗》。若谢朓在京邑，而其诗题与沈约等不同就无法解释了。至于谢朓与子隆同赴荆州，子隆有作而朓未和，这其间的原因，我想用不着深究；府主有作，僚属恐非篇篇必和吧！第四题，陈先生以为乃谢朓与沈约等皆在京邑时作，这是不错的。不过，京邑建康，初春大雪并非稀罕，并不能肯定此诗就只能作于永明八年冬而不能作于九年初春谢朓赴荆州前。

---

① 萧子显：《南齐书·东昏侯纪》。
② 陈庆元：《谢朓诗歌系年》。
③ 伍叔傥：《谢朓年谱》。

总之，沈约为太子右卫率始于永明九年，有关"沈右率"之诗都不能系之于此年之前。

三、沈约为东阳太守的时间

东阳太守时期是沈约诗歌创作道路上的重要时期。著名的《八咏诗》及《新安江水至清浅深见底贻京邑同好》、《泛永康江》、《石塘濑听猿》等一系列优秀作品都作于这一时期。此期究竟有多长时间是研究沈约势必涉及的问题。

《梁书·沈约传》云："隆昌元年，除吏部郎，出为宁朔将军、东阳太守。明帝即位，进号辅国将军，征为五兵尚书，迁国子祭酒。"（《南史》本传同）考《南齐书》诸《本纪》，知永明十一年（493）七月齐武帝崩，皇孙郁林王萧昭业继位。次年正月改元隆昌，七月郁林王废，海陵王昭文立，改元延兴，十月海陵王又废，明帝萧鸾即位，改元建武。依《梁书》所载，则沈约为东阳太守似起于隆昌元年而终于建武元年，为时不足一年。

然而事情并非如此简单。《齐》、《梁》两书还有另外的记载。《梁书·沈约传》，载沈约七十岁时①与徐勉书，有"永明末，出守东阳，意在止足"云云，是其出守东阳又始于永明十一年。《南齐书·五行志》载："（建武）三年，大鸟集东阳郡，太守沈约表云：鸟身备五采，赤色居多。"据此则沈约建武三年仍在东阳太守任上。

沈约为东阳太守究竟起于何时，止于何时，这是本文所要解决的问题。

沈约出任东阳太守当始于隆昌元年春。证据有三：其一，《文选》卷二七《行旅下》有沈约《早发定山》一诗，六臣注善曰："《梁书》

---

① 沈约《与徐勉书》有"今岁开元，礼年云至。悬车之请，事由恩夺"之语。知其时约年七十矣。

曰：约为东阳太守。然定山，东阳道之所经也。"良曰："约为东阳太守宿于定山而早发。"《文选》同卷丘迟《旦发渔浦潭》诗李善注引《吴郡缘海四县记》曰："钱圩西南五十里有定山。"则定山正在建康至东阳途中。是此诗乃约赴东阳途中所作。诗写当时自然景物，有云："野棠开未落，山樱发欲然。"此乃春日之景①，是其时在春日。沈约离京赴东阳时，谢朓曾与之怅然话别，朓《酬德赋》有"君纡组于名邦，贻话言于川渚。怅分手于东津，望徂舟而延伫"云云，即述其事。而谢朓永明九年春至十一年秋都在江陵荆州刺史随王子隆幕下，十一年秋末方被敕还京②，则其送别沈约不可能是十一年春而只能是隆昌元年春。其二，《文苑英华》卷四六二载有沈约所撰《劝农访民所疾苦诏》。此诏又见于《南齐书·郁林王纪》，是隆昌元年正月辛亥（正月五日）郁林王所下。若其时沈约不在京邑，则其为郁林王起草诏书是不可能的。其三，唐释道宣《续高僧传》卷六《释慧约传》："少傅沈约，隆昌中外任，携与同行。在郡惟以静漠自娱，禅诵为乐。"是道宣亦载沈约隆昌元年赴东阳太守任。有人据沈约《与徐勉书》，以为其任东阳太守的时间"当从自述"③，由上三证看来，恐未当。作者自述其仕历固然较为可靠，但绝不可一概而论。古今中外，自述于时间有误的不胜枚举。更何况沈约写《与徐勉书》时已是垂暮之年而又重病缠身，且为文的主旨并不在自述仕历呢！

再说沈约离开东阳的时间。《艺文类聚》卷一四载有沈约《贺齐明帝登祚启》。启文叙其得知萧鸾登祚后高兴之情有云："况臣早蒙覆润，夙荷恩灵。踊跃外畿，心不胜庆。谨缉民和，式流星泽。途歌里抃，戴怀袠藻。"既然建武元年十月萧鸾即位时，沈约"踊跃外畿"，则其在东

---

① 梁萧琪《春日贻刘孝绰》"涧水流初碧，山樱发早红"，宋辛弃疾《念奴娇·书东流村壁》"野棠花落，又匆匆过了清明时节"，可资参证。
② 参《谢朓年谱》及陈庆元《谢朓诗歌系年》（《文史》第21辑）。
③ 曹道衡、沈玉成：《南北朝文学史》，第184页。

阳而不在京邑应不言自明。又，沈约离东阳时有《去东阳与吏民别诗》。诗有云："下车如昨日，曳组忽弥期。霜载凋秋草，风三动春旗。无以招卧辙，宁望后相思。"① 按："载"、"再"古通②，"霜载凋秋草，风三动春旗"者，约自言其在东阳历二秋三春也。沈约出守东阳在隆昌元年（494）春，历二秋三春，则去职在建武三年春夏间矣。

总之，沈约为东阳太守的时间在隆昌元年春至建武三年春夏间，这是我们的结论。有人认为他去东阳，征入为五兵尚书在建武二年，显然疏于考证③。

（原载《文献》1996年第2期）

----

① 欧阳询撰，汪绍楹校：《艺文类聚》卷五〇《太守》条下，上海古籍出版社1982年版。
② "载"、"再"古通，其例甚多。略举三证如下：《诗·小戎》："言念君子，载寝载兴。"《韩诗》"载"作"再"。《吕氏春秋·顺民》："文王载拜稽首而辞。"王符《潜夫论·考绩》："其不贡士也，一则黜爵，载则黜地，三黜则爵土俱毕。"是则"载"通"再"，其义甚明。
③ 王达津：《沈约》，《中国历代著名文学家评传》第1卷，山东教育出版社1983年版。

范云为国子博士的时间问题

《梁书·范云传》记范云齐末仕历，有云："仍迁假节建武将军、平越中郎将、广州刺史。……有谭俨者，县之豪族，艺鞭之，俨以为耻，诣京诉云，云坐征还下狱，会赦免。永元二年，起为国子博士。"此一段中，"永元二年"当系"永元三年"之误。历来学者未见有人指出。近人著作，涉及范云仕历时，往往信从"永元二年"为国子博士这一记载，亦有以此来推定何逊有关诗歌之作年的，如《何逊集校注》等，故不可不辩。

《文选》卷三八有任昉《为范尚书让吏部封侯第一表》。表文开首即云："臣云言，被尚书诏，以臣为散骑常侍、吏部尚书，封霄城县开国侯，食邑千户。奉命震惊，心颜无措。"是范尚书即范云，让表为任昉代作。据《梁书》本传及《武帝纪》，范云为吏部尚书，封霄城县侯在天监元年四月梁武即位之次日，则让表之作当在其时。而表文所述范云之仕历，有"去岁冬初，国学之老博士耳；今兹首夏，将亚冢司。虽千秋之一日九迁，荀爽之十旬远至，方之微臣，未为速达"之语。范云之意很明白：高迁之速，远过古人，"今兹首夏"，正与天监元年（502）四月合。"去岁冬初"，则必为永元三年（即中兴元年，501年）十月。是范云自言其始任国子博士在永元三年十月也。

或许有人会说："去岁冬初，国学之老博士耳"，只表明范云永元三年十月还在国子博士任上，并不是说他始任国子博士，始任国子博士是可能在永元二年的。这样理解，貌似有理，实则未当。因为永元三年十月并不是范云为国子博士的最后月份。《南齐书·刘绘传》云："东昏殒，城内遣绘及国子博士范云等送首诣梁王于石头。"《梁书·张稷传》亦云："乃使直阁张齐害东昏于含德殿，……乃遣国子博士范云、舍人裴长穆等使石头城诣高祖。"这些都足以证明：永元三年十二月东昏侯被诛时（详《南齐书·东昏侯纪》），范云仍在国子博士任上。范云为何不说"去岁暮冬，国学之老博士"，而要强调"冬初"呢？说"去岁暮冬，国学之老博士；今兹首夏，将亚冢司"，岂不更能说明高迁之速吗？唯一的解释是，范云所说的"去岁冬初"是指其始任国子博士的时间。同时，这样的理解可以从《南史·范云传》中找到旁证。《南史·范云传》云：

及帝起兵，将至都，云虽无官，自以与帝素款，虑为昏主所疑，将求入城。……及入城，除国子博士。

据《梁书·武帝纪》载，萧衍永元二年（500）十一月起兵于襄阳，永元三年正月发兵向京邑，二月围郢城，七月郢城降，九月大军次新林，十月镇石头，十二月东昏被诛，京邑平。新林、石头皆距京城不远，是萧衍"将至都"当指九十月间。而其时范云"无官"，则其入城除国子博士，自当在永元三年十月间。

由上可知，范云为国子博士的时间当在永元三年十月。

(原载《史学月刊》1992年第5期)

《汉魏六朝百三家集题辞注》商榷

殷孟伦先生《汉魏六朝百三家集题辞注》是郭绍虞、罗根泽两先生主编的颇有影响的"中国古典文学理论批评专著选辑"丛书之一种。此书博稽载籍，注释详审，自问世以来，印刷多次，诚有功于学人。笔者研习该书，尚见有可匡补者非一，而所憾者，其瑕漏未见有人指出，故今不揣浅陋，录出札记数则，以供读是书者参考。

1. 诸葛丞相集题辞：《戒子书》云："静以成学，学以广材"，周孔之教也。晋世有写其词遍勖诸子者，其理学之始基乎！

原注：《戒子书》，载《类聚》二十三，《御览》四百五十九。有云："夫学欲静也，才欲学也。非学无以广才，非静无以成学。"此文"静以成学，学以广材"二句本此。

笔者按：注只明"静以成学，学以广材"二句出处，"晋世"云云，失注。考唐修《晋书》卷八七《凉武昭王李暠传》："晋凉武昭王李暠写诸葛武侯训诫以勖诸子，曰：……览诸葛亮训励，应璩奏谏，寻其终始，周孔之教，尽在中矣。为国足以致安，立身足以成名，质略易通，寓目则了，虽言发往人，道师于此。……汝等可不勉哉！"此当是"题辞"作者张溥所本。

2. 魏文帝集题辞：甄后塘上，陈王豆歌，损德非一，崇华、首阳，有余恨焉。

原注：《文帝纪》："七年三月筑九华台，六月戊寅，葬首阳陵。"

笔者按：注未的。崇华、首阳，乃魏文殡葬之所。《三国志·魏志·文帝纪》："（黄初七年夏五月）丁巳，帝崩于嘉福殿，时年四十。

六月戊寅，葬首阳陵。"裴松之于"年四十"后注引《魏书》曰："殡于崇华前殿。"张氏用代字法，以魏文殡葬之所代言其死。其云"崇华首阳，有余恨"者，意即言魏文死，留遗憾于后人也。此无关乎九华台。又《魏志·文帝纪》陈寿评曰："文帝天资文藻，下笔成章，博闻强识，才艺兼该；若加之旷大之度，励以公平之诚，迈志存道，克广德心，则古之贤主，何远之有哉！"陈寿之"余恨"显然。此或即张氏所本。

3. 陈思王集题辞：论者又云，禅代事起，子建发愤怨泣，使其嗣爵，必终身臣汉，则王之心其周文王乎！

原注：《论语·泰伯》称三分天下有其二，以服事殷，周之德，其可谓至德也已。即以指周文王，此论者设言如此。

笔者按："子建发愤怨泣"，注未明出处。实则其事史有明载。《魏志·苏则传》："初，则及临菑侯植闻魏氏代汉，皆发服悲哭。"

4. 王侍中集题辞：以七哀之悲，为显庙之颂，择木而穷，雅诽见志。

原注：显庙，谓文帝。

笔者按：汉文帝庙号太宗，魏文帝庙号世祖，且王粲之卒早于魏文十年，故知注必误。考《古文苑》卷一二有王粲《太庙颂》三章。章樵注云："《粲集》作'显庙'。"是《太庙颂》原作《显庙颂》。朱嘉征《乐府广序》言王粲"《太庙颂》三章，魏公开国时乐章也"。（按：太庙，乃天子之祖庙。曹操非天子，其宗庙不得僭称太庙。太庙之名当是后代人所改）考《魏志·武帝纪》，知建安十八年五月曹操为魏公，七月始建魏社稷宗庙。则王粲此颂乃奉曹氏教而作以祀曹操先祖也。其名当以《显庙颂》为是。张氏所云"显庙"文颂应即《显庙颂》，这正与"七哀"指《七哀诗》相应。

5. 傅中丞集题辞：其间七经诗中，毛诗一首，虽集句托始，无关言志。

原注：《毛诗·小雅·无将大车》曰："无将大车，维尘冥冥。济济多士，文王以宁。显允君子，大猷是经。"二章曰："聿修厥德，令

终有俶。勉尔遁思，我言维服。盗言孔甘，其何能淑。逸人罔极，有靦面目。"

笔者按：中丞《七经诗》中有《毛诗诗》二章，如注所引。然乃集《毛诗》诗句而成，非《毛诗》也。元陈绎曾《诗谱·杂体》有云："晋傅咸作《七经诗》，其《毛诗》一篇略曰……此乃集句诗之始。"此当即张氏所本。

6. 陆清河集题辞：哲昆诗匹，人称如陈思白马。

原注：陈思、白马谓曹植及弟彪也。

笔者按：注释"陈思白马"，甚是。然张氏此语实本之梁钟嵘《诗品》。《诗品》卷中有云："清河之方平原，殆如陈思之匹白马。于其哲昆，故称二陆。"注失检。

7. 张长史集题辞：融字思光，孔德璋所谓外兄张长史也。

原注：《南齐书·孔稚珪传》："稚珪风韵清疏，好文咏，饮酒七八斗，与外兄张融情趣相得。"

笔者按：注引《南齐书》，"外兄"二字有据。然张氏既云"孔德璋所谓"，则"外兄张长史"当是孔德璋（稚珪字德璋）之语。考《全齐文》卷一九有孔德璋《祭外兄张长史文》一篇，是则张氏之语有自来矣。

8. 梁武帝集题辞：帝负龙虎之相，兼文武之才，史赞其恭俭庄敬，艺能博学，人君罕有。

原注：应璩《与尚书诸郎书》："以龙虎之相，遭风云之会。"

笔者按：注引应璩语，未当。张氏所云"龙虎之相"、"文武之才"非泛泛之语，确然于史有征。《南史·梁本纪上》叙梁武："帝生而有异光，状貌殊特，日角龙颜，重岳虎顾。……及长，博学多通，好筹略，有文武才干。""累迁随王镇西谘议参军，行经牛渚，逢风入泊龙溪，有一老人谓帝曰：'君龙行虎步，相不可言，天下方乱，安之者其在君乎？'"此当为张氏所据。

题辞又云：雕虫小技，壮夫不为。尚幸见之朝廷，未容以河中之水、东飞伯劳数诗，定其高下也。

原注：（注引《河中之水歌》、《东飞伯劳歌》二首，从略）

笔者按：注引《河中之水歌》、《东飞伯劳歌》全诗，是。然观张氏语气，宜有所指。考明胡应麟《诗薮·内编》卷三有云："曹氏父子而下，六代人主，世有文辞者梁武、昭明、简文，差足继轨。七言歌行，梁武尤胜。《河中之水》、《东飞伯劳》，皆寓古调于纤词，晋后无能及者。"张氏盖就《诗薮》此语而发。

9. 梁元帝集题辞：乃纵兵六门，参夷流血，同室之斗，甚于寇仇，外为可怜之言，内无急难之痛，狡人好语，固难以尝测也。

原注：六门，未详。《梁书》载世祖命王僧辩克湘州，斩河东王誉，当其事。《南史·刘秀之传》，襄阳有六门堰。

笔者按：注释六门，言"未详"，又引襄阳六门堰为释，在疑似之间。实则"六门"在建康，乃宫殿台省所在之台城之外城门。《南齐书》之《东昏侯纪》、《王俭传》及《南史》，都曾涉及。张氏"纵兵六门"云云，所据乃《南史·梁武帝诸子·萧栋传》。此传云："初，王僧辩之为都督，将发，谘元帝曰：'平贼之后，嗣君万福，未审有何仪注？'帝曰：'六门之内，自极兵威。'僧辩曰：'平贼之谋，臣为己任，成济之事，请别举人。'由是帝别敕宣猛将军朱买臣使行忍酷。"《资治通鉴》卷一六四《梁纪》二〇"承圣元年"下载此事，胡三省注云："台城六门：大司马门、万春门、东华门、西华门、太阳门、承明门。"明乎此，则注"克湘州，斩河东王誉"云云，其不当自不待言。

10. 刘秘书集题辞：孝绰以诗失黄门，复以诗得黄门，风开风落，应遇皆然，知无恤于人之多言矣。

原注：《刘孝绰传》："及武帝为《籍田诗》，又使勉先示孝绰，时奉诏作者数十人，帝以孝绰诗工，即日起为西中郎，湘东王谘议参军，迁黄门侍郎。"杨思本《桃花赋》："几乍雨而乍晴，自风开而风落。"

笔者按：此注误。张氏所据实乃宋陈应行《历代吟谱》。《历代吟谱》有云："刘孝绰词藻为后进所宗，时重其文，每作一首，朝成暮遍，好事者咸传诵。尝为诗曰：'塞外群鸟返，云中旅雁归。'高祖见，大怒，即夺侍郎。又为诗二首，其一曰：'鸣驺响夹毂，飞盖倚林庐。'其二：'城阙山林远，一去不相闻。'高祖嗟叹，复侍郎。沈约曰：'卿以诗失黄门，还以诗得黄门。'孝绰曰：'此即"既为风所开，复为风所落"也。'"（按："既为"两句，乃沈约《八咏诗·会圃临春风》中句。）

11. 何记室集题辞：子坚长于近体，《安乐宫》诗尤称除八病，协五音。

原注：阴铿，字子坚，《安乐宫诗》："新宫实壮哉，云里望楼台。迢递翔鸥仰，连翩贺燕来。重檐寒雾宿，丹井夏莲开。砌石披新锦，梁花画早梅。兹欲安乐盛，歌管杂尘埃。"八病，谓平头、上尾、蜂腰、鹤膝、大韵、小韵、傍纽、正纽，说详《文镜秘府论》、《诗人玉屑》、《诗格类苑》等。五音，谓宫、商、角、徵、羽，亦即谓平上去入四声，而平声又分清浊也。说详沈约《谢灵运传论》，陆厥《与沈约书》，沈约《答陆厥书》及《文心·声律》等，后世论小学者，多有辨析，兹不具列。

笔者按：注引阴铿《安乐宫诗》，并释八病、五音，固是。然张氏"尤称"云云，当有所据，注未获出处。《诗薮·内编》卷四《近体上》有云："阴铿《安乐宫诗》……右五言十句律诗气象庄严，格调鸿整；平头上尾，八病咸除；切响浮声，五音并协。实百代近体之祖。考之陈后主、张正见、庾信、江总辈，虽五言八句，时合唐规，皆出此后。则近体之有阴生，犹五言之始苏李。"张氏所据殆此。

题辞又云：文集入洛，诸贤并赞，以此名高耳。

原注：《何逊传》："未几卒。东海王僧孺集其文为八卷。"入洛，谓晋太康中，陆机与弟云俱入洛，张华诸公为延声誉也。见《晋书·陆机传》。

笔者按：《北史·元文遥传》："文遥敏慧夙成。济阴王晖业每云：'此子王佐才也！'晖业常大会宾客，时有人将《何逊集》初入洛，诸贤皆赞赏之。河间邢卲试命文遥诵之，几遍可得？文遥一览便诵，时年始十余岁。"据此，知何逊文集入洛，乃实有之事，注以为张氏用二陆入洛之典，误也。

12. 吴朝请集题辞：史又云：叔庠与何仲言同事梁武，赋诗失旨。诏曰："吴均不均，何逊不逊。"遂永疏隔。

原注：《南史·何逊传》："与吴均俱进幸，后稍失意，帝曰：'吴均不均，何逊不逊，未若吾有朱异，信则异矣。'自是疏隔，希复得进。"

笔者按：宋庞元英《谈薮》载："梁高祖尝作五字叠韵曰：'后牖有榴柳'，命朝士并作。……何逊用曹瞒故事，曰：'暯苏姑枯卢'，吴均沉思良久，竟无所言。高祖愀然不悦，俄有诏曰：'吴均不均，何逊不逊，宜付廷尉。'"观题辞"史又云"、"赋诗失旨"、"诏曰"、"疏隔"诸语，知张氏盖混合《南史》、《谈薮》而言之，注惟引《南史》，稍欠确当。

13. 江令君集题辞：自叙官陈以来，流俗怨憎，群小威福，摧黜繇命，识者笑其言迹乖谬。及考之史书，……六宫谢章，美人应令，艳歌侧篇，传诵禁庭。

原注：总《自叙》曰："官陈以来，未尝逢迎一物，干预一事，悠悠风尘，流俗之士颇致怨憎，荣枯宠辱不以介意。太建之世，权移群小，谄嫉作威，屡被摧黜，奈何命也。"

笔者按：《南史·江总传》："其为自序云：'太建之时，权移群小，谄嫉作威，屡被摧黜，奈何命也。'识者讥其言迹之乖。"知"识者"云云，乃《南史》语。注置此语于不顾，或是以之为张氏之语，是其疏误。

又，注引江总《为陈六宫谢章》及《秋日新宠美人应令》以注"六宫谢章、美人应令"。是。然"艳歌侧篇，传诵禁庭"亦有所本，注未备。《陈书·江总传》："（总）好学能属文，于五言七言尤善。然伤于浮艳，故为后主所爱幸。多为侧篇，好事者相传讽玩，于今不绝。"又《南史》本传亦云："（总）既当权任宰，不持政务，但日与后主游宴后庭，多为艳诗。"张氏盖综而述之。

14. 张散骑集题辞：憎者病其虽多奚为，喜者谓其声骨雄整，女以悦容，岂能自言美恶哉。

原注：《论语·子路》："虽多亦奚以为？"《战国策》："女为悦己者容。"

笔者按：宋严羽《沧浪诗话·考证》有云："南北朝人，惟张正见诗最多，而最无足省发，所谓'虽多亦奚以为'。"胡应麟《诗薮·外编》卷二不同意严氏之论，云："张正见诗，华藻不下徐陵、江总，声骨雄整乃过之，唐律实滥觞于此，而资望不甚表表。严氏诮其'虽多亦奚以为'，得无以名取人邪？"注只指出"虽多奚为"和"女以悦容"之语的出处，固然不错，然终嫌失其大者。

张溥学问广博，其所为《汉魏六朝百三家集题辞》叙事造语多有来历。笔者在殷先生注的基础上再事搜寻，仍有数语似有来历而遍考未获者。张氏行文中是否有想当然之处，笔者所见有限，未敢断言。不过《题辞》确有可疑之点却亦无法否认。如《王文宪集题辞》将褚渊与王俭比较，言其二人"皆齐贵戚，逢迎兴运，不臣迹同，而世尤恶褚……于仲宝（王俭之字）则怜其父死非命，或有伍胥乞食之志，而不难以国贩也"。是说世人未责难王俭贩旧国而奉新主。然《王司空集题辞》却云："昔曾祖仲宝，刘宋国戚，贩附萧齐，士林交贬。"何其矛盾！倘求其两处各自所本，不亦难乎？

（原载《黄冈师专学报》1996年第3期）

《南齐书》研读札记

今存正史中，梁代萧子显《南齐书》是讹脱较严重的一部。自北宋以来，不少学者曾对此书进行过校勘。1972年，中华书局出版了著名学者王仲荦点校、宋云彬编辑整理的新点校本。此本以百衲本为底本，广参异本及有关史籍，博采前人校勘成果，成绩颇著。其后，朱季海先生在此基础上再事商补，撰成《南齐书校议》，1984年由中华书局出版。但尽管如此，此书存在的校勘问题依然不少。笔者近年研读该书（中华书局新点校本），时有发见。今录出札记数则，供读者参考。

1.《武帝纪》："上刚毅有断，为治总大体，以富国为先。颇不喜游宴、雕绮之事，言常恨之，未能顿遣。"

按："不喜"当为"喜"，"不"字为衍文。其证有四：同书《文惠太子传》："上晚年好游宴，尚书曹事亦分送太子省视。"又《皇后·武穆裴皇后传》："永明中无太后、皇后，羊贵嫔居昭阳殿西，范贵妃居昭阳殿东，宠姬荀昭华居凤华柏殿。宫内御所居寿昌画殿南阁，置白鹭鼓吹二部；乾光殿东两头，置钟磬两厢：皆宴乐处也。上数游幸诸苑囿，载宫人从后车，宫内深隐，不闻端门鼓漏声，置钟于景阳楼上。宫人闻钟声，早起装饰，至今此钟唯应五鼓及三鼓也。车驾数幸琅邪城，宫人常从。早发至湖北埭，鸡始鸣。"这些都表明齐武帝极"喜游宴"，非"不喜"也。此其一。唐李延寿《南史·齐本纪上》（中华书局点校本）照抄《南齐书》此段文字，除因避唐高宗讳而改"为治"为"政"以外，唯无"不"字，其余全同。此足证《南齐书》原本无"不"字。此其二也。唐许嵩《建康实录》（《四库全书》本）卷一五亦用此段文字，其中"不喜"作"好","好"即"喜"也。此其三也。宋代司马光《资治通鉴》（上海古籍出版社影印本）卷一三八《齐纪》四"永明十一年"下有云："（齐武帝）颇好游宴、华靡之事，常言恨之，未能顿遣。"亦作"好"。此其四也。有此四证，"不"为衍文，当无疑问。朱季海《南齐书校议》引梁元帝《金楼子·箴戒篇》所载齐武帝宴乐事数则，以证其"未尝不好游宴雕绮"，甚是。然进而认为子显言齐武帝"不喜"者，乃"曲为之讳"，恐未得其实。

2.《礼志下》："建元三年，太子穆妃薨，南郡王闻喜公国臣疑制君母服。"又《皇后·武穆裴皇后传》："建元元年，为皇太子妃。三年，后薨，谥穆妃，葬休安陵。"

按："三年"之"三"当是"二"字之讹误。理由如次：其一，《高帝纪》和《武十七王·竟陵王萧子良传》均载穆妃裴氏薨于建元二年。《高帝纪》还记载了具体日期："（建元二年）秋七月戊午，皇太子妃裴氏薨。"查陈垣《二十史朔闰表》知，建元二年七月乙未朔，"戊午"乃二十四日，而建元三年七月己未朔，当月无戊午日。故知当以"二年"为是。其二，《礼志下》另有云："建元二年，皇太子妃薨，前宫臣疑所服"，"建元三年，有司奏：'皇太子穆妃以去年七月薨，其年闰九月，……'"建元三年之"去年"，即建元二年，其年确闰九月。其三，《南史·后妃上·裴皇后传》照录了上引《皇后·武穆裴皇后传》上的那句话，唯"三年"作"二年"。又《资治通鉴》卷一三五《齐纪》"建元二年七月"下载："戊午，皇太子穆妃裴氏传卒。"这些应该是穆妃薨于建元二年的有力佐证。

3.《乐志》："《永平乐歌》者，竟陵王子良与诸文士造奏之，人为十曲。"

按："永平"当是"永明"之误。"永明"乃齐武帝年号。同是本书《乐志》，另有云："建武初，明帝奏乐至此曲（按：指《公莫辞》），言是似《永明乐》，流涕忆世祖云。"世祖，齐武帝也。齐明帝因所奏乐曲似《永明乐》而忆齐武帝，则此《永明乐》当即齐武帝永明年间竟陵王子良与诸文士所造也。今存《永明乐》有谢朓十曲，王融十曲，沈约一曲，俱见宋郭茂倩所编《乐府诗集》卷七五①。题既为《永明乐》，谢、王歌辞亦分别有"永明一为乐"、"生逢永明乐"之句。郭茂倩有云："《南齐书·乐志》曰：'《永明乐歌》者，竟陵王子良与诸文士造奏之，人为十曲。……'按此曲永明中造，故曰《永明乐》。"是郭茂倩所见《南齐书·乐志》正作"永明"。又沈约有《谢齐竟陵王示〈永明乐歌〉启》，见初唐欧阳询《艺文类聚》卷四五②。由上诸证，知"永平"当校正为"永明"。

4.《武十七王·鱼复侯子响传》："（永明）七年，迁使持节、都督荆湘雍梁宁南北秦七州军事、镇军将军、荆州刺史。"

按："镇军将军"当是"镇西将军"之误。理由有四：其一，据同书《百官志》，齐代将军职位中，自镇军将军以下依次是中军将军、抚军将军、东西南北四征将军、四镇将军、四安将军、四平将军。考《武帝纪》及《武十七王传》，知子响、子真、子隆兄弟中，子响永明七年二月，子隆同年三月，子真同年八月先后为中护军。此后，子真由中护军而平西将军，而安西将军；子隆由中护军而左卫将军而镇西将军。子响未有特别原因，不可能由中护军一下子超越七级，升迁至镇军将军。其二，荆州在京城建康之西。为江左大镇，有"陕西"之称。③考《武十七王传》知，齐武帝诸子之为荆州刺史，将军之号例皆有"西"字。如庐陵王子卿为安西将军，安陆王子敬先为平西将军，进号安西将军，随郡王子隆先为镇西将军，进号征西将军。子响不可能例外。其三，《武十七王·随郡王子隆传》云："（永明）八年，代鱼复侯子响为使持节、都督荆雍梁宁南北秦六州、镇西将军、荆州刺史。"则子响原

---

① 郭茂倩编：《乐府诗集》，中华书局1979年版。
② 欧阳询撰，汪绍楹校：《艺文类聚》，中华书局1965年版。
③ 萧子显：《南齐书·州郡志》。

为镇西将军，其意甚明。其四，梁释慧皎《高僧传》卷一〇《释僧慧传》云："释僧慧姓刘，不知何许人，在荆州数十年，……齐永明中，文惠要下京，行过保志。志抚背曰：'赤龙子'，他无所言。慧后还荆，遇见镇西长史刘景蕤，忽泣恸而投之。数日，景蕤果为刺史所害。"《南齐书·张冲传》："（席谦）父恭穆，镇西司马，为鱼复侯所害。"据《武十七王·鱼复侯子响传》知，刘景蕤即刘寅，刘寅、席恭穆死前皆为子响府僚。既然二人一为镇西长史，一为镇西司马，则府主子响为镇西将军自不待言。

5.《周颙传》："西凉州智林道人遗颙书曰：'……贫道年二十时，便得此义（按：指《三宗论》），窃每欢喜，无与共之。年少见长安耆老，多云关中高胜乃旧有此义，当法集盛时，能深得斯趣者，本无多人。过江东略是无一。'"

按："过江东略是无一"，颇为费解。查梁释慧皎《高僧传·智林传》及唐释道宣《广弘明集》卷二四[①]均载有智林道人《与周颙书》全文，因知《周颙传》所引系节录。"过江东略是无一"，《高僧传·智林传》作"传过江东，略无其人"，《广弘明集》作"传通略无其人"。结合上下文，知智林意谓《三宗论》，关中高胜能得其旨趣者本无多人，而此论传过江东，能得其旨趣者则更无一人。语意完足，清楚明白。故当以《高僧传·智林传》为是。而《周颙传》："过江东略是无一"，乃"传过江东，略无其人"八字讹脱误倒所致（脱"传"，"其"讹为"是"，"人"讹为"一"，"略无是一"倒为"略是无一"）。至于《广弘明集》之"传通略无其人"，当是"过"讹为"通"，又脱"江东"二字所致。

6.《陆慧晓传》："迁始兴王前将军安西谘议，领冠军录事参军，转司徒从事中郎，迁右长史。时陈郡谢朓为左长史，府公竟陵王子良谓王

---

① 释道宣：《广弘明集》，上海古籍出版社1991年影印本。

融曰：'我府二上佐，求之前世，谁可为比？'融曰：'两贤同时，便是未有前例。'子良于西邸抄书，令慧晓参知其事。寻迁西阳王征虏、巴陵王后军、临汝公辅国三府长史，行府州事。"

按："谢朏"当是"谢瀹"之误。据文意知"谢朏为司徒左长史"与陆慧晓为右长史同时。而陆氏为右长史的时间在"寻迁"西阳王征虏府长史之前。考《南齐书》言"寻"，例皆不出半年左右。如《王玄载传》："延兴元年（494）加散骑常侍，寻转中护军。……建武元年（494年十月改元建武）迁持节都督……"《曹虎传》："上受禅（建元元年四月）增邑为四百户。直阁将军、领细仗主。寻除宁朔将军、东莞太守。建元元年冬，……乃改封监利县。"《王僧虔传》："升明元年迁尚书仆射，寻转中书令、左仆射。二年为尚书令。"例证不胜枚举。因而可以断定陆氏为司徒竟陵王右长史在其为西阳王征虏府长史前半年之内。再考《武十七王·西阳王子明传》，子明为征虏将军在永明八年，则陆氏为竟陵王右长史当在永明七、八年间。谢朏若为左长史亦当在其时。据《梁书·谢朏传》①，朏永明五年出为义兴太守，"视事三年，征都官尚书，中书令。隆昌元年，复为侍中，领新安王师"。是其永明七八年间当在都官尚书任上，根本不可能为司徒左长史。

再考《南齐书·谢瀹传》，瀹迁司徒左长史，出为吴兴太守，母丧去官，服阕为吏部尚书。为吏部尚书时，"高宗废郁林"。今按：齐永明年间，"郡县居职，以三周为小满"。②瀹"出为吴兴太守，母丧去官"，则其任吴兴太守当未及三年。而当时礼制，子服母丧为二十五月。齐高宗废郁林王在隆昌元年（494）。③以此倒推，则谢瀹为司徒左长史正在永明七八年（489、490）间。因此可以得出前面的结论。

7.《王融传》："上以融才辩，（永明）十一年，使兼主客，接虏使

---

① 姚思廉：《梁书》，中华书局1973年版。
② 萧子显：《南齐书·良政传》。
③ 萧子显：《南齐书·郁林王纪》。

房景高、宋弁。"

按：《王融传》载此事在齐武帝永明九年后，"朝廷讨雍州刺史王奂"之前。而朝廷讨王奂事在永明十一年三月，《武帝纪》有明载。又考自永明九年至永明十一年，北魏使者出使南齐唯有两次：一次在太和十六年（即永明十年）七月，使者是宋弁和房亮（即房景高）；一次是次年正月，使者是刘承叔和邢峦。这些，《魏书》[①]之《高祖纪》、《宋弁传》和《邢峦传》等均有清楚记载。《资治通鉴·齐纪》"永明十年"下亦载："（七月）甲戌，魏遣兼员外散骑常侍广平宋弁等来聘。"可见，王融"接虏使房景高、宋弁"，只能是在永明十年。李延寿《南史》同传在录上引《南齐书·王融传》此段文字时，删去了"十一年"三字，大概是已经看出了问题。因此，"十一年"当校正为"十年"，"一"字或是衍文。

研究南朝文史，离不开《南齐书》。然而今人著作使用《南齐书》时，未及进一步校勘，以致以讹传讹的现象亦时有发生。笔者期待着更精的校勘本问世。

（原载《黄冈师专学报》1997年第3期；中国人民大学书报资料中心《魏晋南北朝隋唐史》1998年第1期）

[①] 魏收：《魏书》，中华书局1974年版。

《南齐书》点校订补

笔者近年研习《南齐书》，于古今有关校理成果之外，偶有一得，即笔之于纸，曾撰小文《〈南齐书〉研读札记》①对中华书局点校本《南齐书》补校了若干则。本文仍以中华书局1972年版1987年11月印刷本为对象，讨论十一事，作为前文的续篇。

1.卷五《海陵王纪》史臣曰："案汉中平六年，献帝即位，便改元为光熹，张让、段珪诛后，改元为昭宁，董卓辅政，改元为永汉，一岁四号也。"

按：此"献帝"当为"少帝"之误。考《三国志》卷六《董二袁刘传》及《资治通鉴·汉纪》知：中平六年（189）四月，灵帝崩，少帝刘辩即位，改元光熹，封皇弟刘协为勃海王。七月，徙勃海王刘协为陈留王。八月，袁绍诛宦官，董卓有废立之意，至京，赦天下，改元昭宁。九月，董卓废少帝为弘农王，立陈留王刘协为帝，改元永汉。是中平六年改元光熹时，即位者乃少帝刘辩，非献帝刘协。献帝刘协即位时改元永汉而非光熹。

2.卷七《东昏侯纪》："（永元元年八月）戊午，斩遥光传首。己未，以征北大将军晋安王宝玄为南徐、兖二州刺史。"

按：据本书《明帝纪》及《明七王传》知，齐明帝即位后，封其子宝义为晋安王，宝玄为江夏王，终齐之世，未有改封。此云"晋安王宝

---

① 熊清元：《〈南齐书〉研读札记》，《黄冈师专学院》1997年第3期；中国人民大学书报资料中心《魏晋南北朝隋唐史》1998年第1期。

玄"，显然有误。又，据本《纪》及本书《宗室传》、《明七王传》，萧遥光永元元年（499）八月被杀前任扬州刺史。建武二年（495）宝义出为使持节、都督南徐州军事、镇北将军、南徐州刺史，永泰元年（498）进征北大将军。始安王遥光被诛，宝义即为都督扬、南徐二州军事、骠骑大将军、扬州刺史。而宝玄"永元元年，又进车骑将军，代晋安王宝义为使持节、都督南徐、兖二州军事，南徐、兖二州刺史"。显然，晋安王宝义是补了萧遥光被诛后扬州刺史之缺，而江夏王宝玄则是代理征北大将军晋安王宝义的职任。依《南齐书》本纪记事例，扬州刺史之任免当记。由此可知，"以征北大将军晋安王"下盖脱"宝义为扬州刺史，以车骑将军江夏王"数字。

3. 卷七《东昏侯纪》："（永元元年）冬十月乙未，诛尚书令新除司空徐孝嗣，右仆射新除镇军将军沈文季。乙巳，以始兴内史颜翻为广州刺史，征虏将军沈陵为越州刺史。十一月丙辰，太尉江州刺史陈显达举兵于寻阳。"

按：据陈垣《二十史朔闰表》知，永元元年冬十月癸酉朔，乙未为二十三日，无乙巳。十一月壬寅朔，乙巳为四日，丙辰为十五日（本书《陈显达传》：显达"十一月十五日举兵"。正与此合）。颇疑此段文字有衍脱，"十一月"三字或当置于"乙巳"上。又，据本书《沈文季传》，文季与徐孝嗣同时被诛。故此文"尚书令新除司空徐孝嗣"后之逗号当改为顿号。

4. 卷一九《五行志》："（永明）三年，妖贼唐寓之起，言唐来劳也。"

按："三"当为"四"之误。本《志》此条之前有云："永明三年，大旱。明年，唐寓之起。""永明三年"之"明年"，自当为永明四年。又，本书《武帝纪》"永明四年正月"下有云："富阳人唐寓之反，聚众桐庐，破富阳、钱塘等县，害东阳太守萧崇之。"《豫章文献王传》亦有"（永明）四年，唐寓之贼起"云云。此并可为佐证。

5. 卷二三《褚渊传》："（渊子蓁）建武末，为太子詹事，度支尚书，领军将军。永元元年卒，赠太常，谥穆。"

按："领军将军"当为"领前军将军"，脱"前"字。理由有二：其一，据本书《明帝纪》及《萧坦之传》，萧坦之自明帝建武二年（495）五月至东昏侯永元元年（499）八月，皆居领军将军之职。而南朝官制，领军将军定员一人，不容同时有二领军将军。其二，宋汪藻《世说叙录·人名谱·河南阳翟褚氏谱》①有云："蓁，渊子，字茂绪，建武末领前军将军。永元元年卒，赠太常。"《南史·褚裕之传》附《褚蓁传》亦云："建武末，蓁位太子詹事、度支尚书，领前军将军。永元元年卒，赠太常，谥穆子。"据此可知，褚蓁建武末为"领前军将军"而非"领军将军"。

6. 卷三六《刘祥传》："建元中，为冠军征虏功曹，为府主武陵王晔所遇。除正员外。"

按：考六朝官制知，自晋代以下，散骑省（或称集书省）郎官有散骑侍郎、通直散骑侍郎、员外散骑侍郎之分，可分别单称为正员郎、通直郎、员外郎。唐杜佑《通典》卷二一《职官三》"通直散骑侍郎"条下，有云："按历代侍郎或有员外者，或有通直者，故史传中谓员外散骑侍郎或单谓之员外郎，谓通直散骑侍郎或单为通直郎，其非员外及通直者或谓之正员散骑侍郎或单谓之正员郎。"又同书卷二二《职官四》"尚书省"下亦有云："按历代所称正员郎即散骑侍郎耳，谓非员外、通直者，故谓之正员郎。""前代史传及职官要录或有言员外郎者，盖谓员外散骑侍郎耳。"杜佑之言可证，所谓正员，是指编制之内的，而员外则是编制之外的。②"正员外"本身即不通，显然有误。《南史·刘穆之传》附《刘祥传》云："齐建元中，为正员郎。"与此相校，当以《南史》为是。"外"字盖为"郎"字之讹。本书《高逸·明僧绍传》"征为正员外郎"，中华书局本《校勘记》引张森楷《校勘记》云："《南史》

---

① 清王先谦思贤讲舍本《世说新语》附，上海古籍出版社1982年影印本。
② 参周一良：《从〈礼仪志〉考察官制》，《魏晋南北朝史论集》，北京大学出版社1997年版。

无'外'字,是。"一讹一衍,其误则同。

7. 卷三八《萧赤斧传》附《萧颖胄传》:"(永元二年十一月)加颖胄右将军,都督行留诸军事,置佐史,本官如故。……十二月,移檄:西中郎府长史、都督行留诸军事、右军将军、南郡太守、南丰县开国侯萧颖胄,……"

今按:据南朝官制,"右将军"为左、右、前、后四将军之一,而"右军将军"与前军将军、后军将军、左军将军合称四军将军,号"四军"。刘宋时"四将军"为第三品,"四军"为第四品;"齐受宋禅,事遵常典"(《南齐书·百官志序》),大体依刘宋之旧。清钱大昕《廿二史考异》卷二五有云:"晋宋以来,将军有二等,自骠骑至龙骧将军皆虚号,非持节出镇不得领兵。此领、护,左、右卫,骁、游,前、后、左、右军将军则皆主兵之官也。"(《丛书集成初编》本)"右将军"属"骠骑至龙骧将军"之列。因知,"右将军"与"右军将军"虽只一字之差,但却官品不同、等列有别,不容相混。本传先言萧颖胄为"右将军",接着又云其为"右军将军",前后矛盾,必有一误。考本书《和帝纪》:"(永元二年十一月)丙辰,以雍州刺史梁王为使持节、都督前锋诸军事、左将军。丁巳,以萧颖胄为右将军、都督行留诸军事。"而《梁书·武帝纪》,永元三年正月戊申雍州刺史萧衍发襄阳,移檄京邑,称萧颖胄为"萧右军"、"右军萧颖胄"。按:"右军"为"右军将军"之省称。是两《纪》所载又自不同。究竟"右军将军"和"右将军"何者为误,未可遽断,按校勘惯例,当出校。

8. 卷四一《周颙传》:"后何胤言断食生,犹欲食白鱼、䱇脯、糖蟹,以为非见生物。疑食蚶蛎,使学生议之。学生钟岏曰:'䱇之就脯,……故宜长充庖厨,永为口实。'竟陵王子良见岏议,大怒。胤兄点,亦遁节清信。颙与书,劝令菜食,曰:'丈人之所以未极遐蹈,或在不近全菜邪?……聊复寸言发起耳。'颙卒官时,会王俭讲《孝经》未毕,举昙济自代,学者荣之。官为给事中。"

按：此段文字有两处值得讨论。其一，"胤兄点，亦遁节清信。颙与书，劝令菜食，曰"云云。按语法，颙所"与书"者，当是何点。然观上下文意，颙"劝令菜食"的对象又当是何胤。"好学，工属文"（《梁书》本传）的萧子显会写出为此不合文法的文章？考《南史·何尚之传》附《何胤传》亦载其事，于"竟陵王子良见岘议，大怒"后，接云"汝南周颙与胤书，劝令菜食，曰"云云。唐释道宣《广弘明集》卷二六周颙《与何胤书》题下叙此事，亦云"有汝南周颙贻胤书曰"云云。

学者共知，《南史》有关齐代部分是以《南齐书》为蓝本的，而道宣《广弘明集》亦显然参考了《南齐书》和《南史》。若《南齐书》原文果真作周颙与何点书，李延寿和道宣不可能改为与何胤书。因此，颇疑"胤兄点，亦遁节清信"八字为衍文。

其二，"颙卒官时，会王俭讲《孝经》未毕，举昙济自代，学者荣之。官为给事中"。此段有疑点三：一、据此标点，则周颙之卒，在王俭之先。而王俭卒于永明七年五月，本书《武帝纪》及《文选》卷四六任彦升《王文宪集序》俱有明载，则周颙必卒于此前。而据梁释僧祐《略成实论记》记载，永明八年周颙不仅健在，还为《略成实论》作过序（此序收在《出三藏记集》，今存）。① 这显然矛盾。二、"举昙济自代"的是谁？是周颙还是王俭？谁为"官为给事中"？语意不明。三、昙济即"谢昙济"，据《南齐书·礼志下》，其人齐郁林王隆昌元年（494）在国子助教任上，建武年间（494—498）官给事中，领国子助教。此段叙述，"昙济"之名初见，为何不书姓氏？（中华书局点校本《校勘记》云："疑此脱一'谢'字"，实为臆测）

清姚振宗《隋书经籍志考证》"梁有《毛诗检漏义》二卷。梁给事郎谢昙济撰。亡"下引本传"颙卒官"云云，加按曰："《齐书》本附谢昙济于《周颙传》后，今本夺去其前数语，故不见其姓字里籍。《南史》更

---

① 参刘跃进：《周颙卒年新探》，《辽宁大学学报》1992年第3期。

不载此事，今遂无从考见。按《南齐书·文惠太子传》，永明三年讲《孝经》，少傅王俭以摘句令太子仆周颙撰为义疏，据此则颙举自代者，代其所撰《孝经义疏》，得与于太子讲席，故儒者荣之。"姚氏此说，颇有参考价值。此段文字，"颙卒官"后当加句号，《周颙传》至此了断。"时"云云，乃另附谢昙济传，"时"字后有脱文。所脱乃谢昙济之姓字里籍及代周颙撰《孝经义疏》事原委。如此，则笔者前所言三疑，即涣然冰释。

《南齐书》讹脱严重，学者周知，"时"下有脱文，自不足怪。所应补证者有二。其一，周颙本传以"颙卒官"终，《南史》、《建康实录》与之同，可引为佐证。其二，以"时"字起，叙附传人物，乃《南齐书》之常例。今略举几证如下：《庾杲之传》附《孔广传》："时会稽孔广，字淹源，……历州治中，卒。"《陆澄传》附《王摛传》："时东海王摛，亦史学博闻，……用为永阳郡。"《张冲传》附《席谦传》："时新蔡太守席谦，……为陈伯之所杀。"《文学·檀超传》附《熊襄传》："时豫章熊襄，著《齐典》，……"《周颙传》附《谢昙济传》"时"云云，与之同类。

9. 卷四四《沈文季传》附《沈昭略传》："永明初，历太尉大司马从事中郎，骠骑司马，黄门郎。南郡王友、学华选，以昭略为友，寻兼左丞。元年，出为临海太守，御史史丞。昭略建武世尝〔酒〕酣〔酒以自晦〕，与谢瀹善。"

按：观此段文字，"元年"承上，就文理言，当是永明元年。然而，据本书《武帝纪》知，永明元年乃开年改元，上文既言"永明初"，此又复言"元年"，显然有问题。且沈昭略一年之中，"历太尉大司马从事中郎，骠骑司马，黄门郎"，为南郡王友，兼尚书左丞，又"出为临海太守，御史中丞"，前后七职，亦不合常理。再者，"御史中丞"前无动词，文句不通。若说是承前动词"出"字，但"御史中丞"乃朝官，不应言"出"。因此，"元年，出为临海太守，御史中丞"云云，当有脱误。

考本书卷四三《王思远传》有云：思远出为广州刺史，"高宗辅政，不之任，仍迁御史中丞。临海太守沈昭略赃私，思远依事劾奏，高宗及思远从兄晏、昭略叔父文季请止之，思远不从，案事如故。建武中，迁吏部郎"。据本书《郁林王纪》及《海陵王纪》，以王思远为广州刺史在郁林王隆昌元年（494）六月丙寅（26日），至七月癸巳（23日）高宗辅政，废郁林王，丁酉（27日）立海陵王昭文，改元延兴，冬十月辛亥，高宗废海陵王，即皇帝位，改元建武。由此可知，王思远迁御史中丞且劾奏沈昭略只能是在延兴元年，而沈昭略"出为临海太守"必在延兴元年以前。"永明初"以后，延兴元年以前之"元年"，当为隆昌元年，故疑今本"元年"前脱"隆昌"二字。又，王思远为御史中丞直至"建武中，迁吏部郎"。而据本书《百官志》，御史中丞定员一人，沈昭略不可能与王思远同时为御史中丞。此"御史中丞"前后当有脱文。笔者臆测其前或脱"在职赃私"，其后或脱"王思远劾奏之"云云。如此，则此段文字通畅明白，合情合理。

10. 卷四六《王慈传》："迁秘书丞，司徒左西属，右长史，试守新安太守，黄门郎，太子中庶子，领射声校尉，安成王冠军，豫章王司空长史，司徒左长史，兼待中。"

按："右长史"即"司徒右长史"，承前省"司徒"二字。"安成王冠军、豫章王司空长史"即"安成王冠军长史"、"豫章王司空长史"，蒙后省"长史"二字。故"右长史"前之逗号当改为顿号，"安成王冠军"后之逗号亦当改顿号。如此才能与"秘书丞"等其他官称并列。

11. 卷四八《孔稚珪传》："服阕，为司徒从事中郎，州治中，别驾，从事史。"

按：依此标点，则治中、别驾、从事史为并列关系，是三种官职。此实误。考《宋书》、《南齐书》、《隋书》之《百官志》知，南朝州府官属有治中从事史、别驾从事史、议曹从事史等职，故"治中"后之逗号当改为顿号，"别驾"后之逗号当删。

（原载《古籍研究》2002年第4期）

梁武帝天监三年"舍事李老道法"事证伪

南朝梁武帝萧衍天监三年"舍事李老道法"事，最早见于唐释道宣的记载。道宣晚年的重要著作《集古今佛道论衡》、《广弘明集》都载有此事，《续高僧传》亦有涉及。稍后，道宣之同门释道世撰《法苑珠林》，再后唐释神清撰《北山录》均载有此事。然大抵皆本道宣之记载。

近人著述，包括一些颇有影响的思想史、哲学史、佛教史论著，凡论及梁武帝与佛道之关系，似乎一无例外地援据此事以为立论之依据。① 笔者近年研阅南朝文史，愈来愈觉得此事可疑，故斗胆略述所疑于次，希望得到专家学者的指教。

道宣关于此事的记述，以《广弘明集》卷四《归正篇》为最详。近人引证亦大都依据此书。为行文之方便，今将此书有关原文节要如下：

> 帝乃躬运神笔，下诏舍道。文曰："维天监三年四月八日，梁国皇帝兰陵萧衍稽首和南：……弟子经迟迷荒，耽事老子，历叶相承，染此邪法。习因善发，弃迷知返，今舍旧医，归凭正觉。愿使未来世界，童男出家，广弘经教，化度含识，同共成佛。宁在正法之中，长沦恶道，不乐依老子教，暂得生（升）天。涉大乘心，离二乘念，

---

① 如：侯外庐等撰《中国思想通史》第2卷《魏晋南北朝思想史》（人民出版社1957年版）、范文澜《中国通史简编》（人民出版社1964年版）、任继愈《中国哲学史》第2册（人民出版社1979年版）、北京大学哲学系中国哲学史教研室《中国哲学史》上册（中华书局1980年版）、石峻《范缜》（《中国古代著名哲学家评传》第2卷，齐鲁书社1980年版）、王仲荦《魏晋南北朝史》下册（上海人民出版社1980年版）、汤用彤《汉魏两晋南北朝佛教史》第十一章（中华书局1983年版）、郭朋《汉魏两晋南北朝佛教》（齐鲁书社1986年版）、任继愈主编《中国佛教史》第3卷（中国社会科学出版社1988年版）等。

正愿诸佛证明，菩萨摄受。"于时帝与道俗二万人于重云殿重阁上手书此文，发菩提心。

至四月十一日又敕："……朕舍邪外以事正内……老子、周公、孔子等虽是如来弟子而化迹既邪，止是世间之善，不能革凡成圣。其公卿百官侯王宗族，宜反伪就真，舍邪入正……"

至四月十七日侍中安前将军丹阳尹邵陵王上启云："臣纶……昔未达理源，禀承外道……今启迷方，粗知归向，受菩萨大戒，戒节身心。舍老子之邪风，入法流之真教。伏愿天慈，曲垂矜许，谨启。"

至四月十八日，中书舍人臣任孝恭宣敕云："能改迷入正，可谓是宿植胜因，宜加勇猛也。"[①]

道宣此段记述，时间、地点、人物皆备，诏、敕、启文俱详，粗看不可不信，细考疑窦颇多。

一、材料来源可疑

梁武帝在重云殿当着道俗两万人手书诏文，不仅宣布自己舍道事佛，且又敕公卿、百官、侯王、宗族"舍邪入正"、"凭归正觉"，此事关一国之风教，史无前例。确实如有的学者所说，"在中世纪思想史上，实与汉武帝罢黜百家，光武帝宣布图谶于天下有相同的意义"[②]。但汉武帝废黜百家，《汉书·董仲舒传》有记载；光武帝宣布图谶于天下，《后汉书·光武帝纪》亦有明文。而像梁武帝舍道事佛，如此重大事件，若确实存在，当时史臣岂能不书，国史焉得不载？然而，姚察、姚思廉父子所撰"悉据国史立传"的《梁书》[③]无载，《南史》及涉及梁朝历史的《陈书》、《隋

[①] 此据上海古籍出版社1991年缩页影印《影印宋碛砂版大藏经》本《广弘明集》、《弘明集》。

[②] 侯外庐等：《中国思想通史·魏晋南北朝思想史》。

[③] 赵翼：《廿二史劄记》卷九"《梁书》悉据国史立传"条，中国书店1984年影印本。

书》、《建康实录》，包括《资治通鉴》等史书亦略无一字言及。不仅如此，笔者遍考今存道宣以前人所撰诸子部、集部著作，亦未曾涉及。梁武帝几次舍身同泰寺，上述诸史书都有记载，比舍身之影响更为重大的舍道事佛事却未见记载，这只能说明此事的可信性值得怀疑。

又，先于道宣之《广弘明集》，有梁释僧祐撰《弘明集》。[①]《弘明集》编辑之旨，僧祐在该书之序言中讲得非常明白，是有感于"守文曲儒"、"巧言佐道"之迷乱，故"撰古今之明篇，总道俗之雅论"以弘明三宝。并言其书，对"有刻意剪邪，建言卫法，制无大小，莫不毕采"。梁武舍道事佛之诏、敕正合僧祐采集之旨。僧祐是梁代著名高僧，与梁王朝皇室来往颇密[②]，其《弘明集》收载了梁武《立神明成佛义记》和撰于天监六年的《敕答臣下神灭论》[③]，而于梁武天监三年舍事李老道法之诏、敕，却付阙如。

既然史书和《弘明集》当载而未见记载，唐麟德元年（664）道宣撰《广弘明集》何所据而云然，不得而知。

二、道宣之记述本身露出破绽

据道宣记载，邵陵王纶先"禀承外道"，为响应梁武之号召，故上启表示舍道事佛之决心。然而，天监三年邵陵王萧纶不仅未为"侍中、安前将军、丹阳尹"，根本就未降身于人世！考《梁书》之《简文帝纪》、《元帝纪》及《高祖三王传》、《豫章王综传》、《武陵王纪传》及

---

① 此据上海古籍出版社1991年缩页影印《影印宋碛砂版大藏经》本《广弘明集》、《弘明集》。
② 详梁释慧皎《高僧传》卷一一《释僧祐传》。
③ 参胡适：《考范缜发表神灭论在梁天监六年》，《大公报》文史周刊第35期，1947年8月；石峻：《范缜》。

《南史·梁武帝诸子传》①知，梁武帝八男，依次是昭明太子统、豫章王综、简文帝纲、南康王绩、庐陵王续、邵陵王纶、元帝绎、武陵王纪。诸书所载无异。邵陵王纶之生年，《梁书》本传未载，但云其卒"时年三十三"。清钱大昕《廿二史考异》已证其误。②而《南史》同传略而未言。不过其兄南康王绩的生年是可考的。《梁书·高祖三王·南康王绩传》载，萧绩"大通三年（529）因感病薨于任，时年二十五"。是其生年当在天监四年（505）也。同传又载其天监十年（511）"时年七岁"（《南史》本相同），则其生于梁天监四年不误。萧绩生于天监四年，其弟邵陵王纶当然不可能生于天监三年。天监三年邵陵王尚未出生，自然谈不上上启梁武。这里顺便指出，有著名学者未及细考也被道宣蒙过了。③

道宣又载"中书舍人臣任孝恭宣敕"，这也露出了破绽。本来，中书省"掌出内王命"，中书舍人"入直阁内"（《隋书·百官志》），任孝恭以中书舍人"宣敕"是其职分。但是任孝恭任中书舍人只能在"普通"（520—527）以后，根本不可能在天监三年。

《梁书·文学·任孝恭传》载，"（孝恭）初为奉朝请，进直寿光省，为司文侍郎，俄兼中书通事舍人"。（《南史》本传同）据《隋书·百官志上》，"通事舍人，旧入直阁内。梁用人殊重，简以才能，不限资地，多以他官兼领。其后除通事，直曰中书舍人"。是中书舍人即中书通事舍人。孝恭任中书舍人的具体时间不可考。但在始为司文侍郎之后则无疑。而司文侍郎之职，初置于梁普通年间，史有明载。《陈书·周弘正传》云："（梁）普通中，初置司文义郎，直寿光省。以弘正为司义侍郎。"（《南史》本传同）考《梁书》、《陈书》及《南史》知，司文义郎包括两职：司文侍郎（司文郎）和司义侍郎（司义郎）。如《陈书·文学·岑之敬传》载，岑之敬父善纤为司义郎，之敬大同（535—546）初

---

① 《梁书》、《南史》皆据中华书局点校本。
② 据中华书局《丛书集成初编》本。
③ 周一良：《论梁武帝及其时代》，《中华学术论文集》，中华书局1981年版。

为"寿光学士,司义郎"(《南史》本传同)。《陈书·儒林·全缓传》载,全缓"太清(547—549)初,历王国侍郎,奉朝请,俄转国子助教,兼司义郎,专讲《诗》、《易》。《陈书·虞荔传》:"梁武帝于城西置士林馆……仍用荔为士林学士,寻为司文郎。"《陈书·姚察传》:"及简文嗣位,尤加礼接。起家南海王国左常侍,兼司文侍郎。"《梁书·儒林·孔子袪传》:"中书舍人贺琛受敕撰《梁官》,启子袪为西省学士,助撰录。书成,兼司文侍郎,不就。"(贺琛为中书舍人在梁天监以后的普通年中,见《南史·贺琛传》)上述诸人任司文义郎皆在梁天监以后。遍考梁陈诸史,未见有在梁天监年间任司文义郎者。《隋书·百官志》所载梁天监七年所定官班中亦无此职。这些都表明天监七年前梁王朝未设此职,前引《陈书·周弘正传》关于梁普通中"初置司文义郎"的记载是可靠的。任孝恭不可能在天监七年前任司文侍郎,怎么可能在天监三年任中书舍人并且"宣敕"呢?

既然煞有介事的邵陵王上启和任孝恭宣敕都不可信,那此次梁武"舍道事佛"事还有几分可信呢?

三、梁武"舍道事佛"之所谓诏、敕与其一贯的思想言行相矛盾

梁武"耽事老子,历叶相承",可谓根深蒂固,一朝改变信仰,总得有点缘由。然而其"改变信仰的具体契机",有学者已经指出,"从史料中得不到线索"。① 这且不说,单就其诏、敕中排斥孔、老,以之为"邪"为"伪","不能革凡成圣"等,也与其天监三年前后的一贯思想言行相矛盾。

梁武帝天监三年前后甚重道教。今略举三事以证。

其一,《南史·隐逸下·陶弘景传》云:"(弘景)齐末为歌曰'水

---

① 周一良:《论梁武帝及其时代》,《中华学术论文集》,中华书局1981年版。

丑木'为梁字。及梁武兵至新林,遣弟子戴猛之假道奉表。及闻议禅代,弘景援引图谶,数处皆成'梁'字,令弟子进之。梁武既早与之游,及即位后,恩礼愈笃,书问不绝,冠盖相望。弘景既得神符秘诀,以为神丹可成,而苦无药物,帝给黄金、朱砂、曾青、雄黄等。后合飞丹。色如霜雪,服之体轻。及帝服飞丹有验,益敬重之。每得其书,烧香虔受。……国家每有吉凶征讨大事,无不前以谘询,月中有数信。时人谓为山中宰相。二宫及公王贵要参候相续,赠遗未尝脱时。"同书《邓郁传》还记载梁武天监年间敬信道教徒邓郁,"起五岳楼贮之供养,道家吉日,躬往礼拜"。

其二,《隋书·经籍志四》载:梁武帝"弱年好事,先受道法,及即位。犹自上章,朝士受道者众。三吴及边海之际,信之逾甚"。又《太平御览》卷六六六《道部》八《道士》载,"梁武帝天监二年置大小道正。平昌孟景翼字道辅,时为大正,屡为国讲说。四年,建安王伟于座问曰"云云。① 此乃本之马枢《道学传·孟景翼传》。② 马枢,陈人,《陈书》有传,其记载应是可信的。

其三,梁代道教兴盛,道馆众多。有人据陈国符辑本《道学传》佚文统计,宋齐梁陈四朝有名的道馆47个,梁代即有25个,还不包括未明朝代的6个。③ 这自然与梁武帝有关。梁武屡屡下诏为道士建立道馆。如为陶弘景于茅山建立朱阳馆,为许灵真于茅山立嗣真观,为天师道第12世孙张裕于虞山建招真馆,为道士周静真弘葺衡岳观而"赐三百户庄田充基业"。④

---

① 李昉等:《太平御览》,中华书局1960年版,第2973页。
② 陈国符辑本。
③ 卿希泰主编:《中国道教史》第1卷,四川人民出版社1988年版,第556—557页。
④ 分别见严可均辑《全梁文》卷四七陶弘景《许长史旧馆坛碑》及《建康实录》卷九《晋烈宗孝武皇帝》"太元元年"下注、《全梁文》卷一四梁简文帝《招真馆碑》、《道藏》洞玄部虞字号李冲昭《南岳小录》"衡岳观"条。

天监三年前后梁武既然与道士关系如此密切，为之置道正，建道馆，赐庄田，恩礼有加，且自己信道术，既上章，又服丹，他可能斥道教为"邪"为"伪"，下诏命公卿、百官、宗室等舍道吗？

天监三年前后，梁武尤其重视儒学。

《梁书·武帝纪》载，梁武帝天监四年正月诏置五经博士，六月立孔子庙。同书《儒林传序》更详述云：天监四年，梁武诏"置五经博士各一人，广开馆宇，招内后进"，"馆有数百生，给其饩廪。其射策通明者即除为吏。十数年间，怀经负笈者云会京师。又选遣学生如会稽云门山，受业于庐江何胤。分遣博士祭酒，到州郡立学"。天监七年又诏"大启庠斅，博延胄子"，"于是皇太子、皇子、宗室、王侯始就业焉"。梁武"亲屈舆驾，释奠于先师先圣，申以宴语，劳之以束帛，济济焉，洋洋焉，大道之行也如是"（《南史·儒林传序》略同）。陈人何之元《梁典·总论》亦云："（梁武）洞晓儒玄，该罗内外，举洙泗之余教，针其膏肓；采周孔之遗文，正其鱼鲁。于是广开庠序，敦劝后生，亲自观试，策其优劣。由近及远，咸从风化，执经者连袂，负笈者排肩，济济多士，于斯为盛。"① 然则，天监三年前后，梁武敦弘儒学，儒学兴盛，史籍昭昭。以致北朝高欢亦曾感叹："江东复有一吴儿老翁萧衍者，专事衣冠礼乐，中原士大夫望之以为正朔所在。"②

如果不否认这些记述的可靠性，我们就有理由问：如此敦崇儒学的梁武帝会说周公、孔子"化迹既邪"，会强迫公卿、百官、侯王、宗族"舍邪入正"吗？

又，《弘明集》卷一〇载有梁武《敕答臣下神灭论》及公王朝贵《答释法云〈与王公朝贵书〉》。这是梁武天监六年组织的对范缜《神灭论》的一次集中围攻的产物。梁武及公王朝贵屡屡将孔、释、老并称

---

① 严可均辑：《全陈文》卷五。
② 李百药：《北齐书·杜弼传》，中华书局1972年版。

"三圣",毫无贬斥孔老之意。如"三圣设教,皆云不灭"(梁武帝);"中外两圣,影响相符"(柳恽);"述三圣以导未晓,标二事以洗偏惑"(贺琛);"有神不灭,乃三圣同风"(明山宾);"孔释兼弘,于是乎在"(沈约)。倘若天监三年梁武已诏敕群臣,斥孔老为"邪"为"伪","不能革凡成圣",他怎么可能又出尔反尔与群臣一唱一和,将孔老与释并称"三圣"呢?

综上,我们可以得出明确的结论:梁武帝天监三年"舍道归佛"事不足据信。

也许有人问,唐释道宣"外博九流,内精三学"[1],是著名的佛教史学家,其所撰佛教史料也会作伪?实则道宣著作中,不顾史实,编造故事之例远不只此。例如:《集古今佛道论衡》卷甲、《广弘明集·归正篇》和《续高僧传·释昙显传》俱详为记述的所谓北齐文宣帝天保六年(555)令沙门与道教徒陆修静对校道术事就纯属子虚。刘汝霖《东晋南北朝学术编年》卷之五(下)、陈国符《道藏源流考·三洞四辅经之渊源及传授》[2]、汤用彤《汉魏两晋南北朝佛教史》第十四章等,已辨其妄。此不赘述。又《续高僧传·释僧旻传》载天监六年以后,"临川王记室东莞刘勰等三十人同集上定林寺抄《一切经论》",牟世金《文心雕龙研究》第二章亦考定其"不足为据"。[3] 同是《广弘明集》,其卷二六有"梁周颙"《与何胤书》一文。道宣述此书始末,有"普通中,何胤侈于味,食必方丈,……有汝南周颙贻胤书曰"云云。今按:周颙,《南齐书》有传,据考"周颙之卒年当在永明八年冬以后,永明末慧约还都以前"(即490—493)[4],"普通"乃梁武帝年号,时当公元520—527年。道宣

---

① 智昇:《开元释教录》卷八。
② 刘汝霖:《东晋南北朝学术编年》,上海书店1990年版;陈国符:《道藏源流考》,上海书店1989年版。
③ 牟世金:《文心雕龙研究》,人民文学出版社1995年版。
④ 刘跃进:《周颙卒年新探》,《辽宁大学学报》1992年第3期。

之误，不言自明。

然则道宣为何要花费心机，编造梁武"舍事李老道法"事呢？这与其排斥孔、老的思想立场密切相关。在《广弘明集·归正篇序》中，道宣直言不讳地说："若夫天无二日，国无二王，唯佛称为大圣，光有万亿天下……彼孔、老者，名位同俗，不异常人，祖述先王，自无教训，何得比佛以相抗乎！……是知天上天下，唯佛为尊。"道宣要排斥孔老，抬高佛的地位，倘若能找到先崇孔老然后舍孔老而专崇佛的皇帝来大事宣扬，岂不更能助其张目？且梁武奉佛是众所周知的，说他舍儒道而事佛，人们也容易相信。或许是出于这些考虑，他才编造了这一故事。

（原载《黄冈师专学报》1998年第2期）

姚氏父子与《梁书》

一

《梁书》五十六卷,其中帝纪六卷,列传五十卷,记南朝梁四帝起武帝天监元年(502)讫敬帝太平二年(557),首尾五十六年的历史。题名姚思廉撰,实际上是姚思廉在其父察所撰旧稿的基础上补续而成。

姚察,字伯审,吴兴武康(治所在今浙江德清县西千秋镇)人。"九世祖信,吴太常卿,有名江左"(《陈书》本传)。祖菩提,"梁高平令。尝婴疾历年,乃留心医药"。梁武帝每召与讨论方术,为上省师(参《广弘明集》卷二九梁武帝《净业赋序》)。父僧垣,亦以医术知名,为梁太医正(详《周书·艺术·姚僧垣传》)。梁元帝平侯景,召僧垣赴荆州,授晋安王萧方智府谘议参军。江陵陷,僧垣与次子最俱入北周。以其医术高明,为世所推,位遇甚重。隋开皇三年(583)卒。

姚察为僧垣长子,自幼好学,勤苦厉精,又有乃父所得优厚供赐以为游学购书之资,故学问日博。梁简文帝时,姚察入仕,曾官兼司文侍郎。梁元帝即位江陵,察随朝士例赴西台,官原乡县令。后因中书侍郎领著作杜之伟举荐,为佐著作,撰史。陈初,吏部尚书徐陵领著作,又引为史佐。陈宣帝时,察曾为通直散骑常侍,出使北周,得与其父相见。江左耆旧在北者咸相倾慕。使还,补东宫学士。太建(569—582)末,为戎昭将军,知撰《梁史》事。后主即位后,姚察更蒙恩遇,累官中书侍郎、太子仆、给事黄门侍郎、秘书监、散骑侍郎、吏部尚书。察在梁、陈,先后佐著作、知著作郎事、领著作,数十年中,多次知撰史事，与撰史结下了不解之缘。陈亡，姚察入隋。开皇九年（589）又诏授秘书丞，别敕撰梁、陈二史。隋文帝很器重姚察，曾在内殿指察谓朝臣曰："闻姚察学行当今无比，我平陈唯得此一人！"炀帝大业二年（606），察卒，年七十四。

察至孝，有人伦鉴识，"终日恬静，唯以书记为乐，于坟籍无所不睹"，"且专志著书，白首不倦，手自抄撰，无时暂辍。尤好研核古今，谥正文字，精采流赡，虽老不衰"（《陈书》本传）。所著有《汉书训纂》三十卷，《汉书集解》一卷，《定汉书疑》一卷，《说林》十卷，《西聘》、《玉玺》、《建康三钟》等记各一卷，《梁书·帝纪》七卷（参《陈书》本传及《隋书·经籍志》）。所撰梁、陈二史，其中序论及纪传有未毕者，临亡，乃以体例诫约其子思廉，责其博访撰续。

思廉字简之（《新唐书》本传谓"本名简，以字行"）。陈亡，随父自吴兴迁至关中，遂为雍州万年（治所在今陕西西安市）人。幼时从父受《汉书》，勤学寡欲，能尽传其家业。在陈代，曾官扬州主簿。入隋，初为汉王府参军，后补河间郡司法书佐。姚察卒后，思廉上表炀帝，陈父遗言，求续成梁、陈二史。诏许之。

隋末，思廉为代王杨侑侍读。唐高祖李渊起兵入京师，代王府僚属皆骇散，唯思廉侍代王，不离左右。李渊兵士将上殿，思廉厉声呵止，曰："唐公举义，本匡王室，卿等不宜无礼于王！"众人退却，列于阶下。高祖至，许其扶代王至顺阳阁下。思廉拜泣而去，观者咸叹其忠烈。高祖即位，授思廉秦王文学。秦王李世民钦敬其节义，尝从容言及隋亡之事，慨然叹曰："姚思廉不惧兵刃，以明大节，求诸古人，亦何以加也！"时思廉在洛阳，因寄物三百段，并致书以示褒奖（参《贞观政要》卷五《论忠义》）。太宗即位，思廉迁著作郎、弘文馆学士，与杜如晦、房玄龄、于志宁等并为十八学士之一（《唐会要》卷六四《文学馆》）。曾撰国史纪传，"粗成三十卷"（《史通·外篇·古今正史》）。他是唐初第一个撰本朝国史的人。贞观三年（629），太宗命修梁、陈、北周、北齐及隋五代史，思廉受诏与秘书监魏徵同撰梁、陈二史。魏徵虽名同撰，实际上只是监修官，只写了《梁书》、《陈书》中本纪末的史论和《陈书·皇后传》末的史论。故《梁书》、《陈书》皆题名姚思廉撰。至贞观十年，二史修毕。次年，思廉卒，享年八十一。思廉为秦王府旧僚，忠直老臣，深被礼遇。于其卒，太宗深为悼惜，废朝一日，赠太常卿，谥号康，赐葬地于昭陵。

纵观姚氏父子行事，并学兼儒史，重德行，讲节义，勤于撰述，文笔可观，这些都为他们撰《梁书》奠定了坚实的基础。

二

《梁书》名义上是姚思廉受诏所修，实际上是姚察、姚思廉父子两世努力才完成的，有半私撰的性质。姚察在陈太建末已受命知撰梁史事，陈亡入隋，又受敕成梁、陈二史，至大业二年卒，前后约二十五年，梁、陈二史均未完成，然察之功固不可没。思廉自云："《梁》、《陈》二书，本多是察之所撰"。（《陈书·姚察传》）观《梁书》五十六卷，篇末史论题"陈吏部尚书姚察曰"者二十七卷，当为察已成之稿；其余篇末题"史臣曰"者二十九卷，一般认为是思廉补撰，不过，也有可能正文出自姚察之手，而史论为思廉所补。

姚思廉自隋大业初上表陈父遗言，诏许其续成梁、陈史，至贞观十年梁、陈史修毕，前后约三十年。其间，唐高祖武德五年（622）曾下诏大理卿崔善为、中书舍人孔绍安、太子洗马萧德言修梁史，秘书监窦琎、给事中欧阳询、秦王府文学姚思廉修陈史。然而"绵历数载，竟不就而罢"（详《唐会要》卷六三《修前代史》）。

梁、陈史为什么在姚察生前历二十五年未能完成，思廉续撰二十余年又未成，至贞观年间方能毕其功呢？这与时代密切相关。众所周知，陈太建末至于唐太宗贞观初这四十余年时间，中国封建王朝的政权正处于动荡不定的时期。太建之后，陈后主上台，"政刑日紊，尸素盈朝"（《陈书·本纪》后论），在位不足七年，即为隋所灭。其时"察既当朝务，兼知国史"，"施功未周"，"至于陈亡，其书不就"（《史通·外篇·古今正史》）。陈亡察入隋，已是开皇九年。自此时至文帝之卒，十数年中，虽然天下一统，但统治集团内部矛盾尖锐，且文帝"素无术学，不能尽下，无宽仁之度，有刻薄之资。暨乎暮年，此风逾扇。又雅好符瑞，暗于大道"（《隋书·高祖纪》后论）。姚察能坚持撰修梁、陈二史，已属难能可贵，未能竣工，亦可理解。至大业二年后，思廉续撰。然其时炀帝淫荒无度，法令滋章，锄诛骨肉，屠剿忠良，巡狩不断，战事频仍，不及十年，隋亡。且"炀帝虽好文儒，尤疾学者"（《册府元龟》之《国史部》"恩奖"条唐太宗语），思廉又岂能安心撰史！

思廉入唐，其时唐王朝政权初定，虽诏修五史，然大约忙于政权巩固，修史工作未能落实，故历数载而功不就。太宗即位后，情况有了很大变化。唐太宗是位雄才大略的君主，深明治国之道。《唐会要》卷六四"宏文馆"条有云："太宗即位，大阐文教，于宏文殿聚四部群书二十余万卷，于殿侧置宏文馆，精选天下贤良文学之士虞世南、褚亮、姚思廉、欧阳询、蔡允恭、萧德言等以本官兼学士，领宿直。听朝之隙，引入内殿，讲论文义，商量政事，或至夜分方罢。""讲论文义，商量政事"，总结历史上兴亡成败的经验教训，自然是题中应有之义，修撰五史也就成了太宗的迫切需要了。这一点，可从贞观十年五史修成后太宗的慰劳语看出。《册府元龟》卷五五五《恩奖》有云："朕睹前代史书，彰善瘅恶，足为将来之戒。秦始皇奢淫无度，志存隐恶，焚书坑儒，用缄谈者之口；隋炀帝虽好文儒，尤疾学者，前世史籍竟无所成，数代之事，殆将泯绝。朕意则不然，将欲览前王之得失，为在身之龟镜。公辈以数年之间，勒成五代之史，深副朕怀，极可嘉尚。"他鉴于武德年间修史未成，乃对史馆之机构、建制进行了大力度的改革。据《唐会要》、《旧唐书·职官志》等记载，贞观三年闰十二月，移史馆于禁中，在皇帝直接控制下的门下省之北。史书由宰相监修，同时置史馆修撰、直馆、楷书手、典书、亭长、掌固、装潢直、熟纸匠等职，各有定员。又制"诸司应送史馆事例"，以保证史料的征集。这些使修史工作有了强有力的组织领导和完备的职责分工，从而保证了修撰工作的顺利进行。

思廉此次修撰《梁书》，除了有其父之旧稿和自己大业二年以后"稍就补续"（《陈书·姚察传》）之文以外，还有比较丰富的资料可供利用。仅据《隋书·经籍志》所载，正史类有：梁谢昊《梁书》四十九卷（昊，《史通·古今正史》及《旧唐书·经籍志》作"昱"，未知孰是。参钱大昕《十驾斋养新余录》卷中"谢昊"条）；陈许亨《梁史》五十三卷（《隋书·文学·许亨传》作"五十八卷"）；姚察《梁书·帝纪》七卷；又，梁武帝《通史》四百八十卷；魏收《后魏书》一百三十卷，其中有关梁代部分亦可资参考。古史类有：梁刘璠《梁典》三十卷；陈何之元《梁典》三十卷；陈阴僧仁《梁撮要》三十卷；姚最《梁后略》十卷（最，《隋书·经籍志》作"勖"，此据《周书·姚最传》）；梁萧韶《太清纪》十卷；萧世怡《淮海乱离志》四卷（《隋书·经籍志》自注："叙梁末侯景之乱。"又，世怡，《北史》作"圆肃"，《史通·内篇·补注》作"大圜"，未知孰是。世怡本名泰，梁鄱阳王恢之子；圆肃，梁武陵王纪之子；大圜，梁简文帝之子。三人，《周书》、《北史》俱有传）。杂史类有：刘仲威《梁承圣中兴略》十卷；周兴嗣《梁皇帝实录》三卷（原注：记武帝事）；梁谢昊《梁皇帝实录》五卷（原注：记元帝事）；以及未题撰人的《梁太清录》八卷（按：《史通·杂说》原注作"裴政《太清实录》"。裴政，《隋书》卷六六有传，然所撰作"《承圣实录》"。梁元帝即位之初，年号犹称太清，第三年方改元承圣。《太清实录》或即《承圣实录》。参姚振宗《隋书经籍志考证》卷一三）；《梁末代纪》一卷。此外，《隋书·经籍志》所著录起居注、旧事、杂传、文集等有关梁代者为数不少。以上这些都是姚思廉可以见到的。新、旧《唐书》姚思廉本传并云其采谢昊等诸书著梁史。言"诸书",可知所采必相当广博。《史通·外篇·杂说中》有云:"皇家修五代史,馆中坠稿仍存,皆因彼旧事,定为新史。观其朱墨所图、铅黄所拂,犹有可识者。"修史者用力之勤可以想见。姚思廉自贞观二年起功(见《史通·外篇·古今正史》原注),历经九载,终于得以撰成梁、陈二史。其时他年已八十了。

三

自唐代以下,南北朝史,由于有李延寿的《南史》、《北史》,其余诸史被视为冗烦,较少流行,影响较小,迄今尚无全面研究《梁书》的专门著作。不过,零星概括的评述并不少见。古人有认为《梁书》"持论多平允,排整次第犹具汉晋以来相传之史法,要异乎取成众手、编次失伦者矣"(《四库提要》);有将李延寿《南史》与《梁书》等比较,说延寿之书"颇有条理,删落酿辞,过本书远甚"(宋祁《新唐书·李延寿传》);有说"李延寿南、北史成,唯《隋书》别行,余七史几废。大抵记载无法,详略失中,故宜行而不远"(赵与时《宾退录》卷九)。今人有说"南朝四史中,以《梁书》为最弱"的(王仲荦《魏晋南北朝史》下册第十一章第一节);亦有说"《梁书》、《陈书》胜于同时其他各史"的(张志哲《中国史籍概论》第二篇第五章第三节)。意见颇为分歧,而抑扬未免过当。近人金毓黻《中国史学史》第四章论魏晋南北朝诸史,云当"以陈(寿)、范(晔)、沈(约)、李(延寿)四氏为上选",而姚察、姚思廉和李德林、李百药父子"亦应挤于史家之林,然以视上举诸家,殊有逊色,抑居其次"。我们认为,《梁书》的成就不应抹杀,其缺点亦客观存在,金氏之论较为公允。

《梁书》在史学上的突出之处,概括言之,约有以下几个方面:

第一,进步的历史观。人类社会的历史是个不断发展变化的流程。在这个流程中,有朝代兴亡更替,有统治者个人的成败得失。造成这兴亡成败的主因是什么？在我国漫长的封建社会中，除了极少数人之外，许多唯心主义史学家的回答都是"天时"、是"历数"。就是与姚氏父子时代相距不远甚至同时的史学家，大多也是这种观念。如沈约《宋书·符瑞志·序》云："龙飞九五，配天光宅，有受命之符，天人之应。"其《五行志·序》亦云："天人之验，理不可诬。"萧子显《南齐书·高帝纪·赞》曰："於皇太祖，有命自天。"魏收《魏书》论曰："帝王之兴也，必有积德累功博利，道协幽显，方契神祇之心。"就是以重人事著称的魏徵，在其所撰《隋书·高帝纪》后论中也认为，隋的兴起，"斯乃非止人谋，抑亦天之所赞也"。而姚氏父子却与沈约、萧子显等不同。《梁书》强调的是人事、人的作用，突出的是帝王将相的智慧才能，认为人是历史上起决定作用的因素。在《武帝纪》后论中，姚思廉总结梁武之兴，有云："高祖英武睿哲，义起樊、邓，仗旗建号，濡足救焚，总苍兕之师，翼龙豹之阵，云骧电骇，蓊暴夷凶，万邦乐推，三灵改卜。于是御凤历，握龙图，辟四门弘招贤之路，纳十乱引谅直之规。兴文学，修郊祀，治五礼，定六律，四聪既达，万机斯理，治定功成，远安迩肃。"而总结梁之亡，有云："及乎耄年，委事群幸。然朱异之徒，作威作福，挟朋树党，政以贿成，服冕乘轩，由其掌握。是以朝经混乱，赏罚无章。'小人道长'，抑此之谓也。贾谊有云'可为恸哭者矣'。遂使滔天羯寇，承间掩袭，鹙羽流王屋，金契辱乘舆，涂炭黎元，黍离宫室。呜呼！天道何其酷焉。虽历数斯穷，盖亦人事然也。"其兴是因梁武"英武睿哲"，"濡足救焚"，"万邦乐推"，招引贤才，励精图治；其亡是因梁武委事小人，赏罚无章，从而导致侯景之乱（可与《朱异传》后论参看）。总之，其兴其亡，都在人事。在《元帝纪》后论中，姚思廉有云："以世祖之神睿特达，留情政道，不怵邪说，徙跸金陵，左邻强寇，将何以作！"这也就是说，如果世祖"留情正道，不怵邪说"，则梁王朝不会被西魏攻灭。同样是认为，梁之亡在人事，不在天命。

姚氏父子重视人事思想的形成，一方面是受司马迁、范晔等前代少数进步史学家的影响，另一方面与其所处的时代更有着重要关系。他们父子二代，历涉梁、陈、隋、唐四朝，皇帝"你方唱罢我登场"，前后十数人，其时阶级矛盾、民族矛盾、统治集团内部的矛盾尖锐、激烈、错综复杂。急剧而频繁的变故，无数成败治乱的史实，促使他们认真思考，探求其中的原因和规律。他们从严峻的历史中认识到人在其中的决定作用，这是他们高出于一般史学家的地方，是其进步历史观的重要体现。当然，姚氏父子是封建时代的史学家，他们不可能超越那个时代。他们没有完全摆脱唯心主义历史观的束缚。在对待一些具体问题上，不时流露出宿命论思想。如《康绚传》载，康绚主持修成浮山堰以后，张豹子继任其事，"豹子不修堰，至其秋八月，淮水暴长，堰悉坏决，奔流于海"。是堰之坏决在于"豹子不修堰"，不在于天命。然而，本传《后论》却又有云："先是镇星守天江而堰兴，及退舍而堰决，非徒人事，有天道矣。"即是一例。同时，我们还应看到，姚氏父子虽然认识到人在历史进程中的作用，但他们注重的是帝王将相、英雄豪杰。他们看不到人民群众推动历史前进的伟大力量，也不可能具有马克思主义的唯物史观。

　　姚氏父子进步的历史观还表现在对汉族以外的其他民族的看法上。我国是个多民族的国家，自古以来各民族人民在中华大地上繁衍生息，共同创造了光辉灿烂的中华文化。但是，长期以来，在处理民族关系问题上，讲华夷之辨、轻视其他民族的大汉族主义相当严重。时至唐代，不少史学家对其他民族的偏见依然未有改变。且看与《梁书》同时修成的《周书》之《异域传上》后论："史臣曰：凡民肖形天地，禀灵阴阳，愚智本于自然，刚柔系于水土。故雨露所会，风流所通，九川为纪，五岳作镇，此之谓诸夏。生其地者，则仁义出焉。昧谷、嵎夷、孤竹、北户，限以丹徼、紫塞，隔以沧海、交河，此之谓荒裔。感其气者，则凶德成焉。若夫九夷八狄，种落繁炽；七戎六蛮，充牣边鄙。虽风土殊俗，嗜欲不同，至于贪而无厌，狠而好乱，强则旅拒，弱则稽服，其揆一也。斯盖天之所命，使其然乎。"唱的依然是"内诸夏而外夷狄"的老调，认为荒裔之地"凶德成焉"，其人"贪而无厌，狠而好乱"乃天命使然，生来为此。这显然是大汉族主义的偏见。而《梁书》则不然，其《诸夷传》载海南、东夷、西北诸戎各国，记事客观。传末史论只云："海南、东夷、西北戎诸国，地穷边裔，各有疆域。若山奇海异，怪类殊种，前古未闻，往牒不记，故知九州之外，八荒之表，辩方物土，莫究其极。高祖以德怀之，故朝贡岁至，美矣。"绝无贬斥之词。两相比较，见识之高下，不言自明。清赵翼《陔余丛考》卷六《宋、齐、梁、陈、魏、周、齐诸史及南、北史书法不同》条说，《宋》、《齐》书于魏则书索虏（魏虏、虏），《魏书》于齐、梁则书岛夷，"《梁》、《陈》二书则不复称索虏而称国号，并于魏、齐、周诸帝皆称谥号"。这固然因为，《梁书》成于唐代，当时南北一统，华夷一家，撰史时现实有此基础；更重要的是，因为姚氏父子能摒除传统的大汉族主义，有平等对待其他民族的进步思想。

第二，内容较充实。《梁书》五十六卷，姚氏父子两世纂集，至唐初始就，这其间固有如上文所述的时代原因，但亦与其用力收集史料、考证史实、不肯草率苟作有关。正因为如此，《梁书》才比较全面具体地记载了梁代五十六年由兴至亡的历史，展现了梁代政治、军事、经济、文化、外交等各个方面，是南北朝八史中内容较充实的一部。其中帝纪六卷，完整而有条不紊地记载了梁代五十六年间的军国大事、盛衰变化之轨迹。列传五十，所传人物300以上。其中除了有影响的文臣武将外，还记述了很多颇有特点的人物，通过他们，揭示了梁代社会的诸多特点。其内容之丰富，历来被人称道。如《文学传》两卷传26人，有著名文学家沈约、江淹、任昉、王僧孺、张率、王筠、刘孝绰、萧子显、张缵、裴子野等因别以功绩，另有单传，尚不在其内。由此可见梁世尚文之风，文学之盛。《孝行传》传16人，加上《昭明太子传》、《哀太子传》、《杨公则传》、《张弘策传》、《郑绍叔传》、《韦睿传》，等等，所载传主"孝谨天至"、"蒸蒸以孝"、"孝友"、"以孝闻"种种事迹,可知梁代重孝之风和梁武"以孝治天下"(《孝行·荀匠传》)的影响。从萧憺、裴邃、夏侯夔、陈庆之诸人列传中可略知,梁代在今湖北境内进行军事屯田以对抗北朝所取得的一定成绩。《侯景传》、《梁元帝纪》及相关人物传记中,记述了侯景之乱和江陵之覆亡的全过程,揭示了梁代世族乃至整个六朝世族阶级必然衰亡的命运。

《梁书》所载章表诏策、书论诗赋不少。虽然有繁冗可删者,然大多都有重要的研究价值,是宝贵的史料。如《范缜传》中的《神灭论》、《刘勰传》中的《文心雕龙序》、《钟嵘传》中的《诗品序》、《庾肩吾传》中简文帝《与湘东王书》、《张率传》中的《舞马赋》、《沈约传》中的《郊居赋》、《陈伯之传》中的丘迟《与陈伯之书》、《徐勉传》中的《上修五礼表》和《诫子崧书》、《许懋传》中的《封禅议》、《张充传》中的《与王俭书》、《任昉传》中的刘孝标《广绝交论》,等等,对认识和研究南朝的哲学、佛教、文学理论和创作风气,以及社会风习、士人心态、官宦生活等都有重要的意义。尤其值得重视的是《诸夷传》,所载诸夷三十余国,比前此的《宋书》、《南齐书》等的同类传记内容充实丰富得多。它比较全面地记述了中国周边国家及西南亚诸国的地理、物产、风土人情,以及与中国的经济、文化、外交往来,是研究中国与亚洲各国友好关系极重要的史料。

第三,有一定程度的实录精神。唐初修史本来就是要惩恶扬善、贻鉴将来的,不虚美、不隐恶,秉笔直书,正是中国古代优良的史学传统。姚氏父子又素以"学行"、"节义"著称。故《梁书》具有一定程度的实录精神就是很自然的事情了。如读《高祖三王·邵陵王纶传》、《豫章王综传》、《世祖二子·忠壮世子方等传》、《张缵传》等,可知梁代皇族内部父子、兄弟、叔侄、外戚等之间错综复杂的钩心斗角、争夺倾轧。读《侯景传》载景抗表陈梁武"十失",亦略知梁王朝内贿赂公行、赏罚无法的实况。读《贺琛传》所载琛长篇奏疏和梁武当面训斥之词,可见梁代后期政治之腐败及梁武拒谏饰非的嘴脸。读《武帝纪》所载大同七年十一月十二日诏书，可以概见当时官守之凶贪、民众之苦楚。读《鱼弘传》中鱼弘"我为郡，所谓四尽：水中鱼鳖尽，山中獐鹿尽，田中米谷尽，村里民庶尽。丈夫生世，如轻尘栖弱草，白驹之过隙。人生欢乐富贵几何时"的自白，真令人切齿发指！读《康绚传》所述梁筑浮山堰时"缘淮百里内，冈陵木石，无巨细必尽，负担者肩上皆穿。夏日疾疫，死者相枕，蝇虫昼夜声相合"的惨状，更令人怵目惊心。《梁书》将这些都如实地记录下来，暴露了梁王朝在梁武这个所谓"菩萨皇帝"统治下的黑暗现实。这是应该肯定的。

姚氏父子虽然未忘"秉笔直书"的优良史学传统，但他们毕竟是封建正统史家，受诏撰《梁书》，不可能像司马迁那样撰史"自成一家之言"。《梁书》所据本国史旧文，其于梁代史实有关系则书，无关系则不书，即有关系而其中不无忌讳，亦隐而不书（参赵翼《廿二史札记》卷九《〈梁书〉悉据国史立传》条），故《梁书》涉及梁最高统治集团中人之善恶、事之成败者，虽有揭露，亦不无曲笔。如梁武帝弟临川王宏，天监四年（505）受命统军北伐，武器精新，军资充足。然畏魏兵而不敢进，措置无方，怯懦无能，致使百万大军一朝溃败，弃甲投戈，填满山谷，丧师十之八九，自己随数骑逃归（详《南史》本传及《通鉴·梁纪》）。此为梁第一丧兵辱国之事。大抵国史未书，《梁书》本传只云"征役久，有诏班师"，亦讳言溃败之事。其他如昭明太子墓地埋鹅事，元帝徐妃之失德事，临贺王正德劫掠杀人、与妹通奸事，等等，《南史》增补不少（参赵翼《廿二史劄记》卷一〇《〈南史〉增〈梁书〉有关系处》条），而《梁书》皆讳而不书。因此，后人研究梁史及有关人物，不得不参阅《南史》及《通鉴》有关内容。

第四，叙事简严，文笔洗练。姚氏父子本皆饱学之士，且有深厚的文学功底，因此所撰《梁书》质朴自然，条畅通达。尤其叙事简严，文笔洗练，历来被人称道。清人赵翼说他"叙事之简严完善，则李延寿亦不能过"(《陔余丛考》卷七《梁、陈二书》条)。如《孝行·荀匠传》写荀匠之孝行，云："父法超，齐中兴末为安复令，卒于官。凶问至，匠号恸气绝，身体皆冷，至夜乃苏。既而奔丧，每宿江渚，商旅皆不忍闻其哭声。服未阕，兄斐起家为郁林太守，征俚贼，为流矢所中，死于阵。丧还，匠迎于豫章，望舟投水，傍人赴救，仅而得全。既至，家贫不得时葬，居父忧并兄服，历四年不出庐户。自括发后，不复栉沐，发皆秃落。哭无时，声尽则系之以泣，目眥皆烂，形体枯悴，皮骨裁连，虽家人不复识。"此段文字记述了荀匠为父兄二人服丧的情况，以表现其孝行。既交代了父兄的姓名、官职、死因及死所，同时又从正面写其哭声、行为、容貌、形体以表现其悲伤，从他人对其哭声、形貌的感受反应来突出其悲伤的程度。这样写，多角度、多侧面地突出了一个孝友者的形象。而全段先分写父"凶问至"时、"奔丧"时和兄"丧还"时、丧"既至"时荀匠的种种表现，后合写荀匠守父兄丧时的情形，层次清晰，叙事完整，而总共才 140 余字，非精于文章之道者不能。又如《曹景宗传》写景宗有这样一段："性躁动，不能沉默，出行常欲塞车帷幔，左右辄谏以位望隆重，人所具瞻，不宜然。景宗谓所亲曰：'我昔在乡里，骑快马如龙，与年少辈数十骑，拓弓弦作霹雳声，箭如饿鸱叫。平泽中逐獐，数肋射之，渴饮其血，饥食其肉，甜如甘露浆。觉耳后风生，鼻头出火，此乐使人忘死，不知老之将至。今来扬州作贵人，动转不得，路行开车幔，小人辄言不可。闭置车中，如三日新妇。遭此邑邑，使人无气。'为人嗜酒好乐，腊月于宅中使作野虡逐除，遍往人家乞酒食。"通过其言语和生活细节，尤其是他那土俗的比方，生动地展现了一个粗豪、狂放、躁动的武将性格。以致毛泽东读了这段文字，也深为感动，加批语曰："景宗亦豪杰哉！"① 同时，读这段很自然让人想起："马作的卢飞快，弓如霹雳弦惊"(辛弃疾《破阵子·为陈同甫赋壮

---

① 张贻玖：《毛泽东读史》，中国友谊出版公司 1991 年版。

词以寄之》);"壮志饥餐胡虏肉,笑谈渴饮匈奴血"(岳飞《满江红》);"应笑书生心胆怯,向车中闭置如新妇"(刘克庄《贺新郎·送陈真州骅》)等有名辞章警句。可见此段文字的生命力。

六朝至初唐,正是骈体文盛行的时代,"俪采百字之偶,争价一句之奇","文必极貌以写物,辞必穷力而追新",是那个时代的风气。而《梁书》不同流俗,全用质朴自然的散文句法叙事、写人、议论,尤为可贵。赵翼《廿二史劄记》卷九《古文自姚察始》条云:"《梁书》虽全据国史,而行文则自出炉锤,直欲远追班马。盖六朝争尚骈俪,即序事之文,亦多四字为句,罕有用散文单行者。《梁书》则多以古文行之。如《韦叡传》叙合肥等处之功,《昌义之传》叙钟离之战,《康绚传》叙淮堰之作,皆劲气锐笔,曲折明畅,一洗六朝芜冗之习。《南史》虽称简净,然不能增损一字也。至诸传论,亦皆以散文行之,魏郑公《梁书·总论》犹用骈偶,此独卓然杰出于骈四俪六之上,则姚察父子为不可及也。世但知六朝之后,古文自唐韩昌黎始,而岂知姚氏父子已振于陈末唐初也哉!"赵氏的评价是有见地的。

关于《梁书》的缺陷,历代学者多有指陈,客观地看,主要有以下三方面:

第一,编次方面有不当之处。《梁书》编次确实存在一些问题。一是当传而未传。如昭明太子萧统之子詧,初封岳阳王,被梁元帝所迫,在襄阳自立为梁王,依附西魏,后在江陵称帝三世,历三十三年,史称后梁。后梁在当时是一个国家,即使不便附于本纪之后,何妨别立一传,述其兴亡?而《梁书·昭明太子传》中连其名字都不载,只于《张缵传》中略为述及,竟似不知为谁氏之子者。又如,梁将王琳,在梁末间关百战,尽忠于梁朝,始终不肯屈服于陈霸先。且其事迹全在南方,梁亡方投奔北齐。《梁书》亦不为立传,显然是其疏漏。又,《梁书》无《方技传》,以致在当时颇有影响的沙门宝志(参《南史》之《武帝纪》、《王僧辩传》及《梁书》之《何敬容传》、《刘歊传》等),参加浮山堰的勘测、设计、施工的著名科学家,当时的材官将军祖暅(只在《康绚传》中涉及),皆未为立传。这当与姚思廉的封建思想相关。思廉曾祖菩提,祖父僧垣俱是梁代名医,出入宫廷,甚被优遇。思廉只在《陈书》中为乃父姚察立传,闭口不提曾祖,于其祖父亦仅"父上开府僧垣,知名梁武代,二宫礼遇优厚"17字而已。盖方技之流,当时社会地位低下,故思廉讳而不言。其不愿为方技立传,可想而知。二是伦次失检。赵翼《陔余丛考》卷七有云:"《梁书》编次亦有失检处。武帝郗皇后传后即以简文王皇后次之,而武帝丁贵嫔、阮修容反次于王皇后之下。按丁乃昭明太子及简文之母,阮乃元帝之母、简文庶母也,岂得反叙于后?其意不过先皇后而次妃嫔耳。然既叙武帝郗后,则丁、阮两妃次于后之下,正合体裁,何必先媳而后姑耶?……其于宗室诸王及诸帝子,编次亦多失序。昭明太子统、哀太子大器、愍怀太子方矩反编在前,而临川王宏、安成王秀等,昭明叔也,南康王绩、庐陵王续等,大器、方矩叔也,而皆编在从子从孙后,可乎?"章学诚《丙辰札记》亦有云:"《梁书·皇后传》以高祖丁贵嫔、阮修容列于太宗王皇后之后,其意以谓分嫡庶,而不知失昭穆之伦矣。纪事之书,自有先后伦次,非如太庙升祔,嫡妇可以逾庶姑也。"赵、章二氏所论是有道理的。《梁书》编次方面存在的问题,还有一些,此不赘述。

第二,多载迷信感应之事。中国古代的史家,由于受时代和历史观的限制,很难对历史现象和进程作科学的解释。因而历代史书中,迷信怪异之事常见诸记载,尽管因撰史者的不同而所撰史书迷信色彩有程度上的差别。南朝,尤其是梁代,正是佛教大为流行的时代。姚氏父子,特别是姚察,受风气之熏染,十四岁即受菩萨戒,习蔬菲五十余年,谙识内典,虔信佛教(详《陈书》本传)。这些都影响到《梁书》的撰修。《梁书》中所载迷信怪异之事不少。如《太祖五王·鄱阳王恢传》载,恢请北渡道人慧龙治眼疾,因其"有孝性",精诚所感,空中见圣僧使恢眼"豁然开朗"事;《褚翔传》载翔母疾笃,请沙门祈福,因翔"有孝性"，精诚所感，中夜户外有异光，空中有弹指声，"及晓疾遂愈"事；《孝行·滕昙恭传》载，孝子昙恭门外冬生树神光忽起，佛像及夹侍之仪"自门而入"事；如此等等，不一而足。佛教谓众生以其精诚感动神明，神明应之，谓之感应。姚氏父子不厌其烦，多载此类事，可见其受佛教影响之深。

这里需要指出的是，有论者认为"《梁书》中表现出一定的反佛思想"，"姚察、姚思廉认真书史"，"对当时流行的佛教痛心疾首"（详《〈梁书〉略论》）。然而，论者所谈理由，综合起来，主要是两条：一是《范缜传》记载了"范缜的主张及其与萧子良的争论"，对范缜"没有贬责之词"而"抱着推崇的态度"；二是曾巩的《梁书目录序》"拒佛思想是十分鲜明的"，曾巩"是在观《梁书》之后发出这番议论的，他已认识到《梁书》的反佛思想"。这两条似乎有理，实际上一条也站不住脚。对于第一条，我们应明确，《梁书·范缜传》对范缜并非无贬词。范缜本为齐臣。齐末，母忧去职，"义军至，缜墨绖来迎"；"缜自迎王师，志在权轴，既而所怀未满，亦常怏怏"；后因亲结"倾侧取容"、"反覆不忠"的王亮而坐罪。《梁书·儒林传》后论云其"墨绖徼幸，不遂其志，宜哉"，显然是取批判的态度。《梁书》本传还说他"好危言高论，不为士友所安"。这些不是贬责又是什么？至于《梁书》载其《神灭论》，乃史家实录精神之表现，与反佛无关。试问，《神灭论》于齐时初出即朝野哗然，至梁初，梁武犹组织六十余人与之辨难（详《弘明集》卷一〇《大梁皇帝敕答臣下〈神灭论〉》及《庄严寺法云法师与公王朝贵书》）。此等重要史实，《梁书》不载，行吗？况其"与政事无关"（汤用彤《汉魏两晋南北朝佛教史》第十三章《佛教之南统·郭祖深与荀济之反佛》），载之何妨？至于第二条，显然是论者误解了曾巩《梁书目录序》。曾《序》先云佛为中国之患，"而在梁尤甚，故不得而不论也"，后又云"臣等故因梁之事"而论。原来曾巩不过是因序《梁书》而借题发挥以论佛法。其"在梁尤甚"，"因梁之事"二句，乃斡入题目之法（参何焯《义门读书记》卷四一《元丰类稿·文》"梁书目录序"条），与《梁书》是否反佛何干？再说，姚氏父子若反佛，梁代两位颇有影响的人物斥佛之事当载：一是荀济，一是郭祖深。荀济上书斥佛，惧梁武迫害，由梁入魏（事见《北史·文苑·荀济传》），不入《梁书》固可勉强解释，但郭祖深上封事，揭露梁武残民佞佛的弊政（详《南史·循吏·郭祖深传》），《梁书》只字不提，这说明了什么呢？另外，若将《南史·梁本纪中》李延寿的史论和《梁书·本纪》末魏徵的史论与《梁书·武帝纪》后姚思廉的史论略加比较，亦能说明问题。李延寿批评梁武佞佛，"溺于释教，弛于刑典"；魏徵更斥其"慕名好事，崇尚浮华，抑扬孔墨，流连释老。或经夜不寝，或终日不食，非弘道以利物，惟饰智以惊愚。且心未遗荣，虚厕苍头之伍；高谈脱屣，终恋黄屋之尊"，一针见血地指出梁武斋戒、讲经、舍身等之虚伪。而姚氏不仅论中曾无一言及佞佛之事，反而在正文末赞扬梁武"笃信正法，尤长释典"。《梁书》有无反佛之意，昭然若揭。实际上《梁书》"反佛"说，大约是袭自近人陆绍明《史家宗旨不同论》[①]。不过，因陆氏之说过于穿凿牵强，不合实际，今人一般都摒而不取。

第三，撰述上颇多疏漏。贞观三年，姚思廉受诏修撰《梁书》时，已年过七十，精力衰退可想而知。且身为朝臣，当亦不可能专事撰史，故《梁书》中疏漏不少。概括而言，约有三端：一是前后矛盾。如在列传第三十卷《江革传》中言何敬容掌选，"序用多非其人"，而在第三十一卷《何敬容传》中又谓其"铨序明审，号为称职"。又如《侯景传》大宝元年十二月下记："是月，张彪起义于会稽，攻破上虞，景太守蔡台乐讨之，不能禁。"此下，二年正月却记："（张）彪遣别将寇钱塘、富春，（侯景仪同）田迁进军与战，破之。"一"义"一"寇"，数

[①] 陆绍明：《史家宗旨不同论》，《国粹学报》十七期，1906年；徐浩：《廿五史论纲》收为附录，上海书店1989年影印本。

行之间，书法乖舛。二是重复。如《到洽传》载，洽卒，昭明太子与晋安王纲令，有云："近张新安又致故，其人文笔弘雅，亦足嗟惜，随弟府朝东西日久，尤当伤怀也。比人物零落，特可伤惋，属有今信，乃复及之。"此段文字，于《张率传》中重出，且"文"作"才"，"伤惋"作"潸慨"。又如《王筠传》中云："时人为之语曰：'谢有览、举，王有养、炬。'炬是泰、养即筠，并小字也。"而《谢举传》中复重出。如此之类，还有一些，今不赘述。三是沿国史笔法，不少篇章剪裁加工不够。如诸王及功臣列传之结构，例先叙其历官，中述事实，末载饰终之诏。如《南平王伟传》载诏曰："旌德纪功，前王令典；慎终追远，列代通规。"《王茂传》载诏曰："旌德纪勋，哲王令轨；念终追远，前典明诰。"《孔休源传》载诏曰："慎终追远，列代通规；褒德酬庸，先王令典。"等等，千篇一律，读而生厌。又，《梁书》虽叙事简洁，然因其依国史立传，故所载诏策有无关于治道、只是官样文章且内容雷同者，颇遭后人繁冗之讥。本来，《梁书》既入正史，理应突破国史限制，删除繁复，自出机杼。姚思廉在这点上用力不够，影响了文风的统一，有损其文采，这是令人遗憾的。

另外，《梁书》有纪、传而无志、表，往代学者亦有批评之者。如顾炎武《日知录》卷二六《作史不立表志》条、章学诚《文史通义》卷七《亳州志人物表例议》等。对此，赵翼《陔余丛考》卷九《隋志应移南北史之后》条有云："《隋书》诸志则兼载梁、陈、周、齐各朝制度。盖唐初修梁、陈、周、齐隋五代史时，若每史各系以志，未免繁琐，且各朝制度，多属相同，合修一书，益可见沿革之迹。故梁、陈、周、齐但作纪、传，而志则总列于《隋书》也。"赵氏的解释是合理的。实际上，《隋书》十志是为梁、陈、周、齐、隋五代史而撰，故其名本为《五代史志》。只不过隋在后，故入《隋书》，后人称为《隋志》罢了。姚氏自无须别撰。金毓黻《中国史学史》第四章有云："吾谓此等编次之法最得史体，其他四史，则不必一一作志，以省卷帙。"至于《梁书》

无表，倒不能不说是其不足。然唐以前正史中，无表者多，又不独《梁书》也。

（原载《黄冈师范学院学报》2001年第2期）

《梁书·刘显传》点校匡补

中华书局点校本《梁书》之《刘显传》述刘显之仕历,有云:

> 五兵尚书傅昭掌著作,撰国史,引显为佐。(天监)九年,始革尚书五都选,显以本官兼吏部郎,又除司空临川王外兵参军,迁尚书仪曹郎。……出为临川王记室参军。建康平,复入为尚书仪曹侍郎,兼中书通事舍人。

此段文字存在两个问题:其一,"吏部郎"当是"吏部都",须补校;其二,"出为临川王记室参军。建康平,复入为尚书仪曹侍郎,兼中书通事舍人",应标点为"出为临川王记室参军、建康平。复入为尚书仪曹侍郎,兼中书通事舍人",须匡正。今试申述之。

先说其一。且从梁代官品谈起。梁初官职品第多依宋、齐之旧,颇为繁乱。梁武锐意理清之。至天监七年革选,对不同官职的班品秩禄有严格之规定。《隋书·百官志上》载:"天监七年,革选。徐勉为吏部尚书,定为十八班,以班多者为贵,同班者,则以居下者为劣。"检《隋书·百官志》所载天监七年所定官品班次知:著作佐郎为二班,尚书吏部郎为十一班,司空临川王外兵参军(皇弟府正参军之一)为四班,尚书仪曹郎(尚书郎中之一)为五班。按南朝官员兼任他职惯例,乃以高职兼低职。刘显被掌著作的傅昭引为佐,则其官职为著作佐郎无疑。居二班的著作佐郎的刘显怎么可能兼任位居十一班的尚书吏部郎呢?再说,如果他自尚书吏部郎改为临川王外兵参军,即是由十一班降为四班,当是"左迁",《梁书》本传用一"除"字言这一变动,也是说不通的。由此看来,"显以本官(即著作佐郎)兼吏部郎",显然有误。

再看史籍有关记载。考《隋书·百官志上》有云："（天监）九年诏曰：'尚书五都，职参政要，非但总领众局，亦乃方轨二丞。顷虽求才，未臻妙简，可革用士流，每尽时彦，庶同持领，秉此群目。'于是以都令史视奉朝请。其年，以太学博士刘纳兼殿中都，司空法曹参军刘显兼吏部都，太学博士孔虔孙兼金部都，司空法曹参军萧轨兼左户都，宣毅墨曹参军王颙兼中兵都。五人并以才地兼美，首膺兹选矣。"《资治通鉴·梁纪三》"天监九年"下有与此相同的记载。

据此可知：（一）吏部都乃尚书五都之一，属尚书都令史，与奉朝请职位相当；（二）刘显所兼乃尚书吏部都，而非"吏部郎"，"郎"、"都"盖形近致误。复检《隋书·百官志上》知吏部都与奉朝请同居二班，与著作佐郎同班而位次居下。将"郎"校正为"都"后，《梁书·刘显传》以刘显为著作佐郎兼同班而居下的吏部都，合情合理。其官班变动中的疑问也就涣然冰释了。

顺便说一句，中华书局点校本《南史·刘瓛传》附《刘显传》亦作"吏部郎"，也须校正为"吏部都"。

再说其二。依《梁书》点校者标点，则"建康平，复入为尚书仪曹侍郎"意谓建康城平定后，刘显复入为尚书仪曹侍郎，别无其他解释。然刘显天监初入仕，大同九年卒官。仕宦期间，梁王朝政权相当稳定，京邑建康没有谁来"平定"过，要说"平定"，只能是齐末萧衍"平定"建康，夺取萧齐政权之事。"建康平"指此，《梁书》中不乏其例。如《太祖五王传》中《临川王宏传》有云："高祖（萧衍）义师下，宏至新林奉迎，拜辅国将军。建康平，迁西中郎将、中护军，领石头戍军事。"又《安成王秀传》亦有云："高祖义师至新林，……建康平，仍为使持节、都督南徐、兖二州诸军事、南徐州刺史，辅国将军如故。"然而"建康平"之此一义用于《刘显传》则断然不通！因为刘显天监九年后，"迁尚书仪曹郎"，怎么又接着在齐末"建康平"后，"复入为尚书仪曹侍郎"呢？这岂不与说齐朝在梁朝之后一样可笑吗？或许是注意到了这一点，唐李延寿在依南北朝诸史编《南史》时，于《刘显传》将"建康平"及其前后共21字干脆删除了。这虽然不失为省事的办法，但问题并没有解决。看来，《梁书·刘显传》之"建康平"三字当另作解释。

其实，"建康平"另有一义，即官职名。《梁书·武帝纪》"天监元年"下有云："八月戊戌，置建康三官。"何谓"建康三官"？《隋书·百官志》云："建康旧置狱丞一人。天监元年诏依廷尉之官，置正、平、监，革选士流，务使任职。又令三官更直一日，分受罪系，事无小大，悉与令筹。若有大事，共详，三人具辨。……位视给事中。"然则"建康三官"者，乃梁天监元年依照"廷尉三官"即廷尉正、廷尉平、廷尉监而设置的官职，即建康正、建康平、建康监。其职掌是管理京邑建康之刑狱，与给事中职位相当。任"建康三官"者，《梁书》不乏记载。如《江革传》："除通直散骑常侍，建康正。"（《南史》本传同）《文学传下·伏挺传》："天监初，除中军参军事……迁建康正，俄以劾免。"皆其例。又因其掌刑狱，故《梁书》有时亦以"建康狱正"、"建康狱平"之类称之。如《庾於陵传》："天监初，为建康狱平，迁尚书功论郎。"（《南史》本传同）《孔休源传》："即日除兼尚书仪曹郎中，……迁建康狱正。"（《南史》本传同）

或许有人要问，释"建康平"为官职，于史有据，从刘显官职班次升迁的角度看，合理吗？检《隋书·百官志》知，临川王记室参军属皇弟子府正参军，居四班；建康平乃"建康三官"之一，居四班；尚书仪曹侍郎为尚书侍郎之一，居六班；中书通事舍人居四班。又据《梁书·武帝纪》及《临川王宏传》，临川王萧宏自天监八年夏至天监末皆未离扬州刺史之职。而扬州刺史之治所就在京邑建康，建康正是其治下。刘显任临川王记室参军，同时又任同为四班的建康平，完全可能。其此后升迁为六班的尚书仪曹侍郎而兼四班的中书通事舍人，也正合情合理！

（原载《中国史研究》1998年第2期）

《梁书》点校辨正

在今存各种版本的《梁书》中，20世纪70年代初出版的中华书局点校本较广泛地吸收了前人的校勘成果，参考了多种古籍资料，被认为是"目前的最佳版本"[①]。笔者近几年来研读该本，发现其存在的问题颇为不少，大有重新校理之必要。今仅就其标点校勘之失误，以举例方式予以辨正，愿方家有以教之。至于其失校，当另文讨论。这里需要说明的是：一、本文所据为中华书局1973年5月第1版《梁书》；二、今人已经指出了该本的点校问题，无论是专文或文章中偶尔涉及的，本文一般不再论列，以避掠美之嫌。

一、误校例

1.（天监）十二年，征为抚军将军，仪同、常侍如故，以疾不拜。（卷二二《太祖五王·南平王伟传》，第347页）

校者《校勘记》（以下简称《校记》）云："'抚军'各本讹'中抚'。据本书《武帝纪》改。"

今按：本书卷二《武帝纪中》天监十二年下有云："秋九月戊午，以镇南将军、开府仪同三司、江州刺史建安王伟为抚军将军，仪同如故。"是校者所改确有依据，但为什么以本传"中抚"为讹，而

[①] 蒋福亚、方高峰：《〈梁书〉、〈陈书〉说略》，《经史说略·二十五史说略》，北京燕山出版社2002年版。

不以《武帝纪》"抚军"为讹？令人不解。考《南齐书》卷一六《百官志》知①，南齐有"抚军将军"；再考《隋书》卷二六《百官志上》知，梁天监七年革选，"诏以将军之名，高卑舛杂，命更加厘定"，于是置一百二十五号将军，分为十品二十四班，以班多者为贵，有"四中"——中军、中卫、中抚、中权将军，为二十三班，无"抚军将军"之号。又，本书《太祖五王·始兴王憺传》，萧憺天监十八年为"中抚将军"，本书卷二《武帝纪》、《南史》卷六《梁本纪》天监十八年纪并同；《南史》卷五二《梁宗室下·始兴王憺传》作"中抚军将军"，那是因为"中抚将军"又称"中抚军将军"。由梁代官制和文献旁证可知，本传"中抚"不误，倒是《武帝纪》"抚军"二字前可能脱"中"字。校者据《武帝纪》改本传，显然是颠倒了是非。

2.（萧）敷字仲达，解褐齐后军征虏行参军，转太子舍人，洗马，迁丹阳尹丞。（卷二三《永阳嗣王伯游传》，第363页）

《校记》云："'后'字下，原衍'将'字。按徐勉《故侍中司空永阳昭王墓志铭》作'解褐后军长沙王行参军'，无'将'字，今据删。"

今按：考《南齐书·百官志》，南齐将军号有"前军将军、后军将军、左军将军、右军将军，号四军"，又有"左、右、前、后将军"。前者属虚号，非持节出镇，不得领兵；后者属主兵之官②。是后将军与后军将军乃性质有异、系列不同的两种军号。据萧子显《南齐书》之《高帝纪》及《长沙王晃传》，萧晃曾于齐初为"后将军"，而未曾为"后军将军"，与本书本传原文同。又考《南齐书·高帝十二王传》，高帝诸子在齐代曾居左、右、前、后四将军之列者有临川王映、武陵王晔、桂阳王铄、始兴王鉴、南平王锐等，不独长沙王晃也。而为前、后、左、右四军将军之列者未有一人。因此，颇疑《故侍中司空永阳昭王墓志铭》脱

---

① 本文所引诸正史及《资治通鉴》悉据中华书局点校本，下文不再说明。
② 钱大昕：《廿二史考异》卷二十五，《丛书集成初编》本。

"将"字,而非此传衍一"将"字。校者删"将"字,有轻率之嫌。

3.(萧纶)行至汝南,西魏所署汝南城主李素者,纶之故吏,闻纶败,开城纳之。(卷二九《高祖三王·邵陵王纶传》,第435页)

《校记》云:"'李素'《南史》、《通志》并作'李素孝',无'者'字。疑此'者'字为'孝'字之讹。"

今按:"李素",《通鉴》卷一六三《梁纪》大宝元年纪同;且本传下文"后李素中流矢卒,城乃陷",亦作"李素"。《南史》卷五三《梁武帝诸子·邵陵王纶传》实为"李素孝者",非无"孝"字,乃较《梁书》、《通鉴》多出"孝"字。是"孝"字当为衍文,《通志》沿《南史》而误。

4.自承麾旆届止,莫不膝袒军门,惟仆一人敢后至者,政以内揆庸素,文武无施,直是东国贱男子耳。(卷三一《袁昂传》,第453页)

《校记》云:"'东'南监本、汲古阁本、百衲本、金陵局本及《南史》俱作'陈',今从北监本、殿本。按:袁昂,陈郡阳夏人,然陈郡不得称陈国;且下袁昂《谢后军临川王参军事启》,有'臣东国贱人'语,下'东'字各本无作'陈'者,可证此亦作'东'为是。"

今按:《校记》云"陈郡不得称陈国",似不尽然。南朝有吴郡,无吴国之封,然本书卷二一《张充传》,充,吴郡人,其致书王俭,自称"吴国男子张充";梁释慧皎《高僧传》卷一三《齐东安寺释昙智传》有云昙智"齐永明五年卒于吴国"①。这些,各本亦无异文,是吴郡可称吴国。又,江淹《知己赋·序》有云:"陈国之华者,故吏部郎殷孚其人也。"②据《宋书》卷五九《殷淳传》知,殷孚亦为陈郡人。考南朝诸史,亦无陈国之封,是"陈国"亦为"东国"之误耶?然今存各本《江淹集》于"陈国"二字均无异文。据《续汉书·郡国志》、《宋书·州郡

---

① 释慧皎撰,汤用彤校注:《高僧传》,中华书局1992年版。
② 胡之骥:《江文通集汇注》,中华书局1984年版。

志》、《魏书·地形志》等知，陈郡，汉高帝置为淮阳国，后汉章帝更名陈国。南朝人称籍贯，往往称祖籍，其称陈郡为陈国者，盖沿用旧称。至于袁昂另文自称"东国贱人"，并不能证明此文自称"陈国贱男子"有何不可。相反倒可证明，陈郡亦可称陈国。

5.（孝绰）出为平南安成王记室，随府之镇。寻补太子洗马，迁尚书金部郎，复为太子洗马，掌东宫管记。（卷三三《刘孝绰传》，第480页）

《校记》云："各本作'迁尚书金部侍郎'，衍一'侍'字，今删。按《隋书·百官志》，尚书省置吏部、金部、骑兵等郎二十二（按：当为二十三）人。"

今按：《校记》所云《隋书·百官志》"尚书省置吏部、金部、骑兵等郎二十三人"，固是，然《隋志》明云此属"梁武受命之初"的情况。其下，《隋志》述尚书省郎官之变革，续有云："（天监）三年，置侍郎，视通直郎。其郎中在职勤能，满二岁者，转之。"本书卷四九《文学上·到沆传》亦载："（天监）三年，诏尚书郎在职清能或人才高妙者为侍郎，以沆为殿中曹侍郎。"是天监三年以后，尚书郎官有郎中、侍郎之别。《隋志》又载，天监七年革选，定流内官职为十八班，六班中有尚书侍郎，五班中有尚书郎中。又本书《文学上·刘苞传》，苞于天监年间曾任尚书库部侍郎、尚书殿中侍郎；《刘显传》载显天监九年以后曾任尚书仪曹侍郎。这些都说明梁天监三年以后尚书省诸曹有侍郎之职是不容置疑的。刘孝绰任尚书金部侍郎也是完全可能的。据本段文字，刘孝绰迁尚书金部侍郎在"出为平南安成王记室，随府之镇"以后。考本书《武帝纪》及《安成王秀传》，安成王萧秀为平南将军出镇江州在天监六年四月，是刘孝绰迁尚书金部侍郎必不早于天监七年。因知本传"尚书金部侍郎"不误，校者删"侍"字，是没有道理的。

6.孝绰子谅，……历官著作佐郎，太子舍人，王府主簿，功曹史，宣城王记室参军。（卷三三《刘孝绰传》附《刘谅传》，第484页）

《校记》云："'宣'各本讹'中'，据《南史》改。"

今按:"宣"、"中"二字字形迥异,"中"讹为"宣"之可能性很小。"中城王"当是"中军宣城王"脱"军宣"二字所致。《南史》本传作"中书宣城王","书"当是"军"字之讹。宣城王指萧大器。本书《武帝纪》载,中大通五年正月"癸丑,以宣城王大器为中军将军"。因而本书于其僚属例称"中军宣城王××",如:本书卷三五《萧子恪传》附《萧滂传》"滂官至尚书殿中郎,中军宣城王记室";卷三四《张缅传》附《张绾传》"迁中军宣城王长史";卷三八《贺琛传》"太清二年,迁云骑将军、中军宣城王长史";均言"中军宣城王",可以佐证。

7. 隐日月以蔽亏,抟风烟而回薄。(卷三四《张缅传》附《张缵传》,第496页)

《校记》云:"'抟'各本讹'搏',今改正。按:抟即《庄子·逍遥游》'抟扶摇羊角而上'之抟。抟,聚也,谓结聚风烟而回薄。"

今按:此改欠慎重。《庄子·逍遥游》"抟扶摇羊角而上"之"抟"一本作"搏"。清郭庆藩《庄子集释》卷一引俞樾曰:"'抟'徒端反。司马云:抟,飞而上也。一音博。崔云:拊翼徘徊而上也。"又引卢文弨曰:"当云本一作'搏',音博。"① 北京大学中国古代文学教研室选注的《先秦文学史参考资料》注《庄子·逍遥游》有云:"'抟'一本作'搏',据近人章炳麟说,以为作'搏'是(见其所著《庄子解故》)。'搏',拍,拊。"②

校者不知"抟扶摇羊角而上"之"抟"有作"搏"者,在没有任何版本依据的情况下,径改原文之"搏"为"抟",是违背校勘原则的。

8. 眺君、禂之双峰,徒临风以增想。(卷三四《张缅传》附《张缵传》,第499页)

《校记》云:"按:'禂'当作'舳',形音相近而讹。洞庭湖中有君

---

① 郭庆藩:《庄子集释》,中华书局1961年版。
② 北京大学中国文学史教研室选注:《先秦文学史参考资料》,中华书局1962年版。

山及艑山。"

今按：《水经注》卷三八《湘水注》有云："（洞庭）湖中君山、编山。君山有石穴，……东北对编山，山多篠竹。"① 是洞庭湖中山有名"编山"者。盖艑、褊、编音近，非必为"艑山"也。《汉书·地理志》"长沙国·益阳县"下王先谦补注云：'《封禅书》正义云：'湘山，一名艑山，在巴陵县南。'《方舆胜览》：'湘山在洞庭中，湘君所游处，一曰君山。'据二书，则君山即艑山。《湘水注》分君山、编山为二。编、艑音近字变，盖湖中相近之山，统曰湘山耳。"② 是艑山亦写作"编山"，依此而推，作"褊山"，未必是讹字。

9. 乃下诏曰："前军沈崇傃，少有志行，居丧逾礼。……可便令除释，擢补太子洗马。"（卷四十七《孝行·沈崇傃传》，第649页）

《校记》云："沈崇傃曾为前军鄱阳王参军事，'前军'下疑脱'参军'二字。"

今按：本传此段上文载沈崇傃"天监初，为前军鄱阳王参军事"，但天监三年，"太守柳恽辟为主簿"，崇傃到郡，还迎其母，即遭母忧。几年后，梁武闻其至孝，乃下此诏。是梁武下诏时，沈崇傃早已不在鄱阳王参军事任上，故诏书是不能称之为"前军参军"的。同时，他虽被辟为郡主簿，显然未及就职即遭母忧。按六朝称谓惯例，称某官已离任之旧职，当加"前"字。如《文选》卷三八任彦升《为萧扬州荐士表》有"前晋安郡候安令东海王僧孺"云云③（本书卷三三《王僧孺传》同）；又如唐释道宣《广弘明集》卷二〇梁湘东王萧绎《法宝联璧序》末所列《法宝联璧》编撰者，有"前御史中丞河南褚云"、"前尚书左丞沛国刘显"、"前国子博士范阳张绾"等④。这些并是其例。因此，颇疑"前"字

---

① 王先谦：《合校水经注》。
② 王先谦：《汉书补注》，中华书局1983年版。
③ 萧统编，李善注：《文选》，中华书局1977年版。
④ 释道宣：《广弘明集》，上海古籍出版社1991缩叶影印本。

下脱"参"字，梁武是称之为"前参军"。

10. 至如魏文述《典》，陈思序《书》，……仲洽《流别》，弘范《翰林》，各照隅隙，鲜观衢路。（卷五〇《文学下·刘勰传》，第711页）

《校记》云："'洽'各本讹'治'，今改正。"

今按：《文章流别论》的撰者是晋人挚虞，其字，今本《晋书》作"仲洽"，但徐震堮《世说新语校笺》①、余嘉锡《世说新语笺疏》②并作"仲洽"。清姚振宗《隋书经籍志考证》卷一八《史部·仪注类》"《决疑要注》一卷，挚虞撰"下引《晋书》本传"虞字仲洽"，加小注云："当为仲洽。"王佩诤《两晋南北朝群书校释录要》之一《世说新语校释掇琐》有云："唐虞之治，殷商之隆，见《汉书·艺文志》。仲洽名虞，其名与字之解诂极确。讹本《晋书》作'仲洽'，谬甚。"③程章灿《挚虞字仲洽考》更有详考可参④。本传校者所据或即今讹本《晋书》，乃以不误为误也。

二、误点例

11. 甲午，以前寿昌令刘叡为汝阴王，前镇西法曹、行参军萧纮为巴陵王，奉宋、齐二代后。（卷六《敬帝纪》，第147页）

今按：《南齐书·百官志》："凡公督府置佐：长史、司马各一人，谘议参军二人。诸曹有录事，功曹，记室，户曹，仓曹，中、直兵，外兵，骑兵，长流，贼曹，城局，法曹，田曹，水曹，铠曹，集曹，右户，十八曹。城局曹以上署正参军，法曹以下署行参军，各一人。"是南齐公府、将军府法曹署行参军。梁代职官多循宋、齐之旧。据《隋

---

① 徐震堮：《世说新语校笺》，中华书局1984年版。
② 余嘉锡：《世说新语笺疏》，上海古籍出版社1993年版。
③ 王佩诤：《两晋南北朝群书校释录要》，《二十五史补编》，中华书局1955年版。
④ 程章灿：《世族与六朝文学》，黑龙江教育出版社1998年版。

书·百官志》，梁法曹亦署行参军，天监七年（508）革选，定流内官职为十八班，以班多者为贵，法曹行参军之官班视其府主职位之不同而有三班至一班之别。点校者于"法曹"与"行参军"之间加顿号，误。中华书局点校本《南史》卷八《梁本纪》照抄本段文字，于"法曹行参军"之间未加顿号，是。

12. 大通元年，加中书监，给亲信三十人。寻表解祭酒，进号中抚军大将军，迁司空、侍中、尚书令，亲信、鼓吹并如故。（卷三一《袁昂传》，第455页）

今按：本传述袁昂大通元年（527）以前之仕历有：天监十一年（512）为尚书右仆射，加侍中；十五年迁左仆射，寻为尚书令；普通三年（522）为中书监、丹阳尹，复为尚书令，即本号开府仪同三司，给鼓吹；未拜，又领国子祭酒。又据本书《武帝纪》，天监十八年正月，"以尚书左仆射袁昂为尚书令"；普通三年正月，"以尚书令袁昂为中书监"；四年冬十月，"以中书监、中卫将军袁昂为尚书令"；大通二年正月，"中书监、尚书令、中卫将军、开府仪同三司袁昂进号中抚大将军"；中大通四年（532）正月，"尚书令、中权（按：权，当为"抚"）大将军、开府仪同三司袁昂进位司空"。

据本传及《武帝纪》，袁昂"迁司空"前，已是侍中、尚书令。此次当是"迁司空"，而"侍中、尚书令、亲信、鼓吹并如故"。故本段文字中"司空"后的顿号当改逗号，"尚书令"后的逗号当改顿号。

13. 入雷池之长浦，想恭、岱之芳尘；临鱼官以辍膳，践寒蒲之抽筠。（卷三四《张缅传》附《张缵传》，第497页）

今按：此张缵《南征赋》中语。岱，当为"武"字之讹。恭武，三国吴人孟宗之字。《三国志》卷四八《三嗣主·孙皓传》建衡三年下裴松之注引《吴录》曰："（孟）仁字恭武，江夏人也，本名宗，避皓字，易焉。"《南征赋》此四句，前两句说入其地而思其人，后两句即述其人之事。《太平御览》卷四一三《人事部》五四《孝中》引《孟宗别传》

有云:"宗事母至孝,母亦能训之以礼。宗初为雷池监,奉鱼于母,母还其所寄,遂绝不复食鱼。后,宗典知粮谷,乃表陈曰:'臣昔为雷池监,母三年不食鱼,臣若典粮谷,臣母不可以三年不食米,臣是以死守之。'"① 此所谓"临鱼官以辍膳"也。又,同上《三国志·孙皓传》裴松之注引《楚国先贤传》:"宗母嗜笋,冬节将至。时笋尚未生,宗入竹林哀叹,而笋为之出,得以供母。皆以为至孝之所致感。"《太平寰宇记》卷一二五有云:"孟宗宅在舒州望江县北一里,即哭竹生笋之处。"② 竹林地处江浦,又值冬节,故云寒浦。《说文解字》徐灏笺:"筠,即笋之异文,其音亦一声之转。"筠,同"笋"。显然,"践寒蒲之抽筠"亦恭武之故事。点校者似乎未知这些,亦未知"岱"字之讹,将"恭岱"点断以为二人,实误。

14. 寻太傅之故宅,……怀伊、管之政术,遇庸臣而见迁;终被知于时主,嗟汉宗之得贤。受齐君之远托,岂理谢而生全;哀怀王之不秀,遂抱恨而伤年。(卷三四《张缅传》附《张缵传》,第 501 页)

今按:此亦《南征赋》中语,所述乃贾谊事迹。"太傅",指贾谊,谊曾先后为长沙王、梁怀王太傅,故称。"庸臣",指周勃、灌婴等大臣。"时主",指汉文帝。"汉宗",犹言汉室、汉家。贾谊以才能,受到汉文帝重用,但在大臣周勃、灌婴等打击、排挤下,被贬为长沙王太傅。在长沙期间,他写了"同死生,轻去就"以自宽解的《鵩鸟赋》。几年后,文帝召贾谊回长安。"贾生征见,孝文帝方受釐,坐宣室。上因感鬼神事,而问鬼神之本。贾生因具道所以然之状。至夜半,文帝前席。既罢,曰:'吾久不见贾生,自以为过之,今不及也。'居顷之,拜贾生为梁怀王太傅。"梁怀王堕马而死,贾谊"自伤为傅无状,哭泣岁余,亦死"。这些,《史记》卷八四《屈原贾生列传》、《汉书》卷四八

---

① 李昉等:《太平御览》,中华书局 1960 年版。
② 乐史:《太平寰宇记》,《丛书集成初编》本,中华书局 1985 年版。

《贾谊传》并有记载。"齐",通"斋","齐君",亦指汉文帝,因其"坐宣室,受釐",故称。明白了这些,我们就应该知道,点校者于本赋中"齐"字下加专名号,误;在"汉宗"下通加专名号,亦不妥,只宜加在"汉"字下。

15. 别卷诸篇,并为名制。又山寺既为警策,诸贤从时复高奇,解颐愈疾,义兼乎此。(卷五〇《文学下·刘杳传》,第715—716页)

今按:本传上文载,沈约郊居宅新构阁斋,刘杳为赞二首,"并以所撰文章呈约",约报杳书。此即沈约书中语。据书中语意,"山寺"、"诸贤从"并当为刘杳"所撰文章",故当补加书名号。

16. 挺弟摛,亦有才名,先为邵陵王所引,历为记室,中记室,参军。(卷五〇《文学下·伏挺传》,第723页)

今按:邵陵王乃梁武帝之子萧纶之封爵号,详本书卷二九《高祖三王·邵陵王纶传》。据《隋书·百官志》,梁皇弟皇子府置有记室参军、中记室参军,记室参军为官班十八班中之六班,而中记室参军为七班。明乎此,则知此处标点误,"记室"后的逗号当改为顿号,"中记室"后的逗号当删。否则,"记室"、"中记室"、"参军"成了并列结构,是三种官职了。

17. 景闻子鉴败,大惧涕下,覆面引衾以卧,良久方起,叹曰:"误杀乃公!"(卷五六《侯景传》,第861页)

今按:如此标点,则"覆面引衾以卧"颇为费解,照常理,"引衾覆面以卧"才是。问题出在标点上。《通鉴》卷一六四《梁纪》二〇"承圣元年"下有与此段相同的文字,中华书局本标点为:

> 景闻子鉴败,大惧,涕下覆面,引衾以卧,良久方起,叹曰:"误杀乃公!"

两相比较,自当以中华书局本《通鉴》标点为妥。

三、误释例

18. 今八表乂清，四郊无垒，宜从青盖之典，言归白水之乡。（卷五《元帝纪》，第 133 页）

《校记》云："'典'各本讹'兴'，据《册府元龟》一九六改。按王子为王，赐乘青盖车，见《续汉书·舆服志》。"

今按：此梁元帝承圣二年八月欲自江陵还都建康，所下诏书中语。《宋书·礼志五》云：汉制，太子、皇子皆安车、青盖。"皇子为王，锡以此乘，故曰王青盖车。"《南齐书·舆服志》亦有"青盖安车，……诸王行礼所乘"云云。是南朝皇子为王所乘固青盖之车也。问题是：梁元帝下此诏时已是名正言顺的皇帝，不是诸侯王了，怎么会还乘"青盖之车"？校者对"青盖之典"的解释无疑有误。私意以为此"青盖"乃用三国时吴嗣主孙皓欲"青盖入洛，以顺天命"之典，梁元帝用以表示将自江陵入建康之意。

梁元帝平侯景之后，是仍居江陵，还归旧都建康，朝廷有一番讨论。《通鉴》卷一六五《梁纪》二一承圣二年八月纪有云："庚子，下诏将还建康。……武昌太守朱买臣言于上曰：'建康旧都，山陵所在。'"胡三省注曰："梁氏自简文以上葬建康，武帝以上葬晋陵。"《太平御览》卷一五六《州郡部》二引《三国典略》曰："梁元帝在江陵即位，欲还都建康，……武昌太守朱买臣入劝梁主云：'建业旧都，茔陵犹在。'"①《陈书》卷二四《周弘正传》："时朝议迁都，……唯弘正与仆射王褒言于元帝曰：'……至如黔首万姓，若未见舆驾入建邺，谓是列国诸王，未名天子。'"

再考"青盖"二句之出典。《三国志》卷四八《三嗣主·孙皓传》裴松之注引《江表传》："初丹杨刁玄使蜀，得司马徽与刘廙论运命历

---

① 李昉等：《太平御览》。

数事。玄诈增其文以诳国人曰：'黄旗紫盖见于东南，终有天下者，荆、扬之君乎！'又得中国降人，言寿春下有童谣曰'吴天子当上'。皓闻之喜曰：'此天命也！'既载其母、妻、子及后宫数千人，从牛渚陆道西上，云青盖入洛阳，以顺天命。"又，同传裴松之注引干宝《晋纪》："陆抗之克步阐，皓意张大，乃使尚广筮并天下，遇《同人》之《颐》，对曰：'吉。庚子岁，青盖当入洛阳。'故皓不修其政，而恒有窥上国之志。"东汉光武帝刘秀生于南阳白水乡。《文选》卷三张平子《东京赋》："我世祖忿之，乃龙飞白水。"李善注："白水谓南阳白水县也，世祖所起之处也。"① 又《文选》卷四张平子《南都赋》"真人南巡，睹旧里焉"，李善注："《东观汉记》曰：光武征秦丰，幸旧宅。郦道元《水经注》曰：光武征秦丰，张衡以为真人南巡观旧里焉。"②

细味"宜从青盖之典，言归白水之乡"二句，其旧典是孙皓欲入洛，光武归故乡。光武帝是汉王朝中兴之主，孙皓亦欲入洛阳，使天下亦复如汉之一统。其今事则是梁元帝将入建康。建康既是梁元帝之故乡，又是梁之旧都。且梁元帝亦是以梁王朝中兴之主自居。他用孙皓、光武之事，使旧典今事妙合冥融，真不愧文章作手。可惜校者似未能明白。

19. 太宗即位，召为光禄大夫，加金章紫绶，以逼贼不拜。其年葬简皇后，使与张缵俱制哀策文，太宗览读之，曰："今葬礼虽阙，此文犹不减于旧。"（卷三五《萧子恪传》附《萧子范传》，第510页）

《校记》云："按本书《简文皇后王氏传》，后卒于太清三年三月；据本书《张缵传》，缵卒于太清二年，则缵岂能与萧子范俱制哀策文？疑有误。"

今按：考本书《武帝纪》、《简文帝纪》及《简文皇后王氏传》知，简文皇后王氏死于太清三年三月，追谥在同年五月，葬在次年即大宝元

---

① 萧统编，李善注：《文选》。
② 萧统编，李善注：《文选》。

年九月。本传云"其年葬简皇后，使与张缵俱制哀策文"，则哀策文之制，当在大宝元年。《校记》以"后卒太清三年三月"为时限，论张缵不能作哀策文，其误一也。

考本书《张缵传》："太清二年，征为领军，俄改授使持节、都督雍梁北秦东益郢州之竟陵司州之随郡诸军事、平北将军、宁蛮校尉。……会闻贼陷京师，詧因不受代。……其年，詧举兵袭江陵，常载缵随后。及军退败，行至㵐水南，防守缵者虑追兵至，遂害之，弃尸而去，时年五十一。"据此，则张缵之被害在贼侯景攻陷京师建康，萧詧举兵袭江陵之后。考本书《武帝纪》、《元帝纪》、《侯景传》知，侯景攻陷京师在太清三年三月，而萧詧袭江陵则在同年九月。这充分说明张缵之死在太清三年九月。另，《通鉴》卷一六二《梁纪》太清三年九月下亦载张缵被害事。《校记》云张缵"卒于太清二年"，此误二也。

20. 卿云……"擘肌分理"，复是何人乎？事及"深刻""绳逐"，并复是谁？（卷三八《贺琛传》，第549页）

《校记》云："本段文字有脱讹，现无从订正。《通鉴》作'擘肌分理，复是何事'，无下文'事及深刻绳逐'云云。"

今按：本传此前载贺琛条陈时务封事，指摘时政，其第三事有云："但务吹毛求疵，擘肌分理，运挈瓶之智，徼分外之求，以深刻为能，以绳逐为务，迹虽似于奉公，事更成其威福。"梁武"卿云"云云正是针对贺琛"但务吹毛求疵，擘肌分理"云云而言，乃质问贺琛："擘肌分理"的是谁人？干"深刻"、"绳逐"之事的又是何人？意思清楚明白。《校记》云"有脱讹"，未知所谓。

21. 迁南中郎巴陵王长史，加建威将军、行婺州事。（卷五二《止足·顾宪之传》，第759页）

《校记》云："婺州是唐置，隋以前无婺州。《南齐书》、《南史》本传并云'行南豫、南兖二州事'，不云'行婺州事'。'婺'字误。"

今按：《通鉴》卷一六五《梁纪》二二承圣二年十月纪"王僧辩至

姑孰，遣婺州刺史侯瑱"云云下，胡三省注云："东阳郡，梁置婺州。"又，《隋书·地理志下》"东阳郡"下原注："平陈，置婺州。"修订本《辞海》"婺州"条下有云："州名。本秦会稽郡，三国吴东阳郡地。南朝陈设缙州，隋开皇九年灭陈，设吴州，十三年更名婺州。"① 婺州之置究竟是始于梁还是始于隋，姑置不论。但《校记》云"婺州是唐置"，未知所据，恐非确论。

（原载《古籍整理研究学刊》2005 年第 2 期）

---

① 《辞海》，商务印书馆 1988 年版。

中华书局本《梁书》补校 35 例

《梁书》之中华书局点校本，尽管被学界认为是目前最佳之版本，但存在的问题依然不少。近十年来，笔者对该本之研读，用力颇多，稍有所得，已撰有《〈梁书〉点校辨正》一文[①]，指出其误点、误校、误释之处，今复草此小文，对其失校问题，按错字、脱字、衍字、倒误、避讳改字五类，分别举例加以讨论，希望得到方家指教。同时，有应说明者二：其一，本文所据《梁书》版本，为中华书局 1973 年 5 月第 1 版、1983 年 10 月第 2 次印刷本；其二，今人已经发表的校勘新成果，无论是专文还是在文章中偶一涉及的，本文不再论列，以避重复。

一、错字例

1. 立皇子大钧为西阳郡王，大威为武宁郡王，大球为建安郡王，大昕为义安郡王，大挚为绥建郡王，大圜为乐梁郡王。（卷四《简文帝纪》，第 107 页）

"大球为建安郡王"，《南史》卷八《梁本纪下》同[②]。今按：本书卷

[①] 《古籍整理研究学刊》2005 年第 2 期。笔者还著有《范云为国子博士的时间问题》(《史学月刊》1992 年第 5 期)、《〈梁书·刘显传〉点校匡补》(《中国史研究》1998 年第 2 期)、《〈梁书〉点校订补》(《文史》2002 年第 4 期)、《〈沈约集校笺〉点校举误》(《古籍整理研究学刊》2003 年第 1 期) 等，是专门讨论点校问题的。

[②] 李延寿：《南史》，中华书局 1975 年版。以下所引正史及《资治通鉴》，均为中华书局点校本，不再注明。

四四《太宗十一王传》、《南史》卷五四《梁简文帝诸子传》、《资治通鉴》卷一六四《梁纪》二〇均云大球封"建平郡王",未云改封。本纪下年八月纪亦云:"害皇太子大器……建平王大球……。"因知此处"建安"当为"建平","安"乃"平"字之误。《南史·梁本纪》盖沿误。

2. 初为宁远将军、会稽太守,入为侍中、宣威将军、丹阳尹。(卷五《元帝纪》,第113页)

按:考《隋书·百官志》,梁无"宣威将军"之号。本书卷五〇《文学》下《刘杳传》有云:"出为余姚令,在县清洁,人有馈遗,一无所受,湘东王发教褒称之。还除宣惠湘东王记室参军,母忧去职。"据《南齐书·州郡志》,余姚为会稽郡属县。湘东王(即梁元帝萧绎)"发教褒称"刘杳,显然当时是会稽太守。刘杳"还除宣惠湘东王记室参军",则萧绎时为"宣惠将军"而非"宣威将军"可知。又,《艺文类聚》卷五二梁裴子野《丹阳尹湘东王善政碑》有云:"有司奏以湘东王为宣惠将军、丹阳尹。既而下车为政,……举无遗虑。"亦可证湘东王为丹阳尹时,号宣惠将军。因而可知此"宣威"之"威"必为"惠"字之误。

3. 齐南康王为荆州,迁西中郎司马、新兴太守,便道先到江阳。时始安王遥光称兵京邑,南康王长史萧颖胄并未至,中兵参军刘山阳先在州,山阳副潘绍欲谋作乱,详伪呼绍议事,即于城门斩之,州府乃安。(卷一〇《夏侯详传》,第191页)

按:考《南齐书·州郡志》,南齐益州有江阳县、江阳郡。其治所同在今四川彭山县东。但据本传上下文意,此处"江阳"当在荆州,为夏侯详斩潘绍之地,与《州郡志》中江阳郡、江阳县无涉。此"江阳"当是"江陵"之误。江陵,时为荆州镇所,潘绍在荆州谋作乱,夏侯详到荆州镇所江陵,方能斩之于城门。盖"阳"、"陵"形近,容易互误。《宋书·孝武帝纪》"徙都督雍梁南北秦四州荆州之襄阳竟陵南阳顺阳新野随六郡诸军事"之"南阳",各本均误作"南陵",中华书局本改作

"南阳",其《校勘记》有云:"钱大昕《廿二史考异》云:'南陵当作南阳。'按《州郡志》,荆州有南阳郡,无'南陵郡'。"是其证。

4. 始琛在宣城,有北僧南度,惟赍一葫芦,中有《汉书序传》。(卷二六《萧琛传》,第397页)

"赍",《南史》卷一八《萧思话传》附《萧琛传》作"齎"。今按:赉(lài),赐予;齎(jī),同"賫",携带。依本传上下文意,此处"赍"字当是"携带"义,故当是"賫"字之误。或本作"賫",因形似而传抄中讹作"赍"。

5. 诏曰:"仁威将军、吴兴太守子显,……分竹未久,奄到丧殒,恻怆于怀。"(卷三五《萧子恪传》附《萧子显传》,第512页)

今按:此萧子显卒,梁武帝赠官诏中语。"奄到"不词,"到"当是"致"字之讹。梁武帝悼丧赠官诏中屡用"奄致"或"奄至"一词,如"奄至薨逝"(本书卷三一《袁昂传》)、"奄致丧逝"(卷三〇《裴子野传》)、"奄至殒丧"(卷一八《昌义之传》及卷二五《周捨传》)"奄至薨逝"①、"奄至殒丧"(卷一八《冯道根传》)、"奄至殒丧"(卷一八《张惠绍传》)、"奄至薨殒"(卷九《王茂传》)、"奄至殒丧"(卷九《柳庆远传》)、"奄致丧逝"(卷一一《吕僧珍传》)、"奄至殒丧"(卷一一《郑绍叔传》)、"奄至殒丧"(卷一〇《蔡道恭传》)、"奄致丧殒"(卷一三《范云传》)。"致"讹为"到",当是形近之故。

6. 仍补王国侍郎,俄兼太学博士,稍迁中卫参军事、尚书通事舍人,参礼仪事。(卷三八《贺琛传》,第541页)

按:"尚书通事舍人"之"尚书"当是"中书"之误。考南朝官制,尚书省无"通事舍人"之置,"通事舍人"属中书省。本书卷四八《儒林传》之《沈峻传》有云:"时中书舍人贺琛奉敕撰《梁官》。"又《孔

---

① 梁武帝:《给办永阳太妃丧事诏》,严可均辑:《全梁文》卷三,中华书局1958年版。

子祛传》亦有云："中书舍人贺琛受敕撰《梁官》。"据《隋书·百官志》，梁代中书舍人即"中书通事舍人"之省称，可见贺琛所官实为"中书通事舍人"。《南史》卷六二《贺玚传》附《贺琛传》云："仍补王国侍郎，稍迁兼中书通事舍人，参礼仪事。"正作"中书"，更为力证。

7. 琛所撰《三礼讲疏》、《五经滞义》及诸仪法，凡百余篇。（卷三八《贺琛传》，第550页）

"仪法"，《南史》卷六二《贺琛传》作"仪注"。今按：当以"仪注"为是。仪注者，礼仪制度之谓也。《宋书·徐爰传》："时世祖将即大位，军府造次，不晓朝章，爰素谙其事。既至，莫不喜悦，以兼太常丞，撰立仪注。"又，本书卷四〇《许懋传》："至是，有事于明堂，仪注犹云'服衮冕'。"可为佐证。《隋书》卷三三《经籍志》二《史部》有仪注类，著录有诸家所撰仪注多种。"注"讹为"法"，盖形近之故，且古有其例，如《南齐书》卷九《志》第一《礼》上载太学博士刘蔓议有云"故《记》称元辰，注曰吉亥"，旧本"注"讹为"法"，中华书局点校本据《太平御览》卷五三七及《册府元龟》卷五七七所引校正为"注"。

8. 之遴具异状十事，其大略曰："案古本《汉书》称'永平十六年五月二十一日己酉，郎班固上'，而今本无上书年月日字。"（卷四〇《刘之遴传》，第573页）

"年月日字"，《南史》卷五〇《刘虬传》附《刘之遴传》"字"作"子"。今按：日者，初一、初二之类是也；子者，甲子、乙丑之类是也。古人纪日之文必于日下书子。《文选》卷44陈孔璋《檄吴将校部曲文》云"年月朔日子"，《隋书》卷六九《袁充传》，充上表曰"今与物更新，改年仁寿，岁月日子"，并是其证①。本段话中"永平十六年五月二十一日己酉"，更是实例。颇疑本传"字"字原本作"子"，后人传

---

① 参清顾炎武《日知录》卷二〇"年月朔日子"条。

抄，不明古人文例，臆改为"字"。

9.（侯）景之退也，北走朱方，于是景散兵走告僧辩，僧辩令众将入据台城。其夜，军人采柤失火，烧太极殿及东西堂等。（卷四五《王僧辩传》，第628页）

按："柤"，当为"稆"字之讹。《北齐书》卷四五《文苑·颜之推传》录颜之推《观我生赋》，赋有云："但遗恨于炎昆，火延宫而累月。"其自注云："侯景既走，义师采穭失火，烧宫殿荡尽也。""稆"同"穭"。《后汉书》卷九《孝献帝纪》："州郡各拥强兵，而委输不至，群僚饥乏，尚书郎以下自出采稆，或饥死墙壁间，或为兵士所杀。"唐李贤注："《埤苍》曰：'穭，自生也。'稆与穭同。"又《集韵·语韵》："穭，禾自生，或从吕。"据《北齐书》颜之推本传及其《观我生赋》和自注知，王僧辩入据台城时，颜之推已被侯景禁限于台城多日了，故颜氏的记载是可靠的，因而可判定"柤"字必为讹字。

10.（杜崱）释褐庐江骠骑府中兵参军。世祖临荆州，仍参幕府，后为新兴太守。太清二年，随岳阳王来袭荆州。（卷四六《杜崱传》，第642页）

按："庐江骠骑府中兵参军"与"建安王中权录事参军"（本书卷二六《傅昭传》附《傅映传》）结构相同，"庐江"当为诸王封国。考《梁书》及《南史》，梁无封庐江者，"庐江"当为"庐陵"之讹。梁武有子庐陵王萧续，本书卷二九《高祖三王传》有传。本书《武帝纪》有云："太清元年正月壬寅，骠骑大将军、开府仪同三司、荆州刺史庐陵王续薨，以镇南将军、江州刺史湘东王绎为镇西将军、荆州刺史。"杜崱当是先为庐陵王萧续骠骑府中兵参军，续薨，湘东王绎（即"世祖"）继任荆州刺史，杜崱仍参荆州萧绎幕府。

11.文先以皮弁谒子桓，伯况以穀绔见文叔，求之往策，不无前例。（卷五一《处士·何点传》，第733—734页）

按：此梁武手诏处士何点之语。伯况，周党之字；文叔，光武帝刘秀之字。周党，后汉建武中，屡征不仕，"不得已，仍著短布单衣，穀皮绡头，待见尚书。及光武引见，党伏而不谒，自陈愿守所志。帝仍许焉"。事见《后汉书》卷八三《逸民传》。李贤注有云："以穀树皮为绡头也。"穀（gǔ）乃木名，其皮纤维坚韧，可作造纸原料，古时或用作束发之巾。三国吴人陆玑《毛诗草木鸟兽虫鱼疏》云："今江南人绩其皮为布，又捣以为纸，谓之穀皮纸。"①而縠（hú）乃轻而薄的丝织品。诸葛亮《便宜十六策·治人第六》有云："锦绣纂组，绮罗绫縠，玄黄衣帛，此非庶人之所服也。"周党以庶人见光武帝，自不会服縠。是"縠"必为"穀"字之讹。

12. 光武八年，高句骊王遣使朝贡，始称王。至殇、安之间，其王名宫，数寇辽东，……宫死，子伯固立。顺、和之间，复数犯辽东寇抄，灵帝建宁二年，……伯固仍降属辽东。（卷五四《诸夷·东夷·高句骊传》，第802页）

按："顺、和之间"，疑有误。据《后汉书》知，汉和帝、顺帝之间有殇、安二帝。此段文字，前面已云："殇、安之间"，此复云"顺、和之间"，时间上有重复。且顺帝在和帝之后，不当云"顺、和"。"和"字当是"桓"字之讹。顺帝之后有冲、质、桓、灵诸帝。此言"顺、桓之间"，与前言"殇、安之间"，后言"灵帝"，时间上正前后续接。

二、脱字例

13.（天监十二年）秋九月戊午，以镇南将军、开府仪同三司、江州刺史建安王伟为抚军将军，仪同如故。（卷二《武帝纪中》，第53页）

按："抚军将军"当为"中抚军将军"，脱"中"字。本纪下年三月纪有云："辛亥，以新除中抚将军、开府仪同三司、建安王伟为左光

---

① 转引自《辞源》"穀"字条，商务印书馆1988年版。

禄大夫。"本书卷二二《太祖五王·南平王伟传》亦云："（天监）十二年，征为中抚将军（按：中华本校改为"抚军将军"，误），仪同、常侍如故。"考《隋书·百官志》，梁天监七年革选，厘定将军名号及班品，有一百二十五号二十四班，以班多者为贵，"四中将军"即中军、中卫、中抚、中权将军为二十三班，无"抚军将军"之号。中抚将军又称中抚军或中抚军将军。故知此处"抚军"前脱"中"字。应该附带说明的是，本书《太祖五王·南平王伟传》"中抚将军"，各本无异文，中华书局校点本据本纪擅改为"抚军将军"，是未知天监七年革选情况，反以不误为误。

14.（天监十八年）四月丁巳，大赦天下。（卷二《武帝纪中》，第59页）

按：《南史》卷六《梁本纪》及《通鉴·梁纪》本年"四月"上均有"夏"字。考《梁书》本纪文例，叙每季之事，第一次出现的月份上必加季名。此《春秋》以来的惯例，毋庸赘述。因而，自当以有"夏"字为是。此处"四月"上无者，当补。

15.（普通）二年春正月甲戌，以南徐州刺史豫章王综为镇右将军。新除益州刺史晋安王纲改为徐州刺史。（卷三《武帝纪下》，第64页）

按："徐州刺史"当是"南徐州刺史"，脱"南"字。考本书及《南齐书》、《南史》知，齐梁时期，南徐州镇京口，密迩京邑，内镇优重，为其刺史者，非当朝皇帝之弟即其子。而徐州乃是边疆小州，从未有皇弟或皇子为其刺史。因此，梁武帝不可能让其子晋安王萧纲为徐州刺史。本书卷五五《豫章王综传》有云："（天监）十六年，复为北中郎将、南徐州刺史。普通二年，入为侍中、镇右将军。"卷四《简文帝纪》云："（萧纲）普通元年，出为……益州刺史；未拜，改授云麾将军、南徐州刺史。"显而易见，萧纲此次乃接替萧综南徐州刺史之职，自当是"南徐州刺史"。

16.高祖德皇后郗氏讳徽，高平金乡人也。祖绍，国子祭酒，领东

海王师。(卷七《高祖郗皇后传》,第157页)

按:《南史》卷一二《后妃下·武德郗皇后传》有"宋"字,《建康实录》卷一八《后妃传略》于"国子祭酒"前有"宋"字①,《太平御览》卷一四三《皇亲部》九引《梁书》"国子祭酒"前亦有"宋"字。考本书《列传》文例,凡述传主家世,父祖为前代官者,于官职上必加朝代名。如本卷《太祖献皇后传》"祖次惠,宋濮阳太守",即是。故当以有"宋"字为是,本传或脱。

17. 宋元嘉中,始兴、武陵国臣并以吏敬敬所生潘淑妃、路淑媛。贵嫔于宫臣虽非小君,其义不异,与宋泰豫朝议百官以吏敬敬帝所生,事义正同。(卷七《高祖丁贵嫔传》,第160页)

按:此为梁武帝之子萧统立为太子后,有司认为"王侯妃主常得通信问者及六宫三夫人"、"并应以敬皇太子之礼"敬皇太子所生丁贵嫔,所上奏中语。"敬所生潘淑妃、路淑媛"中"敬所生",《南史》卷一二《后妃下·武丁贵嫔传》作"敬王所生"。考《宋书》卷七二《文九王传序》,始兴王浚为潘淑妃所生,武陵王骏为路淑媛所生。此云"始兴、武陵国臣并以吏敬敬所生潘淑妃、路淑媛",容易使人误解为"始兴、武陵国臣"是"潘淑妃,路淑媛"所生。作"敬王所生"也正与下文"敬帝所生"相应,故曰"事义正同"。故当以《南史》有"王"字为是,本传脱"王"字。

18. 俄迁尚书令、云麾将军,侍中如故。累进号左中权将军,给鼓吹一部。(卷一六《王莹传》,第274页)

按:考《隋书·百官志》,梁无"左中权将军"之号,"左中权将军"必有误。据本书《武帝纪》,王莹天监九年正月为尚书令;十年正月,"尚书令、云麾将军王莹进号安左将军";十四年正月,"安左将军、尚书令王莹进号中权将军"。由此可知,王莹累进号为"安左、中权将

---

① 许嵩:《建康实录》,上海古籍出版社1987年版。

军"。本传"左"上脱"安"字。

19. 天监元年,为盱眙太守,……六年,大举北伐,以放为贞威将军,与胡龙牙会曹仲宗进军。七年,夏侯亶攻黎浆不克,高祖复使帅军自北道会寿春城。(卷二八《韦放传》,第423页)

按:"六年",承前"天监元年",似指天监六年。实则应为普通六年,当补"普通"二字。理由有三:其一,本传此前记韦放因父忧去职事,而韦放父忧在普通元年八月,本书《武帝纪》及《韦睿传》已有明载。普通元年后的"六年",自是普通六年。其二,据本卷《夏侯亶传》及《武帝纪》载,普通六年有"大举北伐"事,与此传合,而天监六年无。其三,《夏侯亶传》载,普通七年,"魏军夹肥筑城,出亶军后,亶与僧智还袭,破之。进攻黎浆,贞威将军韦放自北道会焉"。正与此处"七年,夏侯亶攻黎浆"云云合。是此处"七年"亦应是普通七年。

20. 昔马棱与弟毅同居,毅亡,棱为心服三年。……虽礼无明据,乃事有先例,率迷而至,必欲行之。(卷三一《袁昂传》,第452页)

按:此传前述袁昂为从兄象卒而制期服,人怪之,昂乃为书以喻之。此书中语。《南史》卷二六《袁湛传》附《袁昂传》"弟"上有"从"字。考《后汉书》卷二四《马援传》附《马棱传》:"棱字伯威,援之族孙也。少孤,依从兄毅共居业,恩犹同产。毅卒,无子,棱心丧三年。"据此,马毅为马棱之"从兄",此云"马棱与弟毅同居",固误,《南史》作"从弟"亦非。盖袁昂原文误作"从弟",《梁书》本传在传抄过程中又脱"从"字。

21. 历官著作佐郎,太子舍人,……宣城王记室参军。(卷三三《刘孝绰传》附《刘谅传》,第484页)

中华书局本《校勘记》云:"'宣'各本讹'中',据《南史》改。"今按:就常理而言,"中"与"宣"二字字形相去甚远,讹误的可能性很小。颇疑"中城王"乃"中军宣城王"脱"军宣"二字所致。考本书知,宣城王指简文帝萧纲之子萧大器。据《武帝纪》,中大通五年正月癸丑，以宣城王大器为中军将军，因而其僚属往往被称为"中军宣城王××"。如卷三五《萧子恪传》附《萧滂传》"滂官至尚书殿中郎，中军宣城王记室"；卷三四《张缅传》附《张绾传》"迁中军宣城王长史"；卷三八《贺琛传》"迁云骑将军、中军宣城王长史"，这些并可为佐证。《南史》卷三九《刘勔传》附《刘谅传》作"中书宣城王"，"书"当是"军"字之讹。中华书局本《校勘记》不顾"书"字之误，仅据"宣"字以改"中"字，显然是片面的。

22. 天监初，以集始为使持节、都督秦雍二州诸军事、辅国将军、平羌校尉、北秦州刺史、武都王。……集始死，子绍先袭爵位。二年，……（卷五四《诸夷·武兴国传》，第816页）

按：本书《武帝纪中》天监元年纪有云："六月庚戌，以行北秦州刺史杨绍先为北秦州刺史、武都王。"按：传此处云"集始死，子绍先袭爵位"，可见本传所云集始天监初为"北秦州刺史"不误。杨集始既为北秦州刺史，其督州必当有"北秦州"。此处云"都督秦雍二州"，是"秦雍"二字上必脱"北"字。应附带指出的是，《南史》卷七九《夷貊下》同传照抄本传此段文字，亦脱"北"字。

23. 又启求锦万匹，为军人袍，领军朱异议，以御府锦署止充颁赏远近，不容以供边城戎服，请送青布以给之。（卷五六《侯景传》，第841页）

按："领军"，《南史》卷八〇《贼臣·侯景传》作"中领军"。据《隋书·百官志》，中领军资轻于领军，梁天监七年革选，定官职为十八班，以班多者为贵，领军将军为十五班，中领军为十四班。考本书《武帝纪》、《朱异传》及《南史》之《朱异传》、《资治通鉴·梁纪》太清二年纪知，并作"中领军"。查本书朱异本传，朱异一生未为"领军"。因此可知本传此"领军朱异"上脱"中"字，下文"领军朱异曰"云云亦同。

三、衍字例

24.（天监九年）闰月己丑，宣城盗转寇吴兴县，太守蔡撙讨平之。（卷二《武帝纪中》，第50页）

按："吴兴县"，本书卷二一《蔡撙传》、《南史》卷六《梁本纪》及《资治通鉴·梁纪》天监九年记此事均无"县"字。"吴兴"当为郡名，治所在今浙江湖州市南下菰城。据《蔡撙传》，撙当时为吴兴郡守，宣城盗"逾山寇吴兴，所过皆残破，众有二万，奄袭郡城"，"撙坚守不动，募勇敢固郡"，终平众寇。显然，盗所寇为吴兴郡。吴兴县乃建安郡属县，盗若转寇吴兴县，则建安郡自当讨之。今不言建安郡讨寇而言蔡撙讨平之，是吴兴非县名可知。"县"字必为衍文。

25.（天监）三年元会，诏朓乘小舆升殿……后五年，改授中书监、司徒、卫将军，并固让不受。（卷一五《谢朓传》，第264页）

按："后五年"，《南史》卷二〇《谢弘微传》附《谢朓传》作"五年"，无"后"字。据本书《武帝纪中》，谢朓改授中书监、司徒、卫将军在天监五年正月，其卒在同年十二月。本传上文既述谢朓天监三年、四年事，此当作"五年"。故当以《南史》为是，"后"字为衍文。否则，天监三、四年以后再"后五年"，谢朓早已死矣。

26.累迁中权中司马、右游击将军、武旅将军、历阳太守。（卷一八《冯道根传》，第288页）

按："中司马"之"中"字当是衍文。遍考《宋书》、《南齐书》、《隋书》之《百官志》，知南朝无"中司马"之官，有司马，为王公军府属官，掌本府武官。

27.始兴忠武王憺字僧达，太祖第十一子也。（卷二二《太祖五王·始兴王憺传》，第353页）

按：古代"子"可兼指男女，然南朝诸史称"子"者，悉指男。如《南史》卷五四《梁简文帝诸子传》："汝南王大封字仁睿，简文第九子也。"而同书卷五九《张弘策传》附《张缵传》:"次子希字子颜,早知名,尚简文第九女海盐公主。"(《梁书》卷三四《张缵传》同)可见"女"不称"子"。本卷卷首《太祖五王传序》云"太祖十男",何来"第十一子"?是"十一"之"一"字当为衍文。《四库全书考证》卷二六有云:"'太祖第十子也',刊本'十'下衍'一'字,今删。"所删是。

28. 还为尚书金部郎,迁中军表记室参军。(卷四七《孝行·庾黔娄传》,第651页)

按:"迁中军表记室参军",义不可通,"表"字当为衍文。《南史》卷五〇《庾易传》附《庾黔娄传》云:"东宫建,(黔娄)以中军记室参军侍皇太子读。"无"表"字。

29. 齐永明中,始起家为庐陵王国侍郎。迁广汉王国右常侍,王诛,国人莫敢视,植之独奔哭,……建武中,迁员外郎、散骑常侍。(卷四八《儒林·严植之传》,第671页)

按:散骑常侍,宋第三品,齐代官品不详,但"齐受宋禅,事依常典"(《南齐书·百官志》),大体亦是三品。严植之在齐"建武中"以前只是一个小小的王国常侍,"建武中"不可能骤升至散骑常侍。颇疑"员外郎,散骑常侍"中之"郎"字为衍文。如此,则为"员外散骑常侍"。此职,宋齐时代地位较低,多用以安置闲散官员,于严植之前后官职之变迁亦合理。

30. 司马筠字贞素,河内温人,晋骠骑将军谯烈王承七世孙。(卷四八《儒林·司马筠传》,第673页)

按:"谯烈王承",《南史》卷七一《儒林》同传作"谯王承"无"烈"字。考《晋书》卷三七《宗室·谯刚王逊传》知,司马逊封谯王,谥曰刚;逊子承嗣爵,谥曰闵;承子无忌嗣爵,谥曰烈。此云"谯烈王承",显误,当以《南史》为是。

31. 元徽初,迁梁州刺史,辞不赴职,迁越骑校尉,征北司马府

主簿。建平王将称兵，患谦强直，托事遣使京师，然后作乱。（卷五三《良吏·孙谦传》，第772页）

"征北司马府主簿。建平王将称兵"，《南史》卷七〇《循吏传》同传作"征北司马。府主建平王将称兵，"无"簿"字。今按：疑"簿"字为衍文，理由如下：《南齐书》卷三九《刘瓛传》附《刘琎传》云："（琎）宋泰豫中，为明帝挽郎。举秀才，建平王景素征北主簿，深见礼遇。"建平王征北府不可能同时有二主簿。主簿究竟是刘琎还是孙谦？《宋书》卷七二《文九王·建平王传》载：齐初，刘琎上书为建平王景素讼冤；有言景素"遣司马孙谦归款朝廷"云云，可知孙谦为建平王景素征北府"司马"，而非"司马府主簿"。再说"征北司马"乃征北将军僚属，不可能开府，自然无所谓"主簿"之官。孙谦为征北司马可定，则"府主"当连下读，"簿"字必为衍文。

四、倒误例

32. 壬午，以景为大将军，封河南王，大行台，制承如邓禹故事。（卷三《武帝下》，第91页）

按："制承"，本书《侯景传》、《南史》卷七《梁本纪》及《通鉴·梁纪》太清元年纪皆作"承制"。"制承"显系"承制"之倒误。《后汉书》卷一六《邓禹传》，邓禹佐光武帝逐鹿天下，定河东时，"承制拜李文为河东太守，悉更置属县令长以镇抚之"。此所谓"邓禹故事"也。

33. （中大通）二年，征为都督南扬徐二州诸军事、骠骑将军、扬州刺史。（卷四《简文帝纪》，第104页）

按：梁有南徐州而无"南扬"州，且萧纲为"扬州刺史"，所督自应有"扬州"。故知"南扬徐"当为"扬、南徐"，"扬"、"南"二字倒误。梁代为"都督扬南徐二州诸军事、扬州刺史"者，除简文帝萧纲外，还有临川王萧宏、南平王萧伟、武陵王萧纪、南海王萧大临等，分见本书卷二二《太祖五王传》、卷四九《武陵王纪传》及卷四四《太宗十一王传》。

34. 僧孺年五岁,读《孝经》,问授者此书所载述,曰:"论忠孝二事。"僧孺曰:"若尔,常愿读之。"(卷三三《王僧孺传》,第469页)

按:常愿,《南史》卷五九同传作"愿常"。依上下文意,当以"愿常"为是。"常愿"当是"愿常"之倒误。

35. 国中有优钵昙花,鲜华可爱。(卷五四《诸夷·西北诸戎·波斯国》,第815页)

按:"优钵昙",《南史》卷七九《夷貊下》同。疑当作"优昙钵"。新版《辞源》"优昙钵"条有释云:"无花果树的一种,梵语。又作优昙、优昙钵罗、乌昙跋罗。义译为瑞应,或作祥瑞花。《南史·竟陵文宣王子良传》:'子良启进沙门,于殿户前诵经,武帝为感,梦见优昙钵花。'我国云南等地有之。参阅清吴其浚《植物名实图考》卷三六《优昙花》。"所释甚详。"钵昙"当是"昙钵"之倒误,《南史》沿误。

(原载《黄冈师范学院学报》2005年第5期)

"正员外郎"辨误
——《江淹集》的一个校勘问题

南朝著名文学家江淹有《拜正员郎表》一文，今存各种版本的《江淹集》（包括今人点校本）均题作《拜正员外郎表》，未见有人校正。近年出版的《江淹集校注》不仅未能校正，还在注文中一再用到"正员外郎"之语[①]，大有以讹传讹之势，因此有必要加以辨正。

先说所谓"正员外郎"。略考六朝官制即知，自晋代以下，散骑省（或称集书省）郎官有散骑侍郎、通直散骑侍郎、员外散骑侍郎之分。散骑侍郎又称正员郎，员外散骑侍郎又称员外郎。这些，唐人杜佑早就明确指出过。《通典》卷二一《职官三》"通直散骑侍郎"条下，杜佑云：

> 按历代侍郎或有员外者，或有通直者，故史传中谓员外散骑侍郎或单谓之员外郎，谓通直散骑侍郎或单为通直郎，其非员外及通直者或谓之政（正）员散骑侍郎或单谓政（正）员郎。

在同书卷二二《职官四》"尚书省、历代郎官"条下，杜氏又云：

> 按历代所谓正员郎即散骑侍郎耳，谓非员外、通直者，故谓之正员郎。

又于"尚书员外郎"条下，云：

> 前代史传及职官要录或有言员外郎者，盖谓员外散骑侍郎耳。

是正员郎与员外郎本自不同。并且，所谓正员是指编制之内的，而

[①] 俞绍初、张亚新校注：《江淹集校注》，中州古籍出版社1994年版，第264、266、452页。

员外则是编制之外的。①一人之任不可能既是正员又是员外。可见"正员外郎"之称本身就矛盾不通。检晋、宋、齐、隋各朝史之《百官志》亦均无此官称，是《江淹集》此题必有衍误。那么，究竟所衍是"正"字还是"外"字呢？

再看江淹所拜是何官职。弄清此点并不困难，江淹拜表之用典已经为我们提供了答案。表文有云：

> 震离彻邈，阿景洞幽。复升官清闼，列版严闼。羞识何算，爰忝叔则之仕；菲质焉树，乃谬仲容之职。

此段文字之前四句是说齐高帝光宅天下，自己升官内朝；后四句即以叔则、仲容自比，说明所拜官职。叔则，裴楷之字，其人晋初拜散骑侍郎，《晋书·裴秀传》附《裴楷传》有载。仲容，阮咸之字，咸于晋初亦官散骑侍郎，见刘义庆《世说新语·赏誉》刘孝标注引《名士传》及《晋书·阮籍传》附《阮咸传》。江淹于齐初拜官而自言"忝"、"谬"裴楷、阮咸之职，则非散骑侍郎而何？江淹拜散骑侍郎，《梁书》、《南史》本传虽俱失载，然其《自序》一文则明确讲过：

> （齐高帝）受禅之后，又为骠骑豫章王记室参军，镇东武令，参掌诏册，并典国史。既非雅好，辞不获命。寻迁正员散骑侍郎、中书侍郎。

江淹所拜既为正员散骑侍郎而非员外散骑侍郎，那么，其拜表自当为《拜正员郎表》，"外"字当为衍文。

据江淹《自序》及《梁书》本传，淹生前曾手自编定文集，但其书早已失传。今所见各本《江淹集》都是宋代以后人辑录翻刻的，讹误自难避免。且"正员"、"员外"有一字之异，也有一字相同，衍讹为"正员外"完全有可能，古书中不乏其例。今略举三证：《南史·刘穆之传》

---

① 周一良：《从〈礼仪志〉考察官制》，《魏晋南北朝史论集》，北京大学出版社1997年版。

附《刘禅传》"齐建元中，为正员郎"，而今本《南齐书·刘禅传》则为"建元中，……除正员外"。《梁书·裴子野传》载子野除"通直正员郎"，而《册府元龟》卷四五四即作"通直正员外郎"。《南齐书·高逸·明僧绍传》"征为正员外郎"，中华书局点校本引张森楷《校勘记》云："《南史》无'外'字，是。"《江淹集》中"正员郎"衍误为"正员外郎"，自不足怪。

（原载《湖北教育学院学报》2000年第3期）

《北齐书·颜之推传》的一个校勘问题

《北齐书·文苑·颜之推传》载之推《观我生赋》，赋自述其于梁湘东王萧绎自立为帝后的经历，有"摄绛衣以奏言，忝黄散于官谤。或校石渠之文，时参柏梁之唱"之句。颜氏自注后两句，有云："王司徒表送秘阁旧事八万卷。乃诏：'比校部分，为正御、副御、重杂三本。左民尚书周弘正、黄门侍郎彭僧朗、直省学士王珪、戴陵校经部，左仆射王褒、吏部尚书宗怀正员外郎颜之推、直学士刘仁英校史部，……'"

诏书中"吏部尚书宗怀正员外郎颜之推"之语显然说的是两人的官职及姓名，如何点断？余嘉锡《四库提要辨证》（中华书局1980年版）卷八《史部》六论及《荆楚岁时记》的撰者宗懔时，引用颜之推此注，在"正员"二字间加顿号，并云："怀正当是懔之字，然与诸史言字元懔者不同，且之推此注于诸人皆称名，而懔独举其字，亦所未详。岂尝以字行，而史略之耶？"此前出版的《北齐书》（中华书局1972年版）乃至近年中华书局出版的王利器先生《颜氏家训集解》（增补本）[①]附录《北齐书·颜之推传》均如此点断。

笔者认为，"吏部尚书宗怀正员外郎颜之推"中"外"字为衍文，"怀（繁体为懷）"是"懔"字之讹，校正后当标点为"吏部尚书宗懔、正员郎颜之推"。如此，余嘉锡先生的疑问也就可以一笔勾销了。

"懷"、"懔"形近易讹误，自毋庸赘言，这里应讨论的是颜之推当时的官职问题。

---

① 王利器：《颜氏家训集解》（增补本），中华书局1993年版。

按现行的标点，颜之推当时官"员外郎"，这显然与史实不符。前引《观我生赋》前两句下，颜氏自注云："时为散骑侍郎，奏舍人事。"《北齐书》颜之推本传亦载："时（萧）绎已自立，以之推为散骑侍郎，奏舍人事。"是颜之推当时为散骑侍郎自无疑问。散骑侍郎又称正员郎，而员外郎乃员外散骑侍郎之别称，二者本自不同。对此，早在唐代，杜佑就多次明确指出过。《通典》①卷二一《职官三》"通直散骑侍郎"条下，杜佑云："按历代侍郎或有员外者，或有通直者，故史传中谓员外散骑侍郎或单谓之员外郎，通直散骑侍郎或单为通直郎，其非员外及通直者或谓之政（正）员散骑侍郎或单谓之政员郎。"在同书卷二二《职官四》"尚书省、历代郎官"条下，杜氏又云："按历代所谓正员郎即散骑侍郎耳，谓非员外、通直者，故谓之正员郎。"又于《职官四》"尚书员外郎"条下，云："前代史传及职官要录或有言员外郎者，盖谓员外散骑侍郎耳。"然则颜之推官散骑侍郎自可称正员郎，不得称员外郎也。这还可以从史传中找到佐证。《梁书·文学·颜协传》："（协）有二子：之仪，之推，并早知名。之推，承圣（按：'承圣'为萧绎自立后唯一年号）中仕至正员郎，中书舍人。"②将此载与上引《北齐书》"时绎已自立，以之推为散骑侍郎"相比较，即可知。

颜之推当时官正员郎而非"员外郎"可以断定，那么正员郎可以称为"正员外郎"吗？回答是否定的。因为所谓正员郎乃编制之内的散骑侍郎，而员外则是编制之外的。一人之身不可能同时是正员郎又是员外郎。因此，"正员外郎"本身就是矛盾不通的。检晋、宋、南齐、隋诸朝史之《职官志》或《百官志》，散骑省（或称集书省）之郎官唯散骑侍郎、通直散骑侍郎、员外散骑侍郎三种职称。是"正员外郎"之"外"字必为衍文。"正员"、"员外"有一字之异也有一字相同，衍讹

---

① 杜佑：《通典》，浙江古籍出版社1988年影印本。
② 姚思廉：《梁书》，中华书局1973年版。

为"正员外"是可能的。今略举三例为证:《南史·刘穆之传》①附《刘祥传》"齐建元中,为正员郎",而今本《南齐书·刘祥传》则为"建元中,……除正员外"。《梁书·裴子野传》"寻除通直正员郎",而《册府元龟》②卷四五四即讹作"通直正员外郎"。《南齐书·高逸·明僧绍传》"征为正员外郎",中华书局点校本引张森楷《校勘记》云:"《南史》无'外'字,是。"《北齐书·颜之推传》载颜氏《观我生赋》自注中"正员外郎"之衍讹正与之同类。

(原载《中国史研究》2000年第4期)

---

① 李延寿:《南史》,中华书局1975年版。
② 王钦若等编:《册府元龟》,中华书局1960年影印本。

《隋书·百官志上》点校匡补

《梁书》无《志》,有关梁代职官,载于《隋书·百官志上》(以下简称《志》)。笔者近因校注《梁书》,重新研读此《志》,发现中华书局之点校尚有可匡补者。今不揣谫陋,分标点和校勘两类指陈如下,以就正于博雅,并供此书再版时参考。

一、先说标点

1. 詹事,位视中护军,任总宫朝。二傅及詹事,各置丞、功曹、主簿。五官、家令、率更令、仆各一人。家令,自宋、齐已来,清流者不为之。天监六年,帝以三卿陵替,乃诏革选。家令视通直常侍,率更、仆视黄门三等,皆置丞。(《隋书》,第726页)

按:此段文字所述为东宫职官建制,其中"主簿"后的句号当与"五官"后的顿号互换。因为梁代太子二傅及詹事之属官,除有丞、功曹、主簿外,还有五官。《梁书·徐勉传》载勉为吏部尚书,"常与门人夜集,客有虞暠者求詹事五官,勉正色答云:'今夕止可谈风月,不宜及公事。'"《资治通鉴·梁纪二》"天监六年"下亦载其事,胡三省注云:"太子詹事亦有五官掾。"此可为一证。至天监七年革选,梁武帝定官职为十八班,以班多者为贵,太子二傅丞在五班,五官、功曹、主簿在三班;詹事丞在四班,五官、功曹、主簿在二班。这些,本《志》有明明白白的记载。将"五官"从"功曹、主簿"之列强拉入"家令、率更令、仆"等属于十班的"太子三卿"之列,显然不合实际。再者,从文章的逻辑性看，若不将"五官"从"五官、家令、率更令、仆各一人"中推出，则下文仅述"三卿"而不及"五官"，也是不通的。

2. 于是有司奏置一百二十五号将军。以镇、卫、骠骑、车骑，为二十四班。（第736页）

有镇、卫、骠骑、车骑同班。（第738页）

其将军施于外国者，雄义、镇远、武安同班，拟镇、卫等三号。（第740页）

按："镇卫"为镇卫将军之省称，与"骠骑"、"车骑"分别为骠骑将军、车骑将军之省称同类，不当顿开分为二名。笔者详考《梁书》，未见梁代有"镇将军"之号，而"镇卫将军"之号却屡见。如"乙丑，增置镇卫将军以下各有差"（《武帝纪中》天监七年二月），"进新除司徒陈霸先为丞相、录尚书事、镇卫大将军、扬州牧"（《敬帝纪》太平元年九月），"进号镇卫大将军"（《太祖五王·南平王伟传》普通五年），"世祖即帝位，以僧辩功，进授镇卫将军、司徒"（《王僧辩传》），"迁镇卫南平王长史"（《谢几卿传》），等等。再说，若分为二名，则总计有一百二十六号将军了，也与所置一百二十五号不符。

3. 集书省置散骑常侍、通直散骑常侍各四人。员外散骑常侍无员，散骑侍郎、通直郎各四人。又有员外散骑侍郎、给事中、奉朝请、常侍侍郎，掌侍从左右，献纳得失，省诸奏闻文书。意异者，随事为驳。集录比诏比玺，为诸优文策文，平处诸文章诗颂。常侍高功者一人为祭酒，与侍郎高功者一人，对掌禁令，纠诸违。（第722页）

按：依此标点，有两点可疑。其一，"常侍侍郎"与"员外散骑侍郎、给事中、奉朝请"并列，则当为一官职名。而实际上，南朝绝无"常侍侍郎"一职。其二，本《志》述某官署，例必述其职官建制及职掌，如"太舟卿，梁初为都水台，使者一人，参军事二人，河堤谒者八人。七年，改焉。位视中书郎，列卿之最末者也。主舟航堤渠"。若依此标点，则"掌侍从左右"云云，说的只是"员外散骑侍郎、给事中、奉朝请、常侍侍郎"的职掌，而前面"散骑常侍"、"散骑侍郎"等的职掌反而未有述及，这显然不符合本《志》述职官的文例。事实上，"侍从左右"历来就是散骑常侍、侍郎的职掌，观《宋书·百官志下》可知。若将"奉朝请"后的顿号改为句号，"常侍"、"侍郎"之间加顿号，则以上两疑点自然冰释，文意也通畅明白。

二、再说校勘

4. 附马、奉车、车骑三都尉，并无员。（第722页）

按：《后汉书·百官志》有"奉车都尉、驸马都尉、骑都尉"，并比二千石。又于"骑都尉"下有云："本注曰无员，本监羽林骑。"是"骑都尉"乃由其职掌"监羽林骑"而得名。自晋至陈，凡称"三都尉"皆指此三名。沈约《宋书·百官下》云："晋武帝亦以宗室外戚为奉车、驸马、骑都尉，而奉朝请焉。元帝为晋王，以参军为奉车都尉，掾、属为驸马都尉，行参军、舍人为骑都尉，皆奉朝请。后省奉车、骑都尉，唯留驸马都尉奉朝请。永初已来，以奉朝请选杂，其尚主者唯拜驸马都尉。三都尉并汉武帝置。孝建初，奉朝请省驸马都尉。三都尉秩比二千石。"据知，晋至刘宋"三都尉"乃指"奉车、驸马、骑"三都尉。《南齐书·百官志》有奉朝请、驸马都尉，而无奉车、骑都尉，大概齐代同于东晋，已省此二都尉了。"陈承梁，皆循其制官"（本《志》），亦有"奉车、驸马、骑都尉"（本《志》脱"骑"字，此据《通典》补）并第七品。这些都是明证。由此可以肯定三都尉中"车骑"之"车"当是衍文。附带说一句，梁天监七年所定官班中无三都尉，当是已省。

5. 领军，护军，左、右卫，骁骑，游骑等六将军，是为六军。又有中领、中护，资轻于领、护。又左右前后四将军，左右中郎将，屯骑、步骑、越骑、长水、射声等五营校尉，武贲、冗从、羽林三将军，积射、强弩二军，殿中将军、武骑之职，皆以分司丹禁，侍卫左右。（第

726页）

按：此段文字中，"左右前后四将军"当是"左右前后四军将军"（或省称"左右前后军将军"、"左右前后四军"）之误。

南朝职官中，"左右前后四将军"与"左右前后四军将军"虽只一字之差，但分属不同系列，大有区别。钱大昕《廿二史考异》卷二五有云："晋宋以来，将军有二等，自骠骑至龙骧皆虚号，非持节出使，不得领兵。此领、护、左右卫、骁骑、前后左右军将军则皆主兵之官也。"（《丛书集成初编》本）据沈约《宋书·百官志》及萧子显《南齐书·百官志》，"左右前后四将军"在骠骑将军至龙骧将军之列，而"左右前后四军将军"则在领、护军将军至五校尉之列。本《志》此处所述为领、护军将军至五校尉系列，故自当为"左右前后四军将军"，而不当是虚号"左右前后四将军"。

又，梁天监七年革选，定官职为十八班，将将军名号分出厘定别为二十四班。二十四班系列中有"武臣、爪牙、龙骧、云麾为十八班，代旧前后左右四将军"（见本《志》），而"前后左右四军将军"与领、护军、左右卫、骁骑、五校尉等同在十八班系列中，"前后左右四军"为九班。因此，从梁代官职班品看，亦知此处当为"左右前后四军将军"。

6. 五校，东官三校，皇弟皇子之庶子府中录事、中记室、中直兵参军，南徐州中从事，皇弟皇子之庶子府、蕃王府谘议，为七班。（第731页）

按：此段文字中，前"之庶子"三字当为衍文。理由有三：其一，本《志》职官"五班"中有"皇弟皇子之庶子府、蕃王府中录事、中记室、中直兵参军"，与此段"皇弟皇子之庶子府中录事、中记室、中直兵参军"有重复。再考梁代职官中"皇弟、皇子府置师、长史、司马、从事中郎、谘议参军及掾属中录事、中记室、中直兵等参军"（见本《志》），而今本《志》官班中却无。其二，据梁代官班成例，同一职官名，皇弟皇子府高于其庶子府两班，如皇弟皇子府之长史、司马、谘议、录事分别为十班、十班、九班、六班，而皇弟皇子之庶子府长史、司马、谘议、录事则分别为八班、八班、七班、四班。皇弟皇子之庶子府中录事、中记室、中直兵既为五班，则皇弟皇子府之同一官称自当在七班中。其三，本《志》述陈代官职，皇弟皇子府中录事参军、中记室参军、中直兵参军与五校、东宫三校、皇弟皇子之庶子府谘议参军等同品，以之与此段比照，亦知前"之庶子"三字为衍文。《通典》卷三七《职官》一九、《资治通鉴·梁纪三》"天监七年"下胡三省注皆沿误，亦当校正。

7. 四中，军、卫、抚、护，止施内。为二十三班。（第736页）

按：依此文意，"四中"就是指"中军、中卫、中抚、中护"四将军。《资治通鉴·梁纪三》"天监七年"下胡三省注即云："中军、中卫、中抚、中护施于内为二十三班。"实则梁代无"中护将军"之号，只有资轻于护军将军的"中护军"将军，为主兵将军之一，在官职十八班系列中居十四班。梁天监六年置有中卫、中权将军，见《梁书·武帝纪》。而今本《志》二十四班系列中有"中卫"无"中权"，颇疑此"护"字是"权"字之讹，"中护"应是"中权"。检《通典》卷三七《职官》十九知，其所引本《志》"护"字正作"权"字。又，本《志》述陈代将军，于"四中"亦注明为"军、抚、卫、权"，而陈代是沿梁代制官的，这也是此处"护"为"权"字之讹的极好佐证。总之，"护"字当校正为"权"字。胡三省亦未免以讹传讹。

另外，还有一可供讨论的问题也不妨提出：

天监六年革选，诏曰："在昔晋初，仰惟盛化，常侍、侍中，并奏帷幄，员外常侍，特为清显。陆始名公之胤，位居纳言，曲蒙优礼，方有斯授。可分门下二局，委散骑常侍尚书案奏，分曹入集书。……"（第722—723页）

此段文字，《通典》卷二一《职官三》引作"六年诏曰：'在昔晋初，仰惟盛化，常侍、侍中，并参帷幄，员外常侍特为清显。可分门下二局，委散骑常侍、侍中并侍帷幄，书案奏，分曹入集书'"。

两相比校，知《通典》引文较今本本《志》少"陆始名公之胤"云云一句，而多出"侍中并侍帷幄"数字。按常理，杜佑引用《隋志》可删节原文，而不可也不必增加原文。故颇疑是今本本《志》有讹脱。按校勘惯例，似当据《通典》多出之数字出校记。

（原载《黄冈师范学院学报》2000年第2期）

鲍照《从过旧宫》诗新笺

《鲍参军集注》（钱振伦注、黄节补注、钱仲联增补集说，上海古籍出版社1980年版）卷五有《从过旧宫》诗一首。此诗，钱振伦认为是鲍照于宋文帝元嘉二十二年（445）随衡阳王刘义季赴徐州刺史任，至治所彭城作。钱仲联先生《鲍照年表》（《鲍参军集注》附录）于文帝元嘉二十二年下亦云："（鲍）照从衡阳王辟，之梁郡，旋从之徐州。"并系此诗及《见卖玉器者》诗于其下。显然，钱仲联先生是同意钱振伦的看法的。

钱振伦的看法来自他对此诗的笺释。这就关涉到如何正确阐释诗文这一带根本性的问题。当年国学大师陈寅恪对阐释诗文，有古典、今典之说。其所谓古典乃指诗文中"词语之所从出"，而今典则指诗文产生之具体背景，即"当日之实事"。陈先生说，文章大家之能事在"用古典以述今事"，"融会异同，混合古今，别造一同异俱冥，今古合流之幻觉"。而研究者只有通过对古典、今典的释证，才能真正达到对作品的正确理解。探索古典、今典实在是诠释诗文之不二法门。笔者以陈先生之法研读此诗，在旧注的基础上进一步探求今典，得出的结论是，此诗乃鲍照于元嘉二十六年（449）从宋文帝之子始兴王刘浚至南徐州镇所京口作。

今将此诗今典之至要者笺释于下，旧释之不妥处亦随文涉及。

"严恭履桑梓，加敬览枌榆。"桑梓、枌榆，旧典指故乡，自无疑义。今典何指？钱振伦之意指彭城。所据为《宋书·武帝纪》宋武帝刘裕"彭城县绥舆里人"。钱氏之说不为无据。然同《纪》又云，至刘裕之曾祖刘混过江，"居晋陵郡丹徒县之京口里"。《资治通鉴·宋纪》"元嘉四年二月"下，胡三省注云："晋之东迁也，刘氏自彭城移居晋陵丹徒之京口里，陵墓及故宫在焉。"然则彭城乃刘裕之祖籍，以为"桑梓"、"枌榆"固无不可，而南徐州之京口更可如此称之。因为当朝皇帝宋文帝就是一贯视丹徒京口为故乡的。据《宋书·文帝纪》载，元嘉四年，"二月乙卯，行幸丹徒，谒京陵"，三月丙子有诏"丹徒桑梓绸缪，大业攸始，践境永怀，触感罔极"云云。同《纪》又载，元嘉二十六年，"二月己亥，车驾陆道幸丹徒，谒京陵"，至五月返京师。其间三下诏书，其于京口，一则曰"拜奉旧茔"、"义兼于桑梓，情加于过沛"，再则曰"皇基旧乡，地兼蕃重"，三则曰"吾生于此城"、"先帝以桑梓根本，实同休戚"。这些都足以证明。

始兴王刘浚为南徐州刺史在元嘉二十六年十月，其时距文帝自丹徒京口返京师建康不足半年（据《宋书·文帝纪》），文帝之诏书，鲍照想必耳闻。并且，鲍照是多少有点看皇帝脸色行事的人，《宋书》本传载，世祖"好为文章，自谓物莫能及，照悟其旨，为文多鄙言累句"。有这样的心理基础和时事背景，其从刘浚至京口，称京口为"桑梓"、"枌榆"，应是事有必至，理有固然了。

"余祥见云物，遗像存陶渔。"先说上句。此句意谓旧宫留存的祥瑞还显现于云物。钱振伦只注"云物"一词之出处，而于旧宫昔日之"祥"何指，似乎不明白。考《宋书·符瑞志》有云："宋武帝居在丹徒，始生之夜，有神光照室，其夕，甘露降于墓树。皇考以高祖生有奇异，名为奇奴。"原来，是指刘裕在丹徒出生时的祥瑞。再说下句。此句钱振伦引《史记·五帝本纪》"舜耕历山，渔雷泽，陶河滨"以明"陶渔"之旧典，是。而于今典则阙如。考《南史·宋本纪》有云："（刘裕）微时躬耕于丹徒。及受命，耨耜之具颇有存者，皆命藏之，以留于后。及文帝幸旧宫，见而问焉，左右以实对，文帝色惭。"有近侍进曰："大舜躬耕历山，伯禹亲事土木，陛下不睹列圣之遗物，何以知稼穑之艰难，何以知先帝之至德乎！"此事发生在元嘉四年，《资治通鉴·宋纪》"元嘉四年二月"下及唐许嵩《建康实录》卷一一《宋高祖武皇帝》所载略同。至元嘉二十六年，文帝再幸丹徒京口，曾重睹此物，似乎记忆犹新。其年五月之诏书即有"旧物遗踪，犹存心目"之语（《宋书·文帝纪》）可证。鲍照家亦在京口（详下文），其于昔日刘裕躬耕于丹徒京口之事及"旧宫"遗物断不至不了解，尤其文帝数月前的诏书当更能给他以启发。因此，由这两句诗之今典，我们可以有把握地说，此诗只能作于丹徒京口。若如钱氏说作于彭城，则此两句甚无谓矣。

"东秦邦北门，非亲谁克居。"钱振伦释"东秦"及"非亲"之旧典，引《史记·高祖本纪》"田肯曰：'夫齐地方二千里，持戟百万，悬隔千里之外，齐得十二焉。此东西秦也，非亲子弟莫可使王齐矣"，甚是。然释"北门"，引《左传》"郑人使我掌其北门之管"，则欠确当。当引《史记·田敬仲完世家》："（齐）威王曰：'吾吏有黔夫者，使守徐州，则燕人祭北门，赵人祭西门。"裴骃《集解》引贾逵曰："齐之北门、西门也。"如此，则齐、徐州、北门联系起来了。鲍照之意是说，徐州是国之北门，非皇帝之亲谁能镇守呢！至于今典，钱振伦谓"非亲"句指彭城王刘义康，钱仲联先生则谓当指衡阳王刘义季。而于"北门"，二位皆未明言，但他们都定此诗作于彭城，故其以为指徐州，自毋庸赘言。

实则"北门"，此处指南徐州，"非亲"句乃谓刘浚。今试申述之。

南徐州"内镇优重"（《南齐书·州郡志》），其于南朝政权之重要地位仅次于京邑建康所在地之扬州。正因为如此，宋武帝刘裕临终"遗诏，京口要地，去都邑密迩，自非宋室近戚，不得居之"。宋孝武帝诏书亦有"旧京树亲，由来常准"①之语。（俱见《宋书·刘延孙传》）宋末，萧道成为了代宋，"进督南徐州刺史"（参《南齐书·高帝纪》），沈攸之起兵反，责萧道成欲行废立，有书云"朱方帝乡，非亲不授"（详《南齐书·张敬儿传》）。按：朱方即丹徒。《史记·吴太伯世家》裴骃

----

① 南朝人惯以"京"称京口。详近人逯钦立遗著《汉魏六朝文学论集·〈古诗纪〉补正叙例》（陕西人民出版社1984年版）。

《集解》引《吴地记》:"朱方,秦改曰丹徒。")可见刘宋统治者对南徐州之重视。又据《宋书·州郡志》,宋代南徐州领郡十七,县六十三,户七万二千四百七十二,口四十二万六百四十;而徐州旧领郡仅十二,县三十四,户二万三千四百八十五,口十七万五千九百六十七。这当然不能确定就是元嘉十二年或二十六年的实际情况,但徐州不是大州,其地位不能与南徐州相比则是确定无疑的。笔者详考《宋书》,知自宋初至文帝元嘉末,为南徐州刺史者为刘义康、义恭、义季、义宣、诞、绍、浚,凡七人,全都是当朝皇帝之弟或子;而任徐州刺史者,在刘义季以前有八人,其中只有南郡王刘义宣一人是皇帝之亲,且任职时间仅半年,完全是权宜之安排。可见,徐州刺史不像南徐州那样"非亲"不可。若此二句诗中"北门"指徐州,"非亲"句指义季或义康,岂不与刘宋时的实际情况完全矛盾?鲍照岂会如此不通?若释"北门"之今典为指南徐州,这些问题也就涣然冰释了。

或许有人要问,释"北门"为指南徐州,有根据吗?回答是肯定的。首先,就地理位置讲,宋元嘉八年,以淮南为南徐州,治所即定在京口(见《宋书·州郡志》)。京口在京师建康东北,宋文帝元嘉二十六年诏书即称京口为"北京"(见《宋书·文帝纪》)。所以称南徐州为邦之北门是合理的。其次,以"北门"旧典指南徐州,南朝人中并不乏例。如宋后废帝时,建平王刘景素曾为南徐州刺史,后以谋反罪被诛。宋末,景素故主簿何昌㝢上书司空褚渊,为景素鸣冤,言景素谦退,曾"求解徐州,以避北门要任"(参《南齐书·何昌㝢传》及《宋书·建平王景素传》)。此徐州即指南徐州。① 齐竟陵王萧子良曾先后为南徐、南

---

① 《宋书·文九王·刘景素传》述景素仕历清楚明白,景素曾任南徐州刺史而未为徐州刺史。且南朝人于南、北徐州刺史,往往统以徐州称之,不像后世史家那么严格区分。如齐末张稷为北徐州刺史,范云赠诗称之为"张徐州"(见《文选》卷二六范彦云《赠张徐州稷》诗),梁晋安王萧纲为南徐州刺史,而昭明太子萧统作诗称之为"徐州弟"(参《梁书·简文帝纪》及逯钦立《先秦汉魏晋南北朝诗》中《梁诗》卷一四)。

兖二州刺史,任昉述其事,颂其政绩,即有云:"未及下车,仁声先洽。玉关靖柝,北门寝扃。"(《文选》卷六〇任彦昇《齐竟陵文宣王行状》五臣吕延济注:"北门谓润州为国之北门也。"按:唐之润州即南朝之京口,南徐州之镇所)

由上可知,鲍诗此二句的今典是始兴王刘浚元嘉二十六年为南徐州刺史。刘浚此次是由扬州刺史改任南徐州的(参《宋书·文帝纪》),细味此二句,似还包含着对刘浚的安慰之意。

"微臣逢世庆,征赋备人徒。"此二句涉及鲍照家庭所在地问题。钱振伦、黄节、钱仲联先生都认为鲍照是徐州人,且有史籍为证,当然不错。不过,熟悉南朝史的人都知道,南朝人言某人的籍贯都是指祖籍,与某人侨居之地是两码事。无论是《宋书》本传还是南齐虞炎《鲍照集序》,说的都是鲍照的祖籍。统治者征赋,当然以户籍所在地为据。鲍照的家不在徐州,而在南徐州京口,这点曹道衡先生《关于鲍照的家世和籍贯》(《中古文学论文集》,中华书局1986年版)一文及《南北朝文学史》(人民文学出版社1991年版)第五章有颇精审的考证,此不赘述。又,鲍照《请假启》有云:"臣实百罹,孤苦夙丁。天伦同气,实惟一妹,存殁永诀,不获计见。……臣母年老,经离忧伤,服粗食淡,羸耗增疾。心计焦迫,进退罔踬,冒乞申假百日。"据知,鲍照妹去世时,其母尚在。而据曹道衡先生《鲍照几篇诗文的写作时间》(亦载《中古文学论文集》)推断,鲍照妹卒于宋孝武帝时。如此,则宋文帝元嘉年间,鲍照之母亲和妹妹当都居于京口。鲍照从始兴王刘浚至京口而作此二句,合情合理。若说鲍照此诗是从衡阳王义季至彭城作,试问,鲍照家不在徐州彭城,何能言"征赋备人徒"?

鲍照"人秀人微,取淹当代"(钟嵘《诗品》中),其生平事迹,史籍记载甚缺。虞炎《鲍照集序》云其曾为刘浚始兴王国侍郎,而未言其为衡阳王义季僚属。钱振伦之推断,主要依据为鲍集中之《见卖玉器者》及此诗。对钱氏的推断,曹道衡先生表示怀疑,但只对《见卖玉器者》一诗的解释提出了异议。[①] 今此小文旨在探索鲍照《从过旧宫》诗之本意，也为曹先生之疑提供一点证据，确当与否，希望得到批评。

（原载《古籍整理研究学刊》2001年第1期）

---

① 详其所撰《鲍照》一文，《中国历代著名文学家评传》第一卷，山东教育出版社1984年版。

《撰征赋并序》注释失误举例

《撰征赋》是南朝著名作家谢灵运的名文。当年沈约撰《宋书·谢灵运传》，不惜篇幅将其全文载入。但遗憾的是，此文历来无人注释。笔者近因教学的关系，比较留心谢集的新校注本。一日偶见岳麓书社"集部经典丛刊"之一的《谢灵运集》（1999年版），由其"前言"，得知编注者李先生"在缺乏底注参考的情况下"，"尽了最大的努力，花费了不少的时间"，对谢文的难解词语和典故史实都作了注释，想来一定颇有价值吧，因而也就选择其中《撰征赋》及其注释翻阅起来。阅后，发现失注和误注大量存在，请看以下数例。

1. 扫逋丑于汉渚，涤僭逆于岷山。羁巢处于西木，引鼻饮于源渊。（第181页）

按：此四句句式结构相同，扫、涤、羁、引并为动词，"扫逋丑"、"涤僭逆"、"羁巢处"、"引鼻饮"并为动宾结构。巢处，栖宿于树上的人。《庄子·盗跖》："古者禽兽多而人少，于是民皆巢居以避之，昼拾橡栗，暮栖木上，故命之曰有巢氏之民。"鼻引，用鼻饮水的人。《汉书·贾捐之传》："骆越之人父子同川而浴，相习以鼻饮。"此处"巢处"、"鼻饮"，皆用以指四裔少数民族。《宋书·武帝纪》载，义熙十二年十月，刘裕收复洛阳，晋安帝诏书有云："爰暨木居海处之酋，被发雕题之长，莫不忘其陋险，九译来庭。""木居海处"正"巢处"、"鼻饮"之类也。李注"（93）羁巢：寄居在外"，以"羁巢"为一词，其误自不待言。

2. 次石头之双岸，究孙氏之初基。……初鹊起于富春，果鲸跃于川湄。匝三世而国盛，历五伪而宗夷。……众咸昧于谋兆，羊独悟于理端。请广武以诲情，树襄阳以作藩。……疾鲁荒之诐辞，恶京陵之谮言。（第185页）

按：此段述孙吴政权之兴亡及晋灭吴之事。考《三国志》之《孙破虏讨逆传》及《三嗣主传》知：孙氏，祖籍吴郡富春。其始，孙坚以本县小吏兴起，中经孙策，至孙权而强盛，先后都建业、武昌，至孙皓而国亡。李注（101）释"富春"，只云："地名。在今浙江富阳县。境内有富春江，江边有富春山，也叫严陵山。"不知"富春"乃孙氏故乡，发迹之地，未中肯綮。又，李注（102）释"五伪"云："其说未详。疑指五胡乱华时先后建立的北朝政权，相对中华正宗皇室来说，被指斥为伪朝。"五胡乱华与孙氏政权毫无关系，注者之"疑"有生拉硬扯之嫌。实则"五伪"乃指孙策、孙权、孙亮、孙休、孙皓五朝。因相对于所谓正统王朝"晋"而言，故称"伪"。此赋下文"吊伪孙于涂首"称孙皓为"伪孙"即是明证。应该说明的是，孙策时，吴国虽未建立，然《三国志·孙破虏讨逆传》末陈寿评曰："且割据江东，策之基兆也。"裴松之注引孙盛亦云："创基立事，策之由也。"吴自孙策创基至孙皓覆亡，故曰"历五伪而宗夷"。李注（106）："广武：地名，有东西广武城，在今河南荥阳县东北。秦末楚、汉两军隔广武而阵，刘邦、项羽临广武谈判而平分天下，故东广武称楚城，西广武称汉王城。诲情：诱导情感。这句是说羊祜表面上与东吴和平相处。"今按：请，《尔雅·释诂》："请，告也。"邢昺疏："请者，言告也。"《礼记·投壶》："请宾曰：'顺投为入，比投不释……。'"郑玄注："请，犹告也。"广武，指张华。诲情，以情实相教。据《晋书·张华传》及《羊祜传》知，张华曾封广武县侯。晋谋伐吴，群臣多以为不可，唯华赞成。羊祜疾笃，帝遣华诣祜，问伐吴之计，祜分析晋、吴情势，告诉张华说："今主上有禅代之美，而功德未著。吴人虐政已甚，可不战而克。……如舍之，若孙皓不幸而没，吴人更立令主，虽百万之众，长江未可而越也，将为后患乎！"此所谓"请广武以诲情"也，而李注真令人莫明其妙。

又，李注（108）"鲁荒、京陵：不详所指。"今按：鲁荒，指贾充。据《晋书·贾充传》，充，晋初封鲁郡公，及其薨，下礼官议其谥号，博士秦秀议谥曰荒，帝不纳，乃谥曰武。伐吴之役，诏充为使持节、假黄钺、大都督，总统六师。充虑大功不捷，表陈"西有昆夷之患，北有幽并之戍，天下劳扰，年谷不登，兴军致讨，惧非其时"，帝不从。充不得已而受节钺。王濬伐吴之军顺江而下，已克武昌，充又遣使上表曰："吴未可悉定，方夏，江淮下湿，疾疫必起，宜召诸军，以为后图。虽腰斩张华，不足以谢天下。"杜预闻贾充有奏，驰表固争，言吴平在旦夕，使者未至京师而吴已降。此灵运所谓"鲁荒之诐辞"也。京陵，指王浑。据《晋书·王浑传》及《王濬传》，浑袭父爵为京陵侯。王濬与之俱率军伐吴，诏军至秣陵，受王浑节度。浑先据江上，案甲不敢进。王濬至秣陵，乘胜破石头城，降孙皓。浑愧恨，上书诬濬违诏。"京陵之谮言"即指王浑诬濬之言。

3. 敦怙宠而判违，敌既勍则国圮。彼问鼎而何阶，必先贼于君子。原性分之异托，虽殊涂而归美。或卷舒以愚智，或治乱其如矢。谢昧迹而托规，卒安身以全里。周显节而犯逆，抱正情而丧己。（第185页）

按：此段述王敦之乱与"君子""殊途而归美"的表现。李注（114）"谢：姓，不详所指。疑指晋人谢玄（320—385），他在淝水之战中有功，被封康乐县公，都督七州诸军事，但后来放弃军权，回到故乡会稽郡当内史，闲散无事，实际上等于隐居江湖。"注（115）"周：姓，不详所指。疑指晋人周处（？—299），少丧父母，横行乡里，乡人把他跟南山虎、长桥蛟合称三害。周处听后，决心改过，上山杀虎，入水斩蛟，到吴国拜陆机、陆云为师，官至御史中丞。后与氐族齐万年战，梁王司马肜与处有旧仇，迫处进兵，又绝其后援，至周处战死。"此以谢、周指谢玄、周处，大误。从史实看，周处、谢玄与王敦之篡乱并无关系。从文法看，谢、周必是"性分异托"、"殊途而归美"之"君子"。

其一人"卷舒以愚智",另一人"治乱其如矢"。考晋史,知谢乃谢鲲,周指周𫖮。《晋书·谢鲲传》:鲲为王敦大将军长史,"不徇功名,无砥砺行,居身于可否之间,虽自处若秽,而动不累高。敦有不臣之迹,显于朝野。鲲知不可以道匡弼,乃优游寄遇,不屑政事,从容讽议,卒岁而已"。王敦为逆,诛害忠贤,鲲"推理安常,时进正言。敦既不能用,内亦不悦",出为豫章太守,卒于官。《晋书·周𫖮传》:𫖮清正刚直,海内雅望。王敦构逆,𫖮与戴若思俱被收,"路经太庙,𫖮大言曰:'天地先帝之灵:贼臣王敦倾覆社稷,枉杀忠臣,陵虐天下,神祇有灵,当速杀敦,无令纵毒,以倾王室。'语未终,收人以戟伤其口,血流至踵,颜色不变,容止自若,观者皆为流涕"。遂被害。由此不难看出"昧迹而托规,卒安身以全里"的是"卷舒以愚智"的谢鲲,"显节而犯逆,抱正情而丧己"的是"治乱其如矢"的周𫖮。这里还有一点应指出,李注释"安身以全里"为"保全身家性命而安居寿终于故乡",依此则与谢鲲之卒于官不合。实际是李注误解"里"字之义。此处"里"通"理"。理,有"操行"义,这只要翻翻《汉语大字典》之类的工具书是不难知道的。

4. 薄四望而尤眄,叹王路之中鲠。蠢于越之妖烬,敢凌蹈于五岭。崩双岳于中流,拟凶威于荆郢。隐雷霆于帝坐,飞芒镞于宫省。于时朝有迁都之议,人无守死之志。师旅痡于久勤,城墉阙于素备。安危势在不侔,众寡形于见事。於赫渊谋,研其神策,缓辔待机,追奔蹑迹。遇雷池而振曜,次彭蠡而歼涤。(第187—188页)

按:此段述刘裕破卢循之事。"于越之妖烬"乃指卢循。据《晋书·孙恩传》及《卢循传》,孙恩起事于会稽,会稽为其根据地。恩死,余众推卢循为主。会稽正古于越之地,故灵运称卢循为"于越之妖烬"。又据《晋书·卢循传》及《宋书·武帝纪》载:卢循为主以后,率军泛海至广州,逐刺史吴隐之,自摄州事,号平南将军,攻南康、庐陵、豫章诸郡,诸郡守委任奔走。卢循军杀江州刺史何无忌,败豫州刺史刘毅，欲据寻阳（江州镇所）进平江陵（荆州镇所），以与朝廷争衡。听从同党徐道覆之谋，乘胜向京师。刘毅败讯传至京师，朝廷内外汹扰，刘裕北征军始还，多创痍疾病，京师战士，不盈数千。卢循既破江、豫二镇，战士十余万，舟车百里不绝。朝臣孟昶等惧循渐逼，欲拥天子过江，刘裕不听，孟昶恐事不济，仰药而死。刘裕深谋熟虑，巧自部署，大败卢循，循南奔寻阳。刘裕率军追讨，又败之于雷池。循欲遁还豫章，裕命众攻之，循军溃败，循单舸走。后势屈，投水而死。

据上可知，灵运此段所述皆有史实作依据。"凌蹈于五岭"者，卢循在广州事也；"崩双岳于中流"者，江、豫二州刺史之败亡也；"拟凶威于荆郢"者，将进平江陵，以与朝廷争衡也；"隐雷霆于帝坐"者，朝廷惊惧也；"遇雷池而振曜"者，刘裕雷池之捷也；"次彭蠡而歼涤"者，刘裕于豫章大败卢循也。李注不顾史实，只泛泛释"于越"、"五岭"、"荆郢"等词，唯一言及史实的是释"遇雷池而振曜"句，其注（124）有云："《晋书·庾亮传》报温峤书：'吾忧西陲，过于历阳，足下无过雷池一步也。'此句'遇雷池而振曜'疑即指庾亮、温峤等在雷池御敌事。"只可惜又张冠李戴了。

5. 造白石之祠坛，怼二竖之无君。践掖庭以幽辱，凌桃社而火焚。愍文康之罪己，嘉忠武之立勋。（第188页）

按：宋张敦颐《六朝事迹编类》卷之五《江河门·苏峻湖》："《南徐州记》云：迎担湖西北有苏峻湖，本名白石陂。《建康实录》：晋成帝咸和二年，苏峻举兵，逼帝迁于石头。陶侃、温峤、庾亮阵于白石，使将军杨谦攻峻于石头。峻轻骑出战，谦诈北奔白石垒，峻逼之，才交锋，峻坠马。侃督护李阳临阵斩峻于白石陂岸。至今呼此陂为苏峻湖。在城西北十五里，周回十里。"苏峻逼天子迁石头城时，庾亮、温峤等筑垒于白石以抗，《晋书》之《苏峻传》、《温峤传》、《庾亮传》均有明载。李注（126）"白石：地名。不详所在"，似未读过此诸传。白石有祠坛。《晋书·艺术·戴洋传》载：洋谓庾亮曰："昔苏峻时，公于白石祠中祈福，许赛其牛，至今未解，故为此鬼所考。"亮曰："有之，君是神人也。"此可为证。是白石既是庾亮祈福之所，又是苏峻灭亡之地，故灵运"造白石之祠坛"而"怼二竖之无君"也。"二竖"何指？李注（126）"疑指东晋乱臣王敦和苏峻"，亦只对了一半。王敦之乱与白石无涉。且王敦乱时，苏峻曾率众大破敦将韩晃、沈充，以功加官晋爵。（据《晋书·苏峻传》）灵运不致于在此处将王、苏扯在一起。实际上，苏峻之乱是苏峻与祖约二人共为难，史有明载。《晋书·温峤传》载温峤《移告四方征镇》文即称"贼臣祖约、苏峻同恶相济"，"祖、苏"为"二贼"。又《晋书·苏峻传》载峻"与王师战，频捷，遂据蒋陵覆舟山，率众因风放火，台省及诸营寺署一时荡尽。遂陷宫城，纵兵大掠，侵逼六宫，穷凶极暴，残酷无道"。此即灵运下文"践掖庭以幽辱，凌桃社而火焚"之实情。另，"文康"、"忠武"分别为庾亮、温峤之谥号。苏峻之乱，因庾亮而起，亮一再请罪；温峤为平定苏峻之功臣。这些，《晋书》之《苏峻传》、《庾亮传》也记载得明白。故知灵运"愍文康之罪己，嘉忠武之立勋"也是针对苏峻、祖约之乱的，无关于王敦。因此"二竖"当指苏峻与祖约。

6. 于是抑怀荡虑，扬榷易难。利涉以吉，天险以艰。于敌伊阻，在国斯便。勾践行霸于琅邪，夫差争长于黄川。葛相发叹而思正，曹后愧心于千魂。（第193页）

按：此段乃"扬榷易难"，即讨论易难成败问题的。李注（157）云："葛相：不详所谓。疑指蜀丞相诸葛亮。曹后：亦不详所谓。疑指魏武帝曹操。"葛相，确指诸葛亮。《三国志·蜀志·法正传》："先主既即尊号，将东征孙权以复关羽之耻，群臣多谏，一不从。章武二年，大军败绩，还住白帝。亮叹曰：'法孝直若在，则能制主上，令不东行；就复东行，必不倾危矣。'"法孝直即法正。曹后，确指曹操。《三国志·魏志·郭嘉传》："后，太祖征荆州还，于巴丘遇疾疫，烧船，叹曰：'郭奉孝在，不使孤至此。'""征荆州"者，指赤壁之役。"公至赤壁，与（刘）备战，不利。于是大疫，吏士多死者，乃引军还。"（《三国志·魏志·武帝纪》）"千魂"，指众多死者。注者似乎未查过，更未读过《三国志》，尽管猜对了"葛相"、"曹后"是谁，但不知"发叹而思正"与"愧心于千魂"之本事，依然未得其解。

7. 登高堞以详览，知吴濞之衰盛。戒东南之逆气，成刘后之骇圣。藉盐铁之殷阜，临淮楚之剽轻。盛几杖而弭心，怒抵局而遂争。（第193页）

按：此段李注（159）释"东南之逆气"为"指位于东南的吴楚等七个诸侯王国联合造反事"，释"刘后"为"指汉景帝刘启"，均误。《史记·吴王濞列传》："吴王濞者，高祖兄刘仲之子也。……上患吴、会稽轻悍，无壮王以填之，诸子少，乃立濞于沛为吴王，王三郡五十三城。已拜受印，高祖召濞相之，谓曰：'若状有反相'，心独悔，业已拜，因抚其背，告曰：'汉后五十年东南有乱者，岂若邪？然天下同姓为一家也，慎无反！'"是"刘后"乃指汉高祖刘邦。刘邦生前已预知"汉后五十年东南有乱者"，并向吴王濞提出了警告，是其圣明，故灵运云："戒东南之逆气，成刘后之骇圣。""藉盐铁之殷阜"句，李注（160）释"藉"为"凭借"，"殷阜"为"富足，充实"，固然大致不差，但灵运此句亦有所据：《史记·吴王濞列传》："会孝惠、高后时，天下初定，郡国诸侯各务自拊循其民。吴有豫章郡铜山，濞则招致天下亡命者盗铸钱，煮海水为盐，以故无赋，国用富饶。"注者似未知。又，"盛几杖而弭心，怒抵局而遂争"，其事亦见《史记·吴王濞列传》："孝文时，吴太子入见，得侍皇太子饮博。吴太子师傅皆楚人，轻悍。又素骄，博，争道，不恭，皇太子引博局提吴太子，杀之。于是遣其丧归葬。至吴，吴王愠曰：'天下同宗，死长安即葬长安，何必来葬为！'复遣丧之长安葬。吴王由此稍失藩臣之礼，称病不朝。京师知其以子故称病不朝，验问实不病，诸吴使来，辄系责治之。吴王恐，为谋滋甚。……于是天子乃赦吴使者归之，而赐吴王几杖，老，不朝。吴得释其罪，谋以益解。"提，唐司马贞《史记索隐》云："音啼，又音底。"

局，博局，即今所云棋盘。"抵局"，即指"皇太子引博局提吴太子"事。李注（161）有云："抵局：局限，压制。'怒抵局'，指因为受到限制而发怒。汉景帝三年，御史大夫晁错建议削弱诸侯封地以尊京师，引起吴楚等七国不满，于是以诛晁错为由起兵造反。"未免使人哑然失笑。

8. 闻宣武之大阅，反师旅于此廛。自皇运之都东，始昌业以济难。抗素旄于秦岭，扬朱旗于巴川。惧帝系之坠绪，故黜昏而崇贤。嘉收功以垂世，嗟在嗣而覆旆。德非陟而继宰，衅逾禹其必颠。（第 196 页）

按：此段乃述桓温事。据《晋书·桓温传》：宣武乃桓温谥号（刘义庆《世说新语》屡以"桓宣武"称桓温）。太和四年，桓温率步骑五万北伐，"百官皆于南州祖道，都邑尽倾"。此次北伐，有枋头之败，桓温退军移镇广陵。此所谓"宣武之大阅，反师旄于此廛"也。"此廛"指广陵。灵运上文自述行踪，云："入夫江都之域，次乎广陵之乡。"灵运至广陵，联想到桓温，故有此二句。李注（173）"宣武：展示武力"，大谬不然。赋下文"抗素旄于秦岭，扬朱旗于巴川"分别指桓温永和十年北征关中和永和二年西征巴蜀事，"惧帝系之坠绪，故黜昏而崇贤"指桓温废废帝司马奕，立简文帝司马昱事。这些于《晋书·桓温传》皆有明载，毋庸赘述。李注（175）释"抗素旄于秦岭，扬朱旗于巴川"，引西晋末、东晋初刘曜占领长安称帝和晋惠帝末李特父子建号于蜀事，显然未明文理。而注（176）释"黜昏而崇贤"，仅云"黜昏：罢免昏庸无能之人。崇贤：尊崇重用贤能之人"，亦未明所指。

又，"在嗣而覆旆"，指桓玄之败亡。桓温死，其少子玄为嗣，袭爵南郡公。桓玄凭其父之余基，辅政擅权，篡晋自立，八十余日而败亡。（《晋书·桓玄传》）旆，此处作"之"解，义同《左传·襄公二十八年》"天其殃之也，其将聚而歼旃"之"旃"。李注（177）以"在嗣""似指晋愍帝"，"覆旆：旗帜倒下，比喻政权垮台"，亦属想当然。又，"德非陟而继宰"与"衅逾禹其必颠"为偶句，"陟"为名词，指伊陟。《史记·殷本纪》："帝太戊立伊陟为相。"裴骃《史记集解》引孔安国曰：

"伊陟，伊尹之子。"伊尹为汤相，伊陟亦为相，故曰"继宰"。"德非陟而继宰"显然是说桓玄的。李注（178）："陟：古时称登升帝位或帝王之死为'陟'，疑此'德非陟'指德行与帝位不相称。"显误。

9. 造步丘而长想，钦太傅之遗武。思嘉遁之余风，绍素履之落绪。……却西州之成功，指东山之归予。（第196页）

按：此段述谢安事迹。据《晋书·谢安传》：安高卧会稽东山，年四十余始仕进。后为尚书仆射，领扬州刺史。淝水之战，安"以总统功，进拜太保"。"时会稽王道子专权，而奸谄颇相扇构，安出镇广陵之步丘，筑垒曰新城以避之。……安虽受朝寄，然东山之志始末不渝，每形于言色。及镇新城，尽室而行，造泛海之装，欲须经略粗定，自江道还东。雅志未就，遂遇疾笃。……诏遣侍中慰劳，遂还都。闻当舆入西州门，自以本志不遂，深自慨失。"不久去世，赠太傅。灵运既至广陵，造步丘，想到谢安，因而有此一节文字。素履，《辞源》释之云："淳朴的行为。《易·履》：'初九，素履往，无咎。'注：'履道恶华，故素乃无咎。'唐李鼎祚《集解》引汉荀爽：'素履者，谓布衣之士。'《三国志·魏·毛玠传·评》：'毛玠清公素履。'""思嘉遁之余风，绍素履之落绪"，乃歌颂谢安隐遁之情、淳朴之操。李注（180）"素履：没有装饰的鞋子。古礼规定父母死，居丧两周年后穿素履。这里代指孝敬父母的礼节"。《辞源》释"素屦"云："无采饰的鞋子。古丧礼大祥后所穿。"这大概是李注之所据。李注将"素履"错当成"素屦"，又加以毫无根据的发挥，以致如此。西州本为当时扬州刺史镇所，"却西州之成功"者，指谢安为扬州刺史而不居西州之事。李注无说明。"指东山之归予"者，指谢安晚年东山之志不渝，欲"自江道还东"之事。"归予"之"予"相当于"之"。《文选》卷一四班孟坚《幽通赋》"昔卫叔之御昆兮，昆为寇而丧予"之"予"即其例。李注（185）释"东山"说"是谢灵运的故乡"，释"归予"为"让我回家"，显然误认为是谢灵运欲回家了。不知注者是否想过，谢灵运突然在这里说一句自己要回家，成何文法，有何作用？

10. 感皇祖之徽德，爰识冲而量渊。……强虎氏之搏翼，灑云网于所禁。驱黔萌以蕴崇，取园陵而湮沉。锡残落于河西，序沦胥于汉阴。攻方城而折扃，扰谯颍其谁任。世阙才而贻乱，时得贤而兴治。救祖考之邦壤，在幽人而枉志。体飞书之远情，悟犒师之通识。……（第210页）

按：此段乃是以淝水之战为中心，述谢玄事迹。"皇祖"，乃指灵运祖父谢玄。此"皇"即屈子《离骚》"朕皇考曰伯庸"之"皇"，大也，美也，非指皇帝。李注（250）云："皇祖：疑指东晋第一个皇帝即晋元帝司马睿。"晋元帝死于永昌二年（323），与灵运此时所在之彭城和谢玄了无瓜葛，若此处颂扬元帝，岂不支离无谓！

又"强虎氏之搏翼"以下数句写淝水战前苻坚之强暴。对于"锡残落于河西，序沦胥于汉阴"两句，李注（257）有云："锡：未详所指。疑指锡杖，即僧人所持之杖，这里代表佛教。序：不详所指。疑指乡学，代表文化教育。《孟子·滕文公上》：'设为庠序学校以教之。'这两句为互文，言中原晋室的广大土地被侵略者蹂躏，人民生命涂炭，连文化教育甚至佛教都遭到严重破坏。"读这段注释，真让人惊叹注者的联想能力。可惜联想愈迂曲，距离实际也愈远。实际上"锡"，指前凉张天锡。据《晋书·张轨传》附《张天锡传》，晋太和初，诏以天锡为大将军、大都督、督陇右关中诸军事、护羌校尉、凉州刺史、西平公。太元元年，苻坚遣其将苟苌、毛当、梁熙、姚苌来寇。天锡率万人顿金昌城拒战，其将常据、席仂、赵充哲、史景皆战死。天锡大惧，出城自战，城内又反。天锡窘迫而降。前凉自张轨据河西，至天锡凡九世、七十六年而国亡。此灵运所云"锡残落于河西"也。"序"，指朱序。据《晋书·朱序传》，序"宁康初，拜使持节、监沔中诸军事、南中郎将、梁州刺史，镇襄阳。是岁，苻坚遣其将苻丕等率众围序，序固守。贼粮将尽，率众苦攻之，……序累战破贼，人情劳懈，又以贼退稍远，疑未能来，守备不谨。督护李伯护密与贼相应，襄阳遂没。序陷于苻坚"。

淝水之役时，朱序方得归晋。此即灵运"序沦胥于汉阴"也。

又"飞书"，乃鲁仲连事。《史记·鲁仲连列传》：初，燕将攻下聊城，聊城人或谗之燕，燕将惧诛，因保守聊城，不敢归。后，齐将田单攻聊城，岁余，士卒多死而聊城不下。鲁仲连为书，约之矢以射城中，遗燕将。燕将得书，乃自杀，聊城遂破。齐欲封鲁仲连爵位，仲连逃隐于海上，曰："吾与富贵而诎于人，宁贫贱而轻世肆志焉。"此灵运所谓"飞书之远情"也。李注（261）于"飞书"事，云"未详出典"，今补。

从上举10误例不难看出，注者对《史记》、《三国志》等常见古籍十分生疏，对与《撰征赋》内容密切相关的《晋书》似乎未曾认真读过，对此赋的构思、写法没弄清楚。由此，注者对谢灵运其他文的注释的质量也就可想而知了。

（原载《黄冈师范学院学报》2002年第4期）

《沈约集校笺》点校举误

齐梁著名文人沈约的文集,《梁书》本传云"一百卷",《隋书·经籍志》著录亦云"一百一卷并录",但至宋代已经散佚。自明代以下流传的各种辑本,往往存在着这样或那样的问题。1995年浙江古籍出版社出版了陈庆元先生的重辑本《沈约集校笺》。此本广罗异本,博采前人校勘成果,标点原文,笺证本事,被认为"是目前收罗沈约作品最全且精者"①。不过,这样一项工作要做到没有遗憾是非常困难的。笔者在阅读此本的过程中,发现其存在的问题仍然不少。今仅就点、校两方面各举数例以明之。

一、误点例

1. 卷一《郊居赋》:譬丛华于楚、赵,每骄奢以相越。(第7页)

按:丛,指丛台;华,指章华台。丛、华中间当加顿号,以与"楚、赵"相应。《文选》卷三张平子《东京赋》:"七雄并争,竞相高以奢丽。楚筑章华于前,赵建丛台于后。"薛综注:"《左氏传》曰:楚子成章华之台于干溪,一朝叛之。于前,在春秋之时。《史记》曰:赵武灵王起丛台,太子围之三月。于后,在六国之时。"②《沈约集校笺》(以下简称《校笺》)似未明沈约此二句之出典,以"丛华"为一词,故误。

---

① 刘跃进:《中古文学文献学》,江苏古籍出版社1997年版。
② 何焯《义门读书记·文选》:"《赵世家》无武灵王起丛台故事,《汉书·邹阳传》注以为赵幽王友所建,注误。"(中华书局1987年版)

查中华书局校点本《梁书》，知《校笺》沿误。

2. 卷二《授王缋蔡约王师制》：冠军将军司徒左长史、始兴县五等男缋，华宗冠胄，器质详和。（第 22 页）

按：冠军将军，将军名号；司徒左长史，司徒府官属。"冠军将军"与"司徒左长史"之间当加顿号。此种情况在《校笺》中不少，读者不难发现，故仅举此一例而已。

3. 卷三《奏弹孔稚珪违制启假事》笺引《南齐书·孔稚珪传》：为司徒从事中郎，州治中，别驾，从事史，本郡中正。（第 104 页）

按：依次标点，似乎"治中"、"别驾"、"从事史"为并列关系，都是职官名。实则自汉以下，州府属官有治中从事史、别驾从事史等。沈约《宋书·百官下》云：汉制，州府"官属有别驾从事史一人，从刺史行部；治中从事史一人，主财谷簿书；……今有别驾从事史、治中从事史……"。萧子显《南齐书·百官志》亦云："州朝置别驾、治中、议曹、文学祭酒、诸曹部从事史。"此处"治中"不过蒙后省略"从事史"三字而已。故"治中"后的逗号当改顿号，"别驾"后的逗号当去掉。检中华书局点校本《南齐书》，知《校笺》沿误。

4. 卷四《齐明帝谥议》：皇矣之符夙著，蒸哉之谣早集。（第 110 页）

按：《皇矣》为《诗·大雅》篇名。《序》云："美周也。天监代殷莫若周，周世世修德莫若文王。""蒸"，同"烝"。《诗·大雅·文王有声》八章，每章末皆有"烝哉"二字。《序》云："继伐也。武王能广文王之声，卒其伐功也。"因知此两句乃借《诗经》中赞美周文王、武王的诗篇称颂齐明帝。《皇矣》，应有篇名号，"蒸哉"当有引号。

5. 卷四《报刘杳书》：仲长游居之地，休、琏所述之美。（第 135 页）

按：仲长，指仲长统，后汉山阳郡人。性倜傥，州郡征召辄称疾不就，欲卜居清旷以乐其志。著文叙其游居之地，有"良田广宅，背山临流，沟池环币，竹木周布"云云。见《后汉书·仲长统传》。休琏，后汉应璩之字。见《三国志·王粲传》裴注引《文章叙录》。应璩《与从弟君苗君胄书》言游观之美，有"逍遥陂塘之上，吟咏菀柳之下。结春芳以崇佩，折若华以翳日"云云，载《文选》卷四二。《校笺》此文辑自中华书局校点本《梁书·刘杳传》，原标点不误，《校笺》辑录，在"休琏"二字间加顿号，不知何意。

6. 卷四《报刘杳书》：又山寺既为警策，诸贤从时复高奇，解颐愈疾，义兼乎此。（第135—136页）

按：此几句上文有云："君爱素情多，惠以二赞。辞采妍富，事义毕举……，辄当置之阁上，坐卧嗟览。别卷诸篇，并为名制。"结合上下文，显然此处《山寺》、《诸贤从》皆当为"别卷诸篇"之一，故当分别加篇名号。此又沿中华书局校点本而误也。

7. 卷五附《难镇军〈均圣论〉》：非谓内惕寡方，意在缘报睹迹，或似论情硕乖，不审于内外两圣。其事可得是均以不？（第150页）

按："睹迹或似，论情硕乖"，显然是对应之句。"不审……以不"显然是商讨式的疑问语。故此段当标点为：非谓内惕寡方，意在缘报。睹迹或似，论情硕乖。不审于内外两圣，其事可得是均以不？

8. 卷六《齐太尉徐公墓志铭》笺引《南史·徐羡之附徐孝嗣传》：中兴元年，和帝赠孝嗣太尉。二年，改葬宣德太后，诏赠班剑四十人，加羽葆、鼓吹，谥曰文忠，改封余干县公。（第204页）

按：据《梁书·武帝纪》及《南齐书·皇后传》，齐和帝中兴元年十二月，萧衍平京邑。中兴二年正月，齐宣德太后临朝称制，至四月禅位于梁而归于别宫，梁天监十一年薨。"（中兴）二年，改葬宣德太后"显然是错误的。事实上，中兴二年改葬的对象是徐孝嗣，下诏的是宣德太后。《册府元龟》卷二〇〇有云："和帝中兴元年，以故侍中、中书监徐孝嗣谋废东昏未决，并子演遇害，赠太尉、侍中、中书监如故。二年，孝嗣改葬，宣德太后诏赠班剑四十人，加羽葆、鼓吹，谥文忠，改封余于县公。"可为参证。故"宣德太后"后的逗号当移于"改葬"后。

9. 补编《梁武帝北伐诏》：每敕边苟勿扰疆埸，自非时来有会，因机

电扫,不得轻信间谍,冒求小利,兼欲制胜,庙堂以德怀远。(第463页)

按:"兼欲制胜庙堂,以德怀远"与上文"不得轻信间谍,冒求小利"对应,"庙堂"当连上读。"制胜庙堂"者,即古所习云:"制胜于庙堂之上。"另,"边苟"不词,当为"边将"之讹。

二、失校例

1. 卷一《郊居赋》:仰休老之盛则,请微躯于夕阳。劳蒙司而获谢,犹奉职于春坊。(第10页)

按:"蒙司"不词,"蒙"当是"冢"之讹。蒙,古作"冡",《说文解字》段玉裁注云:"凡蒙覆、童蒙之字,今字皆作'蒙',依古当作'冡'。'蒙'行而'冡'废矣。""冡"、"冢"形近而讹。冢司,指尚书省;春坊,指东宫(即太子宫)。考《梁书·沈约传》及《武帝纪》,沈约《郊居赋》撰于天监九、十年间。天监九年,沈约年七十,是"休老"之年。其年正月,沈约由尚书令、领太子少傅转左光禄大夫,领少傅如故。故赋云"劳冢司而获谢,犹奉职于春坊"。《校笺》沿中华书局本,失校。

2. 卷二《授李居壬等制》:新除太子左卫率军贞主李居壬,……新除节督青冀二州诸军事、宁朔将军、青冀二州刺史柏和,……新除左中将军主鸿选……(第24—25页)

按:《校笺》校"李居壬"当作"李居士","柏和"为"桓和"之误,甚是。然于职官名号似未明了。六朝职官中,有"军主"之称,无"军贞主"之名。"贞"字当为衍文。有都督诸军、监诸军、督诸军,有使持节、持节、假节。两者相配,因而有使持节者督、持节都督、假节都督等名称,而绝无称"节督"者。"节督"必然有误。又,有左中郎将,无"左中将",疑"左中"下脱"郎"字。以上这些,按校勘惯例,都是应该出校的。

3. 卷二《封左兴盛等制》：辅国将军参军将军事左兴盛……。（第26页）

按：六朝职官有辅国将军之号，又有前后左右四将军，还有参军、参军事之官称。"辅国将军参军将军事"显然有误。《校笺》云："《南齐书·王敬则传》作'辅国将军前军司马'。明娄东张氏本《汉魏六朝百三家集》本、明刻本《刘沈合集》作'辅国将军参前军将军事'。"未加判断。殊不知"辅国将军参前军将军事"也是不通的。颇疑当是"辅国将军、参前将军事"之误。盖《文苑英华》录此文时将"参前将军事"之"前"误成"军"，后人知其误，于"军"旁注"前"字，明刻本"军前"二字同录入文中，故又误。

4. 卷二《临川王子晋南康侯子恪迁授诏》：秘书监、右领军、南康县开国侯子恪，……（第38页）

按：六朝无"右领军"之号，当是"领右军将军"之讹脱。《梁书·萧子恪传》载子恪于齐永明中以王子封南康县侯，东昏侯即位，迁秘书监、领右军将军，俄为侍中。此诏下文云"子恪可侍中"，正是其迁侍中之诏书。故迁授前，他当是"秘书监、领右军将军"。

5. 卷二《封授临川等五王诏》：（伟）体韵淹穆，神寓凝正，经纶夷雅，参赞王业。……并契阔绸缪，分形并气。……恢可侍中、前将军、领石头戍事，领兵景佐，封鄱阳郡王。（第49页）

按："神寓凝正"费解。寓，《艺文类聚》卷五一、《全梁文》卷二六并作"寓"。寓即"宇"之异体字，寓当为"寓"字之讹。神宇，指人的神情器宇。"分形并气"之"并"，当为"共"之形讹。《吕氏春秋·精通》："故父母之于子也，子之于父母也，一体而两分，同气而异息。若草莽之有华实也，若树木之有根心也。虽异处而相通，隐志相及，痛疾相救，忧思相感，生则相欢，死则相哀，此之谓骨肉之亲。"后世遂以"分形同气"指骨肉之亲。如曹植《求自试表》："而臣敢陈闻于陛下者，诚与国分形同气，忧患共之者也。"《南史·傅亮传附傅隆传》："父子至亲，分形同气。""共"、"同"互训，故亦有作"分形共气"者。如《梁书·武陵王纪传》载梁元帝与纪书："友于兄弟，分形共气。"《南史·宋宗室及诸王传》后论："夫天伦犹子，分形共气，亲爱之道，人理斯同。""分形并气"，义不可通，亦未见其例。"景佐"不词。"景"显然是"置"字之讹。置佐，设置佐吏也。

6. 卷二《王茂加侍中诏》：望蔡县开国公、新除尚书右仆射茂，……可侍中、卫将军、领太子詹事，开国公如故。（第60页）

按：据《梁书·王茂传》，茂梁天监六年迁尚书右仆射，固辞不拜，改授侍中、中卫将军。领太子詹事。《梁书·武帝纪》亦载，天监六年七月"丁亥，以新除尚书右仆射王茂为中卫将军"。凡授官未拜称为新除。王茂本传、《武帝纪》所载与此诏合。是诏中"卫将军"当为"中卫将军"，因涉上文"侍中"而脱一"中"字。考《梁书·武帝纪》及《隋书·百官志》，梁天监六年五月置中卫将军，此后，梁将军中无"卫将军"之号。此诏既作七月，自不应有"卫将军"之名。

7. 卷三《上言宜校勘谱籍》：并在下省左人曹。（第96页）

又：为左人郎、左人尚书。（第97页）

按：南朝尚书省有左民尚书，领左民、驾部二曹。左民曹长官为左民郎。《校笺》此文录自《通典》，是《通典》避唐讳改"民"为"人"。依《校笺》校例，当出校并改回。

8. 卷四《答陆厥书》：士衡虽云"炳若缛锦"，宁有濯色江波，其中复有一片是卫文之服？（第137页）

《校笺》云："《南史·陆厥传》作'焕若缛锦'。"今按："炳若缛锦"（《文选》卷一七"锦"作"绣"）见陆士衡《文赋》。"炳"字各本无异文，《南史·陆厥传》作"焕"者，乃避唐高祖李渊父讳而改。《校笺》即指出《南史·陆厥传》作"焕"，就应当说明个中原因，否则恐有另生枝节之嫌。

9. 卷五《答陶隐居〈难均圣论〉》：不审于内外两圣，其事可得是均

以此不？（第152页）

《校笺》云："《汉魏六朝百三家集》本、《刘沈合集》本作'其事可得是均以不'。"今按：沈约文中此句乃引自陶隐居《难镇军〈均圣论〉》。沈、陶二文同见于《广弘明集》卷五。陶文中此句作"其事可得是均以不"。《校笺》附录陶文而未注意到此句，可谓失之眉睫。未能判断"以此不"之"此"为后人妄加，亦是其失。实则"以"，与也。"以不"，即今所云"与否"，是六朝时习语。《南齐书·褚渊传》："司徒府史又以渊既解职，而未恭后授，府犹应上服以不？"《广弘明集》卷一五梁武帝《敕沈约撰〈佛记序〉》："亦是一途善事，可得为厝笔以不？"《梁书·昭明太子传》："不审可得权停此功，待优实以不？"并是其例，兹不赘举。至于《校笺》之《笺》及书末《沈约事迹诗文系年》中的问题，当另文讨论。

（原载《古籍整理研究学刊》2003年第1期）

沈约《郊居赋》作年考辨

沈约之《郊居赋》，学界历来沿袭伍叔傥及日人铃木虎雄"天监六年作"之说。本文在把握全赋之结构内容的基础上，通过辨析赋中涉及写作时间的语句，并结合相关史料，纠正前人之谬误，得出其作期在梁天监九年的结论。

一

《郊居赋》是南朝著名文人沈约的重要作品，《梁书·沈约传》录入全文，但未明言作年。关于此赋之作年，据笔者所知，最早进行考证的是我国知名学者伍叔傥和日人铃木虎雄。20世纪30年代，伍氏和铃木氏各自有《沈约年谱》之撰。[①] 二氏均系《郊居赋》于梁天监六年（507）下，虽其论证之侧重点稍有不同，但结论则是一致的。此后，学人言及《郊居赋》之作年者，大都沿用此说，包括一些颇有影响的论著，如刘跃进《永明文学系年》[②]、罗国威《沈约、任昉年谱》[③]、陈庆元《沈约事迹诗文系年》[④]、林家骊《沈约诗文系年》[⑤]、曹道衡与刘跃进《南北朝文学编

[①] 伍叔傥：《沈约年谱》，《六朝诗人年谱》之一，《中山大学文史研究所辑刊》第一卷第1期，1931年，上海图书馆藏本。铃木虎雄著，马导源编译：《沈约年谱》，何炳松主编：《中国史学丛书》之一，商务印书馆1935年版。

[②] 刘跃进：《门阀士族与永明文学》下编，生活·读书·新知三联书店1996年版。

[③] 刘跃进、范子烨：《六朝作家年谱辑要》上册，黑龙江教育出版社1999年版。

[④] 沈约著，陈庆元校笺：《沈约集校》附录，浙江古籍出版社1995年版。

[⑤] 林家骊：《沈约诗文系年》，《文史》2001年第2辑。

年史》①等。诸著之中，有的严谨规范，直接注明其说之所自②，有的则貌似自作论证，而所论未有出二氏之范围者。

实际上，天监六年作之说是错误的，《郊居赋》应是天监九年所作。那么，伍氏和铃木氏是如何得出天监六年作这一结论的呢？为便于说明问题，我们且将二氏之考述摘录如下。

伍叔傥《沈约年谱》于"天监六年丁亥，六十七"下，有云：

闰十月，官尚书令、行太子少傅。《梁书·武帝纪》："天监六年闰十月乙丑，以尚书左仆射沈约为尚书令、行太子少傅。"

郊居宅成，书刘显《上朝诗》(《梁书·刘显传》)、何思澄《游庐山诗》(《梁书·何思澄传》)、刘杳《赞》(《梁书·刘杳传》)于其上。

按君《郊居赋》云："排阳乌而命邑，方河山而起基。翼储光于三善，长王职于百司。"盖官尚书令、行太子少傅时作也。

又，《梁书·何思澄传》"平南安成王行参军兼记室，随府江州，为《游庐山诗》。时约郊居宅新构斋阁，因命工书人题此诗于壁"云云。按《梁书·安成王秀传》："天监六年，出为使持节都督江州诸军事、平南将军、江州刺史。"知郊居宅成，定在此年矣。

铃木虎雄《沈约年谱》"天监六年"下，有云：

约之名作《郊居赋》是年为尚书令、行太子少傅以后作此也。其文如次：

…………

翼储光于三善，长王职于百司(前句谓天监五年任太子詹事，六年称太子少傅；后句为六年称尚书令)③，

瞻东巘以流目，心凄怆而不怡。盖昔储之旧苑，实博望之余基(谓

----
① 曹道衡、刘跃进：《南北朝文学编年史》，人民文学出版社2000年版。
② 如《永明文学系年》、《南北朝文学编年史》。
③ 铃木氏《沈约年谱》中解释《郊居赋》文句之语以双行小字出之，今改为单行，并加括号以与《郊居赋》原句相区别。

怀文惠太子）……

逾三龄而事往（三龄，自建元四年起至永明二年止，可谓事太子之时期），忽二纪以历兹（由永明二年至天监六年凡二十四年也）。

仰休老之盛则，请微躯于夕阳。劳农司而获谢，犹奉职于春坊（以老年而奉职，犹仕于东宫）。

若观此事实，此赋必作于是年闰十月后。《梁书》本传，"约性不饮酒，少嗜欲，虽时遇隆重，而居处俭素。立宅东田，瞩望郊阜，尝为《郊居赋》"以述怀，未言作时，故聊为鄙说如上。

综合二氏之说，要点有三：其一，沈约郊居宅成在天监六年；其二，《郊居赋》有"翼储光于三善，长王职于百司"之句，表明沈约官尚书令、行太子少傅时作此赋，而沈约官此职时当天监六年。其三，此赋中其他涉及年岁之句亦能证成天监六年作之说。

关于第一点，说沈约郊居宅成于天监六年，笔者无异议。不过，郊居宅成，只是提供了沈约作《郊居赋》的前提条件，并不能肯定他只能在宅成之年作此赋。据《梁书·武帝纪》，沈约卒于天监十二年（513）闰三月，郊居宅成后，沈约还有五年左右的时间可以命笔为赋。重要的是二、三两点。从考据的角度看，这两点都来自《郊居赋》之内证，应该是最有说服力的。但二氏似乎都对沈约此名作缺乏全面而细致地分析，尤其铃木氏甚至对赋中文句有未得其解和曲说之处，因而得出了错误的结论。

二

《郊居赋》全文二千六百余字，[①] 大致可分为五部分。自开头至"亦风除而雨攘"为第一部分，自述立宅郊居之本志；自"昔西汉之标季"

[①] 《郊居赋》有多种版本，笔者本文据中华书局点校本《梁书·沈约传》。

至"信王猷其如玉"为第二部分，述其家自西汉至齐末，因世乱时移而居宅变迁之情况；自"值衔图之盛世"至"不羡汶阳之墟"为第三部分，先述入梁后筑宅东郊之事，再述园宅中水草、陆卉、林鸟、水禽、鱼、竹等种种景观，后述蔬食取给于其中之自得；自"临巽维而骋目"至"亦志之而不能舍也"为第四部分，写于郊宅中骋目流眄所见东南、东北之山川景物、历史遗迹，以及因之而引发的兴亡盛衰之感和自己闲居郊宅娱情四时风物的乐趣；自"伤余情之颓暮"至文末为第五部分，写自己闲居而无功可记的愧叹。

其第三部分述筑宅东郊之事，有如下一段：

值衔图之盛世，遇兴圣之嘉期。谢中涓于初日，叨光佐于此时。阙投石之猛志，无飞矢之丽辞。排阳鸟而命邑，方河山而启基。翼储光于三善，长王职于百司。兢鄙夫之易失，惧宠禄之难持。……尔乃傍穷野，抵荒郊；编霜菼，葺寒茅。……开阁室以远临，辟高轩而旁睇。渐沼沚于霤垂，周塍陌于堂下。

伍氏和铃木氏作为"天监六年说"的重要依据的"翼储光于三善，长王职于百司"两句正在其中。二氏对此两句的理解虽然不错，但略作思考即知，这两句只能表明沈约筑宅东郊时官尚书令、行太子少傅，与《郊居赋》之作年是两码事。其实，作《郊居赋》时的官职，沈约在赋中是有自述的。

赋文第四部分末段写闲居郊宅、娱情风物之前，沈约有这样一节自述：

天假余以大德，荷兹赐之无疆。受老夫之嘉称，班燕礼于上庠。无希骥之秀质，乏如珪之令望。邀昔恩于旧主，重匪服于今皇。仰休老之盛则，请微躯于夕阳。劳蒙司而获谢，犹奉职于春坊。时言归于陋宇，聊暇日以翱翔。

今按：此节有两句寓含沈约行年七十，有四句表述其官职之变动，今试释如下：

"受老夫之嘉称,班燕礼于上庠":《礼记·曲礼》①:"大夫七十而致事,若不得谢,则必赐之几杖。行役以妇人,适四方乘安车。自称曰老夫,于其国则称名。"《礼记·王制》:"凡养老,有虞氏以燕礼,夏后氏以飨礼,殷人以食礼,周人修而兼用之。五十养于乡,六十养于国,七十养于学,达于诸侯。"按:上庠,即学。沈约既自云接受了"老夫"这种嘉称,在学受燕礼,不正是表明自己年已七十吗?

"仰休老之盛则,请微躯于夕阳":此两句中前句谓遵承古代大夫七十而悬车致事之制,后句谦言暮年请求退隐之事。意思清楚明白。《梁书》沈约本传载约《与徐勉书》有"今岁开元,礼年云至,悬车之请,事由恩夺"云云,《艺文类聚》卷一八沈约《致仕表》②,有"徒以桑榆无几,时制行及,不朝之礼,忽在今辰。使反身敝庐,待终穷巷。臣又闻之,悬车散发,其来旧矣"云云,正可与此两句互相印证,表明沈约七十岁时有遵承旧制,请求致仕之事。

"劳蒙司而获谢,犹奉职于春坊":蒙司,不词。铃木氏《沈约年谱》作"农司",不知何据,或编译之误。今按:蒙当是"冢"之讹。段玉裁《说文解字注》第七篇"冢"下注云:"凡蒙覆、僮蒙之字,今字皆作'蒙',依古当作'冢','蒙'行而'冢'废矣。""冢"、"冢"形近而讹。清雷琳、张杏滨《赋钞笺略》卷四录《郊居赋》作"冢"③,虽亦未云所据,但不为无见。冢司,指尚书省。谢,辞却,与《礼记·曲礼》"大夫七十而致事,若不得谢,则赐之几杖"之"谢"同义。春坊,东宫。这两句,紧承前两句,意谓辞却尚书省长官而获允,但仍任职于东宫。考《梁书·武帝纪》知,天监六年闰十月乙丑,"以尚书左仆射沈约为尚书令、行太子少傅","九年春正月乙亥,以尚书令、行太子少傅沈约为左光禄大夫,行少傅如故"。是沈约离开尚书省而仍任

---

① 陈澔:《礼记集说》,上海古籍出版社1987年版。
② 欧阳询撰,汪绍楹校:《艺文类聚》,上海古籍出版社1982年版。
③ 长沙沈归愚先生鉴定,乾隆丙戌秋镌,湖北图书馆藏本。

职于东宫必指天监九年正月为左光禄大夫、行太子少傅也。

从以上对赋中文句的释证，我们可以得出结论，沈约作《郊居赋》时年已七十，官左光禄大夫、行太子少傅，时当梁天监九年。

令人遗憾的是，这些能表明《郊居赋》作年的语句，伍氏未曾言及，铃木氏虽注意到了"仰休老之盛则"云云四句，但仅以"以老年而奉职，犹仕于东宫"这种含糊之语释之，未知其含意和具体所指，实未得其解。

三

铃木氏为了证成《郊居赋》作于天监六年之说，还对赋中涉及南齐文惠太子博望苑的有关文字有所解说。在赋之第四部分，写骋目流观时，有如下一段，铃木氏引据之文字即在此段中：

睇（按：铃木氏作"瞻"，或误）东巇以流目，心凄怆而不怡。盖昔储之旧苑，实博望之余基。修林则表以桂树，列草则冠以芳芝。风台累翼，月榭重栭。千栱捷蝶，百栱相持。皂辕林驾，兰枻水嬉。逾三龄而事往，忽二纪以历兹。咸夷漫以荡涤，非古今之异时。

今按：此段中"逾三龄而事往，忽二纪以历兹"是涉及《郊居赋》作年的关键语句。要明白其含意，必先弄清其中"事往"之"事"何指；而要弄清此"事"之所指，又须综观全段方能得出正确的结论。

此段实分三层：首四句引出博望苑，接着八句写昔日此苑之盛景，最后四句就苑之夷灭，抒今夕之慨。

且看"博望之余基"句。唐许嵩《建康实录》卷二"赤乌四年"条下，小注有云："青溪上有七桥：……次南有菰首桥，一名走马桥，桥东燕雀湖。湖连齐文惠太子博望苑。"是"博望"乃文惠太子实有之苑名。再看"咸夷漫以荡涤句"，此句实有出处，《文选》卷一〇潘岳《西征赋》有云："所谓尚冠、修成、黄棘、宣明、建阳、昌阴、北焕、南平，皆夷漫涤荡，亡其处而有其名。"李善注"修成"等云："皆里名。"李周翰注有云："夷漫涤荡，平灭貌。不知其处，但有名而已。"沈约此赋表现的思想情感虽有些言不由衷，但造句用字则是颇为讲究的。①"夷漫涤荡"在潘岳赋之原意是形容里宅居处之平灭，沈约用之，以指文惠太子博望苑之今衰，可以说是密合洽切。由此可知，此段十六句，都是围绕博望苑写的。其"事往"之"事"只能是指博望苑兴建之事。"逾三龄而事往，忽二纪以历兹"者，谓博望苑建成三年多而文惠太子卒，苑成往迹，而苑之修筑至今已历二纪了。

实际上，文惠太子起博望苑之事，史书是有明确记载的。《南齐书·文惠太子传》有云："（太子）以晋明帝为太子时立西池，乃启世祖引前例，求东田起小苑，上许之。永明中，二宫兵力全实，太子使宫中将吏更番役筑，宫城苑巷，制度之盛，观者倾京师。"同传又载，文惠太子死后，"世祖履行东宫，见太子服玩过制，大怒，敕有司随事毁除，以东田殿堂为崇虚馆"。同书《明帝纪》亦载，齐明帝登位后，"废文帝（按：指文惠太子）所起太子东田，斥卖之"。所谓东田小苑，即博望苑。是文惠太子死后，博望苑已名存实亡了。

据《南齐书·武帝纪》，文惠太子卒于永明十一年（493）正月，上推所谓"逾三年"，则其苑之筑当在永明七年（489），这正与《南齐书》文惠太子本传所载"永明中"筑相吻合。自永明七年至沈约作此赋之天监九年（501），为时达二十二年，故得云"忽二纪以历兹"。

铃木氏注意了《郊居赋》此段文字所提供的时间讯息，这是他比伍氏读书仔细的体现。但其释"睇东巘以流目"以下四句为"谓怀文惠太子"，已将"睹物"等同"怀人"，有欠准确，继而释"逾三龄而事往，忽二纪以历兹"，扯上沈约"事太子之时期"便是大谬不然。试想，沈

---

① 《梁书·王筠传》："（沈）约制《郊居赋》，构思积时，犹未都毕，乃要筠示其草，筠读至'雌霓五激反连蜷'，约抚掌欣抃，曰：'仆尝恐人呼为霓五鸡反。'……约曰：'知音者希，真赏殆绝，所以相要，政在此数句耳。'"

约写博望苑之兴废，突然插入两句写自己事文惠太子之时期的文字有何必要？一代辞宗的沈约构思积时，怎么会如此不讲文理？再说，据《梁书》沈约本传，约"齐初为征虏记室，带襄阳令。所奉之主，齐文惠太子也。太子入居东宫，为步兵校尉，管记室"。而《南齐书·文惠太子传》载，文惠太子为征虏将军在齐高帝建元元年（479），而沈约建元元年已是文惠太子僚属。沈约如果要述自己与文惠太子之关系，自应从建元元年算起，岂必限于文惠入东宫之建元四年？以理推之，不应是沈约为赋之失，而应是铃木氏解说之谬。

铃木氏是日本有名的汉学家，研究中国古代文学，成绩斐然。其对《郊居赋》作年考证之失误，其原因既与其对赋文某些文句理解失误有关，又与其"天监六年作"之先入之见有关。铃木氏为了牵合"天监六年"作此赋，又要自圆其说，所以遇到相关记时间的语句，就只好曲为之说了。

四

行文至此，本来可以结束了，但还有余兴，想在此略述。沈约《宋书·何尚之传》有下面一段文字：

（元嘉）二十八年，转尚书令，领太子詹事。二十九年，致仕，于方山著《退居赋》以明所守，而议者咸谓尚之不能固志，太子左卫率袁淑与尚之书曰："昨遣修问，承丈人已晦志山田，虽曰年礼宜遵，亦事难斯贵。……然而已议途闻者，谓丈人徽明未耗，营业方籍，倘能屈事康道，降节殉务，舍南濒之操，淑此行永决矣。望眷有积，约日无误。"尚之宅在南涧寺侧，故书云"南濒"，《毛诗》所谓"于以采蘋，南涧之濒"也。诏书敦劝。上又与江夏王义恭诏曰："今朝贤无多，且羊、孟尚不得告谢，尚之任遇有殊，便未宜申许邪。"义恭答曰："尚之清忠贞国，历事唯允，虽年在悬车，而体独充壮，未相申许,下情所同。"尚之复摄职。……尚之既还任事,上待之愈隆。

据同传,何尚之卒于大明四年(460),年七十九,则元嘉二十九年(452),正年七十。与袁淑所云"年礼"之"年"、刘义恭所谓"年在悬车"合。是何尚之在悬车之年撰《退居赋》以表退隐之志,正与沈约年七十作《郊居赋》略同。何尚之"致仕","诏书敦劝","复摄职",且"上待之愈隆"。"自负高才,昧于荣利","每进一官,辄殷勤请退,而终不能去"的沈约,其作《郊居赋》,是否受到了何尚之的某种启发?但梁武帝毕竟不是宋文帝,沈约也没有何尚之那么样的好运。沈约"有志台司,论者咸谓为宜,而帝终不用",嫌隙既成,终以忧惧死,这恐怕是他作此赋时始料不及的。

历来谈《郊居赋》多注意其受谢灵运《山居赋》之影响。其实就写作心理看,似乎与何尚之作《退居赋》不无关系。因未见有人言及,故赘及之。

(原载《文献》2008年第4期)

关于南朝文学作品的几个问题

一、江斆《让婚表》不是佚文

国家图书馆《文献》季刊2002年第3期有祝尚书《南北朝唐五代佚文辑考》一文。祝文云："昔日读书，于《全上古三代秦汉三国六朝文》、《全唐文》、《唐文拾遗》及《续拾》之外，偶得佚文数篇，弃之可惜，遂笔之于纸。"[1]祝氏所得佚文有所谓南朝宋江斆《让婚表》一篇，辑自宋阙名撰《历代名贤确论》卷六九。文如下：

> 王偃无仲都之质，裸雪于北阶；何瑀阙龙工之姿，投躯于深井。
> 召必以三晡为期，遣必以日出为限。若披请不申，当刑肤剪发，投山窜海。

祝氏加按语云："《历代名贤确论》卷六九引宋张商论唐太宗之南平公主，谓'刘裕时，江斆当尚主，乃上表让婚曰'，云云。江斆，严可均辑《全上古三代秦汉三国六朝文》未收其人，事迹待考。"

今按：沈约《宋书》卷四一《后妃·孝武文穆王皇后传》有云："宋世诸主，莫不严妒，太宗每疾之。湖熟令袁慆妻以妒忌赐死，使近臣虞通之撰《妒妇记》。左光禄大夫江湛孙江斆当尚世祖女，上乃使人为江斆作表让婚，曰：……。太宗以此表遍示诸主。"此事及表文，《南史》卷二三《王诞传》亦详载。表文共890字，较长，为省篇幅，此略，读者可以复按。将《宋书》所载与《历代名贤确论》所引比较，知：其一，

---

[1] 祝尚书：《南北朝唐五代佚文辑考》，《文献》2002年第3期。

《历代名贤确论》所引不足原文十七分之一，且"刊肤剪发"之刊误作"刑"；其二，其事本当刘宋太宗明皇帝刘彧时，《历代名贤确论》所引误作"刘裕时"；其三，《宋书》明云"上乃使人为江敩作表让婚，曰"云云，是表文非江敩作，《历代名贤确论》所引宋张商以为江敩作，实误。

又，《让婚表》全文，除《宋书》、《南史》有载外，唐人所编《初学记》卷一三、《艺文类聚》卷一六并有录。《初学记》题作"虞通之《为江敩让尚公主表》"，严可均据之辑入《全上古三代秦汉三国六朝文》中《全宋文》卷五五虞通之名下。祝氏不考，仅据《历代名贤确论》所引宋张商的一句错误的叙述和几句节文，便以为得到了所谓"佚文"，实在不够慎重。

另，江敩，《南齐书》卷四三、《南史》卷三六并有传。

二、严可均《全宋文·张悦小传》无误

《南北朝唐五代佚文辑考》中，祝氏所得佚文，有辑自"清吴秋士辑《天下名山游记》"的"（晋）张说《游九龙潭宴别序》"一篇。晋代是否有一个张说，《游九龙潭宴别序》是否晋人张说所撰，这些且存而不论。值得注意的是祝氏如下一段按语：

> 张说，严可均辑《全上古三代秦汉三国六朝文·全宋文》卷四九收其《璹瑈麈尾铭》一篇，作张悦，注："一作说。"并有小传，谓其在魏时历中书吏部郎、侍中等，晋安王子勋以为司马。入晋复为太子中庶子，泰始六年（270）为三巴校尉。有集十一卷。则张说（悦）由魏入西晋，然严氏却编在南朝宋，误。

检严可均所撰《张悦小传》原文，今录之于下：

> 悦一作说，畅弟。历中书吏部郎、侍中、临海王子顼前将军长史、南郡太守。晋安王子勋以为司马，加征虏将军，及建号，拜领军将军、吏部尚书。事败归降，复为太子中庶子，除巴陵王休若卫军长

史,襄阳太守。寻代休若为雍州刺史、宁远将军,复为休若征西长史、南郡太守。泰始六年为三巴校尉,加持节、辅师将军,领巴郡大守。未拜、卒。有集十一卷。(据中华书局 1958 年影印本)

显然,严氏所撰并无"魏时"、"入晋"诸字,不知祝氏何所据而云然?是不是严氏所撰真有失误呢?且看下面几条材料:

《宋书·张邵传》附《张悦传》:

(畅)弟悦,亦有美称,历侍中、临海王子顼前将军长史、南郡太守。晋安王子勋建伪号,召拜为吏部尚书,与邓琬共辅伪政。及事败,悦杀琬归降,复为太子中庶子。后拜雍州刺史。泰始六年,明帝于巴郡置三巴校尉,以悦补之,加持节、辅师将军,领巴郡大守。未拜,卒。

《宋书·邓琬传》:

初,废帝使荆州录送前军长史、荆州行事张悦下至盆口,琬称子勋命,释其桎梏,迎以所乘之车,以为司马、加征虏将军。加琬冠军将军,二人共掌内外众事。……泰始二年正月七日,(子勋)即位于寻阳城,……以邓琬为左将军、尚书右仆射,张悦领军将军、吏部尚书,征虏将军如故。

《隋书·经籍志四》"宋金紫光禄大夫谢庄集十九卷"下小注:

又有……三巴校尉张悦集十一卷,……亡。

读者不难看出,严可均正是依据这些材料撰写《张悦小传》的,可谓言之有据,并没有什么"误"。

看来,失误实在祝氏。祝氏大约只知西晋武帝有泰始六年(270),殊不知刘宋明帝亦有泰始六年(470);又由《天下名山游记》知有所谓"(晋)张说",不知刘宋亦有张悦(说)。因而,一看到张说之名,又看到泰始年号,就以为必是晋人,并指斥严可均将张说的时代弄错了,这真是厚诬了古人。

三、《憨衰草》不是一篇赋作

程章灿《魏晋南北朝赋史》第六章"南朝赋"（上）第三节《赋的诗化趋势》谈到骈赋"大量引进五言和七言诗的句式"时说，"这一方面最早的自觉实践者是南朝著名诗人沈约"，并引清人严可均所辑《全梁文》卷二五沈约《憨衰草赋》为例，认为此赋"突出体现了他致力于这一艺术实践的成就"①。郭预衡主编的《中华名赋集成·魏晋南北朝卷》亦收《憨衰草赋》，编注者加说明云，此赋"奇在糅合骚赋、骈赋、五言诗三种句式为一，既是打破文体界限以抒情的尝试，也对诗、赋创作提供了借鉴"②。近年新编的四卷本《中国文学史》第二卷第三编第六章第二节《南朝美文的衍化》谈到诗体赋时，也举例说："如沈约《憨衰草赋》有一半的篇幅使用五言诗句式，显示出五言诗与赋的有机融合。"③

其实，沈约并没有一篇题作《憨衰草赋》的作品。《全梁文》所载《憨衰草赋》乃严可均录自《艺文类聚》卷八一。《艺文类聚》误，严氏沿误。

沈约于南齐隆昌元年（494）至建武三年（496）任东阳（治所在今浙江金华市）太守期间，曾登郡西玄畅楼，写下了著名的《八咏》组诗8首。这组诗体制颇为特殊，"三、五、七言和辞赋、骚体杂糅"④，会景生心，含情体物，明显吸取了赋的写法。此8首诗分则各自独立，合则浑成一体。其诗题依次为《登台望秋月》、《会圃临春风》、《岁暮憨衰草》、《霜来悲落桐》、《夕行闻夜鹤》、《晨征听晓鸿》、《解佩去朝市》、《被褐守山东》，恰成一首完整的五言8句诗，被认为是"唐五言律之祖"（明杨慎《升庵诗话》卷一《八咏》条）。或许是过于注重了此组诗

---

① 程章灿：《魏晋南北朝赋史》，江苏古籍出版社1992年版，第244页。
② 郭预衡：《中华名赋集成》，中国工人出版社1999年版，第203页。
③ 袁行霈主编：《中国文学史》，高等教育出版社1999年版，第171页。
④ 曹道衡、沈玉成：《南北朝文学史》，人民文学出版社1991年版，第174页。

的赋化特点，唐人所编《艺文类聚》将其中7首当作"赋"分别节录入相关子目下。其中第三首《岁暮愍衰草》本46句23韵，《艺文类聚》卷八一节录时删去了16句8韵，且径行改题为《愍衰草赋》。由于沈约文集至宋代已经散佚，明清人辑录沈约诗文时，往往不加细考而将《艺文类聚》中所谓《愍衰草赋》当作沈约的完篇赋作辑作入其集。如明薛应旂辑《六朝诗集》中《沈约集》、张溥《汉魏六朝百三名家集》中《沈隐侯集》，清严可均辑《全上古三代秦汉三国六朝文·全梁文》中《沈约文》即是。

《魏晋南北朝赋史》、《中华名赋集成》和新编《中国文学史》都是有影响的著作，尤其后者还是"面向21世纪课程教材"（见该书封面）。它们都将所谓《愍衰草赋》误作一篇完整的赋作，尽管只是小小疏失，但白璧微瑕，也是令人遗憾的。

（原载《黄冈师范学院学报》2003年第2期）

校史札记三则

一

《周书》卷四《明帝纪》明帝二年下,有云:

> (秋七月)丙申,顺阳献三足乌。八月甲子,群臣上表称庆。诏曰:"夫天不爱宝,地称表瑞,莫不威凤巢阁,图龙跃沼,岂直日月珠连,风雨玉烛……可大赦天下,文武官普进二级。"

据此段叙述,是周明帝之诏当是二年八月甲子日所下。清严可均辑《全后周文》卷一明帝名下录此诏,题《三足乌见大赦诏》,其于题下小注即云:"二年八月甲子。"

近读影弘仁本《文馆词林》(日本古典研究会1969年版)发现其卷六六七载此诏全文,较《周书》所载完备:在"夫天不爱宝"句前有"惟二年八月丙子,王若曰:诰我太师、太傅、太保、大冢宰、大司徒、大宗伯、大司马、大司寇、大司空,爰暨列将、大夫士、州牧守士、公侯伯子男等"之语;在"文武官普进二级"后有"自今二年八月十五日昧爽以前,大辟罪以下,厥状发露未发露,其案成洎见徒,皆悉降不问"一整句。此诏首云"二年八月丙子",末复云"今二年八月十五日"。查陈垣《二十史朔闰表》知,周明帝二年八月壬戌朔,丙子正为十五日。是诏文首尾所述时间完全一致,此诏无疑应是八月丙子日下。按常理,《周书》的编撰者引此诏入《明帝纪》,为简洁计,斩头去尾,但所述时间不容含糊,故"诏曰"之前当有"丙子"二字。颇疑《周书》原本有此二字,后来脱去。

《周书》之后,《北史》卷九《周本纪》述此事,云:"秋七月,顺阳献三足乌。八月甲子,群臣上表称庆。于是大赦,文武普进级。"《资治通鉴》卷一六七《陈纪一》述此事,云:"八月甲子,周大赦。"学者周知,《北史》中西魏、北周部分基本上是删节《周书》而成的。对此事,《北史》删述还只是使群臣上表称庆的时间与明帝下诏的时间界限模糊,到司马光撰《资治通鉴》时竟直述"大赦"在"八月甲子"。据宋高似孙《史略》所考,司马光撰《资治通鉴》是参据了《周书》的。因知,大约宋初,《周书》已残脱"丙子"二字。

二

《陈书》卷二《高祖纪下》载陈霸先即位诏书,有如下一段:

五德更运,帝王所以御天,三正相因,夏、殷所以宰世,虽色分辞翰,时异文质,揖让征伐,迄用参差,而育德振民,义归一揆。

清严可均辑《全陈文》卷一据《陈书》本纪录此诏,题作《受禅大赦诏》,此段文字与今本全同。日本影弘仁本《文馆词林》卷六六八亦载此诏,其中"宰世"作"宰物"、"辞翰"作"骍翰"、"迄用"作"迭用"、"振民"作"振萌"。《文馆词林》乃唐高宗朝中书令许敬宗奉敕编撰,其抄录此诏时,因避唐讳,故改"世"为"物",改"民"为"萌"。这容易理解。但"辞"与"骍"、"迄"与"迭"不属于这种情况,二者形近(按:"辞"繁体作"辭",古亦写作"辝"、"辤"、"辞"),必有一误。私意以为"辞"、"迄"均为误字,因未见有人校正,今略作申述。

骍,祭祀所用赤色公牛;翰,白色马。《礼记·檀弓上》:"夏后氏尚黑,大事敛用昏,戎事乘骊,牲用玄。殷人尚白,大事敛用日中,戎事乘翰,牲用白。周人尚赤,大事敛用日出,戎事乘騵,牲用骍。"夏、殷、周三代,周代以建子之月为岁首,殷历以建丑之月为岁首,夏历以建寅之月为岁首:是谓三正。夏、殷、周三代尚色不同,戎事乘马、祭祀用牲亦相应变化。"色分骍翰"正是指三代乘马、用牲颜色之不同。而"辞翰"乃辞藻、文笔之意，自古至今，别无异义，"色分辞翰"自然义不可通，故"辞"必为误字。至于"迄用参差"之"迄"，其误显然。"迄用"不词。"迭用"者，交替用也。《易·说卦》"分阴分阳，迭用柔刚"，是其证。上句"揖让征伐"说王朝更替有靠"揖让"的，有凭"征伐"的，故此句说"迭用参差"。故自当以"迭"字为是。

三

《南齐书》卷二三《褚渊传》有云：

（渊子蓁）建武末，为太子詹事，度支尚书，领军将军。永元元年，卒，赠太常，谥穆。

今按：此段文字中，"领军将军"当为"领前军将军"，脱"前"字。此一脱字，一直未见有人注意，今试作说明。其一，考同书卷六《明帝纪》及卷四二《萧坦之传》知，萧坦之自齐明帝建武二年（495）五月至东昏侯永元元年（499）八月，皆居领军将军之职。而南朝官制，领军将军"管天下兵要"（《梁书·萧景传》），定员一人，不容同时有二领军将军。其二，宋汪藻《世说叙录·人名谱·河南阳翟褚氏谱》（清王先谦思贤讲舍本《世说新语》附，上海古籍出版社1982年影印本）有云："（褚）蓁，渊子，字茂绪，建武末领前军将军。永元元年卒，赠太常。"《南史·褚裕之传》附《褚蓁传》亦云："建武末，蓁位太子詹事，度支尚书，领前军将军。永元元年卒，赠太常。谥穆子。"其三，《文选》卷三八任彦升《为褚谘议蓁让代兄袭封表》题下李善注云："萧子显《齐书》曰：褚蓁，字茂绪……官至前将军，卒。"是李善所见《南齐书》亦不作"领军将军"，其作"前将军"者，盖"前"字下脱"军"字。由此三点可知，褚蓁建武末为"领前军将军"而非"领军将军"。

（原载《中国史研究》2004年第4期）

1984年以来国内宫体诗研究述略

风靡于梁陈诗坛的宫体诗,是我国文学史上一个特异的存在。自初唐直至20世纪60年代初,史学家和文学研究者们几乎取一致的态度,对它进行严厉的批评。然而这种批评往往是笼统的、形而上学的,较少深入而科学的分析。60年代,国内报刊上曾对这种诗开展过讨论,但由于众所周知的原因,讨论未能真正深入展开。随着科学春天的到来,学术禁区的打破,宫体诗重新引起了研究者们的兴趣。经过一段时间的酝酿,从1984年起,国内各刊物陆续发表的专题研究论文达20余篇,如果再加上涉及这一问题的文史著述,那数量就颇为可观了。在研究中,研究者们解放思想,各抒己见,出现了前所未有的活跃局面。这其中有分歧,有争论,也有突破。本文对1984年以来宫体诗研究的情况加以梳理综述,旨在对进一步的探讨有所助益。

研究者们对宫体诗的讨论主要在以下三个问题上展开。

一、关于宫体诗的范畴

界定宫体诗的范畴,是分析评价宫体诗的前提和基础。大多数研究论文都或详或略地讨论了这一问题。然而,在宫体诗存在的时间、宫体诗的概念上看法颇为纷纭。

时间 有人认为宫体诗以梁简文帝、陈后主和隋炀帝的宫廷为中心,有近百年的发展史(商伟:《论宫体诗》,《北京大学学报》1984年第4期);有人采用闻一多《宫体诗的自赎》的意见,把时间下限延至唐太宗时期（王立平：《浅论宫体诗》，《玉林师专学报》1986年第4期）；还有人认为宫体诗"在齐、梁、陈三代是一脉相承"，"就其发生、发展而论，实齐开其端，倡为先声，梁时成熟，颇大其体，至陈则加以因袭。盛极之后，趋于衰落"（金启华：《宫体诗与后庭花》，《文史知识》1987年第7期）；还有人则认为"齐梁"宫体诗的提法是错误的，宫体诗开始形成于梁代萧纲入东宫之前，正式得"宫体"之名在萧纲为太子时（沈玉成：《宫体诗和〈玉台新咏〉》，《文学遗产》1988年第6期）；也有人认为只限于梁代（吴云、董志广：《梁代宫体诗新论》，《文学遗产》1990年第4期）。

概念 对宫体诗的含义，研究者们大体上有广义和狭义两种理解。所谓狭义理解即是认为，宫体诗就是以宫廷为中心的艳情诗。它内容上表现男女情欲且直露大胆；形式上追求语言的绮丽、精致和音韵的悦耳。持狭义理解者主要有杨明《宫体诗评价问题》（《复旦学报》1988年第5期）、汪春泓《论佛教与梁代宫体诗的产生》（《文学评论》1991年第5期）等。广义理解即是认为，宫体诗是泛指一种纤巧的绮丽风格的诗，而不是专指艳情诗。它还包括一般写男女之情的诗以及咏自然、咏物和以边塞军旅为题材的诗，持此种理解者有周禾《宫体诗初论》（《华中师范大学学报》1986年第2期）、周建渝《也评"宫体诗"和〈玉台新咏〉》（《四川师范大学学报》1987年第4期）等。另外，还有将宫体诗的范畴界定在上述广、狭两义之间的，如吴云、董志广即认为宫体诗就是指"梁代那些用纤巧艳丽的词句去描女性和闺情的诗歌"（《梁代宫体诗新论》）。

研究者们立论的主要依据是姚察《梁书·简文帝纪》及《徐摛传》、魏徵《隋书·经籍志》、杜确《岑嘉州集序》、刘肃《大唐新语》等有关的几条材料。这几条材料关于宫体诗的叙述本有含糊和不一致之处，再加之后人取舍和理解上的歧异，造成了宫体诗范畴界定的分歧。要准确地认识和界定这一范畴，还得进一步讨论。

二、关于宫体诗兴起的原因

宫体诗为什么产生于梁代，并且很快兴盛起来，成为一股潮流？这是研究者们着力探讨的问题。纵观1984年以来的研究论文和有关著作，就会发现，研究者们已经突破了单一的社会学的分析法，注意从更广阔的视野上多方位、多角度地探寻了。归纳起来，主要有以下几个方面。

宫廷生活的腐朽与宫体诗　早在40年代，闻一多《宫体诗的自赎》、王瑶《隶事·声律·宫体》等文就把南朝帝王士大夫的"纵欲"、"堕落"与宫体诗紧密联系起来。近些年来，研究者们又有进一步的论述，如李罗兰《论宫体诗的产生与评价》(《淮阴师专学报》1984年第4期)、葛晓音《齐梁诗的功过》(《文史知识》1986年第7期)等。李文认为，南朝帝王士大夫荒淫无度的生活，"是产生宫体诗的肥沃土壤"，这些人"生活在深宫大院，沉迷于酒色之间，从骨子里都浸满了虚空无聊"，只能写出宫体诗。葛文也说，"腐朽的宫廷生活"决定了他们只能写艳情诗。

然而不同意这种观点的也大有人在。有人说："梁朝君主算不得荒淫是史家公认的事实，宫体产生于梁而不产生在确实骄奢淫靡的汉末桓、灵或司马氏掌权之际，足见与荒淫生活无多大关系。"(曹旭:《论宫体诗的审美意识新变》，《文学遗产》1988年第6期)有人反问道："萧纲东宫和萧衍宫廷是否淫靡姑且不论，古往今来又有几个朝廷是清楚的呢？何以'萧纲时代'(按：指宫体诗时代)就出现在萧纲那个时代呢？"(见前引汪春泓文)

吴歌西曲与宫体诗　吴歌西曲主要表现男女爱情，且以女性为中心，表现也相当放荡。刘师培《中国中古文学史》、王瑶《隶事·声律·宫体》等已经注意它与宫体诗的某些联系。但吴歌西曲是民歌，宫体诗是封建统治阶级的作品。在"以阶级斗争为纲"的时代，很少有人敢于将这两者直接联系起来。即便有，也多着重强调二者之"异"，而不敢强调其"同"的一面。1984年以后，不少研究者，如商伟（《宫廷文学与市井文学》，《文史哲》1986年第6期）、沈玉成（文见前引）、明红英（《论艳体诗与南朝乐府之关系及其产生之背景》，《中国文学研究》1990年第1期）、王运熙与杨明（《论萧纲的文学思想》，《文学评论》1991年第2期）等都不同程度地探讨了吴歌西曲对宫体诗的产生的影响。王运熙、杨明认为，"宫体诗的兴起本与歌咏男女情爱的吴歌西曲密切相关"，"可以说，宫体诗本是在那些委巷歌谣的熏陶启发下产生的"。明红英更从题材、描写的大胆真率、诗歌风格及体制形式等几个方面具体分析了这种影响。吴歌西曲对宫体诗的产生有影响，这看来是研究者们基本一致的意见，或者说是一种共识。不过影响的方式、程度，研究者的看法并不完全一致。

宫体诗与佛 梁代是佛教盛行的时代，这是尽人皆知的事实。宫体诗对艳情的直露大胆的描述与佛教教义的灭情禁欲思想显然是一种尖锐对立。然而大量宫体诗却正出自崇信佛教的帝王士大夫之手，如何理解这一现象？宫体诗与佛有无关系？若有，是何种关系？这是近几年来研究者们讨论的热点问题。这里有两种似乎对立的观点。一种以马积高为代表。在《论宫体与佛教》（《求索》1990年第6期）一文中，他说："在当时，即使是笃信佛教的人（除出家的僧徒外），佛教也不过是最高层次精神生活的理想，其在日常生活中则还是过着世俗所允许的生活，享受着世俗所允许的生活乐趣（包括精神的和物质的）"，"从本质来说，佛教对当时士大夫所起的作用，还是老庄思想的作用，只是在理论上较深一层，在实践上加某些短期的斋戒和布施之类的慈善行为而已"。马文还认为，"佛教从来没有干扰过（至少没有严重干扰过）中国言情文学的发展"，"魏晋南北朝志怪小说较多地受到道教、佛教的影响，抒情诗文则较少受到它们的影响，逐渐兴盛的艳情诗甚至同佛教尖锐对立"，这是因为文学要按"自身的特点和发展的要求"发展，"虽然不能不受到其他意识形态的影响，却是有限度的"。显而易见，马文是否认佛教对宫体诗的影响作用的。

与马文相反，不少论者则认为宫体诗的产生与佛教在梁代的盛行密切相关。尽管在分析上存在着侧重点的不同和粗、细之别。如周晓琳《论宫体诗》（《四川师范大学学报》1989年第2期）认为，佛教对宫体诗的影响在于佛教艺术而不在于教义。佛教艺术客观上"体验和肯定着人的感情，这种感情实际上包含着对美色的欣赏"，这"促使六朝文化思想由'重德'向'重色'转变"。自梁一代，重色"现实地转化成了一种普遍的社会审美好尚"，这是导致宫体诗产生的巨大合力之一。蒋述卓《齐梁浮艳雕绘文风与佛教》（《华东师范大学学报》1988年第1期）从三个方面讨论了佛教对齐梁文学的影响：（1）佛教的加入助长了齐梁淫靡浮华的社会风气，从而影响了当时文学创作的大环境；（2）佛教的维摩诘生活方式和佛经翻译中的一些艳情描写，影响了齐梁文风的重情写艳；（3）佛经的唱导、转读等影响了齐梁文风绘辞藻、雕声律的特征。蒋文所述齐梁文风虽非专指宫体诗，但可以肯定地说，宫体诗是主要内容之一。

更具体细致地分析宫体诗与佛教关系的是前面已提到的汪春泓的文章。汪文指出，"认为宫体诗乃中土文学封闭发展自然而然的产物，我认为是片面的见解"。这显然是有针对性的。汪文对梁代信佛的帝王士大夫为何写出宫体的解释略同于马文——时人信佛，偏重于佛教义理的了悟，并不泥于戒律，去过真正沙弥式的生活；而重点则分析了佛教与宫体诗产生的四种因缘。汪文认为：（1）在梁代，"释玄相融的'维摩思想'助长了'人生行乐'的士风"，"人之社会责任感的丧失，必然伴随着人本能属性的凸现"，"宫体诗在梁代的产生，实在是由于梁代士人情怀归趋艳情一途"的必然性的结果。（2）经学的衰微，佛教的尚丽文字以及佛学遣荡思维方式的引入，"推动了梁代尚丽、新变的抒情文学的发展，这为宫体诗产生打下了不拔之根基"。（3）"'嫉妒'与'淫欲'、'姿态'是佛教对于妇女的基本评价"，"佛教'妇女观'的影响，佛典在对女子'淫欲'心理的揣摩上，在对女子'姿态'的描写上给宫体诗人以启迪"。（4）"佛经中自有雏形的'宫体诗'在，佛典对于宫体诗之'声色大开'起着重要作用——某些佛经如马鸣《佛所行赞》为宫体诗之始作俑者。"这大概是迄今所见到的国内关于佛教与宫体诗关系最细致深入的分析文字。

此外，还有人从文学自身发展衍变或梁代士大夫审美趣味变化的角度来看宫体诗的产生的，限于篇幅，此不缕述。

三、关于宫体诗的评价

1984年以前，宫体诗一直遭人指斥。尽管在否定的"主旋律"外，也偶尔有几声"不和谐弦"（如明代杨升庵、屠隆，清代袁枚等肯定宫体诗的语句），但这不和谐弦是那样的细切、低沉，以致未能引起人们的注意。1984年以后，研究者们开始重新研究和估价这"不祥之物"。但由于对它范畴界定的差异及审视的角度的不同，见仁见智，意见颇为分歧。大体说来，部分研究者从内容和形式方面来评价它，有的则是从美学的角度来审视它。

从内容和形式方面看宫体诗的，一般都指出宫体诗风格的"卑弱"、"靡丽"、"形式主义"，等等。但肯定它在描绘人和事物时的细密精巧，锻句炼字以及声律方面的讲求，认为这种诗在形式上是唐代格律诗的先声。而评价内容时，则又有两种情况。一种是从非广义上理解宫体诗的研究者，他们开始突破过去对宫体诗全盘否定的观点的束缚，在批评这种诗庸俗、绮艳，确有糟粕的同时，又审慎地给予某些肯定。如有人认为，"宫体诗中确有糟粕。诗歌作者常以轻佻以至色情的眼光描绘女性"，"此外还有少数诗作描写男色，更令人难以卒读"。"但宫体诗并不全是如此，许多作品虽描写女性之美，却并不涉及狎亵"，应该给予肯定。（见前引杨明文）有人将宫体诗分为描述性的与表现性的两类，认为，"从总的方面看,梁代宫体确实有许多可指责之处,如内容过于哀婉、庸俗,辞句过于轻绮、艳丽等缺点","然而尽管如此,我们仍不能把上述一切用色情或'淫荡'而一言蔽之"。其中描述性的宫体诗,"基本上是为了把人物娇弱妙丽的仪态展示出来","并不具备明显的、足以令读者的联想活跃起来进而伸展到其他方面去的那种诱惑力"。表现性的宫体诗"乃是以表现女性哀思为目的,其中几乎就根本涉及不到什么色情问题"。(见前引吴云、董志广文)另一种则是从广义上理解宫体诗的研究者,他们大多否定宫体诗中的艳情诗,而对此外的咏物、边塞军旅等题材的诗以一定程度的肯定。如有的研究者在对宫体诗进行了定性、定量分析后说,"宫体诗不能以'止乎衽席'、'思极闺闱'概括之,艳体诗只占现存宫体诗总数的16%,更多的是咏景物和军旅边塞诗,它总是在一定程度上展现了梁陈二代时或稳定,时或动荡的社会现实"。(见前引周建渝文)

如果说从形式和内容方面来评价宫体诗还是用的传统的研究视角和方法的话,那么从美学的角度来观照宫体诗则是对传统的新的突破了。较早从这角度给宫体诗以一定肯定的是章培恒。在《关于魏晋南北朝文学的评价》(《复旦学报》1987年第1期)一文中,他指出,魏晋南北朝时期,"写自然景色的美,歌舞的美,人体的美,等等","成为一时风尚,遭人诟病的宫体诗就是这样一种致力于创造美的文学"。这是一篇曾引起过争议、颇有影响的文章。此后,不断有人从这一角度评价宫体诗。有人认为,宫体诗描绘人和物形象真切,语言明朗自然的优点,正体现了齐梁时诗歌审美观念的一大进步,"在我国古典诗歌发展史上意义重大","它对唐诗的有益影响不仅在于声律、体制以及意象、用语的启发、袭用、点化方面,更在于通过具体作品所体现的这一审美观念的进步"。(见前引杨明文)还有人认为宫体诗的代表作家萧纲的诗,"既超越了中国正宗诗教对文学的道德教化的功利要求,也不是对所谓性变态的生理的功利满足,而是表现了一种较清醒和自觉的审美追求。无论这种追求以怎样的中国教化文学所不能接受的极端形式出现,它本身是清白的。而且，在人的自由毫无着落的黑暗古代社会，对纯美的呼唤和创造，主观上就是企图在封建道德的领域之外，别开一块美的净土。"（吴光兴：《论萧纲和中国中古文学》，《文学评论》1991年第1期）

比较集中而具体地从美学角度审视宫体诗的是曹旭和周晓琳的文章。（两文均见前引）曹文首先探讨了汉末以来人们的审美意识演变并在梁代形成宫体诗的过程，接着分析了宫体诗审美新变的特征及原因，最后指出新变的意义。曹文认为，"宫体诗审美意识新变的意义在于对建安风骨的否定并由此带来诗歌内容、形式上的革新，给唐诗的发展产生重大影响"。周文鲜明地指出，"文学创作本质上是一种审美创造"，中华人民共和国成立后研究者们单纯从社会历史角度对宫体诗作出否定的价值判断"是不能令人信服的"。周文说，"宫体诗集中描绘和表现人体美，极大地拓展了审美对象的疆域，这在中国美学史上甚至具有里程碑的意义"，"宫体诗能够对人体进行审美观照"，"标志着审美意识的进一步深化和丰富，因而是一个具有历史意义的进步"，"宫体诗标志着人们对形式美的感受力与表现力空前精微和发达"。肯定了这些之后，周文也指出了宫体诗的"致命弱点"："第一，宫体诗普遍呈现主客体的对峙"；"第二，严重忽略人体得以生气贯注的根据，即人的丰富情感"。

从以上粗略的叙述，读者不难看到在宫体诗评价问题上存在的分歧。这分歧的原因，除了前面我所指出的范畴界定的差异，审视角度的不同外，还涉及如何认识文学创作的本质这一文艺理论上的重要问题。即便从美学的角度评价宫体诗，主张在阶级社会里，美是有阶级性的学者也未必会无保留地同意我所叙述到的那些研究者的观点。因此，如何科学地评价宫体诗，给它以恰当的历史地位，还有待文艺理论工作者、美学和文学研究者进一步共同努力探讨。

（原载《社会科学动态》1992年第10期）

《南北朝文学编年史》失误例证

《南北朝文学编年史》是一部颇受推崇的学术著作[①]。该书对自晋武帝咸宁五年（279）至隋炀帝大业十四年（618）间长达三百四十年的文学史料进行了系统地考订整理，并为之编年，其有功于学界，自不待言。但这一工作涉及的问题纷繁复杂，要做到没有遗憾是极为困难的。近年已有人撰文指出其中某些疏失[②]。笔者近二十年来研习南北朝文史，细读该书，发现其存在的失误远比今人已指出的那些严重，限于篇幅，本文以分类举例的方式加以辨正，希望得到指教。

一、引据失当例

考证引据文献资料，当弄清源流，既要能证明问题，还应尽量采用最早的记载。这是常识。但《编年史》在这方面颇多疏漏。请看下面三例。

1. "齐高帝建元二年·魏孝文帝太和四年（480）"下，"虞玩之"条有云：

> 虞玩之作《黄籍革弊表》、《上表告退》等。

[①] 曹道衡、刘跃进：《南北朝文学编年史》，人民文学出版社2000年版。以下简称《编年史》，并称其著者为编著者。该书后附有中国社会科学院文学研究所研究员、博士生导师陈铁民和徐公持两先生各自的"专家推荐意见书"。此书还获第十三届"中国国家图书奖"。

[②] 马海英：《〈南北朝文学编年史〉指瑕》，《陈代诗歌研究》，学林出版社2004年版；王勇、陈亮：《〈南北朝文学编年史〉疑误释例》，《图书馆杂志》2006年第3期。

按：文中有"今建元元年书籍，宜更立明科"云云，《通鉴》卷一百三十五系于本年。（第242页）

今按：关于《黄籍革弊表》，《南齐书·虞玩之传》有云："上患民间欺巧，及即位，敕玩之与骁骑将军傅坚意检定簿籍。建元二年，诏朝臣曰：……玩之上表曰：……"①玩之所上之表即《黄籍革弊表》。是《南齐书》本传已明载其事在建元二年。（《南史》同传亦略同）而编著者云"《通鉴》卷一百三十五系于本年"。《通鉴》毕竟是宋人编撰，以《通鉴》为据，而对数百年前梁人所撰《南齐书》之记载视而不见，是弃其本而据其末，显然不合考证引据之通则。岂不知，若一定要用《通鉴》此一则材料，也只能作为参证。

2. "齐武帝永明四年·魏孝文帝太和十年（486）"下，"释僧慧"条云：

释僧慧卒于荆州竹林寺，时年七十九岁。

慧皎《高僧传》卷八《齐荆州竹林寺释僧慧传》："释僧慧，姓皇甫，本安定朝那人。高士谧之苗裔。先人避难寓居襄阳，世为冠族。慧少出家，止荆州竹林寺，事昙顺为师。顺庐山慧远弟子，素有高誉，慧伏膺以后，专心义学。至年二十五，能讲《涅槃》《法华》《十住》《净名》《杂心》等。性强记，不烦都讲，而文句辨析，宣畅如流。又善《庄》《老》，为西学所师，与高士南阳宗炳、刘虬等并皆友善。"（第266页）

今按：此引据《高僧传·僧慧传》，抄传文之前半，而于其卒年只字未及。实际上本传下文有更重要之内容："齐初敕为荆州僧主。……与玄畅同时，时谓'黑衣二杰'。齐永明四年卒，春秋七十有九。"②尤其"齐永明四年卒，春秋七十有九"一句，不正是编著者系年的依据吗？

---

① 萧子显：《南齐书》，中华书局1972年版，第608页。
② 释慧皎撰，汤用彤校注：《高僧传》，中华书局1992年版，第321页。

弃而不录，仅抄传文之前半，令人不解。

3."梁武帝天监二年·魏宣武帝景明四年（503）"下，有云：

四月八日梁武帝于重云殿亲制文，率群臣士庶二万人法菩提心，永弃道教。十一月敕公卿百僚侯王宗族并弃道教，舍邪归正。

详见宋释志磐《佛祖统纪》卷三十七"法运通塞志"。而张溥编《梁武帝集》作天监三年。（第360页）

今按：唐释道宣《广弘明集》卷第四《归正篇》载梁武帝《拾事李老道法诏》，诏文有云："维天监三年四月八日梁国皇帝兰陵萧衍稽首和南，……"又，道宣述云："于是帝与道俗二万人于重云殿重阁上手书此文，发菩提心。至四月十一日又敕：'门下：大经中说道有九十六种，唯佛一道是正道，其余九十五种名为邪道。朕舍邪外以事正内，诸佛如来，若有公卿能入此誓者，可各发菩提心。……其公卿百官侯王宗族宜反伪就真，舍邪入正。……门下速施行。'"① 毫无疑问，这些正是宋释志磐和明人张溥所据。只不过志磐在抄录时，于记事之时间上有误而已。让人疑惑的是，《广弘明集》正是编著者所列本《编年史》之"参考书目"，为何给梁武帝舍道事佛之事系年，不依据初唐人所撰此书而依据数百年后宋人有讹误的抄录？②

二、一人之事迹，系年错乱颠倒例

先看任昉永明六年至建武元年间之事迹系年。且将《编年史》所述摘录于下：

---

① 释道宣：《广弘明集》，上海古籍出版社1991年版，第116页。
② 《广弘明集》题下署唐麟德元年（664）终南山释道宣撰；《佛祖统记》撰于宋度宗咸淳（1265—1274）间，参陈垣：《中国佛教史籍概论》卷五《佛祖统记》条，上海书店出版社2005年版，第96页。《佛祖统记》所谓"天监二年"，"二"当是"三"之误，"十一月"当是"十一日"之误。

1. "齐武帝永明六年·魏孝文帝太和十二年（488）"下，有云：

    任昉二十九岁，作《为褚谘议蓁让兄袭封表》、《又表》。

    前表见《文选》，后表见《艺文类聚》。……《又表》是为褚贲所作。此后，以父丧去官。齐武帝曾对任昉伯任遐称赞任昉"哀瘠过礼"的孝心。见《南齐书》本传。①（第274页）

2. "齐武帝永明八年·魏孝文帝太和十四年（490）"下，有云：

    任昉三十一岁，父丧服阕。（第283页）

3. "齐武帝永明九年·魏孝文帝太和十五年（491）"下，有云：

    任昉三十二岁，时为尚书殿中郎。……作《别萧谘议衍诗》等。……《别萧谘议衍诗》，详萧衍条。（第289页）

  其"萧衍"条有云：

    萧衍二十八岁，仍为随王萧子隆镇西谘议参军，本年春赴荆州。作《答任殿中宗记室王中书别诗》。（第289页）

4. "齐武帝永明十年·魏孝文帝太和十六年（492）"下，有云：

    任昉三十三岁，作《为王金紫谢齐武帝示皇太子律序启》。（第294页）

5. "齐武帝永明十一年·魏孝文帝太和十七年（493）"下，有云：

    任昉三十四岁，作《为王思远让侍中表》。（第301页）

6. "齐郁林王隆昌元年·齐海陵王延兴元年·齐明帝建武元年·魏孝文帝太和十八年（494）"下，有云：

    任昉三十五岁，作《为齐明帝让宣城郡公第一表》，……又作《为萧侍中拜袭封表》、《齐竟陵王行状》等。

    见《梁书》本传。……又，《文选》载任昉《上萧太傅固辞夺礼启》，李善注引刘璠《梁典》曰："昉为尚书殿中郎，父忧去职，居

---

① 编著者引《文选》所载任昉《为褚谘议蓁让代兄袭封表》脱"代"字。见"《南齐书》本传"之《南齐书》应是《南史》。

丧不知盐味，冬月单衫，庐于墓侧，齐明作相，乃起为建武将军骠骑记室，再三固辞。帝见其辞切，亦不能夺。"按：依此注文，似本年任昉仍居丧。但是自永明八年至本年，任昉年年都有文章传世，似不像居丧。……我们以为，任昉丁父忧，当在永明六年或稍后，因六年至八年，任昉没有文章传世。这只是推测性意见。《文选》所收这篇启，亦当再深入研究。（第308—309页）

今按：检《梁书》卷一四《任昉传》述任昉齐永明、建武年间之仕历，有云：

　　永明初，卫将军王俭领丹阳尹，复引为主簿。……迁司徒刑狱参军事，入为尚书殿中郎，转司徒竟陵王记室参军，以父忧去职。……服阕，续遭母忧。……服除，拜太子步兵校尉、管东宫书记。初，齐明帝既废郁林王，始为侍中、中书监、骠骑大将军、开府仪同三司、扬州刺史、录尚书事，封宣城郡公，加兵五千，使昉具草表。其辞曰：……。帝恶其辞斥，甚愠，昉由是终建武中，位不过列校。（《南史》同传略同）

据此可知，任昉为尚书殿中郎在先，父忧在后。而《编年史》系年恰恰与之相反！若说编著者为任昉系年连《梁书·任昉传》都未认真阅读，恐难以让人置信，那么，为何抹杀史实，造成如此错乱的系年呢？"我们认为，任昉丁父忧当在永明六年或稍后，因六年至八年，任昉没有文章传世"，这就是编著者将任昉丁父忧的时间提前到为尚书殿中郎之前的理由。仅凭这一推测就推翻史书的记载，未免太轻率。再说，永明六年至八年也不是如编著者所说"没有文章传世"，而是每年都有。永明六年，《编年史》于"任昉"条下系有"作《为褚谘议蓁让代兄袭封表》、《又表》"；永明八年，则系有"作《为齐竟陵王世子临会稽郡教》"。这些，笔者都无异议。关键是永明七年。《艺文类聚》卷三八有任昉《求为刘瓛立馆启》，严可均据之辑入《全梁文》卷四三任昉名下①。考《南齐书·刘瓛传》："(瓛)住在檀桥，瓦屋数间，上皆穿漏。学徒敬慕，不敢指斥，呼为青溪焉。竟陵王子良亲往修谒。(永明)七年，表世祖为瓛立馆。"②而此启有"瓛之器学，无谢前修，辄欲与之周旋，开馆招屈。臣第西偏，官有闲地"云云，显然是竟陵王萧子良对世祖上言的语气。是此启必永明七年，任昉代竟陵王萧子良作。《编年史》本年下未列"任昉"条目，但在"刘瓛"条提到了"任昉《求为刘瓛立馆启》"，而在"萧子良"条下更明言"本年由任昉代笔，作《求为刘瓛立馆启》"。编著者说永明六年至八年任昉"没有文章传世"，既自相矛盾，又不合实际。既然永明六年至八年，每年任昉都有作品传世，编著者用来推测任昉此期间居丧的理由也就站不住脚了。

实际上，任昉居父忧当在永明十年（492）至延兴元年（494，本年七月改元延兴），续居母忧在延兴元年（同年十月改元建武）至建武三年（496）。此事涉及的问题较多，笔者将另文讨论。

再看沈约永明十一年至建武三年间之事迹系年。还是将《编年史》有关内容摘抄于下：

1."齐武帝永明十一年·魏孝文帝太和十七年（493）"下，有云：

沈约五十三岁，任东阳太守，次年春启程。……

见《梁书》本传。按：沈约《与徐勉书》有"永明末，出守东阳，意在止足"数句，据此，铃木虎雄以为沈约本年春出守东阳。但从现存诗文及有关史料来看，沈约本年并未赴任。第一，沈约赴任路上所写《早发定山》等诗描写的是暮春景致，说明沈约是春天赴任。而本年七月，沈约并未在东阳，而在京城作《齐武帝谥议》。第二，沈约次年仍在京城，为齐明帝萧鸾作书。第三，齐明帝建武三年，沈约还京入为尚书，临发作《去东阳与吏民别诗》，其中有"霜载凋

---

① 欧阳询撰，汪绍楹校：《艺文类聚》，中华书局1982年版；严可均辑：《全上古三代秦汉三国六朝文》，中华书局1958年版。

② 萧子显：《南齐书》，第679页。

秋草，风三动春旗"之句，说明是建武元年赴任。第四，《续高僧传·释慧约传》载："少傅沈约，隆昌中赴任，携与同行。"是沈约次年赴东阳太守职的直接证据。（第300页）

2."齐明帝建武三年·魏孝文帝太和二十年（496）"下，有云：

沈约五十六岁，年初在东阳太守职，有《大鸟集东阳奏表》，后入为尚书。作《去东阳与吏民别诗》……

见《南齐书·五行志》。后入为尚书，离东阳前作《去东阳与吏民别诗》。沈约在东阳三年，本年还都。……（第320页）

今按：以上这些一而再地考订，应该说是可信的[①]。但令人不解的问题出现了。在"齐郁林王隆昌元年·齐海陵王延兴元年·齐明帝建武元年·魏孝文帝太和十八年（494）"下，"沈约"条云：

沈约五十四岁，正月至七月，除吏部郎，出为宁朔将军、东阳太守。作《早发定山诗》及《循役朱方道路》、《登玄畅楼》、《新安江水至清浅深见底贻京邑游好》、《赠留真人祖父教》、《赠沈录事江水曹二大使》、《赠刘南郡季连》等诗。十月，进号辅国将军，征为五兵尚书，迁国子祭酒。作《让五兵尚书表》、《贺齐明帝登阼启》、《齐故安陆昭王碑》（萧缅本年被追赠为安陆王）、《应王中丞思远咏月》、《直学省愁卧》等。

《梁书》本传："隆昌元年，除吏部郎，出为宁朔将军、东阳太守。""明帝即位，进号辅国将军，征为五兵尚书，迁国子祭酒。"上述作品作于明帝即位后。详见郝立权《沈休文诗注》等。（第307页）

又于本年下"陆厥"条有云：

陆厥二十三岁，……本年，陆厥作《与沈约书》商讨声律问题。

见《南齐书》本传。……《与沈约书》中称沈约为尚书，沈约

[①] 笔者《"竟陵八友"三考》中《沈约为东阳太守的时间》一节有详考，《文献》1996年第2期。

本年十月为五兵尚书。沈约有《答陆厥书》。(第310页)

考齐明帝萧鸾即位,时当齐海陵王延兴元年十月癸亥,当日大赦,改元建武,《南齐书·明帝纪》有明文。但仅据《梁书·沈约传》"明帝即位,进号辅国将军,征为五兵尚书,迁国子祭酒"一句含混笼统的记载就能肯定沈约为五兵尚书,迁国子祭酒都是齐明帝即位当年之事吗?编著者不是在"永明十一年"和"建武三年"下明明考证出沈约延兴元年·建武元年正在东阳太守任上,至建武三年春方入都为五兵尚书吗?造成《编年史》这种错乱颠倒的原因,恐怕只有一种解释,即有关沈约隆昌元年春赴东阳、建武三年始入都的考证是成稿后临时所加,而对《编年史》中涉及沈约这一段经历的其他相关文字未及通盘的思考与修改。

三、未明作品内容,误为系年例

1. "齐明帝建武五年·永泰元年·魏孝文帝太和二十二年(498)"下,"沈约"条有云:

> 沈约五十八岁,为尚书、国子祭酒。迁左卫将军,寻加通直散骑常侍。作诗文多篇,活跃一时。
>
> 见《南齐书·河东王铉传》。……八月,又作《劝农访民所疾苦诏》。张溥谓此文乃约为齐帝作。《南齐书·东昏侯纪》载本年八月下诏"访搜贫屈"。(第329—330页)

今按:此诏文有云:"可严下州郡,务兹耕殖,相亩辟畴,广开地利。深树国本,克阜民天。又询访狱市,博听谣俗。伤风损化,各以条闻。无使癃瘝之苦,载兴比屋。"既劝农,又访民所疾苦,与篇题《劝农访民所疾苦诏》吻合。而《南齐书·东昏侯纪》永泰元年八月下云:"又诏辨括选序,访搜贫屈。"①是其诏之内容不仅有"访搜贫屈",还有

---

① 萧子显:《南齐书》,第97页。

"辨括选序",与此诏不合。编著者将此诏系于本年,显然失误。

其实,此诏全文载于《文苑英华》卷四六二①,亦略载于《南齐书·郁林王纪》隆昌元年正月纪,严可均自《文苑英华》本辑入《全梁文》卷二六沈约名下,题下已注明"隆昌元年正月",文后注明"又《南齐书·郁林王纪》略有删节"②。在此《编年史》后附"参考书目"中,《南齐书》及严可均辑《全上古三代秦汉三国六朝文》赫然在目。若编著者认真参考了与此诏相关的内容,恐不致有如此失误。

2."陈宣帝太建四年·北齐后主武平三年·北周武帝建德元年(572)"下,"薛道衡"条有云:

薛道衡三十三岁,作《后周大将军杨绍碑》。

见《文馆词林》卷四百五十二,称杨绍建德元年死,时年七十五。(第594页)

今按:《文馆词林》卷四五二薛道衡《后周大将军杨绍碑铭并序》述碑主杨绍,确有"春秋七十有五,以周建德元年薨于豳州"之语。③但此卒年就是薛道衡为之作碑铭之年吗?且看此碑铭序之下文:

越某年月厝于某所。…第二子司空公广平王雄藩屏皇家,盐梅鼎铼,仰惟过庭之训,永结《陟岵》之哀。故府佐姓名等,以为陈太丘一介邑宰,尚有改名之碣;郭有道儒生者耳,犹兴无愧之词。况乎盛业鸿勋,瑰才伟器,而可翠石徒寝,丹笔空栖。乃勒此丰碑,树之来裔。

显然,杨绍卒后,并未马上安葬,而是"厝于某所"。"厝"者,停柩待葬之意,自毋庸赘言。何时安葬?实在其第二子杨雄为"司空公广平王"时。杨雄,《隋书》卷四十三有传,云隋高祖受禅,雄进封广平

---

① 李昉等编:《文苑英华》,中华书局1960年版,第2357页。
② 严可均辑:《全上古三代秦汉三国六朝文》中《全梁文》卷二六,第3101页。
③ 许敬宗等编,罗国威校证:《日藏弘仁本文馆词林校证》,中华书局2001年版,第149页。

王,开皇九年拜司空,寻改封清漳王。① 同书《高祖纪》更明载开皇元年(581)五月,"封邢国公杨雄为广平王",九年"八月壬戌,以广平王雄为司空"。② 既然广平王杨雄为司空公始于开皇九年八月,薛道衡怎么可能在北周建德元年就以"司空公广平王"称之?此又编著者不考原文妄为系年之失也。

四、不考史实,误系作品作年例

1. "齐武帝永明十一年·魏孝文帝太和十七年(493)下,"任昉"条云:

> 任昉三十四岁,作《为王思远让侍中表》。
> 见《艺文类聚》卷四十八。按:王晏被杀,王思远为侍中,掌优策及起居注。见《南齐书·王思远传》:"上既诛晏,迁为侍中,掌优策及起居注。"(第301页)

今按:照常理,要考定任昉此文之作期,当弄清王思远为侍中的时间;而要定此时间,则先当知王晏何时被诛。编著者于本年下,未有一条言及王晏被诛,依据什么确定任昉此表作于本年?令人莫名其妙。

考《南齐书·明帝纪》建武四年正月下有云:"丙辰,尚书令王晏伏诛。"③ 同书《高帝十二王·河东王铉传》有云:"(建武)四年,诛王晏,以谋立铉为名,免铉官。"④ 同书《王晏传》亦明云:"(建武四年)元会毕,乃召晏于华林省诛之。"⑤ 是王晏之诛在建武四年(497)正月,王思远迁侍中必在本年,本年自然也就是任昉代作让表之年。

---

① 魏徵等:《隋书·观德王雄传》,中华书局1973版,第1216页。
② 魏徵等:《隋书·高祖纪》,第15、34页。
③ 萧子显:《南齐书》,第89页。
④ 萧子显:《南齐书》,第631页。
⑤ 萧子显:《南齐书》,第743页。

2. "齐和帝中兴二年·梁武帝萧衍天监元年·魏宣武帝景明三年（502）"下，"陆倕"条云：

> 陆倕三十三岁，为右军安成王萧秀外兵参军，转主簿。作《感知己赋》赠任昉，任昉有《报陆倕感知己赋》。
>
> 《梁书》本传："天监初，为右军安成王外兵参军，转主簿。……"

（第351页）

今按：《梁书·陆倕传》"转主簿"下，续有云："倕与乐安任昉友善，为《感知己赋》以赠昉，昉因此名以报之曰"云云。① 显然，编著者是以"天监初"为天监元年，故系陆倕、任昉赠、报之赋于本年。但《梁书·太祖五王·安成王秀传》明载，萧秀"天监元年进号征虏将军，封安成郡王"，"二年，以本号征领石头戍事，加散骑常侍"，"三年，进号右将军"。② 是陆倕"为右军安成王外兵参军，转主簿"，只能在天监三年或其后，怎么可能于天监元年就有与任昉赠、报之赋呢？

除上述四类误例之外，《编年史》还有引文标点失误例，系事前后重复矛盾例，如此等等，就不一一赘述了。

（原载《学术界》2007年第2期）

---

① 姚思廉：《梁书》，中华书局1973年版，第4012页。
② 姚思廉：《梁书》，第342页。

谈《南北朝文学编年史》中作品系年的问题

《南北朝文学编年史》是一部有知名专家推荐、由中国社会科学院出版基金资助出版[①]，并荣获第十三届"中国国家图书奖"的学术著作。该书分前编、正编、后编三部分，对自晋武帝咸宁五年（279）至隋炀帝大业十四年（618）间的文学进行了编年。其筚路蓝缕，功不可没。不过，要对长达三百四十年之久且纷繁零乱的文学史资料进行系统的整理考订并编年，确非易事。近年来已有人撰文指出其中某些疏失[②]，可谓言之有据。笔者近二十年来研习南朝文史，细读该书，发现其存在的问题远不止今人已指出的那些。可以说从编年史资料的搜罗到成书的校勘都存在较严重的缺陷。限于篇幅，本文只就其中作品系年问题，以分类举例的方式提出一些看法，供读者参考。

一、未明作品内容而致误

1."齐武帝永明三年·魏孝文帝太和九年（485）"下，"王融"条云：

王融十九岁，作《为竟陵王与隐士刘虬书》。

《南齐书·刘虬传》："永明三年，刺史庐陵王子卿表虬及同郡宗测、宗尚之、庾易、刘昭五人，请加蒲车束帛之命。诏征为通直郎，不就。竟陵王子良致书通意。"按：刘虬有答书。庾杲之亦有《为竟

[①] 曹道衡、刘跃进：《南北朝文学编年史》，人民文学出版社2000年版。以下简称《编年史》，并称其著者为编著者。此书后附有中国社会科学院文学研究所研究员、博士生导师陈铁民和徐公持两先生各自的"专家推荐意见书"。

[②] 马海英：《〈南北朝文学编年史〉指瑕》，《陈代诗歌研究》，学林出版社2004年版；王勇、陈亮：《〈南北朝文学编年史〉疑误释例》，《图书馆杂志》2006年第3期。

陵王致书刘隐士》，任昉有《为庾杲之与刘居士虬书》及《答刘居士诗》，大约都作于同时。（第262页）

今按：庾杲之《为竟陵王致书刘隐士》，见于《广弘明集》卷一九[1]，严可均据之辑入《全齐文》卷二四庾杲之名下[2]，任昉《为庾杲之与刘居士虬书》，见于《艺文类聚》卷三七[3]，严可均据之辑入《全梁文》卷一三任昉名下。将此两文略加比较，即知其为同一篇文章，《广弘明集》卷一九所录为《艺文类聚》卷三七所载之后半，因而可以肯定庾杲之之文乃任昉代作。严可均不察，于任昉和庾杲之名下两收，本《编年史》编著者似亦未读原文，因而沿误。

另外，将《为竟陵王致书刘隐士》系于永明三年，亦大可怀疑。《广弘明集》卷一九于此文前有"又使虬乡人吏部郎庾杲之致书喻旨曰"云云，是庾杲之时为尚书吏部郎。考《南齐书·庾杲之传》载[4]，杲之永明中"寻又迁庐陵王中军长史，迁尚书吏部郎，参大选事"。而同书《武十七王·庐陵王子卿传》："（永明）六年迁秘书监，领右卫将军，寻迁中军将军，侍中并如故。"是庐陵王为中军将军当在永明六年末或七年初。则庾杲之为吏部郎必不早于永明七年，其为竟陵王致书刘虬怎么可能在永明三年！

2. "齐武帝永明六年·魏孝文帝太和十二年（488）"下，"任昉"条有云：

任昉二十九岁，作《为褚谘议蓁让兄袭封表》、《又表》。

前表见《文选》，后表见《艺文类聚》。按《南齐书·褚渊传》载，渊长子为褚贲，永明六年上表称疾，让封与弟蓁，褚蓁袭封南康郡公。《又表》是为褚贲所作。（第274页）

---

[1] 释道宣：《广弘明集》，上海古籍出版社1991年版。
[2] 严可均辑：《全上古三代秦汉三国六朝文》，中华书局1958年版。
[3] 欧阳询撰，汪绍楹校：《艺文类聚》，中华书局1982年版。
[4] 萧子显：《南齐书》，中华书局1972年版。

今按:《为褚谘议蓁让代兄袭封表》,作于永明六年,笔者无异议,唯题目中脱"代"字,当据《文选》卷三八原题补①。问题是"《又表》是为褚贲所作"之说毫无根据。且看《又表》:

> 近冒披款,庶蒙哀亮,奉被还诏,未垂矜允。伏读周遑,罔置心诫。臣本凡劣,身名不限。标一善不足以验风流,存一让不足以弘进止。……直以门绪有归,长德无二。若使贲高延陵之风,臣忘子臧之节,是废德举,岂曰能贤。陛下留心孤门,特深追远,故臣穷必呼天,凭威咫尺。贲婴疾沈固,公私废礼,逢不世之恩,遂良己之志,确然难夺,有理存焉。臣既承先旨,出缵傍统,受命有资,反身何奉?叙心感悼,勉义迫躬。臣贲息霱,年将志学,礼及趋拜,且私门世适,二三攸序。若天眷无已,必降殊私,乞以臣霱奉膺珪社。伏愿陛下圣慈,曲垂矜慎。如蒙哀允,施重含育。(《艺文类聚》卷五一、《全梁文》卷四二)

此文自称"臣",称褚贲为"臣贲",较然有别。"臣既承先旨,出缵傍统"云云,与《文选》所载《为褚谘议蓁让代兄袭封表》"先臣以大宗绝绪,命臣出缵傍统"云云洽合,显然都是褚蓁的口吻。盖褚蓁前表既上,"未垂矜允",而"贲婴疾沈固,公私废礼,逢不世之恩,遂良己之志,确然难夺,有理存焉",因而又求其次,让封给贲之子霱。一读《又表》,不难明白。《又表》无疑亦是任昉代褚蓁作。

3. "陈宣帝太建四年·北齐后主武平三年·北周武帝建德元年(572)"下,"李德林"条有云:

> 李德林四十二岁,……作《秦州都督陆杲碑铭》并序。
> 《陆杲碑》见《文馆词林》卷四百五十九。称其卒于本年。(第594页)

今按:检《文馆词林》卷四五九隋李德林《秦州都督陆杲碑铭一首

---

① 萧统编,李善注:《文选》,中华书局1977年版。

并序》，其文有云：

> 武平三年，转使持节都督北徐州诸军事、北徐州刺史。……转使持节都督秦州诸军事、秦州刺史。有陈猖獗，寇我江阴，城犹环堵，忽被围逼。公班条为政，始隔时序，……既而身婴沉痼，大节感人。……淹历数旬，顾有余力。以功赏开府仪同三司。疴恙积时，忧劳致损，薨于州馆，春秋五十三。遐迩悲伤，莫不掩泣。至是号令无主，城府沦陷，贼徒荷平生之意，黎献念宿昔之恩。各尽诚节（《校证》本"各"作"冬"，误，依《丛书集成初编》本改），奉送神枢。某月日殡于故里之第，……年、月葬于兹所。①

据知，陆杲武平三年先为北徐州刺史，后转秦州刺史。时陈人北伐，围秦州城。陆杲带病相抗数旬，薨于州馆，城亦随之沦陷。陈人还其尸，故得殡、葬于故里。

考陈人攻陷北齐秦州城事在北齐后主武平四年五月，亦即陈宣帝太建五年五月。《北齐书·后主纪》、《北史·齐本纪下》、《陈书·宣帝纪》等并记载明确。②陈军这次的统帅是吴明彻，其事《陈书·吴明彻传》及《南史》同传、《北史·陆俟传》附《陆杲传》等亦有载。③编著者未细读《陆杲碑铭并序》，亦不考史实，而以该文最后一个记年武平三年为陆杲之卒年，怎能不误。

二、以"初年"为元年，率尔而误

4. "齐和帝中兴二年·梁武帝萧衍天监元年·魏宣武帝景明三年（502）"下，"陆倕"条云：

> 陆倕三十三岁，为右军安成王萧秀外兵参军，转主簿。作《感

---

① 许敬宗等编，罗国威校证：《日藏弘仁本文馆词林校证》，中华书局2001年版，第195页。

② 李百药撰《北齐书》（中华书局1972年版）、李延寿撰《北史》（中华书局1974年版）、姚思廉撰《陈书》（中华书局1972年版）。

③ 李延寿：《南史》，中华书局1975年版。

知己赋》赠任昉，任昉有《报陆倕感知己赋》。

《梁书》本传："天监初，为右军安成王外兵参军，转主簿。……"（第351页）

今按：《梁书·陆倕传》"转主簿"下，续有云："倕与乐安任昉友善，为《感知己赋》以赠昉，昉因此名以报之曰"云云①。显然，编著者是以"天监初"为天监元年，故系陆倕、任昉赠、报之赋于本年。但《梁书·太祖五王·安成王秀传》明载，萧秀"天监元年进号征虏将军，封安成郡王"，"二年，以本号征领石头戍事，加散骑常侍"，"三年，进号右将军"。是陆倕"为右军安成王外兵参军，转主簿"，只能在天监三年或其后，怎么可能于天监元年就有与任昉赠、报之赋呢？

5. "齐和帝中兴二年·梁武帝萧衍天监元年·魏宣武帝景明三年（502）"下，"刘孝绰"条有云：

刘孝绰二十二岁，起家著作佐郎，作《归沐呈任中丞昉诗》，任昉作《答刘孝绰诗》。

见《梁书》本传。（第352页）

今按：检《梁书·刘孝绰传》有云："天监初，起家著作郎，为《归沐诗》以赠任昉，昉报章曰：'彼美洛阳子，……春耕励秋获。'"显然，编著者又是以"天监初"为天监元年，从而为刘孝绰、任昉赠、报之诗系年的。这依然是不可靠的。实际上，刘孝绰赠诗之作年并不难考证。此诗《艺文类聚》卷三一题作《赠任中丞》，《文苑英华》卷二四七作《归沐呈任中丞》，逯钦立辑《先秦汉魏晋南北朝诗》中《梁诗》卷一六依《诗纪》题作《归沐呈任中丞昉诗》②。是其时任昉为御史中丞当无疑问。能考知任昉为御史中丞的时间，则刘孝绰赠诗之时间自然可定。

检《梁书·任昉传》：昉，天监元年，拜黄门侍郎，迁吏部郎中。

---

① 姚思廉：《梁书》，中华书局1973年版。
② 逯钦立辑校：《先秦汉魏晋南北朝诗》，中华书局1983年版。

天监二年，出为义兴太守，被代，既至，无衣，镇军将军沈约遣裙衫迎之。重除吏部郎中，寻转御史中丞，秘书监。六年春，出为新安太守。考《梁书·武帝纪》，沈约为镇军将军在天监三年正月。则任昉重除吏部郎中必在其后。又据同书《武帝纪》、《蔡道恭传》及《曹景宗传》知，天监二年十月，魏围司州刺史蔡道恭于州城，曹景宗顿兵不救，三年八月，司州城陷，曹景宗为御史中丞任昉所奏。则知任昉天监三年下半年在御史中丞任上。因知，刘孝绰与任昉赠、报之诗当在天监三年下半年以后至六年以前。

再考刘孝绰官著作佐郎的时间下限。据《梁书·刘孝绰传》，孝绰为著作佐郎后，迁太子舍人，"俄以本官兼尚书水部郎"，"寻有敕知青、北徐、南徐三州事"。其迁太子舍人之具体时间虽不可考，但从《梁书》本传言"俄"、言"寻"，则其由著作佐郎到"敕知青、北徐、南徐三州事"之时间不会超过一周年。而"敕知……三州事"在天监五年，有梁武帝《与刘孝绰敕》可证。此敕见《文馆词林》卷六九一，文有"吾君临区宇于兹五载，……今使卿分掌州事如前"云云。自天监五年倒推一年左右，则刘孝绰官著作佐郎之时间下限在天监四年。

由上可知刘孝绰、任昉赠、报诗必作于天监三、四年间，不应该是天监元年。

三、莫知所据，武断而误

6. "隋文帝仁寿二年（602）"下，"褚亮"条云：

褚亮作《左屯卫大将军周孝范碑铭》并序。

见《文馆词林》卷四百五十三。称其仁寿元年战死，二年三月下葬。（第653页）

今按：检《文馆词林》卷四五三褚亮《左屯卫大将军周孝范碑铭并序》，明明白白记载：周孝范"贞观元年，授左屯卫将军"，"五年，转授左卫将军，袭爵谯郡公"，"七年，……加授左屯卫大将军，封爵如故"，"七年，薨于京师"。"有司考行，谥曰敬公"，"即以其年，永窆于万年县之某所"。《通鉴》卷一九四《唐纪十》贞观七年下亦载:"秋,八月,乙丑,左屯卫大将军谯敬公周范卒。"①周范,即周孝范,乃古人双名单称之例。此亦可佐证碑序所载周孝范唐贞观七年卒之不误。何来"仁寿元年战死,二年三月下葬"?

查《文馆词林》同卷所载本文之下篇,同为褚亮所撰《隋车骑将军庄元始碑铭并序》,才让人恍然大悟,所谓"仁寿元年战死,二年三月下葬"者,乃庄元始。大约编著者未读全文,翻书夹了页,故有此误,否则就无法理解了。

四、不知职官而致误

7. "齐高帝建元二年·魏孝文帝太和四年(480)"下,"沈约"条有云:

> 沈约四十岁,作……《和王卫军解讲》等。
> 按:……王卫军,即王僧虔,本年进号左卫将军。考见郝立权《沈休文诗注》。(第239—240页)

今按:卫军,即卫军将军,又称卫将军。六朝时,属骠骑将军至龙骧将军系列,乃虚号将军。而左卫将军与右卫将军合称"二卫",乃禁卫军六军之一。"二卫"之职位居领军、护军之后,骁骑、游击之前。这些在《南齐书·百官志》有清楚的记载。清钱大昕《廿二史考异》卷二五有云:"晋宋以来,将军有二等,自骠骑至龙骧将军皆虚号,非持节出镇,不得领军。此领、护、左右卫、骁游、前后左右军将军则皆主兵之官也。"②可见卫军与左卫将军之区别。编著者不明乎此,而盲从郝立权《沈休文诗注》,以王卫军为左卫将军王僧虔,其误必然。

实际上,此诗所谓"王卫军"乃王俭。据《南齐书·王俭传》俭于南齐永明元年(483)进号卫将军,二年领国子祭酒,三年又领太子少

---

① 司马光撰,胡三省音注:《资治通鉴》,中华书局1956年版。
② 钱大昕:《廿二史考异》,《丛书集成初编》本。

傅。沈约此诗作于永明三年，今人林家骊《沈约诗文系年》已有考证[①]，此不赘述。

撰著文学编年史是一项基础性工作，这项工作如果出现大的问题，势必影响建立在此基础上的其他研究，甚至还可能贻误后来者。有见于此，故笔者草此小文，并还会将此类工作继续下去，期待着方家指教。

（原载《图书馆杂志》2007年第3期）

---

① 林家骊：《沈约诗文系年》，《文史》2001年第2辑。

《中国文学编年史·两晋南北朝卷》齐梁部分的若干问题

陈文新总主编的十八卷本《中国文学编年史》①，出版不久，学界即颇为关注。不少学者或参加座谈会，或发表评介文章，大加称赏。②该著还获得了首届中国出版政府奖提名奖。③对于这样贯通古今，字数达1400万的大著，笔者无力全面具体地评价。近来，因教学和研究齐梁文史的需要，笔者搜集相关新研究成果，得读该著《两晋南北朝卷》齐梁部分。由该卷《后记》知④，此部分由该卷主编汪春泓执笔（以下简称汪卷）。想来，应能体现该卷的实际水平，但笔者读过之后，心情颇为沉重。

汪卷正文569页，其中南北朝之齐梁部分截长续短约116页。但就在这116页中，存在的问题确实多多。限于篇幅，本文仅就其较为明显突出者，以分类举例的方式加以辨正，希望得到汪氏和读者的指教。

一、所据史书之版本问题

要为齐梁文学编年，《梁书》无疑是重要的史料之一。但学者周知，《梁书》本身有不少疏失，再加上流传过程中有讹误，因此使用《梁

---

① 陈文新主编：《中国文学编年史》，湖南人民出版社2006年版。
② 学术动态：《〈中国文学编年史〉在2007》，武汉大学中国传统文化研究中心网：http://ric.whu.edu.cn/info/1004/1346.htm。
③ 明健飞、魏少婧：《"出版湘军"载誉返湘囊括多项政府大奖》，腾讯网：http//news.qq.com，2008-02-28。
④ 陈文新主编，汪春泓本卷主编：《中国文学编年史·两晋南北朝卷》，湖南人民出版社2006年版，第583页。

书》，选择版本颇为重要。中华书局点校本虽有不足，但仍是目前已正式出版的《梁书》之最佳版本。今人使用《梁书》，大都使用该本。汪卷所附《参考文献》亦赫然标明"《梁书》，姚思廉撰，中华书局1987年排印本"①，但从该卷正文所引《梁书》看，却不是中华书局点校本。今略举几例，以资证明。

1. 公元519年（梁武帝天监十八年）下：

刘潜制《雍州平等金像碑》，文甚宏丽。《梁书·刘潜传》说："起家镇右始兴王法曹行参军，随府益州，兼记室。王入为中抚军，转主簿，迁尚书殿中郎。敕令制《雍州平等金像碑》，文甚宏丽。"春泓按，《梁书》本传说，始兴王萧憺于天监十四年迁镇右将军，十八年，征为中抚将军，所以刘潜制《雍州平等金像碑》，当在本年。（第455页）

按：《雍州平等金像碑》，中华书局点校本《梁书》"平等"下有"寺"字，其《校勘记》云："'寺'字各本脱，据《南史》补。"②且《艺文类聚》卷七六录有刘潜此碑文，题为《雍州金像寺无量寿佛像碑》，文中有"像复以其夕出住寺门"云云③。显然"像"即是"无量寿佛金像"，"寺"即是"平等寺"，《雍州平等寺金像碑》即《雍州金像寺无量寿佛像碑》。《艺文类聚》作"金像寺"者，盖此金像影响大，故"平等寺"亦称"金像寺"，中华书局点校本补"寺"字无疑是正确的。那么，汪卷为什么仍作"《雍州平等金像碑》"呢？看来，只有一种解释，即其所据非中华书局点校本。

2. 公元520年（梁武帝普通元年）下：

萧孝俨献赋甚美。《梁书·长沙嗣王业传》说萧业之子萧孝俨字希庄，聪慧有文才，死于普通元年，时年二十三。天监年间，梁高祖会客的场所是华林园和华光殿，萧孝俨从幸华林园，于座献《相

---

① 陈文新主编，汪春泓本卷主编：《中国文学编年史·两晋南北朝卷》，第570页。
② 姚思廉：《梁书》，中华书局1983年版，第598页。
③ 欧阳询：《艺文类聚》，文渊阁《四库全书》本。

凤鸟》、《华光殿》、《景阳山》等颂，其文甚美。（第457页）

按：《梁书·长沙嗣王业传》附《萧孝俨传》云，孝俨"普通元年，薨"。中华书局本《校勘记》云："萧渊业死于普通七年，孝俨嗣爵，则孝俨不得死于普通元年。'普'字或为'大'字之讹，或为'中大'二字之讹。"①如果脱离《梁书·长沙嗣王业传》，仅看中华书局本此条校勘记，读者或许以为还有一种可能，即萧渊业死于"普通七年"误，而孝俨死于"普通元年"不误。而实际上这种可能是不存在的。因为《梁书·长沙嗣王业传》历述了萧渊业普通三年、四年的仕历，自然不可能死于普通元年以前。因此，中华书局本的校勘记是正确的。汪卷若据中华书局点校本，作为学者，断不致对此条《校勘记》视而不见。

3. 公元522年（梁武帝普通三年）下：

始兴王萧憺薨，太子命仆射刘孝绰议礼仪事。《梁书·昭明太子传》说："三年十一月，始兴王憺薨。旧事，以东宫礼绝傍亲，书翰并依常仪。太子意以为疑，命仆射刘孝绰议其事。"（第460页）

按："命仆射刘孝绰"，中华书局本无"射"字，且有《校勘记》云："此'仆'字及下文'刘仆议'、'刘仆之议'，各本皆误作'仆射'。本书《刘孝绰传》，孝绰曾为太子仆，未尝为尚书仆射，今删。"②中华书局本之校勘言之凿凿，汪卷为什么仍作"仆射"，显然所据非中华书局点校本。

4. 公元539年（梁武帝大同五年）下：

王褒除武昌王文学、太子洗马，兼东宫管记。《梁书·王规传》附《王褒传》说："王褒字子汉，七岁能属文……以父忧去职。"③（第498页）

---

① 姚思廉：《梁书》，第361页。
② 姚思廉：《梁书》，第174页。
③ 汪氏引据史料颇少剪裁，笔者本文凡引汪氏原文，注明"中略"者，为笔者所略，其余悉依汪氏原文。

按：王褒表字，中华书局点校本《梁书》本传已改正为"子渊"，并出《校勘记》云："'子渊'各本作'子汉'，当是姚思廉避唐讳改，今据《周书·王褒传》改回。"①日本学者清水凯夫《王褒传记与文学》一文有云："王褒的字在正史中有三种记载，即'子渊'（《周书》）、'子深'（《北史》）、'子汉'（《梁书》），其中'子渊'为正字。《北史》记作'子深'，从其他例子也可看出，是李延寿用同义的'深'字以避讳唐高祖李渊的'渊'字的。《梁书》的'子汉'可能是'子深'之误。'汉'字与名'褒'无关系。"②两说略有差异，但以"子渊"为正是可以肯定的。中华书局点校本已改为"子渊"，汪卷若据中华书局本，断不会又改为"子汉"。

5. 公元552年（梁元帝承圣元年）下：

王僧辩众军发自寻阳，往平侯景乱。世祖驰檄四方。《梁书·简文帝本纪》记载：二月癸丑，"王僧辩率前百官奉梓宫升朝堂，世祖追崇为简文皇帝，庙曰太宗"。（第521页）

按：汪卷云《梁书·简文帝本纪》记载："二月癸丑"，查中华书局点校本《梁书》作"三月己丑"，且有《校勘记》云："'己丑'各本讹'癸丑'，据《南史》改。本书《元帝纪》亦作'己丑'，是。大宝三年三月己巳朔，无癸丑。"③是汪卷所据非中华书局点校本甚明。

二、理解与把握史料问题

文史研究，史料是基础。正确的结论必然建立在对史料的准确理解和全面把握上。遗憾的是，汪卷似乎力不从心而又过于匆忙，其依据

---

① 姚思廉：《梁书》，第597页。
② 〔日〕清水凯夫著，韩基国译：《六朝文学论文集》，重庆出版社1989年版，第337页。
③ 姚思廉：《梁书》，第111页。

史料进行齐梁文学编年,严重的失误未能避免。今分三种情况,各举数例,加以辨析。

(一)未全面把握史料,妄下结论而导致失误

1. 公元489年(南齐武帝永明七年)下:

> 刘绘代豫章王萧嶷撰表,"须臾便成"。《南齐书·武十七王传》说:"鱼复侯子响字云音,世祖第四子也。豫章王嶷无子,养子响,后有子,表留为嫡。"永明七年,因有罪,自杀。豫章王萧嶷上表,欲求葬之,其表实由刘绘代撰,《南齐书》本传说刘绘"须臾便成",博得萧嶷的赞叹:"祢衡何以过此。"(第384页)

按:《南齐书》萧子响本传载子响永明七年为荆州刺史①,未言其死之明确时间。同书《武帝纪》永明八年八月下有云:"壬辰,以左卫将军随郡王子隆为荆州刺史。巴东王子响有罪,遣丹阳尹萧顺之率军讨之,子响伏诛。"②《南史·齐本纪》略同③,《资治通鉴》卷一三七《齐纪三》亦载其事于永明八年八月下④。汪卷云子响"永明七年"自杀,显然是误读了《南齐书》子响本传。倘若参以《武帝纪》,全面把握了相关史料,当不致有此失误。

2. 公元494年(南齐明帝建武元年)下:

> 刘峻为吏部尚书徐孝嗣所抑。《梁书·文学传》之《刘峻传》说:"刘峻字孝标,平原平原人……时竟陵王子良博招学士,峻因人求为子良国职,吏部尚书徐孝嗣抑而不许,用为南海王侍郎,不就。"春泓按,《南齐书》本传说徐孝嗣于"晏诛,转尚书令",而《南齐书》本传又记述王晏之被诛,在建武元年,可见萧子良之广招学士,从永明年间起,一直延续到本年他去世之前,持续近十年之久。(第399页)

---

① 萧子显:《南齐书》,中华书局1987年版,第705页。
② 萧子显:《南齐书》,第58页。
③ 李延寿:《南史》,中华书局1983年版,第123页。
④ 司马光:《资治通鉴》,上海古籍出版社1987年版,第914页。

按：考《南齐书·王晏传》有"建武元年，进号骠骑大将军，给班剑二十人，侍中、（尚书）令、中正如故"云云，未言及王晏被诛之具体时间。① 而同书《明帝纪》建武四年正月下，有云："丙辰，尚书令王晏伏诛。"② 又同书《高帝十三王·河东王铉传》亦云："（建武）四年，诛王晏，以谋立铉为名。"③ 是王晏被诛在建武四年，自无疑问。汪卷"王晏之被诛在建武元年"盖误以其与"进爵骠骑大将军"云云在同一年，大谬。再说，"刘峻为吏部尚书徐孝嗣所抑"与徐孝嗣"转尚书令"何关？考《南齐书·徐孝嗣传》，孝嗣为吏部尚书在永明八年以后、十一年七月齐武帝崩以前④，其抑而不用刘峻当然不可能是建武元年。

3. 公元494年（南齐明帝建武元年）下：

何胤辞职隐居。《梁书·处士传》之《何胤传》说："胤虽贵显，常怀止足。建武初，已筑室郊外，号曰小山，恒与学徒游处其内。至是，遂卖园宅，欲入东山，未及发，闻谢朏罢吴兴郡不还，胤恐后之，乃拜表辞职，不待报辄去。"（第399—400页）

按：《梁书》本传在汪氏所引"胤虽贵显"云云之前，有"郁林嗣位……累迁左民尚书，领骁骑，中书令，领临海、巴陵王师"几句。⑤ 合而观之，可知"建武初……恒与学徒游处其内"乃补叙。"至是"之"是"乃指何胤"领临海、巴陵王师"时。考《南齐书·文二王传》及《明帝纪》知，"临海、巴陵王"指文惠太子第三子萧昭秀，昭秀于郁林王嗣位后封临海郡王，明帝建武二年九月改封巴陵王，永泰元年（建武五年四月改元永泰）被杀。是何胤在建武二年九月以后仍"领"其师，怎么可能于建武元年就"辞职隐居"了呢？汪卷断章取义，不知

---

① 萧子显：《南齐书》，第743页。
② 萧子显：《南齐书》，第89页。
③ 萧子显：《南齐书》，第631页。
④ 萧子显：《南齐书》，第772页。
⑤ 姚思廉：《梁书》，第735页。

"至是"何指，怎能不误！其实何胤辞职隐居事在建武四年，史有明载：《南齐书·高逸·何求传》附《何胤传》有云："明帝即位，胤卖园宅，将遂本志。建武四年，为散骑常侍、巴陵王师。闻吴兴太守谢朓致仕，虑后之，于是奉表不待报而去。"① 又《梁书·徐勉传》，勉上修五礼表有云："建武四年，胤还东山。"②

4. 公元497年（南齐明帝建武四年）下：

　　谢朓迁尚书吏部郎，上表三让。《南齐书·谢朓传》说建武四年，谢朓出为晋安王镇北谘议、南东海太守，行南徐州事。就在此年，身为王敬则的女婿，谢朓"启王敬则反谋，上甚嘉赏之，迁尚书吏部郎"，谢朓上表三让，"中书疑朓官未及让，以问祭酒沈约"。（第407页）

按：《南齐书·明帝纪》载，建武五年夏四月甲寅改元永泰，同月，"丁卯，大司马会稽太守王敬则举兵反"，五月"丁酉，斩敬则传首"。③ 同书《王敬则传》亦于永泰元年下详载王敬则谋反、谢朓告密事④，读者可以复按。谢朓因告密而"迁尚书吏部郎，上表三让"，自当在永泰元年。《南齐书》本传，于"建武四年，出为晋安王镇北谘议、南东海太守，行南徐事"下，接云"启王敬则反谋"⑤，汪卷不加考证，妄断两事同在一年，因而失误。

汪氏因认定谢朓为吏部郎在建武四年，由此引起一系列失误。如"崔慰祖以硕学见称于沈约、谢朓"条⑥、"到洽睹世方乱，遂筑室岩阿，

---

① 萧子显：《南齐书》，第938页。
② 姚思廉：《梁书》，第380页。
③ 萧子显：《南齐书》，第91页。
④ 萧子显：《南齐书》，第485—486页。
⑤ 萧子显：《南齐书》，第826页。
⑥ 陈文新主编，汪春泓本卷主编：《中国文学编年史·两晋南北朝卷》，第408页。

隐居者数岁"条①、"谢朓造访江革"条②等并系于建武四年，其依据都是所谓"谢朓迁尚书吏部郎在建武四年"。

5. 公元502年（梁武帝天监元年）下：

> 萧子云雅为高祖所重。《梁书·萧子恪传》附《萧子云传》说："梁初，郊庙未革牲牷，乐辞皆沈约撰，至是承用，子云始建言宜改。启曰：（中略）敕并施用。子云善草隶书，为世楷法。（中略）其书迹雅为高祖所重，尝论子云书曰：（中略）其见赏如此。"（第422—423页）

按：汪卷所引《梁书》本传记萧子云两事，一是改郊庙乐辞，二是与高祖论书法，皆非天监年间事。关于建言改郊庙乐辞，《梁书》本传于汪氏所引"梁初"云云前，有"大同二年，迁员外散骑常侍、国子祭酒，领南徐州大中正。顷之，复为侍中，祭酒、中正如故"数语。③合观上下文意，知"至是承用，子云始建言宜改"之"是"乃指萧子云"复为侍中"之时，即大同二年（536）或稍后。刘汝霖《东晋南北朝学术编年》卷五（下）（以后简称刘编）即据《梁书·萧子云传》系"梁使萧子云撰定郊庙歌辞"条于大同二年④，曹道衡、刘跃进《南北朝文学编年史》同⑤（以后简称曹史）。至于第二事发生之时间，据《梁书》本传萧子云答敕中自述"年二十六"，后"十许年来"，又"逮尔以来"诸语⑥可以推知。因为《梁书》本传载其太清三年（549）卒，年六十三，则其答敕时间应在大通元年（527）以后，萧子云至少四十岁。汪卷未弄清《梁书》萧子云本传文意，系两事于天监元年，故误。

6. 公元502年（梁武帝天监元年）下：

---

① 陈文新主编，汪春泓本卷主编：《中国文学编年史·两晋南北朝卷》，第408页。
② 陈文新主编，汪春泓本卷主编：《中国文学编年史·两晋南北朝卷》，第409页。
③ 姚思廉：《梁书》，第541页。
④ 刘汝霖：《东晋南北朝学术编年》，《民国丛书》本，上海书店1990年版，第408页。
⑤ 曹道衡、刘跃进：《南北朝文学编年史》，人民文学出版社2000年版，第488页。
⑥ 姚思廉：《梁书》，第515页。

朱异年二十一，特敕擢为扬州议曹从事史。《南史·朱异传》说："朱异字彦和，(中略)时异适二十一，特敕擢为扬州议曹从事史。(中略)"春泓按，《梁书》、《南史》本传记载朱异死于太清二年，所以其二十一岁时正值天监元年。(第423页)

按：《梁书》、《南史》本传均未载朱异死之确切年份。《梁书》本传载，太清二年八月，侯景举兵反以后，"城内文武咸尤之"，"异因惭愤，发病卒，时年六十七"①，《南史》本传同②。不知汪卷所见何本？实际上，朱异卒年，《梁书·武帝纪》有明载："太清三年正月乙丑，中领军朱异卒。"③《资治通鉴》卷一六二《梁纪十八》太清三年正月下亦载："朝野以侯景之祸，共尤朱异。异惭愤发疾，庚申卒。"胡三省注引《考异》曰："《梁帝纪》作'乙丑'，今从《太清纪》、《典略》。"④朱异太清三年卒，年六十七，则其二十一岁，时当天监二年。

7. 公元514年（梁武帝天监十三年）下：

王籍诗学已开后世意境理论之先。《梁书·文学传》之《王籍传》说："久之，除轻车湘东王谘议参军，随府会稽。郡境有云门、天柱山，籍尝游之，或累月不反。至若邪溪赋诗，其略云：'蝉噪林逾静，鸟鸣山更幽。'当时以为文外独绝。"春泓按，《梁书》本纪记载，萧绎于天监十三年任会稽太守，所以王籍"随府会稽"亦在本年。(第449页)

按：《梁书·元帝纪》："(天监)十三年，封湘东郡王，邑二千户，初为宁远将军、会稽太守，入为侍中、宣威将军、丹阳尹。"⑤同书《武帝纪》天监十三年下有云："秋七月乙亥，立皇子纶为邵陵郡王，绎

---

① 姚思廉：《梁书》，第539页。
② 李延寿：《南史》，第1517—1518页。
③ 萧子显：《南齐书》，第94页。
④ 司马光：《资治通鉴》，第1067页。
⑤ 姚思廉：《梁书》，第113页。

为湘东郡王，纪为武陵郡王。"①未言萧绎为会稽太守亦在天监十三年。汪氏何所据而云"萧绎天监十三年任会稽太守"？考《梁书·高祖三王·庐陵王续传》载，萧续"（天监）十年，拜轻车将军、南彭城琅邪太守。十三年，转会稽太守。十六年，为都督江州诸军事、云麾将军、江州刺史"。②显然萧绎不可能天监十三年也在会稽太守任上。实则萧绎为会稽太守在天监十八年，有《颜氏家训》可证。其书《勉学篇》有云："梁元帝尝为吾说：'昔在会稽，年始十二，便以好学'。"③梁元帝生于天监七年，"年始十二"，即天监十八年也。萧绎天监十八年始为会稽太守，王籍"随府会稽"后至若邪溪作诗，自不得早于此年。

8. 公元549年（梁简文帝太清三年）下：

> 徐摛卒于本年。《梁书·徐摛传》说太清三年，在侯景乱中，徐摛以七十八之高龄，感气疾而卒，长子陵最有名。（第513页）

按：《梁书·徐摛传》有云："太宗嗣位，进授左卫将军，固辞不拜。太宗后被幽闭，摛不获朝谒，因感气疾而卒，年七十八"④，《南史》同传亦同。⑤俱未言徐摛卒于太清三年。考《梁书·简文帝纪》，太宗萧纲太清三年五月嗣位，次年正月改元大宝，二月"丙午，侯景逼太宗幸西州"，"冬十月乙未，侯景又逼太宗幸西州曲宴"，二年八月"戊午，侯景遣卫尉卿彭儁、厢公王僧贵率兵入殿，废太宗为晋安王，幽于永福省"⑥。徐摛因太宗"被幽闭"，感气疾而卒，自当是大宝二年八月戊午以后之事。许福谦《南北朝八书二史疑年录》之《〈梁书〉疑年录》"徐摛"条⑦，曹道衡、沈玉成《中古文学史料丛考》（以后简称曹考）卷四

---

① 姚思廉：《梁书》，第54页。
② 姚思廉：《梁书》，第430页。
③ 颜之推：《颜氏家训》，《诸子百家丛书》本，上海古籍出版社1992年版，第16页。
④ 姚思廉：《梁书》，第448页。
⑤ 李延寿：《南史》，第1522页。
⑥ 姚思廉：《梁书》，第107—108页。
⑦ 许福谦：《南北朝八书二史疑年录》，北京出版社、文津出版社2003年版，第69—70页。

"徐摛生年及卒岁"条①并定徐摛卒于大宝二年,可信。汪氏盖因未明"太宗被幽闭"何指,故误。另,汪氏系"萧纲被侯景囚禁"条于公元550年(梁简文帝大宝元年)下②,显然亦未明《梁书·简文帝纪》"逼"太宗与"幽"太宗之区别,误以"逼"为"囚禁",故亦误。

(二)漠视仕宦经历,率尔系年而致误

1. 公元480年(南齐高帝建元二年)下:

> 柳世隆自云马矟第一,清谈第二,弹琴第三。《南齐书·柳世隆传》说:"世隆性爱涉猎,启太祖借秘书阁书,上给二千卷……世隆少立功名,晚专以谈义自业。善弹琴,世称柳公双琐,为士品第一。常自云马矟第一,清谈第二,弹琴第三。在朝不干世务,垂帘鼓琴,风韵清远,甚获世誉。"(第368页)

按:汪氏所引《南齐书》柳世隆本传"世隆性爱涉猎……上给二千卷"句,核以原传,事在"建元二年"下、"三年"前③,当是齐高帝建元二年事。而"世隆少立功名……甚获世誉"几句,在原传"复入为尚书左仆射,领卫尉,不拜。仍转尚书令"句④之后。据同书《武帝纪》,"以新除尚书左仆射柳世隆为尚书令"⑤事在齐武帝永明七年(489)五月。汪氏引《南齐书》本传,不顾柳世隆生活经历之变化,用一个省略号,将后十年左右的事拉到建元二年,未免太随意。再说,本传明载,世隆"晚以谈义自业",是其善清谈乃晚年之事。而其卒于永明九年,时年五十⑥,是其建元二年,尚不足四十岁,何能云"晚"?

2. 公元494年(南齐明帝建武元年)下:

---

① 曹道衡、沈玉成:《中古文学史料丛考》,中华书局2003年版,第529页。
② 陈文新主编,汪春泓本卷主编:《中国文学编年史·两晋南北朝卷》,第515页。
③ 萧子显:《南齐书》,第451页。
④ 萧子显:《南齐书》,第452页。
⑤ 萧子显:《南齐书》,第57页。
⑥ 萧子显:《南齐书》,第452页。

孔稚珪上表论北魏事，主和，帝不纳。《南齐书·孔稚珪传》说："建武初，迁冠军将军、平西长史、南郡太守。稚珪以虏连岁南侵，征役不息，百姓死伤，乃上表曰：（中略）"春泓按，此表对于汉代以来历朝历代的对外政策进行了反思和评价，他主张和的政策，与士人的主流思想是一致的。而此表虽名之曰表，实际上又有论的内涵，论在表中时常有所体现。（第397—398页）

按：显然，汪卷是据本传"建武初"云云，为孔稚珪上表事系年的。但是"建武初"就一定是建武元年吗？即使是，那又凭什么肯定孔稚珪在上任的当年即上表呢？如果没有有力的佐证，是不能肯定的。其实，孔稚珪上表的时间，不必远寻证据，其表文中即有明述："建元之初，胡尘犯塞，永明之始，复结通和，十余年间，边候且息。陛下张天造历，驾日登皇，声雷宇宙，势压河岳。而封豕残魂，未屠剑首，长蛇余喘，偷窥外甸，烽亭不静，五载于斯。"①

此段述南齐建元、永明至齐明帝登皇以来与北魏政权和战情况，其中"五载于斯"云云，清楚地表明此表作于齐明帝上台五年之时。又表文续有云："昔岁蚁坏，瘵食樊、汉，今兹虫毒，浸淫未已。"②此正可与《南齐书·明帝纪》建武四年八月"索虏寇沔北"，五年正月"沔北诸郡为虏所侵，相继败没。乙巳，遣太尉陈显达持节救雍州"云云③相印证。是孔稚珪此表作于建武五年应无疑问。令人不解的是，据汪卷按语，汪氏似读过此表，但表文中"建元之初"以下一段，汪氏是读过呢，还是未读？

3. 公元504年（梁武帝天监三年）下：

张充长于义理，登台讲说，皇太子以下皆至。《梁书·张充传》说天监初年，张充"长于义理，登台讲说，皇太子以下皆至。时王

---

① 萧子显：《南齐书》，第839页。
② 萧子显：《南齐书》，第839页。
③ 萧子显：《南齐书》，第90页。

侯多在学，执经以拜，充朝服而立，不敢当也"。张充精于《老》《易》，在这些学问上，他可以称作是萧统等人的老师。（第429页）

按：《梁书·张充传》："天监初，除太常卿。寻迁吏部尚书，居选称平允。俄为散骑常侍、云骑将军。寻迁晋陵太守，秩中二千石。征拜散骑常侍、国子祭酒。充长于义理，登堂讲说，皇太子以下皆至。时王侯多在学，执经以拜，充朝服而立，不敢当也。"①此段即汪氏所据。但略通文理者即能看出，张充"登堂讲说"必在其解吏部尚书之后，为"散骑常侍、国子祭酒"时。考《梁书·武帝纪》知，天监五年"二月庚戌，以太常张充为吏部尚书"，六年五月"癸亥，以侍中袁昂为吏部尚书"，十年五月"己卯，以国子祭酒张充为尚书左仆射"。②则张充为国子祭酒必在天监六年五月以后，十年五月以前，其"登堂讲说"必在此期间。又，《梁书·儒林传序》有云："（天监）七年，又诏曰：'……宜大启庠校，博延胄子，务彼十伦，弘此三德，使陶钧远被，微言载表。'于是皇太子、皇子、宗室、王侯始就业焉。"③因张充"登堂讲说"时，"王侯多在学"，故其时必不早于天监七年。汪卷漠视张充天监初以后之仕历，系其"登堂讲说"于天监三年，毫无道理。

4. 公元504年（梁武帝天监三年）下：

王僧孺诗作得武帝欣赏。《南史·王僧孺传》说："视事二岁，声绩有闻。诏征将还，郡中道俗六百人诣阙请留，不许。至，拜中书侍郎，领著作，复直文德省。撰起居注、中表簿，迁尚书左丞，俄兼御史中丞。（中略）顷之即真。时武帝制《春景明志诗》五百字，敕沈约以下辞人同作，帝以僧孺为工。"春泓按，天监初，王僧孺出为南海太守，《梁书》本传说"视事期月"，与《南史》本传所说"视事二岁"不同，应以《南史》为确，假如视事仅期月，何以令道俗

---

① 姚思廉：《梁书》，第330页。
② 姚思廉：《梁书》，第43—51页。
③ 姚思廉：《梁书》，第662页。

六百人请留。故其还朝时间应在天监三年。(第429页)

按：汪氏不知"期月"有二义：一整月或一周年，因而误解《梁书》本传"期月"之意。一周年是实数，而"二岁"可以是虚数，"视事期月"与"视事二岁"并无大区别。

就《南史》本传叙事顺序看，王僧孺"还朝时间"显然不是其奉敕作《春景明志诗》的时间，其作此诗应在为御史中丞时。试想，王僧孺还朝以后，"拜中书侍郎"、"迁尚书左丞"，又"兼御史中丞"，"顷之即真"，如此仕历，怎么可能都发生在"还朝"之年？汪卷对这些视而不见，故系年必然错误。那么，王僧孺为御史中丞究竟在哪一年？考《梁书·乐蔼传》，蔼天监二年前任御史中丞[1]，同书《傅昭传》，昭天监三年前兼御史中丞[2]，又，据曹考卷四"任昉永明、天监间仕历"条所考，任昉天监三年至四年在御史中丞任上[3]，又《梁书·陆杲传》杲天监五年为御史中丞，六年改官。[4]而梁代御史中丞定员一人[5]，因知王僧孺为御史中丞不可能早于天监六年，其奉敕作《春景明志诗》自当在天监六年后。

5. 公元504年（梁武帝天监三年）下：

刘孺诗赋得沈约、高祖之嗟赏。《梁书·刘孺传》说："刘孺字孝稚，彭城安上里人也。祖勔，宋司空忠昭公……七岁能属文……时镇军沈约闻其名，引为主簿，常与游宴赋诗，大为约所嗟赏，累迁太子舍人、中军临川王主簿、太子洗马、尚书殿中郎。出为太末令，在县有清绩。还除晋安王友，转太子中舍人。孺少好文章，性又敏速，尝于御坐为《李赋》，受诏便成，文不加点，高祖甚称赏之。

---

[1] 姚思廉：《梁书》，第303页。
[2] 姚思廉：《梁书》，第393页。
[3] 曹道衡、沈玉成：《中古文学史料丛考》，第478页。
[4] 姚思廉：《梁书》，第398—399页。
[5] 魏徵等：《隋书》卷二六《百官上》，中华书局1982年版，第723页。

后侍宴寿光殿，诏群臣赋诗，时孺与张率并醉，未及成，高祖取孺手板题戏之曰：（中略）"，春泓按，《梁书》本传记载，萧宏于天监三年进号中军将军，所以刘孺任中军临川王主簿等职应在天监三年，而侍宴寿光殿，也应在本年前后。（第430页）

按：汪氏有何理据认定刘孺任中军临川王主簿在天监三年，"而侍宴寿光殿，也应在本年前后"？《梁书》本传不是明载其任"中军临川王主簿"后、"侍宴寿光殿"以前，先后任太子洗马、尚书殿中郎、太末令、晋安王友、太子中舍人等职吗？这些仕历可能是在天监三年这一年有的吗？显然不可能。曹考卷四"刘孺仕历"条，推定刘孺"侍宴寿光殿"事在天监七年、八年或十年[①]，颇可信从。汪氏将刘孺游宴赋诗为沈约嗟赏事与侍宴寿光殿赋诗扯在一起，同系于天监三年，误。

6. 公元508年（梁武帝天监七年）下：

> 昭明太子好士爱文。《梁书·刘孝绰传》说："起为安西记室，累迁安西骠骑谘议参军，敕权知司徒右长史事，迁太府卿、太子仆，复掌东宫管记。时昭明太子好士爱文，孝绰与陈郡殷芸、吴郡陆倕、琅邪王筠、彭城到洽等，同见宾礼。太子起乐贤堂，乃使画工先图孝绰焉。"春泓按，《梁书》本传记载，萧秀于天监七年，进号"安西将军"，据此可知刘孝绰在萧统身边备受尊重，逐渐成为东宫之核心人物。（第440—441页）

按：汪氏以刘孝绰为"安西记室"的时间为"昭明太子好士爱文"的时间，此大可怀疑。《梁书》本传明载，孝绰为"安西记室"后，"累迁安西骠骑谘议参军"，又"迁太府卿、太子仆"。可以肯定"累迁"、"迁"与为"安西记室"在同一年？如果不在同一年，那么，"时昭明太子好士爱文"之"时"，又如何理解？

又，汪氏因《梁书》本传记载，萧秀于天监七年迁号安西将军，从

---

① 曹道衡、沈玉成：《中古文学史料丛考》，第544页。

而认为刘孝绰为安西记室就在天监七年。此亦大有疑问。考《梁书·太祖五王·安成王秀传》及《武帝纪》①，萧秀天监六年四月为平南将军、江州刺史，七年五月为平西将军、荆州刺史，八月进号安西将军，十三年正月为安西将军、郢州刺史。是萧秀曾两度为安西将军。那么，刘孝绰为安西记室是在哪一次呢？考《梁书》本传，刘孝绰"出为平南安成王记室，随府之镇"后，"寻补太子洗马，迁尚书金部侍郎，复为太子洗马，掌东宫管记。出为上虞令，还除秘书丞"，"公事免，寻复除秘书丞，出为镇南安成王谘议，入以事免"②，再才接汪氏所引"起为安西记室"云云。孝绰为"平南安成王记室，随府之镇"在天监六年四月，自无疑问，其为"安西记室"必不可能在天监七年安成王秀第一次为安西将军之时，否则，自天监六年四月至七年八月间，刘孝绰能有那么多次官职的变动？故刘孝绰为安西记室只能是安成王秀第二度为安西将军时，即天监十三年正月。

综上所考，"昭明太子好士爱文"之"时"必在刘孝绰第二度为安西记室参军以后，亦即天监十三年正月以后，且不可能就在天监十三年。汪卷完全无视仕宦经历，系年自然失误。

7. 公元521年（梁武帝普通二年）下：

> 萧洽受敕撰《当涂堰碑》。《梁书·萧介传》附《萧洽传》说："二年，迁散骑常侍。出为招远将军、临海太守。为政清平，不尚威猛，民俗便之。还拜司徒左长史，又敕撰《当涂堰碑》，辞亦赡丽。"（第459—460页）

按：观《梁书》本传，萧洽撰《当涂堰碑》在其为司徒左长史时。然洽"迁散骑常侍"后，又"出为招远将军、临海太守"，而齐梁官制，郡县居职以三年为断，则洽"还拜司徒左长史"最早不得在普通五年

---

① 姚思廉：《梁书》，第343—344（45—54）页。
② 姚思廉：《梁书》，第480页。

前。是其受敕撰《当涂堰碑》自不可能在普通二年也。

8. 公元 537 年（梁武帝大同三年）下：

> 褚玠文风不好艳靡。《陈书·文学传》之《褚玠传》说："褚玠字温理，河南阳翟人也。（中略）玠九岁而孤，为叔父骠骑从事中郎随所养。早有令誉，先达多以才器许之。及长，美风仪，善占对，博学能属文，词义典实，不好艳靡。"春泓按，本传记载，褚玠卒于陈太建十二年，其九岁时正值本年。（第 496 页）

按：《陈书》本传明云"玠九岁而孤"，九岁乃其父卒之时；又云"博学能属文，词义典实，不好艳靡"是其"及长"之事。"及长"二字，汪氏视而不见，可怪。

三、对待已有相关研究成果问题

全面掌握已有相关研究成果，充分加以吸收利用，是学术研究的基础，也是基本要求。笔者固陋，但所见关于齐梁文史之研究成果中，可供文学编年之参考者亦颇为丰富。汪氏对已有这类成果虽有吸收，但笔者统计，其注明出处者仅 15 条。因此之故，严重影响了所著之质量。概而言之，主要问题有两类，今举例分述如下。

（一）无视已有之研究成果，自出新说而失误

1. 公元 482 年（南齐高帝建元四年）下：

> 萧赜主导《宋书》修撰。《南齐书·文学传》之《王智深传》说："世祖使太子家令沈约撰《宋书》，拟立《袁粲传》，以审世祖。（中略）于是多所省除。"春泓按，《梁书》本传记载，沈约齐初即侍奉齐文惠太子，而太子为皇太子时在太祖崩、世祖即位之后，沈约被任命为太子家令。（第 372 页）

按：据《南齐书·武帝纪》，建元四年三月，太祖崩，世祖继位，

六月立皇太子萧长懋。① 但文惠太子萧长懋立为皇太子与沈约为太子家令同时吗？《梁书·沈约传》有云："太子入居东宫，为步兵校尉，管书记，直永寿省，校四部图书。……迁太子家令。"② 是沈约先为太子步兵校尉，后迁太子家令。即使沈约任太子步兵校尉半年后迁职，其始为太子家令也到了永明元年。罗国威《沈约任昉年谱》③、陈庆元《沈约事迹诗文系年》④、林家骊《沈约诗文系年》⑤ 等均系沈约迁太子家令于永明元年。又，汪氏将沈约为太子家令之年视为其始撰《宋书》之年，更大谬不然。沈约《宋书·自序》明云："（永明）五年春，又被敕撰《宋书》，六年二月毕功，表上之。"⑥ 上引罗、陈、林三氏之文及曹考⑦ 并据以系年。未知汪氏何以无视这些论著的考论。

2. 公元492年（南齐武帝永明十年）下：

> 何胤受命撰录新礼。《梁书·处士传》之《何胤传》说："胤字子季，点之弟也。（中略）尚书令王俭受诏撰新礼，未就而卒。又使特进张绪续成之，绪又卒；属在司徒竟陵王子良，子良以让胤，乃置学士二十人，佐胤撰录。永明十年，迁侍中，领步兵校尉，转为国子祭酒。"春泓按，从王俭、张绪以至何胤，可见齐武帝年间，朝廷一直有重建儒学的举措。（第392页）

按：据《梁书》何胤本传，永明十年是何胤迁侍中的时间，有什么依据确定这一年也是其"受命撰录新礼"的年份？令人不解。近人刘汝霖《东晋南北朝学术编年》（以下简称刘编）卷四"永明七年"下

---

① 萧子显：《南齐书》，第45页。
② 姚思廉：《梁书》，第233页。
③ 刘跃进、范子烨：《六朝作家年谱辑要》，黑龙江教育出版社1999年版，第397页。
④ 沈约著，陈庆元校笺：《沈约集校笺》，浙江古籍出版社1995年版，第55页。
⑤ 林家骊：《沈约诗文系年》，《文史》2001年第2辑。
⑥ 沈约：《宋书》，中华书局2000年版，第2466页。
⑦ 曹道衡、沈玉成：《中古文学史料丛考》，第484页。

有"齐使何胤撰新礼"条①，刘氏《考证》云："按《梁书·徐勉传》，勉《上五礼表》有云：'以事付国子祭酒何胤，经涉九载，犹复未备。建武四年，胤还东山。'自建武四年至是，恰为九年，故志其事于此。"刘氏之考确凿可信。曹史卷二齐武帝永明八年下有"刘绘三十三岁，辅佐何胤撰治礼仪"条②，所考与刘汝霖略同。此二书俱在汪氏所列《参考文献》中③，汪氏又在其《后记》中特别标举从中"获益良多"④，而实未能吸收此成果，令人遗憾。

3. 公元502年（梁武帝天监元年）下：

萧子显撰《齐史》。《梁书·萧子恪传》附《萧子显传》："子显字景阳，（中略）天监初，降爵为子。累迁安西外兵、仁威记室参军、司徒主簿、太尉录事。（中略）又采众家《后汉》，考正同异，为一家之书。又启撰《齐史》，书成，表奏之，诏付秘阁。"（第422页）

按：从《梁书》萧子显本传叙事之顺序看，其启撰《齐史》绝不在天监元年。据曹考卷四"《梁书·萧子显传》卒年有误"条所考，萧子显生于齐永明五年。⑤是其天监元年年仅十五岁，恐非能撰《齐史》之年龄。子显撰《齐史》究在何年？初唐刘知幾《史通》卷一二《外篇·古今正史》有云："梁天监中，萧子显启撰《齐史》。"⑥《中古文学史料丛考》卷四又有"萧子显《南齐书》撰成于天监中期"条，其结论是：子显撰《齐书》"自当在天监十三年前"。⑦稍嫌不足的是，引据尚有未周。考《南齐书·皇后·文安王皇后传》有云："天监十一年薨，

---

① 刘汝霖：《东晋南北朝学术编年》，第280页。
② 曹道衡、刘跃进：《南北朝文学编年史》，第282页。
③ 陈文新主编，汪春泓本卷主编：《中国文学编年史·两晋南北朝卷》，第570页。
④ 陈文新主编，汪春泓本卷主编：《中国文学编年史·两晋南北朝卷》，第583页。
⑤ 曹道衡、沈玉成：《中古文学史料丛考》，第574页。
⑥ 张振佩：《史通笺注》（下册），贵州人民出版社1985年版，第448页。
⑦ 曹道衡、沈玉成：《中古文学史料丛考》，第574页。

年五十八。"① 是萧子显《齐史》之撰成不得早于天监十一年。

4. 公元503年（梁武帝天监二年）下：

> 任昉手自雠校秘阁四部。《梁书·任昉传》说："天监二年，出为义兴太守……友人彭城到溉，溉弟洽，从昉共为山泽游……自齐永元以来，秘阁四部，篇卷纷杂，昉手自雠校，由是篇目定焉。"（第427页）

按：查《梁书·任昉传》，"自永元以来"云云前，有"寻转御史中丞，秘书监，领前军将军"②句。显然任昉校"秘阁四部"时在秘书监任上。任昉为御史中丞在天监三年至四年夏，曹考卷四"任昉在永明、天监间仕历"条已有确考③，则其为秘书监当始于天监四年，其校秘阁四部亦当不早于是年。刘编卷之五（上）④、曹史卷三⑤均系其事于天监四年，不知汪氏何以未知。

5. 公元503年（梁武帝天监二年）下：

> 范缜赞扬裴子野著《宋略》二十卷。《梁书·裴子野传》说："二年，吴平侯萧景为南兖州刺史，引为冠军录事，府迁职解。时中书范缜与子野未遇，闻其行业而善焉。会迁国子博士，乃上表让之曰：'伏见前冠军府录事参军河东裴子野，年四十，（中略）'"春泓按，《梁书·儒林传》之《范缜传》说，在梁初，范缜"志在权轴，既而所怀不满，亦常怏怏"，对"国子博士"兴趣不大，所以他把"国子博士"位置"回授子野"，（中略）范缜此表所谓"年四十"只是虚数，本年裴子野年仅三十五岁。（第427页）

按：汪氏以天监二年，即萧景为南兖州刺史之年，为范缜上表让国

---

① 萧子显：《南齐书》，第392页。
② 姚思廉：《梁书》，第253—254页。
③ 曹道衡、沈玉成：《中古文学史料丛考》，第479页。
④ 刘汝霖：《东晋南北朝学术编年》，第322页。
⑤ 曹道衡、刘跃进：《南北朝文学编年史》，第369页。

子博士之职给裴子野之年，未作任何说明。考《梁书·萧景传》，梁初，萧景封吴平侯，为冠军将军、南兖州刺史。天监四年，王师北伐，景帅众出征，丁母忧，诏起摄职。五年，除太子右卫率。① 是萧景"府迁"在天监五年，裴子野解冠军录事参军当在其年。唯其"职解"又未任新职，故范缜称其为"前冠军录事参军"。范缜既称其为"前冠军录事参军"，怎么可能是天监二年之事？其实，范缜上此表之时间，曹考卷四"范缜生卒年"条②、"范缜《神灭论》作年"条③，曹史卷三并系之于天监七年④，言之凿凿。汪氏以"虚数"解释子野"年四十"与天监二年的矛盾，毫无可信度。

6. 公元505年（梁武帝天监四年）下：

> 丘迟与陈伯之书。《梁书·陈伯之传》说：陈伯之叛梁，与子虎牙及褚緭俱入魏，魏授以官职，"天监四年，诏太尉、临川王宏率众军北讨，宏命记室丘迟私与伯之书曰：（中略）"春泓按，此书晓之以理，动之以情，恩威并施，尤其最后"暮春三月，江南草长，杂花生树，群莺乱飞"云云，文字优美，具有极高的感染力，此书成为文学史上的名篇。（第431—432页）

按：《梁书·丘迟传》有云："（天监）四年，中军将军临川王宏北伐，迟为谘议参军，领记室。时陈伯之在北，与魏军来距，迟以书喻之，伯之遂降。"⑤ 是丘迟此书当作于萧宏北伐，魏军来距时。考《梁书·武帝纪》，萧宏北伐在天监四年十月⑥，《南史·梁本纪》⑦及《资治通

---

① 姚思廉：《梁书》，第368页。
② 曹道衡、沈玉成：《中古文学史料丛考》，第489页。
③ 曹道衡、沈玉成：《中古文学史料丛考》，第490页。
④ 曹道衡、刘跃进：《南北朝文学编年史》，第3484页。
⑤ 姚思廉：《梁书》，第687页。
⑥ 姚思廉：《梁书》，第42页。
⑦ 李延寿：《南史》，第189页。

鉴·梁纪二》①并同。是丘迟此书必作于当年十月北伐出军之后。而书中明有"暮春三月"云云，钱锺书《管锥编》第四册"《全梁文》卷五六《与陈伯之书》如明珠投暗"条有云："特举'暮春三月'，当是作书时适值此节令，亦以示江北无尔许春光。"②天监四年十月以后的三月，必是五年三月。《资治通鉴·梁纪二》系此书于天监五年三月③，曹史第十一章第三节言及此书，云："天监五年三月，萧宏命丘迟作书与陈伯之劝其返江南。"④曹史亦于天监五年下立"丘迟四十三岁，春，作《与陈伯之书》"条。⑤以上这些，汪氏似未知。

7. 公元507年（梁武帝天监六年）下：

> 梁武帝召见吴均，使撰《通史》。《梁书·文学传》之《吴均传》说："建安王伟为扬州，引兼记室，掌文翰。王迁江州，补国侍郎，兼府城局。还除奉朝请。先是，均表求撰《齐春秋》。（中略）坐免职。寻有敕召见，使撰《通史》，起三皇，讫齐代，均草本纪、世家功已毕，唯列传未就。"春泓按，《梁书》本传，萧伟任扬州刺史在天监六年，与吴均一样，梁代如武帝亦有撰写通史之宏愿。（第439页）

按：刘编卷五（上）"天监十二年"下有"梁使吴均等撰《通史》"条，其《考证》有云："考《梁书·南平王伟传》，伟以天监九年迁江州，是年征还。则均之为奉朝请当在其随伟还朝之时。其撰《通史》，必在是年或是年之后。而均卒于普通元年，此不过数年，已成本纪及世家，则为时不容太后，故志之于此。"⑥朱东润《中国文学论集》卷二《诗人吴均》一文云："均撰《齐春秋》及《通史》的时期，颇难确定，

----

① 司马光：《资治通鉴》，第969页。
② 钱锺书：《管锥编》，中华书局1996年版，第1452页。
③ 司马光：《资治通鉴》，第971页。
④ 曹道衡、沈玉成：《南北朝文学史》，人民文学出版社1991年版，第218页。
⑤ 曹道衡、刘跃进：《南北朝文学编年史》，第371页。
⑥ 刘汝霖：《东晋南北朝学术编年》，第351页。

大致在天监十二年至普通元年间。"① 刘、朱两家所见略同，虽不无推测之词，但吴均撰《通史》不可能在天监六年，则是肯定的，因为这时，吴均尚未还朝。

（二）未知已有之辨正，沿用有误之史料

1. 公元493年（南齐武帝永明十一年）下：

> 王融文名已远播北方。《南齐书》本传说："上以融才辩，十一年，使兼主客，接房使房景高、宋弁。（中略）"春泓按，假如此节文字不是杜撰的话，说明北朝士人亦十分关注南朝士人的著述情况，而王融等文名已远播北方。（第393—394页）

按：《南齐书·王融传》"十一年"当是"十年"之讹。《南史》卷二一同传以《南齐书》本传为蓝本，却删"十一年"三字②，当是发现了问题。陈庆元《王融年谱》于"永明十年"下有"兼主客，接北使房亮、宋弁"条。陈氏引《魏书·高祖纪》、《北史·魏本纪》、《资治通鉴》等相关史料综合考证，结论是《南齐书·王融传》"'十一年'误，当作十年"③。曹史卷二亦系此事于永明十年，考述与陈氏略同。④

2. 公元503年（梁武帝天监二年）下：

> 何佟之卒，年五十五。《梁书·儒林传》之《何佟之传》说："高祖践祚，（中略）天监二年，卒官，年五十五。"（第428页）

按：曹考卷四"何佟之卒年"条，据《隋书·礼仪志》关于天监三年、四年何佟之议礼仪事之记载，说："所记确凿如此，当无疑义，是佟之必卒于天监四年后。《梁书》'二年'或是'六年'，盖行草书形近致误。"⑤而严可均《全梁文》卷四九《何佟之小传》云："（佟之）天监

---

① 朱东润：《中国文学论集》，中华书局1983年版。
② 李延寿：《南史》，第576页。
③ 刘跃进、范子烨：《六朝作家年谱辑要》，第490页。
④ 曹道衡、刘跃进：《南北朝文学编年史》，第297—298页。
⑤ 曹道衡、沈玉成：《中古文学史料丛考》，第610—611页。

四年卒。"① 考《隋书·礼仪志二》有云："(天监)四年，何佟之议……奏未报而佟之卒。……五年，明山宾议。"② 显然，何佟之卒于天监四年，严可均说是。

3. 公元508年（梁武帝天监七年）下：

> 吴兴太守张稷升任尚书左仆射，刘之遴代作让表，得任昉称赏。《梁书·刘之遴传》说："时张稷新除尚书仆射，托昉为让表，昉令之遴代作，操笔立成。（中略）"春泓按，《梁书·武帝本纪》说："(天监七年)冬十月丙寅，以吴兴太守张稷为尚书左仆射。"故刘之遴代草让表应在本年。(第441页)

按：《梁书·任昉传》载，昉天监"六年春，出为宁朔将军、新安太守"，"视事期岁，卒于官舍"。③ 是任昉之卒在天监七年春，而张稷为尚书左仆射在天监七年十月，时任昉已不在人世，何能令刘之遴代作让表？曹考卷四"《梁书·刘之遴传》有误"条已辨其非，并云其事"盖出传闻，未足信"。④ 可惜汪氏未知。

4. 公元517年（梁武帝天监十六年）下：

> 何胤年七十二，作《别山诗》一首，言甚凄怆。《梁书·处士传》之《何胤传》说："何氏过江，自晋司空充并葬吴西山。胤家世年皆不永，唯祖尚之至七十二。胤年登祖寿，乃移还吴，作《别山诗》一首，言甚凄怆。（中略）"春泓按，本传记载，何胤卒年在中大通三年，时年八十六，所以其七十二岁，时在天监十六年。(第452页)

按：何胤祖父尚之实寿七十九，《梁书·何胤传》"七十二"，误。《宋书·何尚之传》明载尚之大明四年（460）"薨于位，时年七十九"⑤，

---

① 严可均辑：《全上古三代秦汉三国六朝文》第四册，中华书局1958年版，第3231页。
② 魏徵等：《隋书》，第132—133页。
③ 姚思廉：《梁书》，第254页。
④ 曹道衡、沈玉成：《中古文学史料丛考》，第634—635页。
⑤ 沈约：《宋书》，第1738页。

《南史》同传亦云其"薨年七十九"①。《南史》同传附《何胤传》照录《梁书·何胤传》亦误作"七十二",中华书局本《南史》之《校勘记》有云:"《南史》及《宋书》、《何尚之传》并作薨年七十九,此与《梁书·处士·何胤传》又并作尚之年至七十二,疑当以尚之本传为正。"②实际上,何尚之本传,薨年"七十九"是不必怀疑的。考《宋书》本传,尚之元嘉二十九年(452)致仕,袁淑与尚之书,有"虽曰年礼宜遵,亦事难斯贵"云云。③"年礼"者,乃指《礼记·曲礼上》"大夫七十而致事"之礼。④元嘉二十九年,何尚之年七十,其大明四年卒时正年七十九。此为有力之佐证。汪氏似未见《南史》之《校勘记》。

5. 公元528年(梁武帝大通二年)下:

萧综被魏人执杀,时年四十九。《梁书·豫章王综传》说:"豫章王综字世谦,高祖第二子也……大通二年,萧宝夤在魏据长安反,综自洛阳北遁,将赴之,为津吏所执,魏人杀之,时年四十九。"(第471页)

按:《梁书》本传,萧综乃萧衍入建康后七月而生,则当是天监元年(502)生,至大通二年,仅二十七岁,何来四十九?本传显然有误。许福谦《南北朝八书二史疑年录》之《〈梁书〉疑年录》"萧综"条⑤,曹道衡、沈玉成《中古文学史料丛考》卷四"萧综卒年、年岁及卒因"条⑥并有详考,结论都是萧综卒于中大通四年(532),年三十一。

6. 公元536年(梁武帝大同二年)下:

刘杳卒官,时年五十。《梁书·文学传》之《刘杳传》说:"大

---

① 李延寿:《南史》,第1785页。
② 李延寿:《南史》,第801页。
③ 沈约:《宋书》,第1736页。
④ 陈澔注:《礼记》,上海古籍出版社1987年版,第3页。
⑤ 许福谦:《南北朝八书二史疑年录》,第85页。
⑥ 曹道衡、沈玉成:《中古文学史料丛考》,第383—384页。

同二年，卒官，时年五十……杳自少至长，多所著述。"（第494页）

按：《梁书》本传"时年五十"下脱"八"字。许福谦《南北朝八书二史疑年录》之《〈梁书〉疑年录》"刘杳"条①、曹考卷四"《梁书·刘杳传》记年岁有误"条②、曹史卷四"梁武帝大同二年"下"刘杳卒，时年五十八"条③，并据《南齐书·刘怀慰传》、《南史·阮孝绪传》及《梁书》本传考得刘杳卒于大同二年，年五十八，确凿可信。

四、莫名其妙的疏失

汪氏于齐梁文学之编年，尚有不少疏失，让人愕然，莫明其妙。今亦举数例如下。

1. 公元483年（南齐武帝永明元年）下：

> 贾渊世传谱学。《南齐书·文学传》之《贾渊传》说："贾渊字希镜，平阳襄陵人也……世传谱学……永明初，转尚书外兵郎，历大司马司徒府参军。竟陵王子良使渊撰《见客谱》，出为句容令。（中略）渊父及渊三世传学，凡十八州士族谱，合百帙七百余卷，该究精悉，当世莫比。永明中，卫军王俭抄次《百家谱》，与渊参怀撰定。"（第374页）

按："贾渊世传谱学"，何以系于永明元年？汪氏按语无一言论及。即使以《南齐书》本传"永明初"为永明元年，那也只是贾渊转尚书外兵郎的年份。再说，"世传谱学"岂是某一年之事？即使要强调"贾渊世传谱学"，也只宜在其卒年下加以叙述。而其卒年，《南齐书》本传明载："中兴元年（501）。"④

---

① 许福谦：《南北朝八书二史疑年录》，第84页。
② 曹道衡、沈玉成：《中古文学史料丛考》，第552页。
③ 曹道衡、沈玉成：《南北朝文学史》，第487页。
④ 萧子显：《南齐书》，第907页。

2. 公元492年（南齐武帝永明十年）下：

　　王元长批评过度注重声律的风尚。钟嵘《诗品序》说："齐有王元长者，尝谓余云：宫商与二仪俱生，自古词人不知之。惟颜宪之乃云，律吕音调，而其实大谬，唯见范晔、谢庄颇识之耳。常欲进知音论，未就。王元长创其首，谢朓、沈约扬其波，三贤或贵公子孙，幼有文辩，于是士流景慕，务为精密，襞积细微，专相凌架，故使文多拘忌，伤其真美。余谓文制，本须讽读，不可蹇碍，但令清浊通流，口吻调利，斯为足矣。至平上去入，则余病未能。蜂腰鹤膝，闾里已具。"对于过度注重声律的诗歌写作风尚，当时就有批评的声音。（第391页）

按：为避断章取义之嫌，我将汪氏此条照录于此。查汪氏于其《参考文献》所列《诗品》版本，唯"《诗品集注》，钟嵘撰、曹旭注，上海古籍出版社1994年版"一种。① 以之与汪文所引相校，见引文中"未就"，《诗品集注》作"未就而卒"②，且标点亦有不同。因知汪氏所引非曹旭注本。略通句读并对齐梁文史有所了解的人都该知道，《诗品序》中"余"乃钟嵘自称，他是批评"过度注重声律"的；而王元长（即王融）与谢朓、沈约等"三贤"是"注重声律"的。作为学者，汪氏"王元长批评过度注重声律的风尚"之说，令人吃惊。

3. 公元495年（南齐明帝建武二年）下：

　　刘系宗以娴于吏事为武帝所重。《南史·恩幸传》之《刘系宗传》说："刘系宗，丹阳人也……永明中，（中略）系宗久在朝省，娴于职事，武帝常云：'学士辈不堪经国，唯大读书耳。经国，一刘系宗足矣。沈约、王融数百人，于事何用。'其重吏事如此。建武二年，卒官。"春泓按，武帝一则尊重名门子弟如王俭之辈，另则重用能吏如刘系

---

① 陈文新主编，汪春泓本卷主编：《中国文学编年史·两晋南北朝卷》，第571页。
② 曹旭注：《诗品集注》，上海古籍出版社1994年版，第337页。

宗者。（第402页）

按：刘系宗既是"为武帝所重"，其事自然当在齐武帝在世时。据《南齐书·武帝纪》，齐武帝死于永明十一年（493）七月。① 汪氏系此事于建武二年，令人不解。

4. 公元502年（齐和帝中兴二年，梁武帝天监元年）下：

萧衍于本年写作《孝思赋》。（第418页）

按：汪氏此说未列任何依据。现存文献亦未见有明确记载《孝思赋》之作年者。但此赋作于普通元年（520）以后，是可以肯定的。汪氏系于公元502年，误。今略考如下：

《孝思赋·序》有云："乃于钟山下建大爱敬寺，于青溪侧造大智度寺，以表罔极之情，达追远之心。竭工匠之巧，属世俗之奇，水石周流，芳树杂沓……乃作《孝思赋》云尔。"② 是梁武帝作此赋时，大爱敬寺已建成。而唐人许嵩《建康实录》卷一七载，梁普通元年"置大爱敬寺，西去县十八里，武帝为太祖文皇帝造"③。又宋人张敦颐《六朝事迹编类》卷一一《寺院门》"大爱敬寺"亦云："梁武帝普通元年造，在蒋山之北高峰上。"④ 如此，梁武帝《孝思赋》之作不得早于普通元年。

5. 公元504年（梁武帝天监三年）下：

（四月）八日，萧衍于重云阁撰《舍道事佛疏文》，表示皈依佛教。

据《梁书·武帝本纪》（第429页）

按：据笔者所知，不仅《梁书·武帝纪》，各本《梁书》、《南史》均无萧衍撰《舍道事佛疏文》之记载。汪氏是否想当然？今所存梁武帝此文出唐释道宣《广弘明集》卷四，题为《舍事李老道法诏》，文有

---

① 萧子显：《南齐书》，第61—62页。
② 释道宣：《广弘明集》，上海古籍出版社1991年版，第347—348页。
③ 许嵩：《建康实录》，中华书局1986年版。
④ 张敦颐：《六朝事迹编类》，南京出版社1989年版，第84页。

"维天监三年四月八日，梁国皇帝兰陵萧衍"云云。① 若要为之系年，当依以为据。不过，此诏疑点颇多，笔者曾撰《梁武帝天监三年舍事李老道法事证伪》一文，疑其为道宣伪造。②

6. 公元 512 年（梁武帝天监十一年）下：

> 王、谢子弟文脉依然不绝。《梁书·谢举传》说："谢举字言扬，中书令览之弟也。幼好学，能清言，与览齐名。举年十四，尝赠沈约五言诗，为约称赏。世人为之语曰：'王有养、炬，谢有览、举。'（中略）天监十一年，迁侍中。"据《梁书·武帝本纪中》，今年正月，"加左光禄大夫、行太子少傅沈约特进"。（第 446 页）

按："王、谢子弟文脉依然不绝"与天监十一年是何关系？如此笼统概括的条目能系之于某一年吗？要系年，为什么要系于谢举"迁侍中"之年？不可解。又，沈约加特进与"王、谢子弟文脉依然不绝"何干？是否当另立一条？

7. 公元 515 年（梁武帝天监十四年）下：

> 王锡年十四，与范阳张缵齐名，俱为太子舍人。《梁书·王锡传》说："十四，举清茂，除秘书郎，与范阳张缵齐名，俱为太子舍人。丁父忧，居丧尽礼。服阕，除太子洗马。（中略）"春泓按，王锡卒于中大通六年，时年三十六，所以其十四岁时，应在天监十一年，待到他居丧尽礼，服阕，则应在天监十四年。（第 450 页）

按：据汪氏所考，"王锡年十四""应在天监十一年"，为什么又系"王锡年十四，与范阳张缵齐名，俱为太子舍人"于天监十四年？

8. 公元 536 年（梁武帝大同二年）下：

> 何胤卒，时年五十八。《梁书·处士传》之《何胤传》说："大同二年，卒，时年五十八。门徒谥其德行，谥曰文贞处士。所著《七

---

① 释道宣：《广弘明集》，第 116 页。
② 熊清元：《梁武帝天监三年舍事李老道法事证伪》，《黄冈师专学报》1998 年第 2 期。

录》等书二百五十卷,行于世。"(第494页)

按:考《梁书》本传,何胤"中大通三年,卒,年八十六"[1],明明白白。汪氏本书"公元531年(梁武帝中大通三年)"下亦有"何胤卒,年八十六"条[2],怎么同书大同二年下又有这一条? 原来《梁书·处士传》之《何胤传》后紧接《阮孝绪传》,大概是汪氏翻书夹了页,将阮孝绪的卒年当成何胤的卒年了。

以上所列四大类49例,仅是汪卷问题的一部分,至于其所出条目之失当、史料运用之乏剪裁、叙述语言之毛病、校对工作之粗疏,等等,非本文所能讨论,只好俟诸异日。

(原载《黄冈师范学院学报》2011年第1、4期)

---

[1] 姚思廉:《梁书》,第739页。
[2] 陈文新主编,汪春泓本卷主编:《中国文学编年史·两晋南北朝卷》,第476页。

谈《梁简文帝集校注》的校勘与注释问题

南朝梁简文帝集，历来无校注本。近日得见肖占鹏、董志广二先生用五年时间撰成，由国家古籍整理出版专项经费资助出版的《梁简文帝集校注》（以下简称《校注》）[①]，作为研习六朝文史多年的我们，自然颇为欣喜。梁简文帝出入三教，渔猎文史，加之受时人逞才炫博风习之熏染，其诗文之难注，可想而知。又简文帝集大约宋代已经散佚，至明人方有辑本传世，其间辗转抄刊，鱼鲁豕亥，亦自必然。肖、董二先生耗时用力整理这样一部别集，其筚路蓝缕，功不可没。然笔者初阅一过，发现其书之体例、校勘、注释，乃至编校等都存在着严重的问题。限于篇幅，本文仅就其中的校勘与注释加以讨论，供二位先生及读者参考。

应略作说明的是，《校注》为繁体字，今本文所引悉改为相应之简体，且依原文标明页码，以便读者复按。

先说校勘。

对梁简文帝诗之校勘，逯钦立《先秦汉魏晋南北朝诗》中《梁诗》部分辑简文帝萧纲诗[②]，出校有530多处，严可均《全上古三代秦汉三国六朝文》中《全梁文》所辑简文帝之文，中华书局影印本亦有少量校勘[③]。这些应该可以为《校注》提供某些参考。笔者初步统计，《校注》全书共出校768条，其中诗（包括乐府诗）仅399条，少于逯钦立出校数。《校注》之《凡例》云，取张燮《七十二家集》本为底本，"校本用

---

① 肖占鹏、董志广：《梁简文帝集校注》，南开大学出版社2015年版。
② 逯钦立：《先秦汉魏晋南北朝诗》，中华书局1983年版。
③ 严可均辑：《全上古三代秦汉三国六朝文》，中华书局1958年版。

《百三家集》与《文选遗集》,并以各类书、总集参校"(第1页)。倘真能广参各类书、总集,仔细比勘,是能在前人校勘的基础上有所发现,有所贡献的。但遗憾的是,无论是类书还是总集,《校注》均未能很好地参校,以致疏漏不少。今仅以《文馆词林》和《太平御览》为证[①],聊举几例,略作说明。

《弘仁本文馆词林》卷六九九录有梁简文帝"教"体文11篇,其中《图雍州贤能刺史教》、《甄异张景愿复仇教》、《与僧正教》三篇甚有校勘价值,《校注》都未能参校。如《校注》卷六《图雍州贤能刺史教》中"汉军染画,犹高贾彪"句(第535页),《弘仁本文馆词林》作"汉君染画,犹忆高彪"。按:此句与上句"越王镕金,尚思范蠡"各叙一事。《后汉书·文苑·高彪传》:"(彪)后迁外黄令,帝敕同僚临送,祖于上东门,诏东观画彪像以劝学者。"[②]此"汉君染画"云云,典之所出。《校注》底本之误自不待言。校者未能参校《弘仁本文馆词林》同文,故其注释只能于"汉军染画"云"用事不详",于"犹高贾彪"引《后汉书·贾彪传》(第536页),然引文中贾彪与画毫无关系。再如《弘仁本文馆词林》所录《甄异张景愿复仇教》长达159字,而《校注》卷六载此文仅86字(第546页),无疑可补底本之缺,但《校注》竟无一字校语。又如《与僧正教》,《校注》卷六载此文,其中"此州伽蓝支提基列"之"基"(第538页),《弘仁本文馆词林》作"棊"。考《后汉书·宦者传序》有云:"府署第馆,棊列于都鄙;子弟支附,过半于州国。"李贤注:"棊列,如棊之布列。"[③]是"棊列"乃成词,而"基列"则无谓。"基"显系"棊"之形误。

《弘仁本文馆词林》一书,日本古典研究会1969年已影印出版,

----

① 日本古典研究会:《影弘仁本文馆词林》,日本古典研究会1969年版;李昉等:《太平御览》,中华书局1960年版。
② 范晔撰,李贤注:《后汉书》,中华书局1965年版,第2652页。
③ 范晔撰,李贤注:《后汉书》,第2510—2511页。

2001年罗国威将此本再加整理，由中华书局出版了《日藏弘仁本文馆词林校证》。肖、董二先生校注简文帝集时，应不难看到，不知何以未能参校此书。

至于《太平御览》，《校注》所列《校勘所用主要书目》中未见此书，但从校者于《让骠骑扬州刺史表》、《马槊谱序》、《书案铭》等文的《校记》看，是参校了此书的。但可惜的是，《太平御览》所载梁简文帝文中一些颇具校勘价值的异文，《校注》都未见参校。今亦仅举几例。如《校注》卷七《让骠骑扬州刺史表》中"常愿亲侯就列，希同特进之班；角巾还第，不竞龙骧之赏"语（第589页），《太平御览》卷二三八引此文，"亲侯"作"侯服"，"赏"作"贵"；《校注》卷八《谢敕赉广州甄启》（第643页），《太平御览》卷七五九引此文"甄"下有"等"字；《校注》卷一〇《三日曲水诗序》中"昭动神明"之"昭"、"兰舣沿泝，蕙肴来往"之"兰"与"来往"、"新歌六变"之"新"（第830页），《御览》卷三〇录此文依次作"照"、"羽"、"沓来"、"浮"；《校注》卷一三《书案铭》中"文雕非曲"、"察奸理俗"（第1050页），《太平御览》卷七一〇引此文，"文"作"人"，"理"作"纠"；《校注》卷一五《被幽连珠》中"五福俱奏"之"奏"、"是以欲轻其死"之"死"、"兵践于义"之"践"（第1122页），《太平御览》卷五九〇引此文，分别作"凑"、"礼"、"贱"。这些恐怕都是应该出校的，而《校注》皆未提及。

以上所举，皆属他校范围，倘校者肯花工夫，是不难出校的。更能体现学识功力的是理校，尤其是精审的判断。在这方面，《校注》失校失断之例亦多。例如《校注》卷之四《奉答南平王康赉朱樱诗》（第332页），考《梁书》卷二二《太祖五王传》及《南史》卷五十二《梁宗室下》知①，南平王萧伟，字文达，太祖第八子，梁武帝中大通五年薨，"谥曰元襄"，其子恪嗣。恪字敬则，简文帝大宝三年薨。此外，梁

---

① 姚思廉撰，熊清元校注：《梁书》，《今注二十四史》本，巴蜀书社2013年版。

代别无封"南平王"者。此诗题中"南平王康"之"康"当系衍文,否则题意不可解。另,《太祖五王传》中有安成王萧秀,字彦达,"谥曰康"。颇疑诗题中"康"为后人误以为南平王之谥号而加注于"南平王"旁,以致转抄者不知而录入题中。此虽为推测,但"康"字当为衍文是应加校语的。又如《校注》卷一四《善觉寺碑》有"大通元年,龙集己酉"句(第1086页),"龙集己酉"者,谓己酉岁也,时当大通三年。而据《梁书·武帝纪》,大通三年十月改元中大通,是大通三年与中大通元年皆可称"龙集己酉"。而大通元年岁在丁未。按常理,"丁未"误为"己酉"的可能性甚小。那么当是"大通元年"前脱"中"字或"元"为"三"字之讹。这也是应当出校的。同是《善觉寺碑》,还有"复异桓良,终无维山之日"句(第1096页),《校注》释此句,引《列仙传》王子乔成仙事,甚是。然《列仙传》明载王子乔"见桓良,曰:'告我家,七月七日,待我于缑氏山头'"。碑文中"维山"之"维"显系"缑"之形误。《校注》之《凡例》云"底本讹误明显须加订正者,则径直改正并出校记予以说明。"但如此明显的误字,《校注》既未改正,亦无校记。与此同类的情况还有一些,再举一例。《校注》卷一三《马宝颂有序》"三令五申,丞联事举;八丽四圉,给役相趋"句(第1012页)中"八丽四圉"语,出自《周礼·夏官》,其文云:"凡颁良马而养乘之:乘马一师四圉,三乘为皂,皂一趣马……丽马一圉,八丽一师。"①"圉"者,养马之人;"丽",偶也。"八丽四圉"谓十六匹马四位养马者。作"围"则此处无义。显然"围"必是"圉"字之形误,《校注》亦未能校改。

应该一提的是,《校注》新增加了一些误字。如卷八《谢敕赉城边橘启》"上林芙枣"之"芙"(第647页),各本作"美"。《西京杂记》卷一:"初修上林苑,群臣远方各献名果异树,亦有制为美名,以标奇

---

① 孙诒让著,汪少华整理:《周礼正义》,中华书局2015年版,第3139页。

丽……枣七：弱枝枣……。"①据此可知"上林芙枣"当是"上林美枣"之讹。又如卷一三《南郊颂有序》"石铠犀衣之士，连七萃而云屯，珠旗日羽之兵，互五营而星列"之"互"字（第962页）各本并作"亙"，即"亘"字。毫无疑问，当以"亙"为是。至于简繁转换过程中所出现的误字，如同是《南郊颂有序》一文中"玉几"误为"玉幾"、"叶化"误为"叶化"（第959页），等等，《校注》全书更是不胜枚举。

再说注释。

诚如校注者在其《前言》中所说："简文之作，多涉故实，征引既富，用典尤繁。"倘若未能博览众籍，且精研简文之作，要为之做出精审的注释，确实困难。客观地说，肖、董二先生用力草创，功不可没。但其注释存在的问题也实在多多。今且分别情况，各举几例，略述如下：

有纯属误解者。如《校注》卷二《采桑》："忌跌行衫领，慰斗成裙襦。下床著珠珮，捉镜安花镊。"《注释》："行衫：外出所穿之衫。领：谓着身。"（第74页）按："行衫"虽勉强可理解为"行装"，而"领""谓着身"之说，辞书中未见，古籍中似亦无此用例。再说，若此处已言着装，下句却云熨衣，再下又云"著珠珮"、"安花镊"，岂不颠三倒四？其实，此句中"行"同"絎"。《玉篇·糸部》："絎，缝纴也。"②《广雅·释诂》有"絎"字，王念孙《疏证》云："今俗语犹呼刺缝为絎，音若'行列'之'行'。"③今笔者所在鄂东地区犹有"絎棉衣"之语，意即将棉絮固定在棉衣之衣里与衣面之间。此诗言"行衫领"者，与其意近，以"忌跌"之故也。明乎此，则此诗层次清晰，文意贯通。再如卷一〇《与广信侯述听讲事书》："仰承比往开善，听讲涅槃。"《注释》："'开善：首创一桩好事。《吕氏春秋·乐成》：'舟车之始见也，三世然后安之。夫开善岂易哉？'陈奇猷校释：'"开善"犹言始为

---

① 葛洪撰，周天游校注：《西京杂记录》，三秦出版社2006年版，第52页。
② 顾野王撰，吕浩校点：《大广益会玉篇》，中华书局2019年版，第950页。
③ 王念孙：《广雅疏证》，中华书局2019年版，第145页。

善事、善政。'"（第748页）按："比往开善，听讲涅槃"者，谓近日前往开善寺，听讲《涅槃经》也。开善乃开善寺之略称。《六朝事迹编类》卷一一《寺院门》之"蒋山太平兴国禅寺"条有云："梁武帝天监十三年，以钱二十万易定林寺前冈独龙阜以葬志公。永定公主以汤沐之资造浮图五级于其上。十四年，即塔前建开善寺。"①《续高僧传》卷五《释智藏传》："圣宝志迁神，窀穸于钟阜，于墓前建塔寺，名开善，敕藏居之……（皇太子）又请于寺讲《大涅槃》。亲临幄坐，爰命咨质，朝贤时彦，道俗盈堂，法筵之盛，未之前闻。"②《广弘明集》卷三〇载有昭明太子《钟山解讲诗》及陆倕、萧子显、刘孝绰、刘孝仪等人奉和之作。③可见当时之盛况。注者全然不顾上下文意，岂能不误。又如卷一〇《答南平嗣王饷舞簟书》，《注释》云："南平嗣王：萧伟，南朝梁南兰陵人，字文达。梁武帝弟。（今按：中略）晚年崇信佛理，尤精玄学。有《二旨义》、《性情》、《几神》等论，已佚。"（第744页）按：注者以"南平王"为梁武帝弟萧伟，是未明"嗣王"之义，乃以父作子。萧伟为"南平王"而非"南平嗣王"。"南平嗣王"乃萧伟之子萧恪。萧伟于梁天监元年受封建安王，十七年改封南平王。中大通五年薨，其世子萧恪嗣。这些《梁书》卷二二《太祖五王·南平王伟传》、《南史》卷五二《梁宗室下·南平元襄王伟传》并有明载。④《校注》误注之例颇多，笔者将另文讨论。

有当注而未注者。如卷四《三月三日率尔成诗》："繁华炫姝色，燕赵艳妍妖。"《注释》："燕赵：谓燕赵之女。妍妖：女子貌。"（第318页）此注未引《文选》卷二九《古诗十九首》之《东城高且长》"燕赵多佳

---

① 张敦颐撰，张忱石点校：《六朝事迹编类》，中华书局2012年版，第143页。
② 道宣撰，郭绍林点校：《续高僧传》，中华书局2014年版，第69—173页。
③ 释道宣：《广弘明集》，上海古籍出版社1989年缩叶影印本。
④ 李延寿：《南史》，中华书局1975年版。

人，美者颜如玉"①，已是其不足，"繁华"句失注，更让人生憾。《文选》卷二三阮嗣宗《咏怀》诗之四有云："昔日繁华子，安陵与龙阳。夭夭桃李花，灼灼有辉光。"六臣吕延济注："繁华，喻人美盛如春华之繁。"②安陵，指安陵君，以色事楚共王者，事见《说苑·权谋》及《战国策·楚策一》；③龙阳，魏王之男宠也，事见《战国策·魏策四》。据上可知，"繁华"者，男色也。简文此两句，上句写美男，下句写美女，正好相对应。再如卷七《让鼓吹表》："彼己之讥何惧，尸素之诫知惭。"《注释》注"尸素"（第588页），而"彼己之讥"失注。《文选》卷三七曹子建《求自试表》："今臣无德可述，无功可纪，若此终年，无益于朝，将挂风人彼己之讥。"李善注："《毛诗》：彼己之子，不称其服。"④《后汉书·明帝纪》载，永平二年诏有云："《诗》刺彼己。"同书《东平宪王传》李贤注："《诗·曹风》'彼己之子，不称其服'，刺其无德居位者多也。"⑤并可见"彼己之讥"之出典及其含义。又如卷九《重请御讲启》："而秋风动条，尚兴未息之念，一物失所，犹起纳隍之仁。"（第661页）《文选》卷一一王仲宣《登楼赋》："风萧瑟而并兴兮，天惨惨而无色。……原野阒其无人兮，征夫行而未息。"⑥此"秋风"分句之出典。《文选》卷三张平子《东京赋》："乃羡公侯卿士，登自东除，访万机，询朝政，勤恤民隐而除其眚。人或不得其所，若己纳之于隍。"⑦此"一物"分句之出典。《校注》均失注。又如卷九《奉请上开讲启》"臣自叨预趋闻，渴仰无厌"，"趋闻"用《论语·季氏》中孔子之子孔鲤

---

① 萧统编，李善等注：《六臣注文选》，中华书局1987年版。
② 萧统编，李善等注：《六臣注文选》，第420页。
③ 刘向：《说苑》，《百子全书》本，浙江人民出版社1984年版。缪文远：《战国策新校注》，巴蜀书社1987年版。
④ 萧统编，李善等注：《六臣注文选》，第420页。
⑤ 范晔撰，李贤注：《后汉书》，第1436页。
⑥ 萧统编，李善注：《文选》，第500页。
⑦ 萧统编，李善注：《文选》，第111—112页。

事①，《校注》失注。总之，《校注》失注之例多多，此不一一。

有释词而不顾文义者。如卷九《重请御讲启》："岂与吹律之后，均熊湘之劳；铸鼎之君，切风雨之务。"《注释》引《史记》及《易类谋》释前一分句及"铸鼎"，以为黄帝事，甚是。但释"切风雨之务"却引《汉书·成帝纪》："诏曰：'古之选贤传，纳以言（当作"古之选贤，傅纳以言"，《注释》误），明试以功。故官无废事，下无逸民，教化流行，风雨和时，百谷用成，众庶乐业，咸以康宁。'"（第664页）是未知此亦是黄帝事。《淮南子·览冥训》："昔者黄帝治天下，……于是日月精明，星辰不失其行，风雨时节，五谷登熟。"②又如卷一五《戎昭将军刘显墓铭》："议狱既佐，芸兰乃握。抟凤池水，推羊太学。"简文此句述刘显之仕历，正可与《梁书》卷四《刘显传》述刘显之任职"兼廷尉正"，"迁尚书仪曹郎"，"累迁步兵校尉、中书侍郎"，"除国子博士"云云相印证。③《注释》释"抟凤池水"，云"指刘显任中书侍郎之职"，不错；但其注"推羊太学"，云："谓推举贤能。《宋书·羊玄保传》：二贤明美朗诣，会悟多通，然弘懿之望，故当推羊也。"（第1154页）此则大误。考《宋书·羊玄保传》，羊玄保被推举时官司徒右长史，与简文谓刘显"推羊太学"有何关联？《注释》置"太学"于不顾，仅抓住"推羊"二字，当乎？《东观汉记》卷一六《甄宇传》："甄宇字长文，北海人……建武中为青州从事，征拜博士。每腊诏赐博士羊，人一头。羊有大小肥瘦。时博士祭酒议欲杀羊，称分其肉，宇曰不可；又欲投钩，宇复耻之。宇因先自取其瘦者，由是不复有争讼。后召会，诏问瘦羊甄博士，京师因之称。"④刘显曾官国子博士，故简文以甄宇拟之，颂其德行也。又如卷一二《七励》"羊牵既祖，熊山已积"两句，《注释》释

---

① 杨伯峻译注：《论语译注》，中华书局1980年版。
② 刘安编，刘文典撰，冯逸、乔华点校：《淮南鸿烈集解》，中华书局2013年版，第2056页。
③ 姚思廉撰，熊清元校注：《梁书》，《今注二十四史》本。
④ 刘珍等撰，吴树平校注：《东观汉记校注》，中华书局2008年版，第839页。

"熊山已积"，引《史记·齐太公世家》"桓公称曰：'寡人南伐至召陵，望熊山'"云云为注（第888页），全然未涉"已积"所指。殊不知此乃汉光武帝败赤眉军事。《太平御览》卷四二引《东观汉记》曰："赤眉初降，辇输铠甲兵弩，积与熊耳山等。"① 又卷一三《南郊颂有序》"銮旗徐动，弃千里而弗乘；宝瑟无虞，捐百金而不服"，《注释》仅释"千里"、"虞"、"宝瑟"、"百金"几个孤立的词语（第975—976页），未涉此两分句所含之典实。《汉书·贾捐之传》："孝文皇帝闵中国未安，偃武行文。……时有献千里马者，诏曰：'鸾旗在前，属车在后，吉行日五十里。……朕乘千里之马，独先安之？'于是还马与道里费。"②《太平御览》卷九〇引《东观汉记》载：光武帝，"是时名都王国有献名马宝剑，直百金，马以驾鼓车，剑以赐骑士……不喜听音乐，手不持珠玉，衣服大绢而不重彩，征伐尝乘革舆羸马。"③ 知此，则明白简文乃以西汉文帝与东汉光武帝比梁武帝，颂其朴厚节俭。

有冗繁而失当者。为古籍作注释，自当切当明确，征引资料亦应繁简有度，抓住要点。《校注》之注释，冗繁而不得其要者甚多，今略举几例。如卷五《游韦黄门园》，《注释》云："韦黄门：《梁书·叡传》附《子正传》：'韦叡，字怀文，京兆杜陵人也。……卒于家，时年七十九。遗令薄葬，敛以时服。高祖即日临哭甚恸。赐钱十万，布二百匹，东园秘器，朝服一具，衣一袭，丧事取给于官，遣中书舍人监护。赠侍中、车骑将军、开府仪同三司。谥曰严。……子正，字敬直，起家南康王行参军，稍迁中书侍郎，出为襄阳太守。初，正与东海王僧孺友善，及僧孺为尚书吏部郎，参掌大选，宾友故人莫不倾意，正独澹然。及僧孺摈废之后，正复笃素分，有逾曩日，论者称焉。历官至给事黄门侍郎。'"（第422页）韦正历官至给黄门侍郎，故"韦黄门"当指韦正。问题是，

---

① 李昉等：《太平御览》，中华书局1960年版，第199b页。
② 班固撰，颜师古注：《汉书》，中华书局1962年版，第2832页。
③ 李昉等：《太平御览》，第432页。

有必要引《梁书》中80余字，将其父介绍一番吗？显然无必要，并且照录《韦正传》全文亦似冗繁。再如卷六《与刘孝仪令》中"贤从中庶，奄至殒逝"句，《注释》有云："中庶：即中庶子，太子属官。《战国策·韩策二》：'中庶子强谓太子曰："不若及齐师未入，急击公叔。"'鲍彪注：'庶子，本周官，秦置中庶子，为太子官。'一说掌公族之官。《史记·商君列传》：座之中庶子公孙鞅，年虽少，有奇才。司马贞索隐：'官名也，魏已置之，非自秦也。《周礼·夏官》谓之"诸子"，《礼记·文王世子》谓之"庶子"，掌公族也。'"（第514页）按：作注释不同于编辞书。此处释"中庶"之职，当以南朝官制为准，是不必如辞书般述其异义及沿革的。《隋书·百官上》述梁代职官，于东宫官属有云："中庶子四人，功高者一人为祭酒。行则负玺，前后部护驾。"①并且简文此文此处之"中庶"并非仅是官职，实乃代指刘孝仪之从弟刘遵。《梁书》卷四一《刘遵传》载，遵中大通三年除太子中庶子，"大同元年卒官。皇太子深悼惜之，与遵从兄阳羡令孝仪令曰"云云②，即此文。《注释》仅释"中庶"亦未得其实。又如卷七《让鼓吹表》："岂宜响《芳树》于西河，鸣《朝飞》于黑水。"据《宋书》卷二二《乐志》载，《汉鼓吹铙歌十八曲》有《芳树曲》、《雉子曲》③，又《尚书·禹贡》有"黑水、西河唯雍"云云。④简文云《芳树》、《朝飞》者，乃代指《鼓吹曲》，而云"黑水"、"西河"者，乃代指雍州。据《梁书·简文帝纪》，简文于普通四年为雍州刺史，至中大通元年，"诏依先给鼓吹一部"。⑤其让表此两句不过表明自己身在雍州不宜受鼓吹之乐而已。《校注》之《注释》未指明《芳树》、《朝飞》为鼓吹曲，而引《乐书·梁乐章》达67

---

① 魏徵等：《隋书》，中华书局1973年版。
② 姚思廉撰，熊清元校注：《梁书》，《今注二十四史》本，第727页。
③ 沈约：《宋书》，中华书局1974年版。
④ 蔡沈：《书经集传》，上海古籍出版社1987年版。
⑤ 姚思廉撰，熊清元校注：《梁书》，第593页。

字以注《芳树》，实属节外生枝，不得要领。

有标目与注文不符者。如卷之七《潞囚徒疏》："将恐玉科重轻，全关墨绶；金书去取，更由丹笔。"《注释》："墨绶：《汉书·百官公卿表》：'凡吏秩比二千石以上，皆银印青绶，大夫、博士、御史、谒者、郎将。其仆射、御史治书尚符玺者，有印绶。比二百石以上，皆铜印黄绶。'"（第606页）此注文中全不见"墨绶"二字踪影，何以为释？《后汉书·蔡邕传》："墨绶长吏，职典理人。"李贤注："《汉官仪》曰：秩六百石，铜章墨绶也。"①引此为注，岂不恰切。再如卷六《与僧正教》："红（按：《影弘仁本〈文馆词林〉》作"经"，《校注》失校）壁长掩，似邠卿之避仇。"《注释》释"红壁"句，云："邠卿，指赵岐，字邠卿，京兆长陵人也。初名嘉，少明经，有才艺，娶扶风马融女。"紧接着又引《后汉书·赵岐传》达138字（第543—544页），全条注文，无一"壁"字。赵岐与"红壁"何关？考《后汉书》卷六四赵岐本传知，岐至孙嵩家后，嵩"藏岐复壁中数年"。②如此，"红壁长掩"之义方可知。又如卷之八《谢敕赉河南菜启》，《注释》云："河南菜：《佩文斋广群芳谱》：'梁太子《赉河南菜启》则云："尧韭未俦，姬歜非喻。"又以尧韭对姬歜矣。固曰尧韭本于《本草》，而不知所以名之之义。后见《典术》曰："圣王之仁，功济天下者尧也，天星降精于庭为韭，感百阴为菖蒲焉。"今菖蒲是也。'"（第650页）读者不难看出，《注释》所引之文乃释"尧韭"而非"河南菜"，注文显然文不对题。又如卷一〇《与萧临川书》，《注释》云："萧临川：指萧子云。南朝梁南兰陵人，字景乔。萧子恪弟。齐世，封新浦县侯。入梁，降爵为子。起家秘书郎，官至侍中，国子祭酒，领南徐州大中正。侯景之乱，宫城失守，奔晋陵，饿死于僧房。通文史，善草隶。梁初，承旨改定郊庙歌辞。有《晋书》、

---

① 范晔撰，李贤注：《后汉书》，第1997页。
② 范晔撰，李贤注：《后汉书》，第2122页。

《东宫新记》。今存《晋书》辑本。"（第760页）"萧临川"为何"指萧子云"？注文只字未及。实则据《梁书》卷三五《萧子恪传》附子云传，萧子云于梁中大通三年，"出为贞威将军、临川内史"[①]，不知注者为何略此不言。

---

① 姚思廉撰，熊清元校注：《梁书》，《今注二十四史》本，第514页。

《梁简文帝集校注》注释失误举例

南朝《梁简文帝集》，向无注本。近日，笔者得见《梁简文帝集校注》[①]，初阅一过，发现其中存在的问题颇为不少，今仅就其注释之失误，举例若干，略加辨正，供二位先生及读者参考。

须略作说明者，《梁简文帝集校注》用繁体字，本文所引改为相应的简体，且悉依原文标明页码，《注释》之文字有过长者，为避烦冗，笔者引录时偶有删略，用省略号表示，读者可以覆按。

1.卷一《悔赋并序》："至如下相项籍，才气过人，拔山靡类，扛鼎绝伦；声驾盛汉，势压余秦；钜鹿有动天之卒，辕门有屈膝之宾[四〇]。"（第2页）

《注释》："[四〇]屈膝之宾：指刘邦。"（第8页）

今按：遍考史籍，未发现刘邦有在辕门屈膝于项籍之事，注者亦未提供任何依据。其实，"屈膝之宾"，乃指当时反秦之诸侯将。《史记·项羽本纪》写钜鹿之战，有云："诸侯军救钜鹿下者十余壁，莫敢纵兵"，"诸侯将皆从壁上观"。"于是已破秦军，项羽召见诸侯将，入辕门，无不膝行而前，莫敢仰视。"[②]令人不解的是，注者注释"动天之卒"，引用了《史记·项羽本纪》原文"楚战士无不一以当十，楚兵呼声动天，诸侯军无不人人惴恐"，为何独不见紧接其下的这二十余字？否则，也不至于出现如此失误。

---

① 肖占鹏、董志广：《梁简文帝校注》，南开大学出版社2015年版。
② 司马迁：《史记》，中华书局1959年版，第307页。

2. 卷一《乐府三首·蜀国弦歌篇》："江妃纳重聘。卓女爱将雏[十四]。"（第76页）

《注释》："[十四] 将雏：本谓携子而行，此有引申。《汉书·司马相如传上》：'卓王孙不得已，分与文君僮八百人，钱百万，及其嫁时衣被财物。文君乃与相如归成都，买田宅，为富人。'"（第79页）

今按：注者释"将雏"，谓"此有引申"，引申之义为何？注者未言，让人莫明其妙。实则"将雏"乃《凤将雏》之略称。沈约《宋书·乐志一》："《凤将雏歌》者，旧曲也。应璩《百一诗》云：'为作《陌上桑》，反言《凤将雏》。'然则《凤将雏》，其来久矣。"① 《玉台新咏》卷七载此诗，吴兆宜注有云："《史记·司马相如传》：'卓王孙有女文君新寡，好音，故相如缪与令相重而以琴心挑之。''文君夜亡奔相如。'"② 简文所谓"爱将雏"者，即所谓"好音"也，是不必曲求别解的。

3. 卷一《大垂手》："垂手急迢迢[二]，《飞燕》[三]掌中娇。罗衣恣风引，轻带任情摇。"（第158页）

《注释》："[二] 迢迢：舞动貌。[三] 飞燕：古曲名。《吕氏春秋·初音》：'有娀氏二佚女，为之九成之台，饮食必以鼓。帝令燕往规之，鸣若谥隘。二女爱而争博之，覆以玉筐，少选发而视之，燕遗二卵，北飞，遂不返。二女作歌，一终曰：燕燕往飞。实始作为北音。'又《文心雕龙·乐府》：'有娀谣乎《飞燕》，始为北音。'"（第159页）

今按：迢迢，《玉台新咏》卷七载此诗作"苕苕"。此词，古注及今人辞书均作"高貌"或"远貌"解，未见释为"舞动貌"者。不知注者有何依据，恐亦属想当然。古语有"长袖善舞"说，此处之"迢迢"，盖指舞者舞袖舒展长长也。注者以"飞燕"为古曲名，然古曲如何"掌中娇"？显然难通。"飞燕"应指汉成帝皇后赵飞燕。相传此人能作掌上

---

① 沈约：《宋书》，中华书局1974年版，第549页。
② 徐陵编，吴兆宜注，程琰删补，穆克宏点校：《玉台新咏笺注》，中华书局1985年版，第277页。

舞。《太平御览》卷五七四《乐部》引《汉书》曰："赵飞燕体轻，能掌上舞。"①《白氏六帖》卷一八亦云："赵飞燕体轻，能为掌上舞。"②唐人诗中屡屡涉及，如聂夷中《大垂手》："装束赵飞燕，教来掌上舞。"徐凝《汉宫曲》："掌中舞罢箫声绝，三十六宫秋夜长。"杜牧《遣怀》："落魄江湖载酒行，楚腰纤细掌中轻。"并是其例。简文"飞燕掌中轻"句，乃以赵飞燕拟舞者，赞其舞姿尔，是无关于南曲、北音。

4. 卷三《奉和登北顾楼》："春陵[二]佳丽地，济水凤凰宫。况此徐方域，川岳迈周沣。"（第210页）

《注释》："[二]春陵：地名。古为春陵乡，地有春陵山，因名。《读史方舆纪要》：'春陵城县北五十里，汉泠道县有春陵乡，武帝封长沙定王子买为侯国，后迁于南阳。三国吴于此立春陵县，属零陵郡，晋因之，宋齐属营阳郡。'济水：古四渎之一，……与黄河并行入海。《书·禹贡》：'导沇水，东流为济，入于河。'凤皇宫：汉宫殿名。"（第211页）

今按：注者释"春陵"云云两句，仅释三名词，全然未明诗意。实则此两句乃述汉光武帝刘秀之故乡旧里，以比拟梁武帝萧衍之家乡。

光武帝刘秀乃南阳蔡阳春陵乡人。《文选》卷一班孟坚《东都赋》有"于是圣皇乃握乾符"云云，李善注："谓光武也。《东观汉记》曰：光武皇帝讳秀。……上遂率春陵子弟随之。"③《宋书·符瑞志》："王莽时，善望气者苏伯阿望光武所属春陵城郭，喟曰：'气佳哉！郁郁葱葱然。'"④梁元帝《金楼子·兴王》亦有云："汉世祖文叔，建平元年十二月甲子夜生于武帝故宫，有赤光照室，影如五麟七凤。后望气者苏伯阿

---

① 李昉等：《太平御览》，中华书局1960年版。
② 范之麟、吴庚舜主编：《全唐诗典故辞典》，湖北辞书出版社1989年版。
③ 萧统编，李善注：《文选》，中华书局1977年版，第30页。
④ 沈约：《宋书》，第770页。

为王莽使,至南阳,遥见舂陵城郭,曰:佳哉美气!郁郁葱葱。"①并可证"舂陵"与光武帝刘秀之关系。

再说"济水凤凰宫"。《水经注》卷七《济水》:"济水东经济阳县故城南,故武父城也。城在济水之阳,故以为名。王莽改之曰济前也。光武生济阳宫,光明照室,即其处也。"②《太平御览》卷九〇引《东观汉记》:光武生济阳宫,其时"凤皇来集济阳,故宫皆画凤凰"③。又《宋书·符瑞志》载:光武生时,"又有凤皇集济阳,于是画宫为凤皇之像"④。是凤皇宫乃指光武出生地济阳宫,与汉西京之凤皇殿无关。

然则光武帝之故乡及出生处与梁武帝登北顾楼何涉?梁武帝南兰陵中都里人。大同十年三月还乡,谒其母张皇后建陵及其皇后郗氏修陵,下诏蠲复,作《还乡诗》并幸京口城北固楼,改楼名北顾,宴席乡故老等。这些《梁书》及《南史》之《梁武帝纪》并有明载。光武帝刘秀早有同类之行为。《后汉书·光武帝纪》:"(建武三年)冬十月壬申,幸舂陵,祠园庙,因置酒旧宅,大会故人父老。"⑤《文选》卷四张平子《南都赋》有云:"章陵郁以青葱,清庙肃以微微。"李善注引《东观汉记》:"建武中,更名舂陵为章陵。光武过章陵,祠园庙。"⑥

明白了以上这些。简文此两句诗之用意就不难理解了。

5. 卷三《赠张缵》:"既富垂帷学[三],复折波涛辩。绮思暧霞飞,清文焕飙转。[四]朱旗赫容与,雕棨纷曜煜。"(第221页)

《注释》:"[三]垂帷学:《汉书·董仲舒传》:'董仲舒,广川人也。少治《春秋》,孝景时为博士,下帷讲诵,弟子传以久次相授业,或莫

---

① 陈志平、熊清元:《金楼子疏证校注》,上海古籍出版社2014年版,第122页。
② 陈桥驿:《水经注校证》,中华书局2007年版,第196页。
③ 李昉等:《太平御览》,第430页。
④ 沈约:《宋书》,第770页。
⑤ 范晔:《后汉书》,中华书局1965年版,第35页。
⑥ 萧统编,李善注:《文选》,第73页。

见其面。'言缵闭读书,厚积学识。……复折波涛辩:又思考于人生沉浮,世事波澜。折,判断也……波涛辩:《文选·答宾戏》:'虽驰辩若波涛,摘藻如春华,犹无益于殿最也。'缵赴职湘州刺史,述职经途,乃作《南征赋》,赋极长,详述身世感慨,以及晋以来天下国家之变。人行波涛江面,心思世事沉浮。拣赋中数句可见其情:……[四]绮思暖霞飞,清文焕飙转:……简文此语,从读《南征赋》中皆可证实。'霞飞'、'飙转'亦为赋语所化。《南征赋》:'滺滺长迈,漫漫回翔,荡云沃日,吐霞含光。''杂云霞似舒卷,间河洲而断绝;回晓折于中川,起长飙而半灭。'"(第222—223页)

今按:《全晋文》卷八七束晳《读书赋》有云:"耽道先生澹泊闲居,……垂帷帐以隐几,被纨素而读书,抑扬嘈杂,或疾或徐,优游蕴藉,亦卷亦舒。"① 是"垂帷学"者,垂帷帐所学,既广博之学问也。而董仲舒"下帷讲诵",教授生徒,与此诗"垂帷学"似无关系。此诗"既富"云云两句,上句赞扬张缵之学涉,下句乃称其辩才。折,折服也。《世说新语·轻诋》:"苻宏叛来归国,谢太傅每加接引。宏自以为有才,多好上人,坐上无折之者。"② 是其先例。波涛辩,意谓雄辩如波涛不绝。《注释》引《文选·答宾戏》"虽驰辩若波涛"云云为注本不错,然其下文却引据张缵《南征赋》以证简文此句乃言张缵"又思考于人生沉浮,世事波澜",实在令人不解:能折服雄辩之人的辩才与"世事波涛"有何关系? 更可考者,简文作此诗时,张缵《南征赋》尚未出世呢。

《梁书》卷三四《张缅传》附《张缵传》载:大同五年,缵为尚书仆射,九年,"为使持节、都督湘桂宁三州诸军事、湘州刺史,述职经途,乃作《南征赋》"③。显然,《南征赋》作于赴任途中。而简文此诗自云"伤离别",且其僚属庾肩吾有《侍宴饯湘州刺史张缵(续)》诗。据

---

① 严可均辑:《全上古三代秦汉三国六朝文》,中华书局1958年版,第1962页。
② 余嘉锡:《世说新语笺疏》,上海古籍出版社1993年版,第847页。
③ 姚思廉,熊清元校注:《梁书》,《今注二十四史》本,巴蜀书社2013年版,第297页。

知简文此诗乃张缵离京赴任前，简文设宴送行赠别之作。吴光兴《萧纲萧绎年谱》"大同九年"下"夏，四月，太子纲设宴饯别湘州刺史张缵，萧纲、庾肩吾诗作今存"条下引简文此诗，并云："诗中'朱旗'、'雕斾'、'九嶷'、'洞庭'云云，自然是送别张缵之作。"①吴氏之说是可信的，弄清了简文此诗与张缵《南征赋》写作之先后，则注者对"波涛辩"及"霞飞"、"飙转"为《南征赋》赋语所化等解说，其误不言自明。

6. 卷三《饯庐陵[一]内史王修应令》（第 224 页）

《注释》："[一]庐陵：东汉献帝兴平元年，孙策分豫章郡置庐陵郡，辖西昌、高昌、石阳、巴丘、南野、东昌、遂兴、吉阳、兴平、阳丰十县。"（第 225 页）

今按：《注释》所据盖《晋书·地理志》，然此非南朝时之事实。《宋书·州郡》："庐陵太守：庐陵本县名，属豫章，汉献帝兴平元年，孙策分豫章立。领县九。"其下分列石阳、西昌、东昌、吉阳、巴丘、兴平、阳丰、高昌、遂兴，共九县。②《南齐书·州郡上》"江州"下"庐陵郡"亦载属县："石阳、西昌、东阳、吉阳、巴丘、兴平、高昌、阳丰、遂兴。"③共九县。注南朝之地理，自当据南朝之地志，此不待言。

7. 卷三《蒙华林园戒诗》："执圭[七]守蕃国，主器作元贞。"（第 244 页）

《注释》："[七]执圭：谓有封爵者。《战国策·楚策一》：'楚尝与秦构难，战于汉中，楚人不胜，通侯、执圭死者七十余人。'又《淮南子·道应训》：'列田百顷而封之执圭。'高诱注：'楚爵功臣赐以圭，谓之执圭。'主器：主掌宗庙之器。……贞：谓守正。《孔子家语·六本》：'贞以乾之，敬以辅之，施仁无倦。'王肃注：'贞正以为干植。'"（第 246 页）

今按：《注释》释"主器"甚是，而释"执圭"为"谓有封爵者"，

---

① 吴光兴：《萧纲萧绎年谱》，社会科学文献出版社 2006 年版，第 241 页。
② 沈约：《宋书》，第 1989 页。
③ 萧子显：《南齐书》，中华书局 1972 年版，第 261 页。

以为名词，从训诂角度看，虽不为无据，但于此处却难通。此两句为对句，"执圭"与"主器"同为动宾结构。《说文解字·土部》："圭，瑞玉也，上圜下方。公执桓圭，九寸；侯执信圭，伯执躬圭，皆七寸，……以封诸侯。"① "执圭"者，受封为诸侯也。又注者释"贞"为"谓守正"，亦未知"元贞"与"蕃国"相对，乃一词，指世子或太子。《礼记·文王世子》："一有元良，万国以贞，世子之谓也。"② 此其出处。据《梁书·简文帝纪》及《萧纲萧绎年谱》，简文初封晋安王，中大通三年五月立为皇太子。此诗作于同年九月。此两句上句说受封诸侯王守护蕃国，下句说被立为太子主宗庙之器，如此而已。

8. 卷三《秋闺夜思》："九重[二]忽不见，万恨满心生。"（第278页）

《注释》："[二]九重：女子所居之阁楼。南朝乐府诗《慕容家自鲁企由谷歌》：'郎在十重楼，女在九重阁。'"（第279页）

今按：此诗写女子之闺思。"九重"两句，言不见（第279页）"九重"而心生"万恨"，其意明明白白。是"九重"当指女子所思之对象之所在。《文选》卷三三宋玉《九辩》："岂不郁陶而思君兮，君之门以九重。"③ 可以引证。若如注者所释，则是女子自己不见自己了，岂非笑话！

9. 卷四《和藉田》："礼经闻往说，观宝著遐篇[二]。"（第295页）

《注释》："[二]观宝著遐篇：读前人珍贵的著作和久远的文章。"（第297页）

今按：简文此二句，上句"闻"为动词，下句"著"亦为动词。上句言"礼经"使人知往说，下句谓"观宝"之事著于遐篇。上句言藉田之礼，下句说路上观山河之美，注者释上句云："《周礼》、《礼记》等经书都已记载了天子藉田之事。"此大致不差，而未知下句之"遐篇"亦有所指。《史记》卷六五《吴起列传》："（魏）武侯浮西河而下，中流，

---

① 段玉裁：《说文解字段注》，上海古籍出版社1988年版，第693页。
② 《礼记注疏》，影印《十三经注疏》本，上海古籍出版社1997年版，第1407页。
③ 萧统编，李善注：《文选》，第471页。

顾而谓吴起曰：'美哉乎！山河之固！'此魏国之宝也。"①是"观宝"者，指观山河之美，"退篇"者，《史记·吴起列传》也。故此诗下文接云"岂如春路动，祈谷重民天"，而与上两句交错相应。注者实未明此句之出典，故误。

10. 卷四《西斋行马》："不效孙吴术[八]，宁须赵李过。"（第337页）

《注释》："[八]不效孙吴术：《史记·孙子吴起列传》：孙子武者，齐人，以兵法十三篇事吴，助吴王西破强楚，北威齐晋。吴起，卫人，好用兵，习武事。游鲁、魏，相楚，著有《兵法》一书，今不存。宁须赵李过：《史记·廉颇蔺相如列传》：赵奢之子赵括，自少时学兵法，言兵事，以为天下莫己若。然其所学止于纸上，后代廉颇为将，率大军与秦战，为秦兵射杀，赵军数十万之众降秦，尽被坑之。又《史记·李将军列传》：李陵自衔勇，率步卒五千深入匈奴地，数日苦战，汉军败，李陵降北。"（第338页）

今按：且看以下几条材料：《史记·孙子吴起列传》：吴王阖庐出宫中美女百八十人，让孙子小试勒兵。孙子分其为二队，以王之宠姬二人各为队长，约束既布，并三令而五申之，妇人一再大笑。孙子"遂斩队长二人以徇"。又载：吴起事鲁君。"齐人攻鲁，鲁欲将吴起，吴起取齐女为妻，而鲁疑之。吴起于是欲就名，遂杀其妻，以明不与齐也。鲁卒以为将。"②《文选》卷二三阮嗣宗《咏怀诗十七首》之八："平生少年时，轻薄好弦歌。西游咸阳中，赵李相经过。"颜延年注："赵，汉成帝赵后飞燕也；李，武帝李夫人也。并以善歌妙舞幸于帝也。"③

再看简文此二句，则知其用典，其意乃谓：孙子杀吴姬以立军威，吴起杀妻以求为将，俱以女子为地步，我不学孙子、吴起之术。哪里需要女子来身边呢！注者释孙吴、赵李，未得此二名之解。犹其以"赵

---

① 司马迁：《史记》，第2166页。
② 司马迁：《史记》，第2165页。
③ 萧统编，李善注：《文选》，第324页。

李"为赵括、李陵,不知何以解"宁须赵李过"之意?

11. 卷五《侍讲诗》:"物善[一]渥深慈,监抚宣王事。"(第419页)

《注释》:"[一]物善:即善物。《左传·昭公二十五年》:'将求于上,则先之下。社之善物也。'《注》:'物,事也。'监抚:《梁书·简文帝纪》:'自年十一,便能亲庶务,历试蕃政所在有称。……及居监抚,多所弘宥,方案薄领,纤毫不可欺。'"(第419页)

今按:《礼记·文王世子》:"行一物而三善皆得者,唯世子而已。"①《左传·闵公二年》:"(太子)君行则守,有守则从。从曰抚军,守曰监国,古之制也。"②此为物善、监抚之所从出,并就太子而言也。据诗意,简文所"侍"必是太子萧统。渥,厚也;宣,明也。此二句乃称颂太子萧统宅心仁厚、精明政事。《注释》于此二句,所解殊有未洽。

12. 卷五《罢丹阳郡往与吏民别》:"久归从事麦[二],非留故吏钱。"(第424页)

《注释》:"[二]久归从事麦:此句用事不甚详。案孔融《教高密令》:'高密侯国笺言,郑公增门之崇,令容高车结驷之路,出麦五斛,以酬执事之劳。'此文或为其所本。非留故吏钱:《史记·萧相国世家》:'高祖为布衣时,(萧)何数以吏事护高祖。高祖为亭长,常左右之。高祖以吏繇咸阳,吏皆送奉钱三,何独以五。'"(第425页)

今按:《注释》未得其解。"从事"者,从事史之略称,官名。《宋书》卷九一《孝义·何子平传》:"子平世居会稽,少有志行,见称于乡曲。事母至孝。扬州辟为从事史,月俸得白米,辄货市粟麦。人或问曰:'所利无几,何足为烦?'子平曰:'尊老在东,不办常得生米,何心独飨白粲,'"③何子平为从事史,因不忍母食糙米而自己独享白粲,故将俸禄白米卖掉而买回粟麦。此所谓"从事麦"也。《后汉书》卷五四

---

① 《礼记注疏》,影印《十三经注疏》本,第1407页。
② 杨伯峻:《春秋左传注》,中华书局1990年版,第268页。
③ 沈约:《宋书》,第2257页。

《杨震传》附《杨秉传》：秉"拜侍御史，频出为豫、荆、徐、兖四州刺史，迁任城相。自为刺史、二千石，计日受奉，余禄不入私门。故吏赍钱百万遗之，闭门不受。以廉洁称"①。此所谓"非留故吏钱"也。再说，萧何送奉给汉高祖，与简文丹阳尹之身份有何关系？古人云拟人必于其伦，简文当时敢自拟于汉高祖乎？是非简文用典之失，而是注者误解了诗意。

13. 卷五《夜望浮图上相轮绝句》："定用方诸水，持添承露盘。"[三]（第426页）

《注释》："[三]定：佛教语，谓心止于一境不散动。方：比拟之谓。承露盘：在此指相轮。《建康实录》卷八：'（许）询乃于崇化寺造四层塔，物产既整（今按：当"罄"，注者引误），犹欠露且相轮。'"（第427页）

今按：如注者所释，则此二句何意？实在令人茫然。实则"方诸"为一词，乃古人月下承露取水之器。《淮南子·天文》："方诸见月则津而为水。"②王充《论衡·乱龙》："今伎道之家，铸阳燧取飞火于日，作方诸取水于月，非自然也，而天然之也。"③《周礼·秋官》："司烜氏：掌以夫遂取明火于日，以鉴取明水于月。"郑玄注："鉴，镜属，取水者，世谓之方诸。"④古诗中亦有涉及之者，如唐人陆龟蒙《自遣》诗有云："月娥如有相思泪，只待方诸寄两行。"宋人李觏《璧月》诗："璧月迢迢出暮山，素娥心事问应难。世间最解悲圆缺，只有方诸泪不干。"明人李东阳《又和王世赏韵》："天临华盖春星近，月照方诸夜水清。"并其例。承露盘乃佛塔上承露之器。《洛阳伽蓝记》卷一《永宁寺》有云："（寺）中有九层浮图一所，架木为之，举高九十丈。有刹复高十丈……

---

① 范晔：《后汉书》，第1769页。
② 何宁：《淮南子集释》，中华书局1998年版，第172页。
③ 黄晖：《论衡校释》，中华书局1990年版，第696页。
④ 《周礼注疏》，影印《十三经注疏》本，中华书局1980年版，第885页。

刹上有金宝瓶，容二十五石。宝瓶下有承露金盘三十重。"① 又《艺文类聚》卷七七梁昭明太子《谢敕赉铜造善觉寺塔露盘启》："甘露入盘，足称天酒。"同书卷七六梁元帝《善觉寺碑》："金盘上疏，非求承露。"《文苑英华》卷七八五梁简文帝《大爱敬寺刹下铭》："日轮下盖，承露上擎。"② 此"盘"、"金盘"、"承露"并指承露盘。而"相轮"乃佛塔上的盘盖，与承露盘显非一物。另，"定"者，当释如简文《梁尘》诗"定为歌声起，非关团扇飞"之"定"。简文此二句之意乃谓一定将方诸之水，拿来添加在承露盘中。其意浅显明白，是不应别求其解的。

14. 卷六《与刘孝仪令》："贤从中庶，奄至殒逝，痛可言乎！……自阮放之官，野王之职，[十]楼迟门下，已逾五载。"（第512页）

《注释》："[十]阮放：东晋陈留尉氏人，字思度，阮修之族弟。元帝以为太学博士、太子中舍人。侍从太子，常说《老》、《庄》。明帝时掇为吏部郎，有称绩。性清约，为吏部郎，不免饥寒，王导、庾亮常供其衣食。与羊曼、庾亮等并为中兴之士，号兖州八伯。成帝即位，迁放为交州刺史，行达宁浦，逢陶侃将高宝自交州还，设馔伏兵杀之。至州，暴病卒，年四十四。野王：指桓伊，字叔夏，小字子野，一作野王。桓宣族子。频参诸府军事，迁淮南太守。……官至护军将军。"（第515页）

今按：简文此令原载《梁书》卷四一《刘子孺传》附《刘遵传》，传有云："中大通二年，王立为皇太子，仍除中庶子。遵自随藩及在东宫，以旧恩，偏蒙宠遇，同时莫及。大同元年，卒官。皇太子深悼惜之。与遵从兄阳羡令孝仪令曰"云云。据此可知，刘遵卒时官太子中庶子。简文所云"贤从中庶"即指太子中庶子刘遵。其云"自阮放之官，野王之职，楼迟门下，已逾五载"者，谓刘遵以太子中庶子之官职，服

---

① 杨勇：《洛阳伽蓝记校笺》，中华书局2006年版，第11页。
② 李昉：《文苑英华》，中华书局1990年版，第4149页。

务于东宫已满五年了。这正与刘遵本传中大通二年（530）除中庶子至大同元年（535）卒官为时五年相合。是"阮放之官"、"野王之职"均指太子中庶子。《晋书》卷四九《阮籍传》附《阮放传》载：放"除太子博士，太子中舍人、庶子。时虽戒车屡驾，而放侍太子，常说《老》、《庄》，不及军国"①。《汉书》卷七九《冯奉世传》附《冯野王传》："野王享君卿……少以父任为太子中庶子。"②注者述阮放之生平仕历颇详，独不言其太子中庶子之任，而云"野王"指桓伊，殊不知桓伊之仕历与中庶子无涉，实在令人遗憾。

15. 卷六《与湘东王论王规令》："一尔过隙同，永归长夜，金刀掩芒，长淮绝涸。[五]去岁冬中，已伤刘子，今兹寒孟，复悼王生，俱往之伤，信非虚说。"（第519页）

《注释》："[五]金刀二句：金刀、长淮，喻王规之文才武功。黎经诰《六朝文絜笺注》句下注引《西京杂记》：'有东海人黄公，少时为术，能治蛇御虎，佩赤金刀。'《说文》：'淮水出南阳平氏桐柏大复山，东南入海。'《尔雅》：'涸，揭也。'《礼记·月令》：'仲秋之月，水始涸。'"（第520页）

今按："金刀掩芒"，乃喻指刘姓之人去世。《汉书》卷九九《王莽传》："夫'刘'之为字，'卯、金、刀'也。"③遂废刘自立。刘，繁体为"劉"。此文"金刀"乃"卯金刀"之省。"长淮绝涸"，乃喻指王姓之人去世。《文选》卷四六任彦昇《王文宪集序》李善注引《王氏家谱》曰："初，王导渡淮，使郭璞筮之。卦成，璞曰：'吉。无不利。淮水绝，王氏灭'。"④简文此二句正与下文"已伤刘子"、"复悼王生"相应，是喻指刘遵与王规之卒。黎经诰笺注此二句，其疏略，中华上编版《六朝文絜

---

① 房玄龄等：《晋书》，中华书局1982年版，第1367页。
② 班固：《汉书》，中华书局1962年版，第3302页。
③ 班固：《汉书》，第57页。
④ 萧统编，李善注：《文选》，第652页。

笺注》1963年之《前言》中已指出。① 再说，王规，一文士耳，《梁书》卷四一、《南史》卷二二并有传，此人从未有领兵出战之事，何来"武功"？注者照抄黎氏笺注，且云"金刀、长淮""喻王规之文才武功"，可叹。

16. 卷六《临雍州原减民间资教》："诚欲投躯决堤，曝身求雨。"[三]（第532页）

《注释》："[三]曝身求雨：《新序·杂事》：'昔齐景公之时，天大旱三年，卜之曰："必以人祠，乃雨。"景公下堂，顿首曰："凡吾所以求雨者为吾民也，今必使吾以人祠乃且雨，寡人将自当之。"言未卒而天大雨。'"（第532页）

今按：《注释》所引无"曝身"事。《晏子春秋·内篇·谏上》第一五章："齐大旱逾时，……景公曰：'今为之奈何？'晏子曰：'君诚避宫殿暴露，与灵山河伯共忧，其幸而雨乎！'于是景公出野居，暴露三日，天果大雨。"②《后汉书》卷八一《独行·谅辅传》："（谅辅）乃自暴庭中，慷慨祝曰……，须臾澍雨。"③ 又《太平御览》卷一一引《长沙耆旧传》："祝良为洛阳令，时亢旱，天子祈雨不得。良暴身阶庭，告诫引罪，紫云沓起，甘雨仍降。"④ 并曝身求雨事，可引以为注。

17. 卷七《上〈昭明太子集〉〈别传〉表》："明月西流[七]，幼有文章之敏；羽籥东序，长备元良之德。"（第564页）

《注释》："[七]明月西流：此喻太子之德。《古今注·音乐》：'《日重光》、《月重轮》，群臣为汉明帝所作也。明帝为太子，乐人作歌诗四章，以赞太子之德。其一曰《日重光》，其二曰《月重轮》，其三曰《星重辉》，其四曰《海重润》。汉末丧乱后，其二章亡。旧说云，天子

---

① 黎经诰：《六朝文絜笺注》前言，上海古籍出版社1982年版，第3页。
② 《晏子春秋》，影印《诸子集成》本，上海书店1986年版，第21—22页。
③ 范晔：《后汉书》，第2694页。
④ 李昉等：《太平御览》，第56页。

之德，光明如日，规轮如月，众辉如星，沾润如海。太子皆比德焉，故云重尔。'"（第566页）

今按："明月西流"二句，明明就"文章之敏"说，"羽籥东序"二句，方就"元良之德"说。若如注者所言，则文理难通。再说，"明月西流"与"《日重光》、《月重轮》"如何关联？不可解。其实，"明月西流"出魏太子曹丕之诗。《文选》卷二七魏文帝《燕歌行》有云："明月皎皎照我床，星汉西流夜未央。"①《三国志·文帝纪》载："初，帝好文学，以著述为务，自所勒成垂百篇。"又，"评曰：文帝天资文藻，下笔成章，博闻强识，才艺兼该"。裴松之注引《魏书》曰："（丕）年八岁，能属文，有逸才。"②简文"明月西流"两句，乃赞昭明太子如魏太子曹丕，文才杰出。"明月西流"者，不过举曹丕诗之名句为其文才之代表耳。

18. 卷八《上皇太子〈玄圃园讲颂〉启》："伏惟殿下，体高玄赜，养道春禁，牢笼文圃，渔猎义河[五]，注意龙宫[六]，研心宝印，云聚生什之材[八]，并命应王之疋。探机析理，怡然不倦。"（第619页）

《注释》："[五]渔猎义河：《梁书·昭明太子传》：'普通中，大军北讨，京师谷贵，太子因命菲衣减膳，改常馔为小食。每霖雨积雪，遣腹心左右，周行闾巷，视贫困家，有流离道路，密加振赐。又出主衣绵帛，多作襦裤，冬月以施贫冻。若死亡无可以敛者，为备棺槥。'[六]注意龙宫：关心朝廷大事，敬仰皇上。……。[八]生什：生活日用之物。《华严经音义·上》：'三苍曰：吴楚之间，谓资生之具为什物。'《史记·五帝纪》：'舜作什器于寿丘。'《索隐》：'什器，什，数也。盖人家常用之器非一，故以十为数。犹今云什物也。'"（第621页）

今按：注者以上几条注释，纯属臆说，大谬不然。"渔猎义河"若，与上句"牢笼文圃"相对，上句说引纳才学之士，此句说博涉阐释经典

---

① 萧统编，李善注：《文选》，第391页。
② 陈寿：《三国志》，中华书局1982年版，第88—89页。

义理之著作。此"义"乃阐述经典义理之文体，如《梁书·简文帝纪》所载简文所撰之《礼大义》、《老子义》、《庄子义》之"义"。"义河"者，指阐释经典之著作。龙宫，代指佛教经典，因相传佛教大乘经典藏于龙宫之故也。"注意龙宫"者，着意于佛教经典也。注者释"生什"亦望文生训，全未顾及上下文意。此"生什"与下句"应王"相对，并借指皇太子左右文人学士。"生"指释竺道生，"什"指鸠摩罗什。二人并为著名高僧，梁释慧皎《高僧传》并有传。①"应王"，指曹魏著名文士应玚、王粲，二人皆为汉末建安七子中人，《三国志》卷二一《王粲传》有传，《注释》失注。

19. 卷八《谢敕赉大菘启》："吴愧千里之莼[二]，蜀惭七菜之赋。"（第644页）

《注释》："[二]吴愧千里之莼：《世说新语·识鉴》：'张季鹰辟齐王东曹掾。在洛阳见秋风起，因思吴中菰叶羹、鲈鱼脍，曰："人生贵得适意尔。何能羁宦数千里以要名爵。"遂命驾便归。俄而齐王败，时人皆谓之为见几。'"（第645页）

今按：注者所引张季鹰事与"千里之莼"何干？甚无谓。《世说新语·言语》第二六则："陆机诣王武子，武子前置数斛羊酪，指以示陆曰：'卿江东何以敌此？'陆云：'有千里莼羹，但未下盐豉耳！'"②当引此为注。

20. 卷八《与广信侯垂述内典书》："今卷帷之部[十三]，乘传一隅，闻慧雨滂流，喜跃充遍。"（第749页）

《注释》："[十三]卷帷：原指书房、书室。在此谓佛学典籍。"（第751页）

今按：注者释"卷帷"，"原指"云云，未知何据，恐属想当然。

---

① 释慧皎撰，汤用彤校注：《高僧传》，中华书局1992年版。
② 余嘉锡：《世说新语笺疏》，第88页。

《说文解字·内部·帷》："在旁曰帷。"① "卷帷"，此处指卷起车帷，义同"褰帷"。《后汉书》卷三一《贾琮传》："琮为冀州刺史。旧典，传车骖驾垂赤帷裳，迎于州界。及琮之部，升车言曰：'刺史当远视广听，纠察美恶，何有反垂帷裳以自掩塞乎？'乃命御者褰之。"② 此"传"，指传车。《汉书·高帝纪下》："（田）横惧，乘传诣雒阳。"颜师古注："传者，若今之驿。古者以车，谓之传车。"③ 所谓"卷帷之部，乘传一隅"者，不过谓离京师赴地方任所而已。注者或未知"卷帷"出典，故有此误。

21. 卷一一《昭明太子集序》："故假约法于关中，秦民胥悦；感严刑于阙下，汉后流名。"[七〇]（第801页）

《注释》："[七〇] 感严刑于阙下，汉后流名：《说苑·贵德》：'孝宣皇帝初即位，守廷尉吏路温舒上书言尚德缓刑。'"（第814页）

今按：《注释》误。"汉后"此指汉文帝。《史记》卷一〇《孝文帝本纪》载：齐太仓令淳于公有罪当刑，逮系长安狱。其少女缇萦伤泣，随父长安，上书文帝。帝怜悲其意，下诏废除肉刑。④ 班固《咏史》诗咏其事，有云："三王德弥薄，惟后用肉刑。太仓令有罪，就逮长安城。自恨身无子，困急独茕茕。小女痛父言，死者不可生。上书诣阙下，思古歌鸡鸣。忧心摧折裂，晨风扬激声。圣汉孝文帝，恻然感至情。百男何愦愦，不如一缇萦。"《史记·孝文帝本纪》："太史公曰：孔子言：'必世然后仁。善人之治国百年，就可以胜残去杀。'诚哉是言！汉兴，至孝文四十有余年，德至盛也。"⑤ 明白了这些，"感严刑"云云之义，自然明白。

----

① 段玉裁：《说文解字注》，第359页。
② 范晔：《后汉书》，第1112页。
③ 班固：《汉书》，第57页。
④ 司马迁：《史记》，第427页。
⑤ 司马迁：《史记》，第437页。

22. 卷一四《吴郡石像碑》："夫鲁圣云亡，尚追仪于有若；楚臣陨世，亦托似于孟优。放勋之后[六四]，更图长乐之画；文命之君[六五]，不绝稽命之祀。或传诸往牍，或布在前司，或赞述盈耳，或寿宫虚置。"（第1056页）

《注释》："[六四]放勋之后：《史记·五帝本纪》：'帝喾娶陈锋氏女，生放勋。娶娵訾氏女，生挚。帝喾崩，而挚代立。帝挚立，不善，而弟放勋立，是为帝尧。'正义：'言尧能放上代之功，故曰放勋。'长乐：谓长治久安。画：《玉篇》：'计也，策也。'《史记·五帝本纪》：'乃命羲、和，敬顺昊天，……信饬百官，众功皆兴。'[六五]文命之君：《史记·夏本纪》：'夏禹，名曰文命。'……不绝稽命之祀：《史记·夏本纪》：'尧崩，帝舜问四岳曰："有能成美尧之事者使居官？"皆曰："伯禹为司空，可成美尧之功。"舜曰："嗟，然！"命禹："女平水土，维是勉之。"禹拜稽首……乃劳身焦思，居外十三年，过家门不敢入。薄衣食，致孝于鬼神。'集解引马融：'祭祀丰洁。'"（第1067页）

今按：本文"鲁圣"以下四分句，分述孔子、孙叔敖、帝尧、夏禹四人，与下文四"或"字句相应。"赞述盈耳"承"放勋之后，更图长乐之画"。长乐，犹长生。《淮南子·本经》："天覆以德，地载以乐。"高诱注："乐，生也。"①是其例。曹植《画赞序》："盖画者，鸟书之流也。昔明德马后美于色，厚于德，帝用嘉之。尝从观画……观陶唐之像，后指尧曰：'嗟乎！群臣百寮恨不得戴君如是。'"又，其《帝尧赞》云："火德统位，父则高辛。克平共工，万国同尘。调适阴阳，其惠如春。巍巍成功，配天则神。""寿宫虚置"承"文命之君，不绝稽命之祀"。《说文解字·稽部》："稽，留止也。"②"稽命"，意谓长生不死。《史记·夏本纪》："或言禹会诸侯江南，计功而崩，因葬焉，命曰会

---

① 何宁：《淮南子集释》，第556页。
② 段玉裁：《说文解字注》，第275页。

稽。"裴骃《集解》引《皇览》曰："禹冢在山阴县会稽山上。……《地理志》云山上有禹井、禹祠。"张守节《正义》引《括地志》云："禹陵在赵州会稽县南十三里。庙在县东南十一里。"①昔人有画赞犹存，故知帝尧之形象长存；旧传有禹祠、禹庙，是夏禹长活在后人心中。注者释此几句，不厌其烦，实未得其义。

23. 卷一四《善觉寺碑》。[一]

《注释》："[一]善觉寺碑：在建康太清里，为简文帝生母丁贵嫔所建（贵嫔普通七年薨，有司奏谥曰'穆'）。又《建康实录》卷一七亦载吴庆之造善尼寺事，然其所处在建陵东七里。"（第1087页）

今按：《注释》"又《建康实录》"云云，乃误读原文。《建康实录》卷一七"普通五年"下有云："置众造寺，西南去县五十里，后阁舍人吴庆之造。置善觉尼寺，在县东七里，穆贵妃造，其殿宇房廊，刹置奇绝，元帝绎为寺碑。"②不知注者所据《建康实录》为何种版本，又何以有此误。

24. 卷一五《太子舍人萧特墓铭》："瑾既诞子，恒乃懽胤。"[五]（第1166页）

《注释》：[五]瑾既诞子，恒乃懽胤：并就萧特言。（第1168页）

今按：《晋书》卷三六《卫瓘传》载："瓘学问深博，明习文艺，与尚书郎敦煌索靖俱善草书，时人号为一台二妙"③，其子恒字巨山，"恒善草隶书，为《四体书势》"④。《梁书》卷三五《萧子恪传》附《萧子云传》："子云善草隶书，为世楷法"⑤，"（第二子）特字世达，早知命，亦

---

① 司马迁：《史记》，第89—90页。
② 许嵩，张忱石点校：《建康实录》，中华书局1986年，第680页。
③ 房玄龄等：《晋书》，第1057页。
④ 房玄龄等：《晋书》，第1061页。
⑤ 姚思廉，熊清元校注：《梁书》，《今注二十四史》本，第1370页。

善草隶"①。《南史》卷四二《齐高帝诸子·豫章文献王嶷传》附《萧子云传》有云:"(子云)子特,字世达,早知名,亦善草隶,时人比之卫恒、卫瓘。"②

将以上三条材料合观,则不难看出:一、本文"瑾"当是"瓘"之讹。"瓘"者,卫瓘;"恒"者,卫恒。此父子二人并善草书。二、以善草书之卫氏父子比萧子云、萧特父子,乃"时人"之共识,简文亦同。注者未能校正误字,且用"并就萧特言"五字释"瑾既"云云两句,让人莫明其妙。

25. 卷一六《唱导文》:"宜各运心,奉为临川、安成、建安、鄱阳、始兴、豫章[五五]及南康、庐陵、湘东、武陵诸王,家国戚属,六司鼎贵,归命敬礼舍礼形象,菩提妙塔。"(第1214页)

《注释》:"[五五]豫章:指萧栋,字元吉。南朝梁昭明太子萧统长孙。梁简文帝大宝末,侯景废帝立栋。未几,禅位于景,封淮阴王。与二弟桥、樛锁于密室,景败,得出。元帝使人杀之。"(第1227页)

今按:简文此文中有"奉为皇太子"云云,诚如注者所云:"皇太子,指萧统。此文乃简文在藩时作,故云。"据《梁书·简文帝纪》,萧统中大通三年四月薨,简文五月继立为太子。则此作不晚于中大通三年四月。而据《梁书·昭明太子传》,萧统生于齐和帝中兴元年③,即梁天监元年之前一年。是简文作此文时萧统至多十八岁,何来长孙?又,《南史》卷五三《梁武帝诸子·昭明太子统传》:"(统)薨后,长子东中郎将、南徐州刺史华容公欢封豫章郡王",欢薨,"子栋嗣"。④《梁书·武帝纪下》载:大同六年"十二月壬子,江州刺史豫章王欢薨"。萧欢为豫章王在中大通三年,萧栋嗣爵更当在大同六年末。是萧欢、萧栋父子

---

① 姚思廉,熊清元校注:《梁书》,《今注二十四史》本,第1371页。
② 李延寿:《南史》,中华书局1975年版,第1076页。
③ 姚思廉:《梁书》,第433页。
④ 李延寿:《南史》,第1313页。

俱不可能是简文此文中之"豫章"。然则此"豫章"为谁？《梁书》卷五五《豫章王综传》载：萧综，"高祖第二子也。天监三年，封豫章郡王"①，普通六年奔北魏，后死于北魏。是此文"豫章"当指豫章王萧综。

又，据《梁书·太祖五王传》《高祖三王传》《元帝纪》《武陵王纪传》等知，临川、安成、建安、鄱阳，始兴五王依次为太祖之第六、七、八、九、十子，而南康、庐陵、湘东、武陵四王，依次为梁武帝第四、五、七、八子。简文此文将梁武帝第二子萧综次于南康王之前，也正合其排列顺序。若"豫章"指萧栋，岂不乱了伦次？简文断不至如此无知。

（原载《黄冈师范学院学报》2018年第2期）

---

① 姚思廉，熊清元校注：《梁书》，《今注二十四史》本，第2111页。

日本影弘仁本《文馆词林》中的两个问题

《文馆词林》一千卷，宋初已经失传。昭和四十四年（1969）日本古典研究会将散见于彼邦的弘仁钞本及其摹写、摹刻本搜罗整理，出版了影弘仁本《文馆词林》。该书三十卷，被认为是"迄今为止收文最多、版本最善的一个印本"（罗国威《日藏弘仁本文馆词林校证·前言》）。但《文馆词林》原本规模宏大，必经众手抄撮乃成，而日藏弘仁本又经转抄或传刻，这些都势必影响到该书原文的准确性，失误在所难免。

笔者近来研读该书，发现从文章篇题到正文文字都存在这样那样的问题。而这些问题尚未能引起学者们的重视。即便是新近出版的《日藏弘仁本文馆词林校证》[①]，仍很少发现上述问题并予以校正。限于篇幅，本文仅就其文章篇题和正文删略情况做些考述，请方家和读者指正。至于该书之脱字、误字、避讳改字等问题，当另文讨论。

一、篇题有错误

《文馆词林》所录文章，有的原文没有篇题，而为《文馆词林》编撰者所加。所加有误，传抄者不考，必然沿误。

1.《文馆词林》卷六六二魏收《后魏节闵帝伐尔朱文畅等诏一首》

按：此诏言诛尔朱文畅及其同谋房子远、郑仲礼等事。尔朱文畅，《北齐书》卷四八、《北史》卷四八皆有传。其谋杀东魏相王高欢（即北

---

① 罗国威：《日藏弘仁本文馆词林校证》，中华书局2001年版。

齐高祖神武帝）不果而伏诛，除其本传有载之外，《北齐书·神武纪》及《北史·齐本纪》亦有明载，事在东魏孝静帝武定三年（545）正月。此篇题中"节闵帝"显然错误。

考《魏书·废帝纪》及《北史·齐本纪》，北魏节闵帝元恭于建明二年（531）二月即位，改元普泰，次年四月即被废，旋即遇害。是其下距尔朱文畅之伏诛还有十四年之久。故此篇题中"节闵帝"三字当改为"孝静帝"。这一点，中华书局本《北齐书》的点校者已注意到了。该书《外戚传》校勘记第四条引《文馆词林》此诏时，于题目中"节闵帝"三字下加注云："应作孝静帝。"

2.《文馆词林》卷六六六沈约《梁武帝立皇太子大赦诏一首》

按：此篇又见《文苑英华》卷四三二，题作《立太子赦书诏》，严可均据之辑入《全上古三代秦汉三国六朝文·全梁文》中，题为《立太子赦诏》，俱无"梁武帝"三字。众所周知，梁武帝萧衍乃开国之君，而此诏云"朕夙缵璿祚"，是嗣位之君的口气，与梁武不合。且立太子大赦，《梁书》当有记载。考梁武一生，先立萧统为太子；统死，立萧纲为太子。其立萧纲为太子大赦，《梁书·武帝纪》明云："中大通三年秋七月乙亥，立晋安王纲为皇太子，大赦天下。"立萧统为太子，仅云："（天监元年冬十一月）甲子，立皇子统为皇太子"，是未曾大赦也。立萧纲为皇太子大赦有诏，《文馆词林》本卷此篇下篇《重立皇太子赦诏》即是。因此梁武不应另有一篇《立皇太子大赦诏》，此文题中"梁武帝"三字必误。陈庆元《沈约集校笺》（浙江古籍出版社1995年版）录此文，笺云："《南齐书·东昏侯纪》：'（永元元年）夏四月己巳，立皇太子诵，大赦，赐民为父后者爵一级。'此文当作于是年。"说是。依《文馆词林》拟题例，此文题中"梁武帝"三字当改为"齐东昏侯"。

3.《文馆词林》卷六六八魏收《北齐废帝即位改元大赦诏一首》

考《北齐书》之《文宣帝纪》及《废帝纪》知，北齐文宣帝天保十年（559）十月甲午（10日）崩于晋阳宫德阳堂，癸卯（19日）发丧，敛于宣德殿。太子（即废帝）高殷亦于癸卯日即位于宣德殿，大赦。至次年春正月癸丑朔改元乾明。是废帝改元在即位后两个多月。

此诏有云："穹苍不吊，降此闵凶，大行皇帝弃背万国，率土哀穷，不胜永慕。……属当正体，上奉宗祐（按：当为'祏'字之讹），便以即日，恭承大命，……可大赦天下。"因知此诏当为文宣帝死后发丧，废帝即位时所下。废帝即位与改元不同时，甚至不在同一年，诏文中亦无只字言及改元之事，故知此文篇题有误，题中"改元"二字当删。

4.《文馆词林》卷六六八《后周明帝即位改元大赦诏一首》

考《周书·明帝纪》，后周明帝宇文毓于周闵帝元年（557）九月甲子即天王位，大赦天下。三年"秋八月己亥，改'天王'称皇帝"，大赦，改元武成。此诏有云："其大赦天下。肇号开元，是惟协庆，宜改三年为武成元年。……自八月十四月日昧爽以前，……悉除不问。"据陈垣《二十史朔闰表》，后周明帝三年八月丙戌朔，十四日正为己亥。是知此诏乃明帝即位第三年八月十四日改元大赦诏，与其即位大赦天下之时、事俱不相同。而此篇题将"即位"与"改元"扯在一起，误。题中"即位"二字当删。

5.《文馆词林》卷六六八《陈宣帝改元大赦诏一首》

按：此诏残缺，据之难以断定篇题是否正确。《陈书·宣帝纪》有"太建元年春正月甲午，即皇帝位于太极前殿，诏曰"云云，即此诏全文。严可均据之辑入《全陈文》卷三宣帝名下，题为《即位改元大赦诏》，可补弘仁本此篇之残阙。诏文有云："今便肃奉天策，钦承介圭。若据沧溟，逾增兢业。思所以云行雨施，品物咸亨，当与黔黎，普同斯庆。可改光大三年为太建元年，大赦天下。"据诏文内容及《文馆词林》拟题例，此篇当题为《陈宣帝即位改元大赦诏》，较弘仁本今题补"即位"二字。

6.《文馆词林》卷六六八隋炀帝《即位改元大赦诏》

按：据《隋书·炀帝纪》，隋炀帝即位在仁寿四年（604）七月，而改元大赦在大业元年（605）正月朔日，即位与改元不在同一年。《隋书》亦无炀帝即位大赦的记载。故虽此诏文今不存，亦可断此篇题有误。"即位"二字当删。

7.《文馆词林》卷六六九《武德年中平北狄大赦诏一首》

诏文中有云，"朕君临八表，于今四载"，又言破突厥颉利事，"唯颉利挺身，逃窜林穴"。又云："自贞观四年二月十八日昧爽以前，罪无轻重"，皆赦除之。考新、旧《唐书》之《太宗纪》，太宗平北狄突厥颉利并大赦，事在贞观四年二月。《资治通鉴》卷一九三《唐纪》贞观四年二月下亦记破突厥颉利事，且有云："甲寅，以克突厥赦天下。"据陈垣《二十史朔闰表》，贞观四年二月丁酉朔，甲寅正十八日。这些正与此诏完全一致，因知其作时当在太宗贞观四年二月甲寅。而"武德"乃唐高祖李渊年号。故知此篇中"武德"二字误，依《文馆词林》拟题例，当改为"贞观"。

8.《文馆词林》卷六六九《宋顺帝诛崔惠景大赦诏一首》

按：据诏文"可大赦天下。凡与崔慧景协契同谋，首为奸逆"，"悉皆荡涤，一无所问"，"唯崔慧景诸子，不在赦例"云云，知此篇确为"诛崔慧景大赦诏"。（按：篇题中"惠"当为"慧"）考《南齐书·东昏侯纪》及《崔慧景传》，慧景举兵袭京师在东昏侯永元二年（500）三月，四月即兵败被杀。慧景死日，东昏诏曲赦京邑及南徐、兖二州，五月壬子，又大赦天下。因知此诏当作于永元二年五月壬子，下诏者为齐东昏侯萧宝卷。此篇题中"宋顺帝"三字当是《文馆词林》抄撰者误加，应改为"南齐东昏侯"。

9.《文馆词林》卷六七〇晋张华《魏高贵乡公大赦诏》

考《三国志》卷四《三少帝纪·陈留王纪》知，司马炎进爵晋王在魏陈留王咸熙元年（264）。是年三月，"己卯，进晋公爵为王，封十郡，并前二十。……（五月）癸未，追命舞阳宣文侯为晋宣王，舞阳忠武侯为晋景王"。此诏有称"先相国晋王匡济之勋"，"相国晋王嗣业承绪"，是知其作必在陈留王咸熙元年五月以后。而据《三少帝纪·高贵乡公纪》，高贵乡公之卒在甘露五年（260）五月己丑，下距司马炎晋王之封尚有四年时间。故知此诏题中"高贵乡公"四字当是误加。又《三少帝纪·陈留王纪》裴松之注引《魏世谱》曰："封帝为陈留王，年五十八，太安元年崩，谥曰元皇帝。"故依《文馆词林》篇题例，题中"高贵乡公"应改为"陈留王"或"元皇帝"。

10.《文馆词林》卷六七〇徐孝嗣《南齐明帝原逋负及罢省诏一首》

《南齐书·郁林王纪》载：永明十一年七月，齐武帝崩，郁林王萧昭业即位。八月癸末，诏曰："朕以寡薄，嗣膺宝政，对越灵命，钦若兹图，思所以敬守成规，拱揖群后。哀荒在日，有憯大猷，宜育德振民，光昭睿范。凡逋三调及众责，在今年七月三十日前，悉同蠲除。其备偿封籍货鬻未售，亦皆还主。御府诸署，池田邸治，兴废沿事，本施一时，于今无用者，详所署省。公宜权禁，一以还民，关市征赋，务从优减。"将此诏与《文馆词林》所录本篇相比较，即知同为一诏，只不过《南齐书·郁林王纪》所载略有删节并有数字异文而已。因知此诏当为徐孝嗣为南齐郁林王作。严可均亦据《南齐书·郁林王纪》题此诏作《即位下诏》，辑入《全齐文》卷五郁林王名下。因而可以肯定，此篇题中"明帝"二字当是《文馆词林》抄撰者所误加，应改为"郁林王"。

二、原文有删略

弘仁本《文馆词林》所载文章，有的看似完篇，但与现存有关文献比较，则知其对原文有删略。其删略者，可能是《文馆词林》编撰者，亦可能是传抄者。

1.《文馆词林》卷六六五《宋文帝拜谒山陵赦诏二首》

此载第二篇（即"朕自违北京"篇）"其大赦天下"后，仅"行所经县，蠲田租之半，老病单弱，普加赡恤"四句，似乎也是完篇。然考

《宋书·文帝纪》，得见元嘉二十六年三月纪载此诏全文，前半与弘仁本《文馆词林》所录同，自"其大赦天下"后，原文为：

> 复丹徒县侨旧今岁租布之半。行所经县，蠲田租之半。二千石官长并勤劳王务，宜有沾锡。登城三战及大将战亡坠没之家，老病单弱者，普加赡恤。遣使巡行百姓，问所疾苦。孤老、鳏寡、六疾不能自存者，人赐谷五斛。

较之弘仁本《文馆词林》，多出 65 字。此 65 字无疑是《文馆词林》编撰者或转抄者所删略。

2.《文馆词林》卷六六五《西晋武帝籍田大赦诏一首》

罗国威《日藏弘仁本文馆词林校证》云："此篇又见《晋书》卷三《武帝纪》，严可均据之辑入《全晋文》卷三。《晋书》所载，删节过多，此为完篇，可校补严辑。"今按：此说欠缺。"《晋书》所载，删节过多"，固是；"此为完篇"，却非。查《晋书·武帝纪》，此篇"大赦天下"句后，尚有"长吏郡丞长史各赐马一匹"一句，为弘仁本《文馆词林》所无。是严辑本亦可补弘仁本《文馆词林》之略也。

3.《文馆词林》卷六六七《汉宣帝凤皇集泰山赦诏一首》

按：此诏，《汉书·宣帝纪》有载，严可均据之加入《全汉文》卷六汉宣帝名下。将严辑本与此篇比较，知此篇"赐勤事吏二千石以下爵"，严辑本作"赐勤事吏中二千石以下至六百石爵，自中郎吏至五大夫佐史以上二级，民一级，女子百户牛酒，加赐鳏寡孤独三老孝弟力田帛。所振贷勿收"。显然是弘仁本《文馆词林》有删略。

4.《文馆词林》卷六六八《东晋简文帝即位大赦诏一首》

按：此诏，《晋书·简文帝纪》有载。《晋书》所载于此篇文末"增文武位二等"下尚有"孝顺忠贞，鳏寡孤独米人五斛"12字，当为弘仁本《文馆词林》所删。

5.《文馆词林》卷六六八《陈武帝即位改元大赦诏一首》

按：此诏，《陈书·武帝纪》有载，严可均据之辑入《全陈文》卷一武帝名下，题《受禅大赦诏》，较《文馆词林》所录完备。今将弘仁本《文馆词林》本文末所删部分补录如下：

> 赐民爵二级，文武二等。鳏寡孤独不能自存者人谷五斛。逋租宿债，皆勿复收。其有犯乡里清议、赃汙淫盗者，皆洗除先注，与之更始。长徒敕系，特皆原之。亡官失爵，禁锢夺劳，一依旧典。

6.《文馆词林》卷六六九隋李德林《后周静帝平尉迥大赦诏一首》

按：《周书·静帝纪》大象二年八月纪载此诏，"可大赦天下"后，尚有"其共迥元谋，执迷不悟，及迥子侄、逆人司马消难、王谦等，不在赦例"数句，当是《文馆词林》抄录时所删。

7.《文馆词林》卷六六九《宋文帝诛徐羡之傅亮谢晦大赦诏》

罗国威《日藏弘仁本文馆词林校证》云："此篇又见《宋书》卷四三《徐羡之传》，严可均据之辑入《全宋文》卷二文帝文中，此载可校补严辑。"今按：《文馆词林》此篇与《宋书·徐羡之传》所载各有删略，可以互补，不独《文馆词林》可补严辑也。《文馆词林》此篇"为其遏防"后，《宋书·徐羡之传》尚有"可遣中领军到彦之即日电发，征北将军檀道济络驿继路，符卫军府州以时收翦。已命征虏将军刘粹断其走伏。罪止元凶，余无所问。感惟永在，心情崩绝"数句，为弘仁本《文馆词林》所无，当是其抄撰者所删。

8.《文馆词林》卷六七〇《汉元帝大赦诏一首》

按：此诏，《汉书·元帝纪》永光二年二月纪有载。与弘仁本《文馆词林》相校，《汉书》所载于"赐人爵一级"下，尚有"女子百户牛酒，鳏寡孤独高年三老孝弟力田帛。又赐诸侯王公主列侯黄金，中二千石以下至中都官长吏各有差。吏六百石以上爵，五大夫勤事吏各二级"数句，为《文馆词林》所无，疑为《文馆词林》抄撰者所删。

9.《文馆词林》卷六七〇徐陵《陈武帝宥沈泰家口诏一首》

按：此诏，《陈书·高祖本纪》永定二年三月下有载，较弘仁本《文馆词林》所录多出文末"若乐随临川王及节将立效者，悉皆听许"

一句。以理推之，当是《文馆词林》删略。

（原载《黄冈师范学院学报》2003 年第 5 期）

《文馆词林》卷三四七佚名阙题残篇考

《文馆词林》卷三四七《颂》十七《武部上》有一佚名阙题之残篇。此篇之题目、作者、写作年代历来无人考证，近年出版的罗国威先生的新著《日藏弘仁本文馆词林校证》（中华书局2001年版，以下简称《校证》）亦仅云："此篇篇题、作者及前半部分已佚，又不见载于其他文献，故无从考稽。此卷中该篇排于东晋曹毗《伐蜀颂》之前，则可确定该文作者系晋或晋以前之人。"这引起了笔者的兴趣，笔者经反复研核此残篇及有关材料，断定此颂题名应是《窦将军北征颂》，作者是后汉崔骃，写作时间是汉和帝永元元年（89）。现将研核情况略述如下，望方家有以教之。

此残篇有云："人事协兮皇恩得，金精扬兮水灵伏。顺天机兮把刑德，戈所指兮罔不克……假皇天兮简帝心……"（本文所引残篇文字主要依据中华书局《校证》本，其有误者，依他本校改。《校证》本误"扬"作"杨"，今改。）

今按：此五句中，前四句亦见《太平御览》卷三四一，出自崔骃《北征颂》；后一句亦见《昭明文选》卷一四颜延年《赭白马赋》李善注和卷五八王仲宝《褚渊碑文》李善注，出自崔骃《武赋》。此五句佚文，清严可均皆辑入《全上古三代秦汉三国六朝文》中《全后汉文》卷四四崔骃名下。需要说明的是，笔者颇疑《武赋》之名乃就原文之内容而言，实际上即是《北征颂》。当然，亦有可能崔骃另有《武赋》之作，两文同有"假皇天兮简帝心"一句。不过，不管怎样，此句为崔骃作则是无疑的。既然此残篇中有四至五句与崔骃《北征颂》完全相同，那么此残篇就应该是崔骃的《北征颂》了。

当然"应该"未必就是"必然",还须进一步论证。残篇述北征之情况有云:

> 历高阙,出鸡鹿,峙天街,绝地垠。掩薄比题,□彼姑涮。骋六师于长莽,纵四校于中原。辛厘王庭,夷部落,刘尸逐,顿禺犊……殄无遗育,歼类灭族。裘羹之伦,肉喙之党,莫不沮胆,交臂房属。乃俘其王侯群孥,略其牛羊,卤获降之溢羣薮,升之覆山阜……既乃周流□□,逍遥邓林,扪天枢以瞰不周,勒功燕然,饮马安侯,邀瀚海,卑居胥,而后旋师长驱,振旅凯噪。("掩薄比题,□彼姑涮",罗氏《校证》标点作"掩薄比,题彼姑涮",误。掩薄,同"淹薄",停留。《丛书集成初编》本此篇"彼"前有一缺字符号□,今据补)

考《后汉书》之《和帝纪》、《窦宪传》、《耿秉传》等纪传,知后汉章和二年(88)十月,应匈奴南单于之请,和帝以侍中窦宪为车骑将军,以执金吾耿秉为副,北征北匈奴。关于此次北征,以《窦宪传》记载最为详细,今节录如下:

> (永元元年[89]六月)宪与秉各将四千骑及南匈奴左谷蠡王师子万骑出朔方鸡鹿塞,南单于屯屠河,将万余骑出满夷谷,度辽将军邓鸿及缘边义从羌胡八千骑,与左贤王安国万骑出稒阳塞,皆会涿邪山……与北单于战于稽落山,大破之。虏众崩溃,单于遁走。追击诸部,遂临私渠比鞮海。斩名王以下万三千级,获生口、马、牛、羊、橐驼百余万头。于是温犊须、日逐、温吾、夫渠王柳鞮等八十一部率众降者,前后二十余万人。宪、秉遂登燕然山,去塞三千余里,刻石勒功,纪汉威德,令班固作铭……宪乃班师而还。

此残篇中"鸡鹿"即"鸡鹿塞";"比题"与同篇下文"爰比题兮获鼎宝"之"比题"同,是"私渠比鞮海"之略称(按:"题"通"鞮");"燕然"即"燕然山"。将残篇所述与《后汉书·窦宪传》所记相比较,不难看出,无论是征途所经、追击所至、刻石之山,还是战胜虏获、勒功凯旋，两文均一一吻合。

又，班固《燕然山铭·序》亦述及此次北征之经过，其文有云：

> 惟永元元年秋七月，有汉元舅曰车骑将军窦宪……遂陵高阙，下鸡鹿，经碛卤，绝大漠，斩温禺以衅鼓，血尸逐以染锷。然后四校横徂，星流彗扫，萧条万里，野无遗寇。于是域灭区单，反斾而旋。考传验图，穷览其山川，遂逾涿邪，跨安侯，乘燕然……乃遂封山刊石，昭铭上德。

别的且不说，只看残篇之"历高阙，出鸡鹿"、"刘尸逐，顿禺犊"、"殄无遗育，歼类灭族"、"勒功燕然，饮马安侯"、"旋师长驱，振旅凯噪"与班固此铭序中"陵高阙，下鸡鹿"、"斩温禺以衅鼓，血尸逐以染锷"、"萧条万里，野无遗寇"、"跨安侯，乘燕然"、"域灭区单，反斾而旋"，一一相印，如出一辙，我们就不能怀疑他们所述是同一次北征。

以上这些足以证明此篇乃是崔骃于和帝永元元年（89）随窦宪北征北匈奴凯旋时作。

窦宪此次北征过程中，还有一个小小的插曲，那就是南单于曾向窦宪赠送仲山甫古鼎。《后汉书·窦宪传》载："南单于于漠北遗宪古鼎，容五斗，其傍铭曰'仲山甫鼎，其万年子子孙孙永保用'，宪乃上之。"《艺文类聚》卷七三录有崔骃《仲山父鼎铭》，严可均据之辑入《全后汉文》卷四四崔骃名下。可见此事确凿无疑。此事，残篇中亦有反映："假皇天兮简帝心，爱比题兮获鼎宝。惟仲山兮兴周道，同符应兮袭规矩。"今按："仲山"即"仲山甫"，"鼎宝"即"仲山甫鼎"。仲山甫，西周鲁献公之次子，周宣王时为卿士。《诗·大雅·烝民》即颂扬其人之功德。《毛诗·烝民·小序》云："尹吉甫美宣王也。任贤使能，周室中兴焉。"仲山甫兴周道，窦宪兴汉室，崔骃写此四句之用意是明显的。这也是崔骃《北征颂》作于此次北征凯旋时的一个证据。

窦宪此次北征，班固为军府中护军，傅毅为主记室，崔骃为主簿。这些在《后汉书》之《班固传下》、《崔骃传》及《文苑·傅毅传》都有明确的记载。此次北征过程中，班固除有《燕然山铭》之外，还有《窦将军北征颂》一文，载《古文苑》及《艺文类聚》卷六九，严可均据之辑入《全后汉文》卷二六班固名下；傅毅亦有《窦将军北征颂》残篇，见《艺文类聚》卷五九，《全后汉文》卷四三傅毅名下亦载。陆侃如先生《中古文学系年》（人民文学出版社1985年版）系傅毅、班固各自的《窦将军北征颂》于永元元年，并于本年崔骃名下亦系有《北征颂》，且云："（《全后汉文》卷四十四）又载骃《北征颂》，与固、毅当系同时之作。"班、傅、崔同在窦宪幕下，都是有名的文章之士。他们同题并作当是情理之中的事。陆先生之判断无疑是正确的。只是陆先生所见崔骃《北征颂》只四句佚文，亦未知此四句佚文正在此残篇之中，更不知此残篇即是《北征颂》。笔者此小文或许也算是对陆先生之遗著的一点补充。

（原载《古籍研究》2005年卷下，安徽大学出版社2005年版）

《文馆词林》卷四五五阙题残篇碑铭碑主考

日藏弘仁本《文馆词林》卷四五五《碑》三五有一不知撰人、未明碑主之阙题碑铭残文,今依中华书局2001年版罗国威《日藏弘仁本〈文馆词林〉校证》本过录如下:

(上阙)苗裔也。夫其构峰外区,方葱岭之西峙;导流中土,侔德水之东注。故能福禄攸降,枝干克昌。虽金钩表祥,见称于张氏,玉田贻祉,著美于阳族,方之篾如也。祖讳,魏雍州萨宝。父讳,隋开府仪同三司,贵乡县开国公,赠石州刺史。或望重河右,掬计然之要术,或声驰海内,受司勋之赏典。韩宣之问孟献,未坿其名;庄辛之对楚王,寔符其实。公感灵秀气,受教中和,蹈荀、何之淳德,慕颜、冉之淑行。静归真道,动合虚舟。体备柔弱,宪白璧而吐闰;心安忠恕,仪丹桂而扬芬。是以金城之右,犹颍川之仰叔度;玉关之外,若卫人之宗端木。岂止输财见称,事高于西汉;削契推重,声振于东都而已哉。隋开皇中,起家为蜀王秀库真,还都督检校仪同兵。乃秀废,又为大都督领本乡兵。韬玉左官,徒悲卞和之宝;绊骥下僚,宁辨孙阳之骏。譬犹凌寒之干,负严霜而表。(下阙)

此碑铭之碑主是谁?残文中未见言及。今人林家骊认为是张姓某人。其《日本影弘仁本〈文馆词林〉及其文献价值》[①]一文在介绍其书"碑"类文章时,有云:

---

① 林家骊:《日本影弘仁本〈文馆词林〉及其文献价值》,《杭州大学学报》(哲社版)1988年第4期。又见中国人民大学书报资料中心复印报刊资料《中国古代、近代文学研究》1989年第2期。

卷455，"碑三五·百官二五·将军五"，残存张某碑铭24行。罗国威《日藏弘仁本文馆词林校证》于此残篇后云：

此篇其他文献无载。严辑《全文》无收。碑主为隋人，此篇当补入《全隋文》。

罗氏之说出，认同者不乏其人。徐俊《〈文馆词林〉的回归及其文献价值》即云此残碑是"隋佚名残碑"①；刘运好《简述〈文馆词林〉的文献价值及其校勘》将此文列为"隋文"，并加注释云："此虽作者不详，并为残篇，但从内容看，其碑主为隋人，故其碑铭当为隋人所作。"②这些显然都是沿袭罗氏之说。

综合林、罗二氏之说，则此残碑之碑主就是隋代之张某了。

问题是，林罗二氏各自判断的依据是什么？或许是拘于其文之旨趣，诸人都没有具体地说明。细审碑铭残文，只"虽金钩表祥，见称于张氏；玉田贻祉，著美于阳族，方之篾（当是'蔑'之讹）如也"一语有"张氏"，此盖林氏之所据。而残碑文中叙碑主"隋开皇中"事迹，这当是罗氏定碑主为隋人之原因。因为除此以外，二氏之判断是找不出其他任何依据的。

实际上，二氏之判断都是想当然的误解。先说"虽金钩表祥"云云一语。

晋干宝《搜神记》卷九第二四〇则云③：

京兆长安有张氏，独处一室。有鸠自外入，止于床。张氏祝曰："鸠来，为我祸也，飞上承尘；为我福也，即入我怀。"鸠飞入怀。以手探之，则不知鸠之所在，而得一金钩。遂宝之。自是子孙渐富，资

---

① 徐俊：《〈文馆词林〉的回归及其文献价值》，《古籍整理出版情况简报》2002年第6期。

② 刘运好：《简述〈文馆词林〉的文献价值及其校勘》，《中华文史论丛》第78辑，上海古籍出版社2004年版。

③ 干宝撰，汪绍楹校注：《搜神记》，中华书局1979年版。

财万倍。蜀贾至长安，闻之，乃厚赂婢。婢窃钩与贾，张氏既失钩，渐渐衰耗。而蜀贾亦数罹穷厄，不为己利。或告之曰："天命也，不可力求。"于是赍钩以反张氏，张氏复昌。故关西称张氏传钩云。

此即所谓"金钩表祥，见称于张氏"也。

又同书卷一一第二八五则云：

杨（据汪绍楹校，当作"阳"，下同）公伯雍，雒阳县人也。本以侩卖为业，性笃孝。父母亡，葬无终山，遂家焉。山高八十里，上无水，公汲水作义浆于坂头，行者皆饮之。三年，有一人就饮，以一斗石子与之，使至高平好地有石处种之，云："玉当生其中。"杨公未娶，又语云："汝后当得好妇。"语毕不见。乃种其石。数岁，时时往视，见玉子生石上，人莫知也。有徐氏者，右北平著姓，女甚有行，时人求，多不许，公乃试求徐氏，徐氏笑以为狂，因戏云："得白璧一双来，当听为婚。"公至所种玉田中，得白璧五双，以聘。徐氏大惊，遂以女妻公。天子闻而异之，拜为大夫。乃于种玉处，四角为大石柱，各一丈，中央一顷地，名曰"玉田"。

此即所谓"玉田贻祉，著美于阳族"也。

然则"虽金钩表祥"云云，不过是用张氏、阳氏之典故与碑主家族相比较，说福禄降于碑主之族，张氏、阳氏家也不能与之相比。何来碑主姓张之意？

至于残文中叙及碑主"隋开皇中"事，诸家便以之为隋人，未免轻率。一则，此碑铭明为残文，所叙事自"隋开皇中"至蜀王秀废，碑主失意，不被重视而止，下文即阙。焉知后文无碑主在唐代之事迹？考《隋书·高祖纪》及《文四子·庶人秀传》，知蜀王秀废在隋仁寿二年（602）十二月。距隋之亡（618）仅16年。凭什么认定碑主活不到唐代？二则，按惯例，作碑文者言本朝年号一般是不冠以朝代名的。若冠，则必加修饰词。取证不必远求，即如同书卷五四三褚亮《左屯卫大将军周孝范碑铭并序》叙碑主唐人周孝范事迹，言"隋大业三年"，而

"武德五年"不言"唐"。卷四五二薛收《骠骑将军王怀文碑铭并序》叙碑主唐人王怀文事迹,言"唐武德三年也"前冠以"大"字。其例甚多,兹不赘举。此残篇叙"隋开皇中",可见"隋"非本朝,此文当作于唐代。碑主若非卒于隋而改葬于唐,则其自当为唐人。

其实,此碑文之作者虽未可知,但碑主还是可考的。他就是唐贞观年间的右骁卫将军、左武卫将军、上柱国凉公安兴贵。今试作考证如下。

1972年底,陕西昭陵安元寿陪葬墓出土了《大唐故右威卫上柱国安府君墓志铭并序》(以下简称《安元寿墓志铭》),国子监祭酒郭正一撰。其中有几处引人注目之语。其述安元寿之籍贯家世有云:

> 君讳元寿,字茂龄,凉州姑臧人也。……曾祖弼,周朝服侯。……祖罗,周开府仪同三司、隋石州刺史、贵乡县开国公。……父兴贵,皇朝右骁卫将军、左武卫将军、冠军将军、上柱国凉公,别食绵、归二州,实封六百户。①

将此与本文前录阙题碑铭残文比较,则知安元寿之祖安罗职衔正与阙题碑铭中碑主之"父"职衔相同。是阙题碑铭中"父",应当就是安元寿之"祖罗"。因而阙题碑铭之碑主自当是安元寿之父安兴贵了。

又,其述安元寿家族之来源,铭文中有"妫水导源,凉土开国"之语。妫水即今流经土库曼斯坦东北境的阿姆河,而古安国正在阿姆河畔。②故"妫水导源,凉土开国",实际上是说安氏家族源自安国,后来才移居凉州。《元和姓纂》卷四"安姓"条有云:"姑臧凉州,出自安国,汉代遣子朝,因居凉土,后魏安难陀至孙盘婆罗,代居凉州,为萨宝。"此亦明证。这又与阙题碑铭中言碑主家族"构峰外区"、"导流中土"云云一致。

安兴贵,新、旧《唐书》并无传。《通鉴》卷一八七《唐纪》三武

---

① 昭陵博物馆:《唐安元寿夫妇墓发掘简报》,《文物》1988年第12期。
② 余太山:《两汉魏晋南北朝正史西域传研究》第二卷第三节《妫水》条,中华书局2003年版,第185页。

德二年下曾记载当时仕于长安的安兴贵表请赴凉州说李轨归顺唐王朝之事。安兴贵在唐高祖面前自云："臣家在凉州，奕世豪望，为民夷所附。"凉州正河右之地，这也正与碑铭残文中言碑主家族"望重河右"相合。

综上可知，无论是安兴贵的家族源流、地望影响，还是安兴贵的官称职衔，都与阙题残碑之碑主密合无间。则阙题残碑之碑主为安兴贵应无疑问。

安兴贵卒于何时？史书无载。然本文前所引《通鉴》既然记载了他在唐武德二年的事迹，自然应属唐人。《安元寿墓志》称其为"皇朝……上柱国凉公"，而且述安元寿"丁凉公忧"在贞观三年，凉公以河右初宾，表请安元寿归贯检校，安元寿优游乡曲十余年，后奉敕充使西域，使还，"诏受左领卫妳泉府果毅都尉"之后。粗略估算，安兴贵之卒年应在太宗贞观十五年以后。

（原载《黄冈师范学院学报》2006 年第 5 期）

《日藏弘仁本文馆词林校证》断句失误举例

《文馆词林》是唐高宗朝中书令许敬宗奉敕编撰的一部大型诗文总集。可惜宋初已经散佚。1969年,日本古典研究会将其国内所能搜罗到的各种传本加以整理,出版了《影弘仁本〈文馆词林〉》。2001年10月,中华书局出版了罗国威先生的《日藏弘仁本文馆词林校证》(以下简称《校证》)一书。这是目前我们所能见到的国内唯一的标点校勘本。对于此本,徐俊先生已有《〈文馆词林〉的回归及其价值》一文(《古籍整理出版情况简报》2002年第6期)予以颇为全面的评介。笔者对《文馆词林》亦有研究兴趣,因而较为仔细地拜读了《校证》全书。客观地说,罗先生的整理工作是相当粗糙的。无论是文字校勘及存佚情况的考证,还是标点断句,都存在着严重的问题。关于前者,笔者有《〈日藏弘仁本文馆词林校证〉匡补》一文(《中华文史论丛》第75辑)匡其谬、补其失;关于标点断句,除本文所提到的徐俊先生、侯旭东先生(见下文)及笔者文中间有涉及外,则还未有专文讨论过。

《校证》之《凡例》说:"一律采用新式标点。"统观《校证》全书,顿号、逗号、分号、句号、问号以及冒号、引号、书名号等确实都有使用,但具体使用情况却相当混乱。除了韵文部分没有(当然也不会有)很明显的错误外,散文部分甚至断句错误、句读不通的现象屡屡出现。为省篇幅,本文只举些例子略作说明(引例中"……"乃笔者为省篇幅而删略,其余悉依《校证》标点)。

1. 维和平二年春二月辛卯,皇帝巡狩方岳,……皇太子抚军二宫之官,率职而从。历中山,次于邺。(《文馆词林》卷三四六后魏高允《南

巡颂并序》）

按：《校证》以"皇太子抚军"与"二宫之官"连读，则"率职而为"之主语为"皇太子抚军"，此大不通。实则"皇太子抚军"应独立成句，意即皇太子从行。"抚军"即从行。《左传·闵公二年》："里克谏曰：太子奉冢祀社稷之粢盛，以朝夕视君膳者也，故曰冢子。君行则守，有守则从。从曰抚军，守曰监国，古之制也。""二宫"，此处指皇帝和太子宫；"率职"，奉行职事。显然，"率职而从"的主语只是"二宫之官"。罗先生似未明"抚军"之义，故有此误。

2. 抗紫津，济小沃，历高阙，出鸡鹿，……掩薄比，题彼姑溷。骋六师于长莽，纵四校于中原。（《文馆词林》卷三四七阙题残篇）

按：据笔者所考，此篇即后汉崔骃《窦将军北征颂》（详拙文《〈文馆词林〉卷三四七佚名阙题残篇考》）。所颂乃后汉章和二年（88）至明年车骑将军窦宪北征北匈奴之事。关于此次北征，《后汉书·窦宪传》有较详细的记述。其文有云：

  与北单于战于稽落山，大破之。虏众崩溃，单于遁走。追击诸部，遂临私渠比鞮海。斩名王已下万三千级，获生口马、牛、羊、橐驼百余万头。

此残篇中"比鞮"即"比鞮"（"题"通"鞮"），是"私渠比鞮海"之略称。残篇下文"爰比鞮兮获鼎宝"一句中"比鞮"与之同。"掩薄"，停留。"掩薄比鞮"，意同《窦宪传》"遂临私渠比鞮海"。又《丛书集成初编》本《文馆词林》"题"下有一缺字。《校证》"掩薄比，题彼姑溷"之断句，使语句既不合此篇骈偶句式，其义亦不可解，无疑是错误的，只有改为"掩薄比题，□彼姑溷"，才文从字顺。罗先生未考史实，又暗于地理，失误自然难免。

3. 皇帝问淮南王：使中大夫王上书言事闻之。朕奉先帝之休德，夙兴夜寐，明不能烛，重以不德，是以比年，凶灾害众。（《文馆词林》卷六六二《答淮南王安谏伐越诏一首》）

按：此篇《汉书·严助传》有载。据《严助传》知，当时"南夷相攘"，边境不宁，汉武帝将伐之。淮南王上书谏阻，汉武遂有此诏。中华书局校点本《汉书》之《严助传》中大夫后之"王"作"玉"，"言事"后加有逗号，"比年"后未加逗号。审诏文之意，当以中华书局校点本断句为是。今略作申述如下：

一、中大夫：王国侍从官，汉朝所置。多用文学之士，掌奉使京城及诸国。"玉"当是淮南王国中大夫之名。"使中大夫玉上书言事"的主语当是淮南王，而"闻之"的主语当是汉武帝，故"使中大夫玉上书言事"与"闻之"中间当加逗号。二、"比年"，连年也。"是以比年凶灾害众"中间不容停顿，故逗号当删。

4. 朕昔在藩牧，宣抚江淮，日居月诸，年将二纪，不能胜残去杀，易俗移风，礼义未兴，囹圄犹拥。百姓有罪，在予一人。言念于此，何尝不忘。寝与食比，虽遣大使，未若亲躬。（《文馆词林》卷六六六《隋炀帝幸江都赦江淮以南诏》）

按："何尝不忘"，岂不成了炀帝说自己忘记了"礼义未兴，囹圄犹拥"？"寝与食比"是何意？《校证》断句如此，令人百思不解。

据此诏下文，知其下于"大业元年十月二日"。考《隋书·炀帝纪》知，其年正月，炀帝"发八使巡省风俗"，当时所下诏书有"朕嗣膺宝历，抚育黎献，夙夜战兢，若临川谷。……万方有罪，责在朕躬，所以寤寐增叹，而夕惕载怀者也"云云。是炀帝已言其"夙夜战兢"、"寤寐增叹"、"夕惕载怀"，怎么又说"何尝不忘"呢？想来，是罗先生未知此处"比"字之义。此"比"，同《吕氏春秋·先识》"臣比在晋也，不敢直言"及杜甫《述怀》诗"比闻同罹祸，杀戮到鸡狗"之"比"，"近来"之意。"寝与食"当连"何尝不忘"读，"比"当属下句。"比虽遣大使"即指当年正月发使巡省风俗事。明白了这些，则知"不忘"后的句号当移至"寝与食"后，"比"后的逗号当删。

5. 秋令是月，养衰老，授几杖，行糜粥饮食，其赐高年二人共布帛

各一匹，以为醴酪。(《文馆词林》卷六六七《后汉章帝麟凤等瑞改元敕诏一首》)

按：此段中"秋令"指《礼记·月令·秋令》。《秋令》"仲秋之月"下有云："是月也，养衰老，授几杖，行糜粥饮食。乃命司服，具饬衣裳。"(《吕氏春秋》卷八《仲秋纪》同。此诏中"糜"当是"糜"之误)显然，此段中"秋令"下当加冒号，"其赐高年"云云，非"秋令"中的内容，其上句"饮食"后之逗号当改句号。此盖因罗先生未知"秋令"云云之出处，故误。

6. 朕承天地之休，……君临万国，缅逾一纪。德之不广，明未能烛，是赖将相，匡维士庶，用命南徼敛衽，北塞承衣，海碣谧然，关河不警。(《文馆词林》卷六六七《后魏孝静帝霁雨大赦诏一首》)

按："将相"的职责不是"匡维士庶"，"南徼敛衽"云云，是"将相匡维，士庶用命"之成效。故"将相"后的逗号当移至"匡维"后，"士庶"后之逗号当删，"用命"后当加句号。

7. 《书》不云乎："邦之不臧，惟予一人。"有逸罚意者，岂文教未笃，政烦网密，故醇朴离散，以至于此欤。(《文馆词林》卷六六八《西晋武帝改元大赦诏》)

按："《书》不云乎"之"《书》"指《尚书》。《尚书·商书·盘庚》有云："邦之臧，惟汝众；邦之不臧，惟予一人有佚罚。"其意是说：国家治理得好，是你们大家的功劳；国家治理得不好，那只是我一个有佚罚之过。"逸"同"佚"。罗先生不知"惟予一人有佚罚"是《书》中之语，不管文理是否通顺，就将"有逸罚"与"意者"连续，当然错误。

8. 侯伏、侯龙思、万寿、刘勇等，未效庸勋，先居上将。(《文馆词林》卷六六九《后周武帝诛宇文护大赦诏一首》)

按："侯伏侯"乃北朝胡姓，姚薇元《北朝胡姓考》、周一良《魏晋南北朝史札记》中《〈魏书〉札记》"侯伏侯氏"条并有论说。《周书·侯植传》："大统元年，授骠骑将军、都督，赐姓侯伏侯氏。"亦可为证。侯伏侯龙恩（《校证》误"恩"为"思"）与侯伏侯万寿为兄弟。《周书·晋荡公护传》有"都督侯伏侯龙恩挺身捍御"及"柱国侯伏侯龙恩、龙恩弟大将军万寿、大将军刘勇"之语，并可证"侯伏侯龙恩"为一人之姓名。罗先生于"侯伏"下加顿号，使"侯伏"、"侯龙恩"成为两人了。

9. 且五纬错序，风教靡闻，导达之本，仁功未远，政刑之平，人未忘怨。岂惟物之多僻，抑亦司典，不明朕用？鉴寐永叹，慨然伤怀。（《文馆词林》卷六七〇《东晋孝武帝大赦诏一首》）

按：此段"岂惟"以下当标点为：岂惟物之多僻，抑亦司典不明。朕用鉴寐永叹，慨然伤怀。今略作说明如下：

此段中"且五纬错序，……人未忘怨"，乃说现实存在的问题；"岂惟"以下二句，则说存在问题的原因；"朕用"以下，乃说自己的感慨。三层意思，依次推进，清楚明白。"司典"，执法之官；"用"，因而。"鉴"通"监"，"鉴寐"同《后汉书·桓帝纪》建和三年诏"监寐痛叹，疢如疾首"之"监寐"，虽寝而不寐也。后两层之意是说：岂只是"物之多僻"，也还因"司典不明"；我因而"鉴寐永叹，慨然伤怀"！罗先生未明文意，故断句误。

10. 计卿此情，难可容恕。……卿宜自勉，励改往修来。（《文馆词林》卷六九一《贞观年中与干乾长敕一首》）

按：此敕之标点，侯旭东氏《〈日藏弘仁本文馆词林校证〉勘误一则》（《中国史研究》2003年第1期）已指出罗先生将文中"遂安公寿"之"遂安"、"公寿"断开之误，甚是。但，罗先生将"勉励"一词断开，亦大可讨论。"卿宜自勉"，固无可非议，但"励改往修来"，却生涩难通。实际上，"勉励"一词，汉人已用。《文选》卷四一司马子长《报任少卿书》"《传》曰：刑不上大夫。此言士节不可不勉励也"，王充《论衡·本性》"长大之后，禁情割欲，勉厉（通'励'）为善矣"，并是其例。"卿宜自勉励，改往修来"，文从字顺，意思明白。

11. 余时获疾，望风乘虚，卒得慌惚数日，后瘳而医巫妄说，以为武帝魂神生兹疾病，此小人之无知，愚惑之甚者也。(《文馆词林》卷六九五《魏曹植毁鄄城故殿令一首》)

按："卒"同"猝"，如今言"突然"。"卒得慌惚"，言获疾之突然；"数日"，乃言疾病持续之时间。"卒得慌惚数日"成何语？

此令，赵幼文先生《曹植集校注》(人民文学出版社1984年版)有载。此段，赵先生标点如下：余时获疾，望风乘虚，卒得恍忽，数日后瘳。而医巫妄说，以为武帝魂神，生兹疾病。此小人之无知，愚惑之甚者也。

两相比较，赵先生断句为是。

12. 又降神礼讫，下阶就坐而立，须奏乐毕竟，似若不衎衎。烈祖迟祭，不速讫也。故吾坐俟乐阕送神乃起也。受胙纳袖，以授侍中，此为敬恭，不终实也。古者亲执祭事，故吾亲纳于袖，终抱而归也。(《文馆词林》卷六九五《魏武帝春祠令》)

按：学者周知，曹操是对他那时代的礼仪有些不大买账的人物。此令是他就自己在祭祀中不合礼仪的行为向"议者"作的解释。旧礼，"降神礼讫，下阶就坐而立"，直到"奏乐毕竟"，而他竟一直坐着，"俟乐阕送神乃起"。他解释说，站立着"待奏乐毕竟"，好像是"不衎烈祖"，而感到奏乐时间太长，不快些结束似的。明乎此，则"不衎衎"后的句号当删，"迟祭"后的逗号当移至"烈祖"后。"衎"，乐也。《诗·商颂·那》写商之后人祭祀成汤，有云："奏鼓简简，衎我烈祖。"此盖曹操"衎烈祖"之所本。又，依礼，祭祀结束，"受胙纳袖，以授侍中"，而曹操一直把祭肉（即"胙"）放在袖中，"终抱而归"。他解释说，"受胙纳袖"然后"以授侍中"，这表明对神的恭敬不是始终诚实的。显然，"此为敬恭不终实也"当作一气，故"敬恭"后的逗号当删。

13. 可谓千里更齐知，十肃奉趋过，预观训胄，缝掖济济，冠冕师师。听钩深之说，瞩循环之辩。(《文馆词林》卷六九五隋江总《陈后主

在东官临学听讲令》)

　　按：此数句，不用辩说，是称颂国子学的。"千里更齐知，十肃奉趋时"，如此断句，令人莫知其义。从修辞上看，这"两句"似乎成对，但接着的是三句，显然不成骈偶。问题出在断句上。

　　"千里"，指千里驹，秦汉以下常用以指英俊有为之少年。这是常识，此不赘言。"知十"出《论语》。《论语·公冶长》："子谓子贡曰：'女与回也孰愈？'对曰：'赐也何敢望回？回也闻一以知十，赐也闻一以知二。'"梁元帝《太常卿陆倕墓志铭》"体二方拟，知十可邻"（严可均《全梁文》卷一八），即用该典。又，《论语·季氏》："陈亢问于伯鱼曰：'子亦有异闻乎？'对曰：'未也。尝独立，鲤趋而过庭。曰："学诗乎？"对曰："不学诗，无以言。"鲤退而学诗。他日，又独立，鲤趋而过庭，曰："学礼乎？"对曰："未也。""不学礼，无以立。"鲤退而学礼。闻斯二者。'"此令中"趋过"，即用孔鲤"趋而过庭"之典。

　　明白了"千里"、"知十"、"趋过"等词语之出典，则此段前几句当标点为："可谓千里，更齐知十。肃奉趋过，预观训胄，缝掖济济，冠冕师师。"

　　14. 今月甲子，祀胡母先生五官掾，奉谒赍稻粱各三升，豚一头，荐神坐前，务加祗肃。(《文馆词林》卷六九九后汉李固《祀胡母先生教一首》)。

　　按："祀胡母先生五官掾"，不知何意！考《后汉书·百官志》，汉郡国属吏有五官掾，署功曹及诸曹事，地位仅次于功曹，掌祭祀。据《史记·儒林传》，汉景帝时有齐人胡毋生精《春秋》之学。此教亦云："胡毋（《校证》作"母"当是"毋"之误），《史记索隐》云："毋音无。胡毋，姓。字子都）子都贱为布衣，贫为匹夫，然而乐义好礼，正行至死。"是胡毋先生既未为郡守，又不是五官掾，自然与五官掾无涉。而李固当时正为郡守。教中"太守以不才，……是乃太守之先师"云云，是其证。故知此"五官掾"乃郡守李固之属吏。李固乃派他去履行职责，祭祀胡毋先生。因此，这几句当标点如下：今月甲子，祀胡毋先生。五官掾奉谒赍稻粱（按：疑为"粱"字之误）各三升、豚一头，荐神坐前，务加祗肃。

15. 吾奉承大讳，便就纂勒，志枭凶丑，以雪耻责。……又奉司徒，告神谟英略，赫然大号，征甲数州，骆驿在路。并臧冠军疏忠烈亮到，协兹义师，荆雍连兵，水陆争奋。幽显协契，人神同愤，以此讨逆，义逾拾遗。……可遣冠军将军谘议领中直兵，柳元景率精锐三万，风驰先迈。辅国将军谘议领中直兵，宗悫提劲捍二万，以相系接。征虏将军司马武昌内史沈庆之统勒五万，星言次路。（《文馆词林》卷六九九宋孝武帝《诫严教一首》）

按：此教乃宋文帝元嘉三十年太子刘劭弑立，孝武帝刘骏帅众入讨时所下。且先看下列材料：

《宋书·孝武帝纪》：宋文帝元嘉三十年二月，"元凶弑逆，……上率众入讨，荆州刺史南谯王义宣、雍州刺史臧质并举义兵"。《宋书·武二王·刘义宣传》："（元嘉）三十年，迁司徒、中军将军、扬州刺史，侍中如故。未及就征，值元凶弑立。……义宣闻之，即时起兵，征聚甲卒，传檄近远。会世祖（按：即宋孝武帝）入讨，义宣遣参军徐遗宝率众三千，助为前锋。"《宋书·臧质传》："元凶弑立，以质为丹阳尹，加征虏将军（按：质前为冠军将军），质家遭门生师颛报质，具太祖崩问。质疏颛所言，驰告司空义宣，又遣州祭酒从事田颖起衔命报世祖，率众五千，驰下讨逆。"《宋书·柳元景传》："世祖入讨元凶，以为谘议参军，领中兵，加冠军将军，太守如故。配万人为前锋，宗悫、薛安都等三十军皆隶焉。"《宋书·沈庆之传》：世祖讨元凶，"众军既集，假庆之征虏将军、武昌内史，领府司马"。《宋书·宗悫传》："（元嘉）三十年，孝武伐元凶，以悫为南中郎谘议参军，领中兵。"

由以上资料可知：此教中"司徒"指时任司徒的刘义宣，"司徒告"当指刘义宣向孝武帝的报告，"神谟英略"云云，乃孝武帝对所"告之评述；"臧冠军疏"乃指冠军将军臧质之条疏。因而可见《校证》对上引一段话的断句有误。"告"当属上读，"疏"后当加逗号。"骆驿在路"后之句号宜改分号。因"并臧冠军疏"乃紧承前"又奉"，不宜断为两个完全独立的句子。

又，据上引《柳元景》、《宗悫》、《沈庆之》诸传，知冠军将军、谘议、领中直兵为柳元景当时的官职；征虏将军、司马、武昌内史为沈庆之的官职；辅国将军、谘议、领中直兵为宗悫的官职。《校证》如下标点："冠军将军谘议领中直兵，柳元景率精锐三万"、"辅国将军谘议领中直兵，宗悫提劲捍二万"、"征虏将军司马武昌内史沈庆之"，并称谓不清，其误自不待言。

由以上所举诸例可以看出，造成《校证》断句错误的原因是多方面的：有未解词义、不明官制的，有未知出典、未懂文意的，有不通地理、未考史实的，如此等等。古籍整理是严肃而细致的工作，整理者既要有深厚的学养，又要有认真负责的精神，否则是要贻误读者的。

（原载《黄冈师范学院学报》2004年第2期）

《日藏弘仁本文馆词林校证》匡补

唐高宗朝中书令许敬宗奉敕编撰的大型文学总集《文馆词林》，宋初已经散佚。1969年，日本古典研究会出版了《影弘仁本〈文馆词林〉》。这是迄今为止，国内外搜罗《文馆词林》卷帙和佚文最多的一个本子。罗国威先生即以此本为底本，再事整理，于2001年10月由中华书局出版了《日藏弘仁本文馆词林校证》一书。罗氏的校证本为学者阅读和使用《文馆词林》提供了不少方便。但弘仁本原是日藏钞本，本身存在着不少的问题，罗氏在整理中或许用力不够，原有的问题很多未能解决，且又增添了一些新问题。笔者近读罗氏整理本（以下简称《校证》），随手写下了一些札记，内容主要是匡罗氏校证本之失，且补其所未及。今录出部分，略加整理，希望对于研读《文馆词林》者有所裨益。

1.《文馆词林》卷（以下简称卷）一六〇梁沈约《为南乙齐郡王侍皇太子释奠宴一首》

按：题中"南乙齐郡王"义不可通，当是"齐南郡王"，"乙"为调换位置之符号。《艺文类聚》卷三十八节录此诗题作"为南郡王侍太子释奠宴诗"，《初学记》卷一四题作"为南郡王侍皇太子释奠宴诗"，均为"南郡王"。考《南齐书》之《武帝纪》及《文惠太子传》等知，建元四年（482），齐武帝即位，立长子萧长懋（谥号文惠）为皇太子，又立长懋长子昭业为南郡王。永明三年（485）十月，"皇太子讲《孝经》毕，释奠。王公以下往观礼"。此次，沈约、王俭、萧子良、任昉等数人均作《侍皇太子释奠诗》（参《艺文类聚》卷三十八及《初学记》卷一四）。沈约此首当是为南郡王萧昭业作。

又,"齐南郡王"之"齐",盖为《文馆词林》编撰者所加。因为当代人称"南郡王"是不会冠以"齐"字的。《文馆词林》同卷另有沈约《侍齐皇太子释奠诗》,《艺文类聚》、《初学记》并题《侍皇太子释奠宴诗》,无"齐"字,可为佐证。

2. 卷三四七后魏高允《北伐颂一首》

按:此颂又载《魏书·高允传》,文字稍有异同。其重要者,如"眷命有伐",《魏书》"伐"作"魏";"释彼京观",《魏书》作"泽被京观":均以《魏书》异文为长。

又,颂有云:"周之忠厚,存及行苇。翼翼圣明,有兼斯美。"今按:《行苇》,《诗·大雅》中篇名。《序》云:"《行苇》,忠厚也。周家忠厚,仁及草木,故能内睦九族,外尊事黄耇,养老乞言,以成其福禄焉。"是"行苇"二字,依《校证》凡例"一律采用新式标点",当加篇名号。

3. 卷三四八西晋张载《平吴颂一首并序》

此篇《序》有"盟津之会,戎车累驾,采薇之役,载离寒暑","夫太上成功,非颂不显。情动于中,非言不彰。猃狁既攘,出重以兴,淮夷既平,江汉用作。斯故先典之明志,不刊之美事,焉可阙欤"之语。今按:此中"采薇"指《诗·小雅·采薇》;"重"为"车"字之误,"出车"指《诗·小雅·出车》;"江汉"指《诗·大雅·江汉》;并《诗经》中篇名。依《校证》凡例,皆当补加篇名号。今略作说明如下:

《诗·小序》云:"《采薇》,遣戍役也。文王之时,西有昆夷之患,北有猃狁之难。以天子之命,命将率、遣戍役以守中国,故歌《采薇》以遣之。"是诗有云:"采薇采薇,薇亦作止。曰归曰归,岁亦莫止。"是所谓"《采薇》之役,载离寒暑"也。

《诗·小序》云:"《出车》,劳还卒也。"是诗第三章言"猃狁于襄",末章言"猃狁于夷"。襄,通"攘",除也;夷,平也。此即张载所谓"猃狁既攘,《出车》以兴"也。

《诗·小序》云："《江汉》，尹吉甫美宣王也。能兴衰拨乱，命召公平淮夷。"此即张载所谓"淮夷既平，《江汉》用作"也。

4. 卷四一四魏曹植《七启八首并序》

按：通观《文馆词林》，知其讳昺、虎、渊、世、民，而于当朝皇帝高宗李治，不仅讳名，且讳嫌名。依《校证》凡例"钞书人因避唐讳所改之字均回改并出校"，但据统计，《校证》全书于避讳字回改并出校者仅十字。对照其他文献，可以确知为《文馆词林》编撰者因避讳而大量改字，《校证》并未"均"回改并出校。由曹植此文即可见一斑。

《文选》卷三四亦载此文，两相比较，可知：《文选》"智士不背世而灭勋"、"援九渊之灵龟"、"遗世超俗"、"虎步谷风"、"驱驰当世"、"世有圣宰"、"翼帝霸世"、"民望如草"、"峤岳无巢居之民"、"观游龙于神渊"、"吾子为泰和之民"、"不欲仕陶唐之世"中之"世"、"渊"、"虎"、"民"诸字，《文馆词林》分别改作"时"（或"代"）、"泉"、"武"、"人"。这些《校证》并未回改一字、出一条校记。附带说明一下，因《校证》此类问题甚多，本文除特殊情况外，一般不再涉及。

5. 卷四五二隋薛道衡《大将军赵芬碑铭一首并序》

按：赵芬，《隋书》、《北史》并有传，皆云"字士茂，天水西人也"。此文云其"字土茂，天水上邽人"。"土"当为"士"字之讹。唯"天水西"与"天水上邽"孰是，难以断定。考《魏书·地形志下》"秦州"下小注云："治上封城。"其属郡有"天水郡"，"天水郡"属县有"上封"。"封"本作"邽"，因犯魏太祖道武帝拓跋珪嫌名而改，无"西"县之名。《隋书·地理志上》有"天水郡"，小注云："旧秦州。"其属县亦有"上邽"，无"西"县之名。"上邽"下小注有云："故曰上封，带天水郡。开皇初郡废，大业初复置郡，县改名焉。"据沈约《宋书·州郡三》，西县，本汉旧县名，魏晋属天水郡。疑北魏无西县，当以薛道衡此文作"天水上邽人"为是。

又，此文记赵芬"高祖逸"，"曾祖琰，祖宾育"，"父修演"，世系清楚。而《魏书·赵逸传》载，"逸兄温，字思恭"，"长子广夏，……第三子琰，语在《孝感传》"。而《魏书·孝感传》云："赵琰，字叔起，天水人。父温为杨难当司马。""（琰）年八十卒。迁都洛阳，子应等乃还乡葬焉。应弟煦，字宾育。"《北史》卷二二《赵逸传》所述与《魏书》两传略同。是如《魏书》所述则赵琰为赵逸兄赵温之子。

此文作者薛道衡（540—609）较《魏书》撰者魏收（505—572）时代稍晚。《魏书》之成据其《自序》在北齐天保五年（554），而此文之作在隋开皇十五年（595）。一般来说，《魏书》之记载应较此文可靠。但此文记赵逸，有云："高祖逸，壮思高才，云飞飙竖，已挂人摇史笔，不复架屋施床。""人摇史笔"，似指魏收撰《魏书》。然则薛道衡当见过《魏书·赵逸传》。如此，则此文乃故为此异，又不可遽断其是非也。

又，罗氏《校证》云："此篇又见《金石萃编》卷三八，然碑文残泐太甚，只存三百余字。……此篇严辑《全文》（按：此为罗氏对"严可均辑《全上古三代秦汉三国六朝文》"之简称。下同）无收，可补入《全隋文》薛道衡文中。今按：严可均据碑拓本辑此文入《全隋文》卷三十阙名下，题《金紫光禄大夫赵芬碑》。罗氏失检。将严辑本与《校证》本相较，严辑本颇有校勘价值，今略举几例，并稍加辨证如下。

例一：《校证》本"十一葉祖融，所谓荀令君……"，严辑本"葉"作"世"，"祖融"下有"字稚长"三字。今按："世"字改为"葉"，当是《文馆词林》避唐太宗讳。而"字稚长"三字，《文馆词林》无者，当是"稚"字犯唐高宗嫌名，故干脆将此三字一并删去。

例二：《校证》本"曾祖琰，祖宾育，或频赞藩维，屡腰销艾"，严辑本"销艾"作"银艾"。今按："销艾"于此无义，作"银艾"是。《辞源》"银艾"条释云："银印绿绶，绶以艾草染为绿色，故称艾。汉制，吏秩比二千石以上皆银印青绶，银艾即银青。"《后汉书》卷六五《张奂传》，奂遗命："吾前后仕进，十要银艾，……""要"古"腰"字。张奂"十要银艾"与此"屡腰银艾"意近。从句式上看，上句"频赞藩维"言多次作诸侯王的辅佐,此句"屡腰银艾"言屡次为银印青绶之官职,两句正相对仗。

例三:《校证》本"金星大宿,芒角恒动,牙璋羽檄,昼夜交驰",严辑本"大宿"作"火宿"。今按:"大宿"不词,作"火宿"是。火宿,即火星,古人常称为荧惑。金星,亦名太白。《汉书·天文志》:"荧惑主内乱,太白主兵。"芒角,星的光芒。"金星火宿,芒角恒动",正以星象之异常,指战乱之发生,因而有下文"牙璋羽檄,昼夜交驰"之紧急状况。若作"大宿",则无谓。

例四:《校证》本"以十四年薨于京师之太平里",严辑本有"二月十二日寝疾,薨于京师之太平里第"。显然,《校证》本"十四年"下脱"二月十二日寝疾"七字,"太平里"下脱"第"字。

6. 卷四五三褚亮《左屯卫大将军周孝范碑铭一首并序》

此文述周孝范家世,有如下一段话,依《校证》标点为:

> 曾祖某,梁散骑常侍,太子左卫率,庐、沔二州刺史,保城肃侯,早标誉望,雅有干局,用能杖节拥旄,树功立事。祖陈,车骑将军,都督八十二镇诸军事,定、安二州刺史,武昌壮公。张幕临戎,褰帷作牧,殊勋表于甲令,茂赏盛于惇史。父某,隋大将军,使持节永、桂、云三州、总管卅一州诸军事,左武卫将军,谯僖公……(下略)。

考《隋书·周法尚传》及《陈书·周炅传》知:封谯郡公,拜左武卫将军,卒后"谥曰僖"的是周法尚;曾官定、安二州刺史,封武昌郡公,"谥曰壮"的是周法尚之父、由梁入陈的周炅;为梁散骑常侍,封保城县侯的是周炅之父周灵起。由此可知周氏世系:灵起—炅—法尚—孝范。

对照此文,知孝范"祖陈"必误。"祖"下当脱"某"字,此"某"即"炅","陈"当属下读。按校点惯例,当标点为"祖□,陈车骑将军"云云,既合史实,又与上下文"曾祖某,梁……"、"父某,隋……"行文一致。罗氏未考史实,又未明文例,故误。

7. 卷四五三褚亮《隋车骑将军庄元始碑铭一首并序》

《校证》云："此篇其他文献无载。碑主为隋人，作者系由隋入唐之人，严辑《全文》及《全唐文》均未收。陆心源辑入《唐文拾遗》卷一五。然碑主卒于隋仁寿元年，碑文撰于仁寿二年三月，此篇当补入严辑《全文》之《全隋文》中。"

按：褚亮，唐人，新旧《唐书》并有传。严可均《全上古三代秦汉三国六朝文》乃以作家系时代，以文系于作家，非以文直接系于时代。褚亮属唐代作家，其文，《全唐文》有录。此篇，陆心源辑入《唐文拾遗》是对的。罗氏未明严辑《全文》体例，谓当补入严辑《全文》之《全隋文》中，试问：《全隋文》不收褚亮之文，此篇补于何处？此外，本卷下篇褚亮《隋右骁卫将军上官政碑铭一首并序》及卷四五九隋李德林《秦州都督陆杳碑铭一首并序》，《校证》之说亦同此误，兹不复论。

8. 卷四五三褚亮《隋右骁卫将军上官政碑铭一首并序》

此文述碑主上官政之仕历，按年代先后为序，年号序为天和、大象、开皇、仁寿、大业。其于仁寿年间述云："仁寿元年，……十一年，……三年，……四年，……"显然，"十一"当为"二"字之讹。"十一"与"二"互讹，古有其例。笔者前撰《今注本梁书》，考知《梁书》卷二〇《王志传》"齐永明二年"之"二"系"十一"之讹，而卷四三《韦粲传》"中大同十一年"之"十一"系"二"之讹。古人手钞竖书，"十"字之"丨"，若写得过短，则"十"、"一"容易互误。

又，《校证》本有"孙子短长之术，魏君接要之书"句。此魏君指魏武帝曹操。《三国志》卷一《武帝纪》裴松之注引孙盛《异同杂语》有云：魏武"博览群书，特好兵法，抄集诸家兵法，名曰《接要》，又注《孙武》十三篇，皆传于世"。《隋书》卷四二李德林序《霸朝杂集》，有称"魏武《接要》之书"。《隋书·经籍志三》著录有"《兵书接要》十卷，魏武帝撰"，是《接要》乃书名，罗氏似未知。

9. 卷四五七东晋孙绰《江州都督庾冰碑铭一首并序》

此文述庾冰仕历，有云："少有令规，元兄器之，常以为庾氏之宝，有晏平之风。司徒辟，不就博士。征秘书丞，封西阳县都乡侯，司徒右长史。"今按："司徒辟，不就博士"，疑有误。司徒府无博士，博士不属司徒。且按古人文法，此句至"不就"当绝句，"博士"二字当为衍文。《晋书·庾亮传》附《庾冰传》作"司徒辟，不就。征秘书郎"，无"博士"二字，可为佐证。

又，此文，《艺文类聚》卷四七有节录，严可均据之辑入《全晋文》卷六二孙绰名下。严辑与《校证》本相校，可注意者有三：

其一，《校证》本"噏嵩岩之玄精，挹清颍之絜流"，严辑"噏"作"喻"，"颍"作"濒"。今按："颍"作"濒"，或误。庾氏为颍川鄢陵人，故云"挹清颍之絜流"。"噏"、"喻"与下句之动词"挹"均不相对，疑当作"噏"。《广韵·缉韵》"噏"同"吸"。《汉书·扬雄传》载雄《甘泉赋》"噏清云之流瑕兮，饮若木之露英"，《文选》卷七载同赋"噏"作"吸"。"噏……玄精"与"挹……絜流"正成工对。"噏"误为"噏"或"喻"，乃因形近之故。

其二，《校证》本"文康文雅，目于是乎弘著矣"，罗氏如此标点，让人读来别扭。严辑此句为"文康之雅量，于是乎弘著矣"，似在单说文康，与上文写庾冰"少长能一其度，贵贱不二其道"，联系不紧，亦有可疑之点。私意以为此句当是"文康之雅目，于是乎弘著矣"。"文康"即碑主庾冰之元兄东晋名臣庾亮之谥号；"目"者，品题、品评。此句意谓庾亮当初对庾冰的品评至此时已经充分显示印证了。不仅语意明白，且与上文庾亮以庾冰"为庾氏之宝，有晏平之风"云云相呼应。盖《文馆词林》在抄传过程中一本"之"讹为"文"，一本"目"误为"量"，以至如此。

其三，《校证》本"当时之所难，于君而易之矣"之"时"，及"正而不乱者有矣，未有乱而弥正者也"之两"正"字，严辑《全晋文》作

"世"、作"治"。显然,"时"、"正"为《文馆词林》避唐讳改。依《校证》凡例,当回改并出校。

10. 卷四五七东晋张望《江州都督庾翼碑铭一首并序》

此文写庾翼薨后,故吏之悲哀,有云:"痛神景之长沦,悲衮龙之虚设。思钧甘棠,哀同黄鸟。"今按:"甘棠",指《诗·召南·甘棠》。《序》云:"《甘棠》,美召伯也。召伯行文王之政,或舍甘棠之下。后人思其德,故爱其树而不忍伤。""黄鸟",指《诗·秦风·黄鸟》。《左传》文公六年传云:秦穆公卒,三良为殉,国人哀之,而作是诗。依《校证》凡例,"甘棠"、"黄鸟"并当加篇名号。

11. 卷四五七梁孝元帝《郢州都督萧子昭碑铭一首并序》

《校证》于此文有校记两条。其一,铭文中"岩城郢,作楗中流",校记云:"'郢'字下当脱一字。"今按:"城郢"即郢州城,不可读断,所脱一字当在"城郢"前,疑亦为"岩"字。古人手钞,于重文只以二点表示,易于脱漏。《诗·鲁颂·閟宫》"泰山岩岩,鲁邦所瞻",岩岩,高峻的样子。碑主萧子昭曾为郢州刺史,故此云"岩岩城郢,作楗中流"。其二,序文有云:"进授使持节督南北兖、青、冀四州诸军事,冠军将军,南兖州刺史。"于"冠军将军"下,校记云:"'军'字原脱,据文意补。"今按:《梁书》本传记此授云:"仍为使持节、都督南北兖青冀四州诸军事、冠军将军、南兖州刺史。"(据中华书局校点本)有"军"字。按校勘原则,当以参校《梁书》本传补字为妥。

另外,此文尚有两处脱字,当出校。一是"征右卫将军石头戍军事",当是"征右卫将军,领石头戍军事",脱一"领"字。梁代,"石头戍军事"例以某将军"领"。如《梁书·元帝纪》:"(大同)五年,入为安右将军、护军将军,领石头戍军事。"又《简文帝纪》:"(天监)八年,为云麾将军,领石头戍军事。……十七年,征为西中郎将,领石头戍军事。"此例甚多,兹不一一。参以《梁书·萧子昭本传》,"(天监)十一年,征右卫将军,领石头戍军事",更知此句脱"领"字无疑。

二是序文"仰缘皇期终之美，谨遵披文相质之义"云云。"仰缘皇期终之美"，既义不可通，又与下句失对，"皇"下疑脱一字。

12. 卷六六二《魏文帝论伐吴诏二首》

《校证》云："此诏第二首又见《三国志·魏书》卷二《文帝纪》注引《魏书》。严可均据《粤雅堂丛书》本及《三国志》所载，将此二首辑入《全三国文》卷五、卷六文帝文中。"

今按：严辑第二首于文末注其出处作"《魏略》"，是。此云"《魏书》"，误。经稽核，严辑《全三国文》录此首与《魏略》所载一字不差，而与《校证》本颇有异同。今录之如下："周武称予有乱臣十人，斯盖先圣所以体国君民"，《校证》本脱"臣"字；而"民"作"人"，盖《文馆词林》编撰者避唐讳改。"颍乡侯陈群"，《校证》本"颍"作"颖"，误。《三国志·陈群传》：群为颍川人，文帝践祚，进爵"颍乡侯"。"镇军随车驾，当董督众军，录行尚书事"，《校证》本"督"后脱"众军，录"三字，以致文意不明。"便出奇兵击之"，《校证》本脱"兵"字。以上这些，按《校证》凡例，皆应出校，而罗氏未出校，未免粗疏。

13. 卷六六二《西晋武帝答杜预征吴节度诏一首》

此文有云："昔魏降、穰苴，列国陪臣，苟有犯其政令者，虽亲如杨干、庄贾，皆戮之不疑，用能尊主立动，垂声载籍。"严可均《全晋文》卷五晋武帝名下辑有此篇，"魏降"作"魏绛"、"立动"作"立勋"。今按：当以严辑本为是。魏绛与杨干相关，为一事；"穰苴"即司马穰苴，与庄贾相关，为一事。司马穰苴戮庄贾事，见《史记·司马穰苴列传》；魏绛戮辱杨干事，见《史记·魏世家》。《校证》本"绛"作"降"，误。至于"立勋"作"立动"，其误自不待言。

又，《校证》本"虽贾领之罚必加，铁钺之诛必用"，严辑"贾"作"首"；"人故杀人而万夫齐勇"，严辑"人故杀人"作"以杀教人"。此并以严辑为是。另，此文中引《尚书》"尚桓桓，如武如貔，如熊如黑"，出《尚书·牧誓》，原文"武"作"虎"。作"武"者，当是《文馆词林》编撰者避唐讳改，依《校证》凡例，当回改并出校。

14. 卷六六二宋傅亮《东晋安帝征刘毅诏一首》

此诏《晋书·刘毅传》亦载。将此载与《晋书》所载相校，颇多异同之处。略分三类：其一，此载节略原文。如"遂复推毂陕西，庶能感革心"，《晋书》作"遂复推毂陕西，宠荣隆泰。庶能洗心感遇，革音改意"。其二，此载有讹脱之文。如《晋书》"罔顾天朝"、"图会荆郢"、"凭藉世资"、"轻佻躁脱"、"扇动内外"、"是而可忍"等语，此载依次脱"会"、"世"（或是因避讳而空字）、"轻"，误"内外"为"外日"、"忍"为"思"、"天朝"为"天明"。其三，有可参考之异文。如《晋书》"履霜日久"、"宰辅藏疾"、"而辄徙兵众"、"略取军资"、"肆心恣欲"、"缮甲阻兵"等，此载"日"作"已"、"藏"作"箴"、"而辄"作"拨"、"军资"作"租运"、"肆心"作"肆情"、"阻兵"作"修兵"。

15. 卷六六二《后魏孝文帝出师诏一首》

《校证》本此文末有云："又诏徐、兖、光、南、青、荆、洛纂备戎事，应召必赴，临命淹阙，国有常刑。"

今按：考《魏书·高祖纪下》太和十九年冬十月纪有云："壬戌，……诏徐、兖、光、南青、荆、洛六州纂严戎备，应须赴集。"（《北史·魏本纪》同）与"又诏"内容完全一致。是"又诏"当为太和十九年十月壬戌所下。但"又诏"二字不应是高祖孝文帝诏书中语，当是《文馆词林》编撰者所加。对此，《校证》似当辨明。

又，考《魏书·地形志》无"南州"之名，有"南青州"。对照《魏书》、《北史》所记"六州"，知《校证》将"南青"中间加顿号，误。

16. 卷六六二北齐魏收《后魏节闵帝伐尔朱文畅等诏一首》

此诏言诛尔朱文畅及其同党房子远等事。今按：尔朱文畅，《北齐书》卷四八、《北史》卷四八并有传。其谋杀东魏相王高欢（即北齐高祖神武帝）不果而伏诛，事在孝静帝武定三年（545）正月。《北齐书·神武纪》及《尔朱文畅传》、《北史·齐本纪》及《尔朱荣传》附《尔朱文畅传》并载，与尔朱文畅同谋者有相府司马任胄、主簿李世林、都督郑仲礼及房子远等。《文馆词林》"李世林"作"李代林"，当是编撰者避唐讳改，《校证》失校。

又，此题目中"节闵帝"当是《文馆词林》编撰者误加。其实，北魏节闵帝元恭建明二年（531）二月即位，改元普泰，次年四月即被废，旋即被害。这些，《魏书·前废帝纪》及《北史·齐本纪》都有明载，下距尔朱文畅之伏诛还有十四年。故此"节闵帝"当改为"孝静帝"。此点，中华书局本《北齐书》的点校者早已注意到了。该书《外戚传》校勘记第四条引《文馆词林》此诏时，于题目中"节闵帝"下注云："应作孝静帝。"可惜罗氏未曾注意。

17. 卷六六二魏收《后魏孝静帝伐元种和等诏一首》

按：据此诏文，题中"元种和"即正文"前扬州刺史元种和"，乃随侯景叛魏入梁之人。严可均《全北齐文》卷四据《粤雅堂丛书》本《文馆词林》辑入此文，作"元神和"。考《梁书·侯景传》，侯景降梁所上表文列"咸愿归诚"梁朝者，有"北扬州刺史元神和"。考《魏书》、《北齐书》虽均未载元神和或元种和事迹，但以理推之，此诏"元种和"当即《梁书》之"元神和"。"种"盖"神"字之讹。

又，《校证》本有明显误字。如严辑本"庶其鸮音可革，取其行间之用"。"行间"，行伍之间，指军中，《校证》本误"间"为"闻"。严辑本"便有枭獍之心"，《校证》本"獍"讹作"镜"。是弘仁本未必优于严辑所据《粤雅堂丛书》本也。

18. 卷六六二沈约《梁武帝北伐诏一首》

按：《校证》本有明显错字二。其一，"冠军将军绍叔等饕兕四万"，"饕"讹作"餐"。其二，"北讨群师，悉禀秀戎律。郢、司、雍，自知先相督"，"知"为"如"字之讹。据《梁书·太祖五王传》，梁武帝弟萧秀在此次北伐前已是都督郢、司、雍三州诸军事。此次受诏北讨，他既总戎律，仍都督此三州诸军事，故曰"如先相督"。作"知"，必误。

19. 卷六六二《梁武帝又北伐诏一首》

此诏述北伐命将，有"临川王宏，可权进督南北兖、徐、青、冀、豫、司、霍八州，都督北讨诸军事。命将出军，咸有副贰。具位恢，可暂辍端右，参赞戎机"云云。此与《梁书·太祖五王·临川王宏传》"（天监）四年，高祖诏北伐，以宏为都督南北兖、北徐、青、冀、豫、司、霍八州北讨诸军事"、《柳惔传》"寻迁尚书右仆射。天监四年，大举北伐，临川王宏都督众军，以惔为副"，及《武帝纪》天监四年"冬十月丙午，北伐，以中军将军、扬州刺史临川王宏都督北讨诸军事，尚书右仆射柳惔为副"，完全吻合。因知此诏乃梁武帝为天监四年十月北伐而下。

《校证》云："此篇严可均据《粤雅堂丛书》本所载辑入《全梁文》卷二。"考严辑本，知其于《北伐诏》题下小注作期为天监四年"十月丙午"，甚是；其又于"具位恢"下小注："当作惔"，亦判断准确。另，诏文中"虔刘我部，侵扰我徐方"，严辑本上句作"虔刘我□郡"；"既清颍汝，临瀍涧"，严辑本作"既清颍汝，□临瀍涧"，均可见严辑本之优越。罗氏虽查过严辑本，却未能吸取严氏成果，令人遗憾。

又，诏文言及出征群帅，有"泉猷"、"泉藻"之名，原诏当为"渊猷"、"渊藻"。此二人皆为梁武帝长兄长沙宣武王萧懿之子。《南史·梁宗室传》并有传。只因唐人避唐高祖讳，故或省"渊"字，或改"渊"为"泉"。依《校证》凡例，当回改并出校。

又，《校证》本"司冀余华，中州旧羑"，校记云："'羑'字下原有'緓'，案'緓'字涉上文'羑'下文'缀'而衍，故测。"今按：罗氏删"緓"，固是。然"羑"字，《汉语大字典》音 shěn，并引《集韵·轸韵》"羑，长也"，于此仍无义。疑此"羑"当是"族"字之讹。"中州旧族"乃六朝人称中原世家大族之常语，又正与上句"司冀余华"相对。

20. 卷六六二《北齐文宣帝征长安诏一首》

《校证》云："此篇其他文献无载，严辑《全文》无收，据此可补入《全北齐文》文宣帝文中。"今按：此篇又略见《太平御览》卷五九九，严可均据之辑入《全北齐文》卷四魏收名下，题作《为文宣帝出师诏》。严氏于文末加注云："《御览》五百九十九引《三国典略》：齐王召魏收于前，立为书，书成，齐王览之，于'凶首'下足九言曰'虽藏山没水，终不纵赦'。于是遣涣南侵。"查弘仁本《文馆词林》"径掩长安，枭彼凶首"下正有此九字。可证此诏确为魏收作。又《北齐书·文宣帝纪》："（帝）尝于东山游宴，以关陇未平，投杯震怒，召魏收于御前。立为诏书，宣示远近，将事西伐。"同书《魏收传》亦载："帝曾游东山，敕收作诏，宣扬威德，譬喻关西，俄顷而讫，词理宏壮。帝对百僚大嗟赏之。"更可佐证《三国典略》所记之不虚。罗氏未检《全北齐文》之魏收文，故误。

又，此诏有一段话，依《校证》本标点抄录如下：

> 朕以梁邦，旧敦好睦，闻其奸计，乃欲都谋荆郢之间，望为侥幸，弟亡上党。王涣雄才猛力，气震三军，贼有耳目，岂不委具。当令其总勒熊罴，日流风卷，直指寇场，何往不碎。

今按：罗氏此标点大有讨论之必要。"弟亡上党"，所指既无可考，且又与上句关系不明。"王涣"是谁？查《北齐书》、《北史》亦均无值得文宣帝如此称道之人。私意以为"侥幸"后之逗号当改句号，"弟亡上党。王涣雄才猛力"当改为"七弟上党王涣雄才猛力"。理由有三：其一，严辑本此诏有云："朕与梁国，旧好敦睦，闻其奸计，乃欲规谋。宜令上党王涣总勒熊罴，星流风卷。"虽是节文，仍作"上党王涣"。其二，上党王高涣乃齐高祖神武帝高欢第七子，文宣帝之弟。《北齐书·高祖十一王传》有传，记载明白。据本传及《文宣帝纪》载，此人"天姿雄杰，俶傥不群，虽在幼童，恒以将略自许"，"及长，力能扛鼎，材武绝伦"。文宣即位，封之为上党王。北齐送降人贞阳侯萧渊明南还为梁主的是他；克谯郡，破东关，斩梁朝名将裴之横的也是他。此人正与此诏中"雄才猛力"云云吻合。其三，前引严辑本此诏文末严氏注文所引《三国典略》亦云："于是遣涣南侵。"涣，即上党王高涣。是"弟亡"者，盖"七"误为"亡"，又与"弟"倒误也。

罗氏未知文宣帝七弟上党王高涣其人，全凭主观臆断，其标点自然错误。在《校证》之《前言》中，罗氏为证影弘仁本"在版本学上的价值更是令人瞩目"，特举此篇"弟亡上党"之正确，而别本之误，未免令人哑然失笑。

另，《校证》本"混一之期，事在今日"，校记云"'在'字原脱，据文意补"。查严辑本此两句作"混一之事，期在今日"，有"在"字。罗氏所补固是，然不必据文意补也。

21. 卷六六四《后魏孝文帝与高句丽王云诏一首》

此诏文有如下几句，依《校证》标点为：

收海金赍，华夏拥狢隶而给，中国广疆畿于沧滨，丰僮使于甸服，抑亦何伤乎。

如此标点，令人莫名其妙。颇疑"金"字下脱一与下句"而"字相应的虚字（疑为"以"字）。如此，则可标点如下：收海金□赍华夏，拥狢隶而给中国。广疆畿于沧滨，丰僮使于甸服，抑亦何伤乎！

22. 卷六六五《宋文帝拜谒山陵赦诏二首》

《校证》云："此二篇其他文献无载，严辑《全文》无收，可补入《全宋文》宋文帝文中。"按：此说失考。二首中第二首（"朕自违北京"首）见《宋书·文帝纪》元嘉二十六年三月纪。为便比勘，今录之于下：

朕违北京，二十余载，虽云密迩，瞻途莫从。今因四表无尘，时和岁稔，复获拜奉旧茔，展冈极之思，飨燕故老，申追远之怀。固以义兼于桑梓，情加于过沛，永言慷慨，感慰实深。宜聿宣仁惠，覃被率土。其大赦天下。复丹徒县侨旧今岁租布之半。行所经县，蠲田租之半。二千石官长并勤劳王务，宜有沾锡。登城三战及大将战亡坠没之家，老病单弱者，普加赡恤。遣使巡行百姓，问所疾苦。孤老、鳏寡、六疾不能自存者，人赐谷五斛。

此载不仅可补《校证》本此文六十五字（其下加"——"记号者）之残缺，且可正其误字。如"旧茔"，《校证》作"旧营"，显误。"展冈极之思"意同曹植《卞太后诔并表》所云"展臣蓼莪之思"，《校证》"思"作"恩"，亦误。"过沛"，乃用《史记·高祖本纪》"高祖还归，过沛，留，置酒沛宫"事。于此处，"还"、"过"俱通，然仍以"过"为优。

23. 卷六六五王俭《南齐武帝藉田恩诏一首》

《校证》已指明"此篇又见《南齐书》卷三《武帝纪》"，然两相比较，颇有异文。"亲载所以率人"，《南齐书》"人"作"民"，依《校证》凡例，当回改并出校。"甘露类晖于坰收"，《南齐书》作"甘露凝晖于坰牧"。今按："甘露类晖"不成语。《尔雅·释地》："邑外谓之郊，郊外谓之牧，牧外谓之野，野外谓之林，林外谓之坰。"坰牧，犹郊野也。"甘露凝晖于坰牧"正与下句"神爵骞翥于兰圃"相对仗，当以《南齐书》为是。"矜在优厚"之"矜"，《南齐书》作"务"，亦以《南齐书》为是。

24. 卷六六五《后魏孝文帝迁都洛阳大赦诏一首》

诏文述烈祖道武帝以前，魏之发展历程，有一段文字，依《校证》本录之如下：

惟我大魏，萌资胤于帝轩，县命创于幽都。生人厥初，寔均稷弃，宣帝南迁，憩轸沮洳。事同公刘，业兹邵邑。神元北徙，游止长川。岂异亶甫，至于岐下。暨昭成建国，渐堵盛乐，何异周父，作邑乎丰。

考《魏书·序纪》载，黄帝之少子昌意"受封北土，国有大鲜卑山，固以为号。其后，世为君长，统幽都之北"。至"宣皇帝讳推寅立。南迁大泽，方千余里，厥土昏冥沮洳。谋更南徙，未行而崩"。至"始祖神元皇帝讳力微立"，"率所部北居长川"，"积十数岁，德化大洽，诸旧部民，咸来归附"。至"昭成皇帝讳什翼健"，"即位于繁畤之北，时年十九，称建国元年"，"三年春移都于云中之盛乐宫"，"四年秋九月，筑盛乐城于故城南八里"。

《诗·大雅》有一组记周部族发展历程的史诗，如《生民》、《公刘》、《绵》、《皇矣》、《文王有声》等。《生民》述周之始，有云："厥初生民，时维姜嫄"，"载生载育，时维后稷"，以及后稷被弃未成，发明农业生产等事。《公刘》述周之先祖公刘先在西戎，不敢宁居，率民迁都于豳之事。诗中有"笃公刘，于豳斯馆"云云。《绵》述古公亶父始迁岐周，以开王业，而文王因之以受天命事。诗中有"古公亶父，来朝走马，率西水浒，至于岐下"之句。《文王有声》述周文王迁都于丰，武王迁镐之事。诗中有"文王受命，有此武功，既伐于崇，作邑于丰"云云。

孝文帝此诏正是以周之始祖后稷比魏之始祖昌意；以周之公刘迁都豳邑比魏之宣帝南迁沮洳大泽；以周之古公亶父率民迁于岐下比魏神元帝率所部北居长川；以周文王徙都于丰邑比魏昭成帝建国，移都于盛乐。

明白了这些，则知《校证》本诏文中"生人厥初"之"人"当作"民"，源于《诗·大雅·生民》，盖《文馆词林》避唐讳改为"人"。"事同公刘，业兹邵邑"之"邵"当是"邠"字之讹。"邠"本作"豳"。《史记·周本纪》司马贞《索隐》云："豳即邠也，古今字异耳。"顾炎武《日知录》卷七《孟子字样》条有云："《唐书》言：邠州故作'豳'，开元十三年，以字类'幽'，故为'邠'。今惟《孟子》书印'邠'字。""邠"、"邵"形近易误。又，"何异周父，作邑乎丰"中"周父"当作"周文"，周文王也。"父"乃"文"字之讹。"渐堵盛乐"之"堵"当为"都"。

回头再看《校证》对上引一段诏文所加新式标点，问题显而易见。"幽都"后之句号当与"稷弃"后之逗号互换，"沮洳"后之句号宜改为逗号，"长川"后的句号亦宜改为逗号。如此方层次清楚，意思明白。

25. 卷六六六《东晋穆帝立皇后大赦诏一首》

此诏有一段话，依《校证》标点如下：

> 夫乾坤表二仪之象，《关雎》明人伦之始。是以咸恒敷化成之义，风雅咏麟趾之美，所谓正家而天下化。

今按："乾"、"坤"皆《周易》卦名，"二仪"指天地。《周易·说卦》云："乾，天也，故称乎父；坤，地也，故称乎母。"故诏云"乾坤表二仪之象"。是"乾"、"坤"并当加书名号。"咸"、"恒"亦为《周易》卦名。《周易·象传》云："咸，感也。天地感而万物化生"；"恒，久也。圣人久于其道而天下化成"，故诏云"咸恒敷化成之义"，是"咸"、"恒"亦当加书名号。至于"麟趾"，乃用《诗·周南·麟趾》义。《小序》云："《麟之趾》，《关雎》之应也。《关雎》之化行，则天下无犯非礼，虽衰世之公子，皆信厚如《麟趾》之时也。"《麟之趾》有"麟之趾，振振公子。于嗟麟兮"之句，故诏云"风雅咏麟趾之美"。"风雅"本指《诗》中《风》、《雅》，不过此诏用为偏义复词，专指《风》，故亦当加书名号。罗氏于"关雎"加书名号，而"乾"、"坤"等皆不加，令人不解。

26. 卷六六六沈约《梁武帝立皇太子大赦诏一首》

《校证》云："此篇又见《文苑英华》卷四三二，严可均据之辑入《全梁文》卷二六沈约文中。"然《文苑英华》题作《立太子赦诏》，无"梁武帝"三字，罗氏似未在意。考梁武乃开国之君，而此诏云"朕夙缵璿祚"，是继位之君的口气，与梁武不合。且立太子大赦，《梁书》当有记载。梁武一生先立萧统为太子，统死，立萧纲为太子。其立萧纲为太子大赦，《梁书·武帝纪》明载云："（中大通三年）秋七月乙亥，立晋安王纲为皇太子，大赦天下。"立萧统为太子，仅云"（天监元年冬十一月）甲子，立皇子统为皇太子"，是未为大赦也。立萧纲为皇太子大赦，《文馆词林》本卷此文下篇《重立皇太子赦诏》即是。由此可知此文题中"梁武帝"三字必为《文馆词林》编撰者误加，当删。陈庆元《沈约集校笺》（浙江古籍出版社1995年版）录此文，笺云："《南齐书·东昏侯纪》：'（永元元年）夏四月己巳，立皇太子诵，大赦，赐民为父后爵一级。'此文当作于是年。"说是。

27. 卷六六六《后周明帝诞皇太子恩降诏一首》

《校证》本标点此诏首二句为：礼称负子，诗则斯男。

今按：《礼记·内则》有云："国君世子生，告于君。接以大牢，宰掌具。三日，卜士负之，吉者宿齐，朝服寝门外，诗负之，射人以桑弧蓬矢六，射天地四方。保受乃负之。宰醴负子，赐之束帛。卜士之妻，大夫之妾，使食子。"此述国君世子出生之初的礼仪，有"宰醴负子"云云，故此诏称"礼称负子"。是此"礼"乃特指《礼记》，非一般礼节，依《校证》凡例，当加书名号。又《诗·大雅·思齐》写周文王之妃大姒能继文王之母之美德，有云："大姒嗣徽，则百斯男。"是诏文"诗则斯男"亦有出处。是此"诗"非一般之诗，乃特指《诗经》，故亦当加书名号。

28. 卷六六六《宋孝武帝讲武原降诏一首》

《校证》云："此篇其他文献无载，严辑《全文》无收，可补入《全宋文》孝武帝文中。"今按：罗氏失检。此文又载《宋书·孝武帝纪》大明五年二月纪。严可均据之辑入《全宋文》卷六孝武帝名下，题《厉兵赦罪诏》。其与《文馆词林》所录颇有异同，足资参校，今录之于下：

昔人称人道何先，于兵为首，虽淹纪勿用，忘之必危。朕以听览余闲，因时讲事，坐作有仪，进退无爽。军幢以下，普量班锡。顷化弗能孚，而民未知禁，逭役违调，起触刑网。凡诸逃亡，在今昧爽以前，悉皆原赦。已滞囹圄者，释还本役。其逋负在大明三年以前，一赐原停。自此以还，鳏贫疾老，详所申减。伐蛮之家，蠲租税之半。近籍改新制，在所承用，殊谬实多，可普更符下，听以今为始。若先已犯制，亦同荡然。

29. 卷六六六《宋孝武帝春搜大赦诏一首》

《校证》云："此篇其他文献无载，严辑《全文》无收，可补入《全宋文》孝武帝文中。"今按：罗氏失检。此文又载《宋书·孝武帝纪》大明七年二月纪。严可均据之辑入《全宋文》卷六孝武帝名下，题为《巡行大赦诏》。与《文馆词林》所载相校，知《宋书》所载略有删节，且两本颇有异文。异文之中有可断定《文馆词林》本为误者，如"方巡三湘而奠衡岳，次九河而检云岱"，《文馆词林》"次"作"夕"；"八风循通，卿云丛聚，尽天馨瑞，率宇竭欢"，《文馆词林》"馨"作"磬"：并显误。亦有可断定为《文馆词林》避唐讳改字者，如"广纳士民之寿"、"赐民爵一级"、"刺守邑宰及民夫从搜者"，三"民"字，《文馆词林》并作"人"。这些足见《宋书》所载此诏文的校勘价值。

30. 卷六六六《宋孝武帝巡幸历阳郡大赦诏一首》

《宋书·孝武帝纪》大明七年纪云："十二月丙午，行幸历阳。甲寅，大赦天下。南豫州别署敕系长徒，一切原散。其兵期考袭谪戍，悉停。历阳郡女子百户牛酒；高年孤疾，赐帛十匹，蠲郡租十年。"《文馆词林》录此诏有云："可大赦天下。南豫州别署敕系长徒，一切原散。其兵厮考袭谪伐悉停。从朕昔初出镇将吏，赐位二等。有犯脏污勤注，特宜荡除，与之更始。军身服役，尝经斋内，免为平人。帛十疋，前蠲郡租输限，可益为十年。"两相比较，知此诏当作于大明七年十二月甲寅。诏文"免为平人"后，显有残脱。《校证》亦云："'人'以下有残缺。"一般来说，诏文的内容录入史书，撰史者可删略，而不可能随意增添。故《文馆词林》所录"免为平人"后，当据《宋书·孝武帝纪》补"历阳郡女子百户牛酒；高年孤疾，赐"十四字。如此，则正与下文"帛十疋"衔接。又，此诏"谪伐"当依《孝武帝纪》作"谪戍"，"平人"之"人"亦当是《文馆词林》编撰者避唐讳所改。

31. 卷六六七《后汉章帝麟凤等瑞改元赦诏一首》

诏有一段文字，依《校证》标点如下：

  秋令是月，养衰老，授几杖，行糜粥饮食，其赐高年二人共布帛各一匹，以为醴酪。

  今按：此段中"秋令"指《礼记·月令·秋令》。《秋令》"仲秋之月"下有云："是月也，养衰老，授几杖，行糜粥饮食。乃命司服，具饬衣裳，……"（《吕氏春秋》卷八《仲秋纪》同）显然，此段中"秋令"下当加冒号，"其赐高年"云云，非"秋令"中之内容，其上句"饮食"后之逗号当改句号。此盖因罗氏未知《礼记·月令》之内容而误点。

32. 卷六六七《后魏孝静帝膏雨大赦诏一首》

  此诏有云："今宇宙清朗，风雨和洽，草木条畅，……可大赦天下。自武定三年五月廿六日昧爽以前，……悉原免。"据陈垣《二十史朔闰表》，后魏孝静帝武定三年五月己卯朔，二十六日甲辰。此正与《魏书·孝静帝纪》武定三年"夏五月甲辰，大赦天下"之记载合，知是诏作于其时。又此诏有如下一段，依《校证》标点为：

  德之不广，明未能烛，寔赖将相，匡维士庶，用命南徼敛衽，北塞承衣，海碣谧然，关河不警。

  今按：此标点误。"将相"的职责不是"匡维士庶"，"南徼敛衽"云云是"将相匡维，士庶用命"之效果。故"将相"后的逗号当移至"匡维"后，"士庶"后之逗号当删，"用命"后当加句号。

  另，《校证》本"青只候节，则嘉液从来，未明在律，而膏润应序"中之"未明"当是"朱明"之讹。《尔雅·释天》："夏为朱明。"此诏作于夏五月，其时正所谓"朱明在律"也。且"朱明"正与上句"青只"相对仗。

33. 卷六六七《后周明帝灵乌降大赦诏一首》

  《校证》云："此篇其他文献无载，严辑《全文》无收，可补入《全后周文》明帝文中。"今按：罗氏失检。《周书·明帝纪》载：明帝二年秋七月"丙申，顺阳献三足乌。八月甲子，群臣上表称庆。诏曰：'夫天不爱宝，地称表瑞，莫不威凤巢阁，图龙跃沼，岂直日月珠连，风雨玉烛。是以《钩命决》曰"王者至孝则出"，《元命苞》曰"人君至治所有"。虞舜烝烝，来兹异趾；周文翼翼，翔此灵禽。文考至德下覃，遗仁爱被，远符千载，降斯三足。将使三方归本，九州翕定。惟此大体，景福在民。予安敢让宗庙之善，弗宣大惠。可大赦天下，文武官普进二级。'"严可均辑《全后周文》卷一明帝下据《太平御览》卷九百二十引《后周书》录此诏，题《三足乌见大赦诏》，且于题下小注："二年八月甲子。"又于诏文末校云："案，今《周书·明帝纪》'大禮'作'大體'，'敢攘'作'敢讓'。"是《周书》有此诏节文，严辑《全文》亦收。

以《周书》所载与《校证》本比较，有三点可知：其一，诏文首云"惟二年八月丙子"，末复云"今二年八月十五日"，查陈垣《二十史朔闰表》知，周明帝二年八月壬戌朔，丙子正为十五日。是诏文首尾所述时间一致，此诏当作于八月丙子。其二，因知前引《周书·明帝纪》"诏曰"前当有"丙子"二字。疑清人所见《周书》已脱此二字，故严辑本于此诏题下注其作期为"八月甲子"，当订正。其三，《周书·明帝纪》所载节文与《文馆词林》所录相应部分颇有异文，可资参校。

34.卷六六七《灵乌等瑞大赦诏一首》

《周书·晋荡公护传》：周武帝保定三年，遣柱国杨忠与突厥东伐，破齐长城，至并州而还。期后年更举，南北相应。齐主大惧。先是，宇文护母阎姬与皇第四姑及诸戚属，并没在齐，皆被幽縶。至是，并许还朝，且请和好。四年，皇姑先至，而护母仍留。朝议以其失信，令有司移齐。移书未送而护母至。举朝庆悦，大赦天下。又，同书《武帝纪》载，保定四年九月，"以皇世母阎氏自齐至，大赦天下"。《北齐书·武成纪》，河清三年（按：即周保定四年）六月，"归宇文媪于周"，九月，"归阎媪于周"。

据上知，北齐归周宇文护母阎姬于周在保定四年九月，而归其第四姑于周则在同年六月。

此诏有云："朕大伯母及第四姑杨氏逢兹宽政，狱宥来西。惟姑已至，循心载展。伯母碍暑，许寻礼送。"考《周书》之《武帝纪》及《晋荡公护传》知，周武帝乃周太祖之第四子，而晋荡公护为"太祖之兄邵惠公颢之少子"。故宇文护之母即周武帝之大伯母，皇第四姑即周武帝之第四姑杨氏。因而可定此诏乃保定四年六月周武帝所下。《校证》云："此篇……可补入《全后周文》明帝文中。"盖仅因此篇紧接上篇《后周明帝灵乌降大赦诏一首》之后，未加详考便下断语，以为周明帝之文，误。

35. 卷六六七《又灵乌等瑞大赦诏一首》

此诏有云："我有周诞受天明（疑为'命'之讹），于今六祀。"考《周书·孝闵帝纪》，西魏禅于周在恭帝三年（556）十二月庚子。（据陈垣《二十史朔闰表》，是年十二月辛未朔，庚子为三十日）周孝闵帝即位在次日，即天王元年（557）正月辛丑（即正月一日）。由此下推，"六祀"，乃北周武帝保定二年（562）。因知此诏当作于其年。又考《周书·武帝纪》保定二年纪有云："五月庚午，以山南众瑞并集，大赦天下，百官及军人，普泛二级。"与此诏正吻合。是此诏当为周武帝所下。《校证》云："此篇……可补入《全后周文》明帝文中。"误与上篇《校证》同。

36. 卷六六七《后周宣帝大旱恩降诏一首》

《校证》云："此篇又见《周书》卷七《宣帝纪》。"是。查《周书·宣帝纪》所载此诏，"昧于政方"作"昧于治方"，"思覃冤惠"作"思覃宽惠"，"西郊之难"作"西郊之叹"。按："冤"，当以《周书》作"宽"为是；"政"，疑原作"治"，《文馆词林》避唐讳改。

又，诏文有如下一段，中华书局本《周书》标点为：

见囚死罪并降从流，流罪从徒，五岁刑以下悉皆原宥。

《校证》标点为：见囚死罪，并降从流，流罪徒五岁刑，以下悉皆原宥。(《校证》本"流罪"下无"从"字，或脱，亦可能是承上句而省）今按：当以中华本《周书》标点为是。今略作说明。

考《隋书·刑法志》，后周刑律，制罪有五：一曰杖刑，二曰鞭刑，三曰徒刑，四曰流刑，五曰死刑。刑各五等，依次加重。其徒刑又分一年至五年共五等。诏文死罪"降从流"，当是降为流罪相应的等级。流罪五等不可能都降从徒五岁刑，只在"徒罪五岁刑以下"才"悉皆原宥"。依中华本《周书》标点则界限清楚。

37. 卷六六八《西晋武帝改元大赦诏一首》

《校证》云："此篇其他文献无载，严辑《全文》无收，可补入《全晋文》武帝文中。"今按：罗氏失检。严辑《全晋文》卷五武帝名下据《文馆词林》六六八辑录此文，题为《改元大赦诏》，题下小注："咸宁元年正月戊午朔。"将严辑本与《校证》本比较，除"戍者"严辑作"伐卒"（严辑作"伐卒"，或误）、"群生获人"，严辑"人"作"乂"（当以严辑作"乂"为是）、"使元之人"严辑作"使元元之人"，数字有异外，其余全同。

38. 卷六六八徐孝嗣《南齐海陵王即位改元大赦诏一首》

按：《南齐书·海陵王纪》载此诏，文字与《校证》本有异同。其中《校证》本"高皇帝"、"武皇帝"、"文皇帝"上，《南齐书》所载分别有"太祖"、"世祖"、"世宗"，疑《文馆词林》编撰者为避唐讳且使称谓一致，故并删略。而《校证》本"宏猷冠时"之"时"、"人怨神恫"之"人"、"若坠诸泉"之"泉"，《南齐书》分别作"世"、"民"、"渊"，亦当是《文馆词林》避唐讳改。至于"绝而更纽"，《校证》本"纽"作"细"，显为误字。

39. 卷六六八沈约《梁武帝即位改元大赦诏一首》

按：此诏《梁书·武帝纪》有节文，与《校证》本所载相校，颇有异同。其中，"五精遍袭"，《梁书》"遍"作"递"；"振厥施维"，《梁书》"施"作"弛"；"禮柴之禮"，《梁书》"禮柴"作"禋柴"。这些，毋庸赘言，当以《梁书》为是。

40. 卷六六八魏收《北齐废帝即位改元大赦诏一首》

考《北齐书》之《文宣帝纪》及《废帝纪》知，北齐文宣帝天保十年（559）十月甲午（10日）崩于晋阳宫德阳堂，癸卯（19日）发丧，敛于宣德殿。太子（即废帝）高殷亦于癸卯日即位于宣德殿，大赦。至次年春正月癸丑朔改元乾明。是废帝改元在即位后两个多月。

此诏云："穹苍不吊，降此闵凶，大行皇帝弃背万国，率土哀穷，不胜永慕。……属当正体，上奉宗佑（按：当为'祐'字之讹），便以即日，恭承大命，……可大赦天下。"因知此诏当为天保十年十月癸卯，亦即文宣帝死后发丧、废帝即位时所下。废帝即位与改元不同时，甚至不在同一年，诏文中亦未及改元之事，故知《文馆词林》此题有误，题中"改元"二字当为编撰者误加，应删。

41. 卷六六八《后周明帝即位改元大赦诏一首》

考《周书·明帝纪》，后周明帝宇文毓于周闵帝元年（557）九月甲子即天王位，大赦天下。三年"秋八月己亥，改天王称皇帝"，大赦改元武成。此诏有云："其大赦天下。肇号开元，寔惟协庆。宜改三年为武成元年，……自八月十四日昧爽以前，……悉除不问。"周明帝三年八月丙戌朔，十四日正为己亥。是知此诏乃明帝即位第三年八月十四日改元大赦诏，与其即位大赦天下时、事俱不同。因此此诏题将"即位"、"改元"扯在一起，误。题中"即位"二字疑为《文馆词林》编撰者误加，当删。

42. 卷六六八《陈武帝即位改元大赦诏一首》

《校证》云："此篇其他文献无载，严辑《全文》无收，可补入《全陈文》武帝文中。"今按：罗氏失检。此诏，《陈书·武帝纪》有载，且较《文馆词林》所录完备。严可均据之辑入《全陈文》卷一武帝名下，题《受禅大赦诏》。今将《文馆词林》本文末所缺部分录之如下：

赐民爵二级，文武二等。鳏寡孤独不能自存者人谷五斛。逋租宿债，皆勿复收。其有犯乡里清议、赃污淫盗者，皆洗除先注，与之更始。长徒敕系，特皆原之。亡官失爵，禁锢夺劳，一依旧典。

又，将《陈书》所载与《校证》本对勘，知有《文馆词林》避唐讳改字者，如"夏殷所以宰物"之"物"，《陈书》作"世"；"育德振萌"、"俯协萌心"之两"萌"字，《陈书》并作"民"。有《文馆词林》误者，如《陈书》"太平二年"，《文馆词林》作"泰平二年"。然亦有《陈书》误者，如"三正相因，夏殷所以宰物，虽色分骍翰，时异文质，揖让征伐，迭用参差"之"骍"，《陈书》作"辞"。今按：骍，祭祀所用赤色公牛；翰，白色马。《礼记·檀弓上》："夏后氏尚黑，大事敛用昏，戎事乘骊，牲用玄；殷人尚白，大事敛用日中，戎事乘翰，牲用白；周人尚赤，大事敛用日出，戎事乘骒，牲用骍。"夏、殷、周三代，周历以建子之月为岁首，殷历以建丑之月为岁首，夏历以建寅之月为岁首，是谓三正。尚色不同，乘马用牲亦相应变化。"色分骍翰"正是指二代乘马用牲颜色之不同。《陈书》"骍"作"辞"盖因形近而误。另，"迭"，《陈书》作"迄"，其误自不待言。

43. 卷六六八《陈宣帝改元大赦诏一首》

《校证》云："此篇其他文献无载，严辑《全文》无收，可补入《全陈文》宣帝文中。"今按：罗氏失检。此诏，《陈书·宣帝纪》有载，且为完篇，严可均据之辑入《全陈文》卷三宣帝名下，题作《即位改元大赦诏》，可补《文馆词林》所录此诏残篇之阙（按：阙"空"字以下）。今抄补如下：

空（中华本《陈书》校改为"坚"，是。今权且仍其旧）誓苍昊，而群辟启请，相喧渭桥，文母尊严，悬心长乐，对扬玺绂，非止殷汤之三辞，履涉春冬，何但代王之五让。今便肃奉天策，钦承介圭。若据沧溟，逾增兢业。思所以云行雨施，品物咸亨，当与黔黎，普同斯庆。可改光大三年为太建元年。大赦天下。在位文武赐位一阶，孝悌力田及为父后赐爵一级，异等殊才，并加策序。鳏寡孤独不能自存者，人赐谷五斛。

据诏文内容及《文馆词林》拟题例，当题为《陈宣帝即位改元大赦诏一首》，较今题加"即位"二字。

又，《文馆词林》此诏前有"高祖武皇帝"云云，庙号与谥号连称，后仅书"文皇帝"无庙号，称法不一。《陈书》"文皇帝"上有"世祖"字，是。当是《文馆词林》避唐讳删此二字。另，《陈书》所载此诏"正位君临"之"君"，《校证》本作"居"，亦误。

44. 卷六六八隋炀帝《即位改元大赦诏一首》

按：据《隋书·炀帝纪》，炀帝即位后改元大赦在大业元年正月朔日，而即位在上年七月。即位与改元不在同一年。且《隋书》亦无炀帝即位大赦的记载。因此，虽此诏文今不存，亦可断言此题有误，"即位"二字当删。

45. 卷六六九《东晋安帝平桓玄改元大赦诏一首》

《校证》云："此篇其他文献无载，严辑《全文》无收，可补入《全晋文》安帝文中。"今按：罗氏失检。此篇《晋书·安帝纪》义熙元年正月戊戌纪有节文，严可均据之辑入《全晋文》卷一二安帝名下，题作《改元大赦诏》。

严辑虽为节文，然颇有校勘价值。如《校证》本"宣之基，眇焉已坠"，此节文中"宣"下有"王"字；"三帅凌威"之"凌"，此节文中作"稜"；"大憨授首"之"憨"，此节文中作"憨"，毫无疑问，并以此节文中字为是。

46. 卷六六九《武德中平北狄大赦诏一首》

诏文中有云"朕君临八表，于今四裁"，又言破突厥颉利事，"唯颉利挺身逃窜林穴"，又云"自贞观四年二月十八日昧爽以前，罪无轻重，……皆赦除之"。考新、旧《唐书》之《太宗纪》，太宗平北狄突厥颉利，并大赦，在贞观四年二月。《资治通鉴》卷一九三《唐纪》贞观四年二月下亦纪破突厥颉利事，且有云："甲寅，以克突厥赦天下。"据陈垣《二十史朔闰表》，贞观四年二月丁酉朔，甲寅正是十八日。这些与诏文完全一致，是知此诏无疑当作太宗贞观四年二月甲寅。而"武德"乃唐高祖李渊年号，因知诏文题目"武德"二字误，依《文馆词林》拟题例，当改为"贞观"。

47. 卷六六九《宋顺帝诛崔慧景大赦诏一首》

按：据诏文"可大赦天下。凡与崔慧景协契同谋，首为奸逆"，"悉皆荡涤，一无所问"，"唯崔慧景诸子，不在赦例"云云，知此篇确为"诛崔慧景大赦诏"。考《南齐书·东昏侯纪》及《崔慧景传》，慧景举兵袭京师在东昏侯永元二年（500）三月，四月兵败被杀。慧景死日，东昏诏曲赦京邑、南徐、兖二州，五月壬子，又大赦天下。是此诏当作于永元二年五月壬子，下诏者是齐东昏侯萧宝卷。《文馆词林》此题中"宋顺帝"三字当作"南齐东昏侯"，盖《文馆词林》抄撰者误加。《校证》云此篇"可补入《全宋文》顺帝文中"，盖未加考证而沿误。

48. 卷六六九《后周武帝诛宇文护大赦诏一首》

按：将此篇与中华书局点校本《周书·晋荡公护传》所载同文比较，知异文颇多。其中中华本《周书》"凡厥臣民"之"民"、"民不聊生"之"民"、"民不见德"之"民"，《文馆词林》皆作"人"，当是《文馆词林》避唐讳改。依《校证》凡例，当回改并出校。

又，诏文中"侯伏侯龙恩、万寿、刘勇等"，《校证》于"侯伏"下加顿号，使"侯伏""侯龙恩"成为两人，误。其实，"侯伏侯"乃姓氏。《周书·侯植传》："大统元年，授骠骑将军、都督，赐姓侯伏侯氏。"可以为证。姚薇元《北朝胡姓考》亦有考证。侯伏侯龙恩与侯伏侯万寿为兄弟。《周书·晋荡公护传》有"都督侯伏侯龙恩挺身捍御"及"柱国侯伏侯龙恩、龙恩弟大将军万寿、大将军刘勇"云云，并可证"侯伏侯龙恩"为一人之姓名。

49. 卷六七〇晋张华《魏高贵乡公大赦诏一首》

考《三国志》卷四《三少帝纪·陈留王纪》知，司马氏进爵晋王在魏陈留王咸熙元年（264）。是年三月，"己卯，进晋公爵为王，封十郡，并前二十。……（五月）癸未，追命舞阳宣文侯为晋宣王，舞阳忠武侯为晋景王"。此诏有称"先相国晋王匡济之勋"，"相王晋王嗣业承绪"，是知其作必在陈留王咸熙元年五月以后。而魏高贵乡公之卒在甘露五年（260）五月己丑（据《三国志·三少帝纪·高贵乡公纪》），下距晋王之封尚有四年。故知此诏题中"高贵乡公"四字当是《文馆词林》编撰者所误加，依《文馆词林》拟题例，当改为"陈留王"。

50. 卷六七〇《宋孝武帝大赦诏一首》

《宋书·孝武帝纪》："（大明四年正月）乙亥，车驾躬耕藉田。大赦天下。尚方徒系及逋租宿债，大明元年以前，一皆原除。力田之民，随才叙用。孝悌义顺，赐爵一级。孤老贫疾，人谷十斛。藉田职司，优沾普赉。百姓乏粮种，随宜贷给。吏宣劝有章者，详加褒进。"所述与此诏完全一致，故可断此诏当作于孝武帝大明四年正月乙亥。

又，《校证》本"尚方长系及逋租借责"之"借"显系"宿"字之讹，上引《宋书·孝武帝》可证。

51. 卷六七〇徐孝嗣《南齐明帝原逋负及罢省诏一首》

《校证》云："此篇其他文献无载，严辑《全文》无收，可补入《全齐文》徐孝嗣文中。"今按：罗氏失检。《南齐书·郁林王纪》载，永明十一年七月，齐武帝崩，郁林王即位。八月癸未，诏曰："朕以寡薄，嗣膺宝政，对越灵命，钦若兹图，思所以敬守成规，拱挹群后。哀荒在日，有惭大猷，宜育德振民，光照睿范。凡逋三调及众责，在今年七月三十日前，悉同蠲除。其备偿封籍货鬻未售，亦皆还主。御府诸署池田邸冶，兴废沿事，本施一时，于今无用者，详所罢省。公宜权禁，一以还民，关市征赋，务从优减。"此载与《文馆词林》此篇相比较，即知同为一诏，只不过《南齐书》略有删节和数字异文而已。因知此诏当为徐孝嗣为郁林王作。

又，《文馆词林》此篇题中"明帝"二字当是编撰者误加，依《文馆词林》拟题例，当改为"郁林王"。此诏严可均已据《南齐书·郁林王纪》辑入《全齐文》卷五郁林王名下，题作《即位下诏》，并非"无收"。

52. 卷六七〇徐勉《梁武帝开恩诏一首》

《校证》云："此篇其他文献无载，严辑《全文》无收，可补入《全梁文》徐勉文中。"今按：罗氏失检。《梁书·武帝纪》"天监十七年春正月丁巳朔，诏曰"下，即此诏。除有十余字异文外，其余全同。严可均据之辑入《全梁文》卷三武帝名下，题作《听流民还本诏》，并非无收。且十余字异文中，有的是《文馆词林》避唐讳改字，如"驭世之通规"、"邑廛游民"、"天下之民"、"著籍为民"、"还复民伍"，《文馆词林》改"世"为"俗"，改"民"为"人"。有的显系《文馆词林》之误，如"矜此庶氓"，《文馆词林》"氓"作"甿"，"郡无旷土"，《文馆词林》作"居无旷土"，"市埭诸职割盗衰减"，《文馆词林》作"市棣诸职割盗褰减"等。

53. 卷六七〇徐陵《陈武帝宥沈泰家口诏一首》

此篇，《陈书·武帝纪》所载于"并许诣台申诉"后，有"若乐随临川王及节将立效者，悉皆听许"一句，可补《文馆词林》所录此篇之缺略。

又，将《校证》此篇与《陈书》所载相较，异文不少。其中可定《校证》本为误者三字："剖符名郡，推毂累藩"，《校证》本"剖"作"割"、"推"作"椎"；"知人则哲"，《校证》本"哲"作"誓"。

另，此诏有句，中华本《陈书·武帝纪》标点为："其部曲妻儿各令复业，所在（《文馆词林》作'在所'）及军人若有恐胁侵掠者，皆以劫论。"《校证》以"在所"属上读。今按："在所"当为"所在"之倒误，"所在及军人"云云，意为沈泰部曲妻儿复业之处的人及军人如果恐胁侵掠沈泰部曲妻儿，都以劫罪论处。若依《校证》标点，"及"字成了多余字。故当以中华本《陈书》标点为是。

54. 卷六九一《西晋武帝诫牙门敕一首》

此敕有云："将者国之捍城，人之障卫，是以古者难其人。"《校证》于"捍"下加逗号，以"城人"连读，显误。

55. 卷六九一《北齐武成帝除潘子义持书裴谒之殿中侍御史教一首》

此篇题"持书"，敕文中"持书侍御史"，下篇题中亦有"持书"。"持书"当是"持书侍御史"之省称，然"持书侍御史"是什么官职？考《隋书·百官志》北齐官制："御史台，掌察纠弹劾。中丞一人，治书侍御史二人，侍御史八人，殿中侍御史、检校御史各十二人，录事四人。领符节署，令一人，符玺郎中四人。"别无"持书侍御史"之官职。此载"持书"之"持"当是"治"字，盖《文馆词林》避唐高宗嫌名所改。依《校证》凡例，当回改并出校。

56. 卷六九五《魏武帝修学令一首》

《校证》本此令有"选其乡之俊，选而教学之"云云，《三国志·武帝纪》载此令，中华本标点为："选其乡之俊造而教学之。"今按：《校证》本"选而教学之"之"选"与前一"选"字重复，当为"造"字之讹。"俊造"者，学识造诣很深的人。因此，当以中华本《三国志》标点及文字为是。

57. 卷六九五《魏武帝收田租令一首》

此令有一段，《校证》标点为：其令收田租亩四升，户出绢二匹、绵二斤而已。他不得擅兴，发郡国守相明检察之，无令强人，有所隐藏，弱人兼赋也。今按：此令亦见《三国志·武帝纪》裴松之注引《魏书》，两"人"字皆作"民"。中华书局本标点"发"字属上读，作"他不得擅兴发"，"强民"后无逗号。毋庸赘言，当以中华本《三国志》标点为是。

58. 卷六九五《魏武帝举士令二首》

《校证》云："第二篇其他文献无载，严辑《全文》无收，可补入《全三国文》武帝文中。"今按：罗氏失检。第二首（即"夫有行之士未必能进趣"首)《三国志·武帝纪》建安十九年十二月纪有明载。唯"趣"作"取"、"苏秦宁守信也"作"苏秦岂守信邪"之外,其余全同。严可均据之辑入《全三国文》卷二魏武帝名下,题《敕有司取士毋废偏短令》。罗氏见第一首于严辑《全三国文》卷二,而未见同卷之此篇,是睫在眼前而不见也。

59. 卷六九五《魏武帝论吏士行能令一首》

此令《三国志·武帝纪》裴松之注引《魏书》有载。唯"则天下治"之"治"、"治平尚德行"之"治","一似管窥虎"之"管"、"虎",此载分别作"义"、"太"、"简"、"兽"。今按:作"义"、"太"、"兽"当是《文馆词林》编撰者避唐讳改,而"管"作"简"者,当是误字。

60. 卷六九五《梁孝元帝封刘毅宗懔令一首》

《校证》云:"此篇其他文献无载,严辑《全文》无收,可补入《全梁文》元帝文中。"今按:罗氏失检。《周书》卷四二《宗懔传》有云:"梁元帝重牧荆州,以懔为别驾、江陵令。及帝即位,擢为尚书侍郎。又手诏曰:'昔扶柳开国,止曰故人,西乡胙土,本由宾客。况事涉勋庸,而无爵赏?尚书侍郎宗懔,亟有帷幄之谋,诚深股肱之寄。从我于迈,多历岁时。可封信安县侯,邑一千户。'"将此"手诏"与《文馆词林》所载相比较,知此"手诏"删去了有关刘毅的内容,另有数字异文,其余略同。严可均据之辑入《全梁文》卷六梁元帝名下,非"无收"也。

61. 卷六九五《魏曹植自试令一首》

按:此篇,严可均据《粤雅堂丛书》本辑入《全三国文》曹植名下,题作《自诫令》,此作《自试令》,据此令内容,当以《自诫令》为是,"试"字误。

又,此令有一段,《校证》标点为:昔雄渠李广武发石开,邹子囚燕中夏霜下,杞妻哭梁山为之崩,固精诚可以动天地金石,何况于人乎。今按：此数句用典，熊渠、李广射石事，分别见刘向《新序·杂事》和司马迁《史记·李将军列传》；邹衍、杞梁妻事分别见《文选》卷三九江淹《诣建平王上书》李善注引《淮南子》、刘向《说苑·善说》。"雄渠"当为"熊渠"；"武"当为"虎"，《文馆词林》避唐讳改。《文选》卷一四班固《幽通赋》："养流睇而猿号兮，李虎发而石开。非精诚其焉通兮，苟无实其孰信！"可以为证。明白了这些，此段之标点及文字可改如下：昔熊渠、李广，虎发石开；邹子囚燕，中夏霜下；杞妻哭梁，山为之崩。固精诚可以动天地金石，何况于人乎。

另，此令有云："孤以何德，而当斯惠？孤以何功，以纳斯既？"严辑本"既"作"贶"。按：上文述"今皇帝"之丰惠厚贶，此几句承上文，故知"既"当为"贶"字之讹。

62. 卷六九九梁简文帝《甄张景愿复仇教一首》

《艺文类聚》卷三三录此教，题作《甄异张景愿复仇教》，颇多删节，严可均据之辑入《全梁文》卷九简文帝名下，然内容相同。《南史·孝义下·张景仁传》载："张景仁，广平人也。父梁天监初为同县韦法所杀，景仁时年八岁。及长，志在复仇。普通七年，遇法于公田渚，手斩其首以祭父墓。事竟，诣郡自缚，乞依刑法。太守蔡天起上言于州，时简文在镇，及下教褒美之，原其罪，下属长蠲其一户租调，以旌孝行。"事迹与此教所述全同。此教当即"时简文在镇，乃下教"之"教"。然而是"张景愿"还是"张景仁"，抑或"张景愿"亦名"张景仁"，未可知也。

63. 卷六九九陈沈炯《为王公修相国德政碑教一首》

《校证》本有云："外可即开扫修饰，营造屋观。当使扬修辩察，常识好辞；王祭经过，不逢缺字。"今按：此"扬修"之"扬"当是"杨"字之讹，"王祭"之"祭"当是"粲"字之误。今略作说明。

《世说新语·捷悟》："魏武尝过曹娥碑下，杨修从。碑背上见题作'黄绢幼妇，外孙齑臼'八字。魏武谓修曰：'解不？'答曰：'解。'魏武曰：'卿未可言，待我思之。'行三十里，魏武乃曰：'吾已得。'令修别记所知。修曰：'黄绢，色丝也，于字为"绝"，幼妇，少女也，于字为"妙"；外孙，女子也；于字为"好"；䪢臼，受辛也，于字为"辞"：所谓"绝妙好辞"也。'魏武亦记之，与修同，乃叹曰：'我才不及卿，乃觉三十里。'"此所谓"杨修辩察"事。

《三国志》卷二一《王粲传》："初，粲与人共行，读道边碑，人问曰：'卿能暗诵乎？'曰：'能。'因使人背而诵之，不失一字。"此所谓"王粲经过"事。

上两事并与碑相关，故沈炯用之。因知作"扬"、作"祭"之误。

（原载《中华文史论丛》第75辑，上海古籍出版社2003年版）

《金楼子校注》订补举例

梁元帝萧绎所撰《金楼子》十卷,《隋书·经籍志·子部》已有著录①。此书大约元末明初已经散佚。今所存六卷本乃清初四库馆臣自《永乐大典》中辑出。但此辑本存在句段误植、文字讹脱等诸多问题,以致有学者有"几乎难以句读"之叹②。笔者近年研读此书,遍寻古今相关之整理成果,辗转觅得《金楼子校注》(以下简称《校注》)一书。此书乃台湾政治大学中文研究所许德平著,台湾嘉新水泥公司文化基金会研究论文第103种,1969年出版。这是笔者所见《金楼子》之唯一整理本。其草创之功,自不可没。但客观地说,此校注本存在的问题太多,误点、误校、误注、失注、误分段落等,随处可见。萧绎博览群书,所撰《金楼子》之内容又甚为驳杂,加之辑佚过程中带来的种种问题,要做出高水平的《金楼子》校注本确非易事。但倘若对《金楼子》之文本及其所引事语之出处都未弄清,建立在此基础上的所谓研究就必将大打折扣。笔者有心为《金楼子校注》作订补。今自成稿中取36则录出,愿方家有以教之。

须略作说明的是,许著于《金楼子》原文仅断句,未加现代标点符号,笔者凡引许著,悉依其旧,并标明页码,以便查核。

1. 卷二《后妃篇》:"(梁宣修容)兼善云气。初至九脉。云天文不利南方。更将有妖气。时李敳既新平。谓必无敢继踵之者。言之甚正。

---

① 魏徵等:《隋书》,中华书局1973年版。
② 刘跃进:《关于〈金楼子〉研究的几个问题》,《古典文学文献学丛稿》,学苑出版社1999年版。

无何之间。而刘敬宣反。(第 77 页)

《校注》云:"按鲍本,百子本及扫叶本'刘敬宣'并误作'刘敬宫'。刘敬宣乃牢之子,字万寿。彭城人。"

按:刘敬宣,沈约《宋书》卷四七有传[1]。《校注》谓其为刘牢之子,字万寿,彭城人,这都不错。但他于东晋义熙(405—418)末为僚属所害,《宋书》本传有明载。他有何反事?梁宣修容预知百余年前刘敬宣谋反事,岂不天大笑话?实则《金楼子》各本作"刘敬宫"不误。考《梁书·武帝纪》载[2],大同七年(541)交州土民李贲反,八年正月,安成郡民刘敬躬挟左道以反,二月,江州刺史湘东王绎遣中兵曹子郢讨之,三月,擒敬躬送京师,斩于建康市。刘敬躬,《梁书·张缵传》作"刘敬宫",《南史·张弘策传》附《张缵传》同[3]。据《梁书·武帝纪》,萧绎以大同六年十二月为江州刺史,一年以后而刘敬宫反,这正与《金楼子》此载"初至九派(脉)"云云,在时间上吻合。

应附带说明的是,"九派",《校注》本误作"九脉"。九派,指江西九江,此处代指江州。《文选》卷一二郭景纯《江赋》:"流九派乎浔阳。"李善注引应劭《汉书注》曰:"江自庐江浔阳分为九也。"[4]

2. 卷二《后妃篇》:"前后营诸寺佛宝帐百余领。躬事后素。亲加雕饰。妙于思理。若有神功。"(第 78 页)

《校注》云:"按'绘事后素'见《论语·八佾》。此作'躬事'当有别解。"

今按:"躬事"无别解,有别解者,当是"后素"。此"后素"乃"绘事"之代称,此古汉语修辞之"藏词"格。藏词有"歇后藏词"和

---

[1] 沈约:《宋书》,中华书局 1974 年版。
[2] 姚思廉:《梁书》,中华书局 1973 年版。
[3] 李延寿:《南史》,中华书局 1975 年版。
[4] 萧统编,李善注:《文选》,中华书局 1977 年版。

"抛前藏词"两类。《尚书·君陈》有"惟孝友于兄弟"句①，后人用"友于"代指"兄弟"，属于前类；《诗·大雅·皇矣》有"王赫斯怒"句②，后人用"赫斯"代称"王"，属于后类。用"后素"代称"绘事"亦属"抛前藏词"。此种修辞方式，古今学者论之者多，如金人王若虚《滹南遗老集》卷三三③、清人陆以湉《冷庐杂识》卷五④、今人陈望道《修辞学发凡》等都有论说⑤。这些在今之学人应是一种常识，而《校注》未得其解。

可注意者，萧绎用藏词格，在《金楼子》中不仅此一例。如《立言篇上》"假使逢文明之后，值则哲之君"云云，"则哲"即"知人"之代称。源自《尚书·皋陶谟》有"知人则哲"之语。《校注》未注，故此附及。

3. 卷二《后妃篇》："绎釁结幽祗。奄罹偏罚。"（第78页）

《校注》云："百子本、扫叶本釁作墥，谢校本釁字旁注釁。按作'釁'字误也。《诗·大雅·凫鹥》曰：'墥，山绝水也。'"

今按：作"釁"是。"釁"有过失、罪过等义。《左传·庄公十四年》："人无釁焉，妖不自作。"孔颖达疏："若使人无釁隙焉，则妖孽不能自作。"⑥又《左传·宣公十二年》："会闻用师，观釁而动。"杜预注："釁，罪也。"并可证。祗，同"祇"，《百子全书》本作"祇"。"釁结幽祗奄罹偏罚"者，萧绎自言得罪鬼神，遭来母丧。故下文"大同九年"云云，言母丧事。百子本、扫叶本作"墥"者，乃"釁"之异体字，《广韵·震韵》"墥"同"釁"⑦，可证。"谢校本釁字旁注釁"，似已

---

① 《尚书正义》，中华书局1980年版。
② 朱熹集注：《诗集传》，上海古籍出版社1980年版。
③ 影印文渊阁《四库全书》本，上海古籍出版社1987年版。
④ 陆以湉：《冷庐杂识》，中华书局1984年版。
⑤ 陈望道：《修辞学发凡》，上海文艺出版社1959年版。
⑥ 《春秋左传正义》，中华书局1980年版。
⑦ 《广韵》，中国书店1982年版。

知"亹"字为误。《校注》以为作"亹",且以"山绝水"释之,笔者未明其妙。

4. 卷二《戒子篇》:"单襄公曰。君子不自称也。必以让也。恶其盖人也。"(第93页)

按:《校注》失注。《国语·周语中》:"(单)襄公曰:人有言曰'兵在其颈',其郤至之谓乎!君子不自称也,非以让也,恶其盖人也。夫人性,陵上者也,不可盖也。求盖人,其抑下滋甚,故圣人贵让。"①

5. 卷二《戒子篇》:"子夏曰。与人以实。虽疏必密。与人以虚。虽戚必疏。帅人以正。谁敢不正。"(第93页)

按:《校注》失注。《韩诗外传》卷九《子夏过曾子》章:"子夏曰:……与人以实,虽疏必密;与人以虚,虽戚必疏。夫实之与实,如胶如漆;虚之与虚,如薄冰之见昼日。君子可不留意哉!"②又《论语·颜渊篇》:"季康子问政于孔子,孔子对曰:'政者,正也。子帅以正,孰敢不正。'"③

6. 卷二《聚书篇》:"前在荆州时。晋安王子时镇雍州。启请书写。"(第99页)

《校注》云:"《南齐书》卷四十:晋安王子懋,字云昌,世祖第七子也,初封江陵公,……永明十一年为使持节,都督雍梁南北秦四州。"

按:《校注》以"晋安王"为南齐世祖之子晋安王子懋,大谬。考《梁书·元帝纪》,萧绎"前在荆州"时当梁普通七年(526)至中大通四年(532)前。而据《南齐书》卷四十《武十七王·晋安王子懋传》④,子懋镇雍州在永明十一年(493)至隆昌元年(494)间,且延兴元年(隆昌元年七月改元延兴)即被害。萧绎何能向子懋"启请书写"?

---

① 韦昭注:《国语》,上海古籍出版社1978年版。
② 许维遹集释:《韩诗外传集释》,中华书局1980年版。
③ 杨伯峻:《论语译注》,中华书局1980年版。
④ 萧子显:《南齐书》,中华书局1972年版。

实则此处之"晋安王子"当是萧绎之兄萧纲。据《梁书·简文帝纪》，萧纲于梁天监五年（506）封晋安王，普通四年（523）为雍州刺史，中大通三年（531）征为扬州刺史。萧绎初至荆州后，萧纲仍镇雍州四年左右，故能"启请书写"。

7. 卷二《聚书篇》："安成炀王于湘州薨，又遣人就写得书。"（第99页）

《校注》云："按安成康王秀字彦达，梁太祖第七子也。大通二年薨，谥曰炀。"（梁书二二）

按：此注乃误以子为父。考《梁书·太祖五王·安成康王秀传》，萧秀于梁天监元年封安成郡王，平生先后任过南徐、江、荆、郢、雍等州刺史，未为湘州。且其薨后谥"康"，故称"安成康王"。同传附其子《萧机传》载，机，普通元年袭封安成郡王，三年为湘州刺史，大通二年（528）薨于州。"及将葬，有司请谥，高祖诏曰：'王好内怠政，可谥曰炀。'"毫无疑问，"安成炀王"指萧机。笔者臆测，《校注》撰者似乎过于匆忙，查《梁书·安成王传》时，只看了首尾各几行，故有此不应有的失误。

8. 卷四《立言篇上》："明月之夜。可以远视。不可以近书。雾露之朝。可以近书。不通以远视。"（第146页）

按：《校注》失注。《淮南子·说林训》："明月之光，可以远望而不可以细书；甚雾之朝，可以细书而不可远望寻常之外。"[①]此当是萧绎所据。

9. 卷四《立言篇上》："君子……誉之而不加劝。非之而不加沮。定内外之分。夷荣辱之心。"（第146页）

《校注》云："他本'内外'作'外内'。谢校本、鲍本'夷'字下有'平'字。按夷者，平也。有'平'字非是。"

---

① 刘文典：《淮南鸿烈集解》，中华书局1989年版。

按：《庄子·逍遥游》："且举世而誉之而不加劝，举世而非之而不加沮，定乎内外之分，辩乎荣辱之境，斯已矣。"①两相比较，则知《金楼子》"誉之"云云所从出，而"内外"、"外内"之是非可定，且疑"平"为"乎"字之讹。

10. 卷四《立言篇上》："镌金石者难为力。摧枯朽者易为功。居得其势也。"（第151页）

按：《校注》失注。班固《汉书》卷一三《异姓诸侯年表序》："古世相革，皆承圣王之烈，今汉独收孤秦之弊。镌金石者难为功，摧枯朽者易为力，其势然也。"②

11. 卷四《立言篇上》："夫生自深宫之中。长于妇人之手。忧惧之所不加。宠辱之所未至。"（第151页）

又，卷五《著书篇》："忠臣传谏诤篇序曰：……所谓生于深宫之中。长于妇人之手。未尝知忧。未尝知惧。"（第205页）

按：《校注》失注。《荀子·哀公篇》："鲁哀公问孔子曰：'寡人生于深宫之中，长于妇人之手，未尝知哀也，未尝知忧也，未尝知劳也，未尝知惧也，未尝知危也。'"③

12. 卷四《立言篇上》："至当不穷似智。正谏似直。应谐似优。秽德似隐。"（第153页）

按：《校注》失注。班固《汉书·东方朔传赞》："然朔名过实者，以其诙达多端，不名一行，应谐似优，不穷似智，正谏似直，秽德似隐。……其滑稽之雄乎！"

13. 卷四《立言篇上》："孔文举言。武王伐纣。而悬之白旗。汉祖入关。子婴不死。武王历年。止有白鱼之瑞。汉祖祥应。其瑞不一。是则汉祖优而武王劣也。"（第162页）

---

① 郭庆藩：《庄子集释》，中华书局1961年版。
② 班固撰，颜师古注：《汉书》，中华书局1962年版。
③ 《荀子》，《百子全书》本，浙江人民出版社1984年版。

按：《校注》节引《后汉书》卷一〇〇《孔融传》释孔文举，又引《史记·周本纪》及《史记·高祖本纪》释"武王伐纣，悬之白旗"及"汉祖入关，子婴不死"事，固不错，但孔融之言，另有出处，《校注》似未知。《艺文类聚》卷一二引孔融《周武王汉高祖论》有云："武王从后稷以来，至其身相承，积五十世，俱有鱼鸟之瑞。至高祖一身修德，瑞有四：吕公望形而荐女；吕后见云知其处；白蛇分，神武哭；西入关，五星聚。又武王伐纣，斩而刺之；高祖入秦，赦子婴而遗之：是宽裕又不如高祖也。"①萧绎乃概括孔融语而言，此《金楼子》引前人语之常例。

14. 卷四《立言篇上》："往者崇华殿灾。诏问高堂隆此何灾。隆曰。殿名崇华。而为天灾所除。是天欲使节俭。勿复兴崇华之饰也。"（第163页）

《校注》云："《魏志》卷三：'明帝……三年……秋七月，洛阳崇华殿灾。'"

按：《校注》此注未当。《三国志》卷二五《高堂隆传》有云："崇华殿灾，诏问隆：'此何咎？于礼，宁有祈禳之义乎？'隆对曰：'夫灾变之发，皆所以明教诫也。惟率礼修德，可以胜之。《易传》曰："上不俭，下不节，孽火烧其室。"又曰："君高其台，天火为灾。"此人君苟饰宫室，不知百姓空竭，故天应之以旱，火从高殿起也。'"②沈约《宋书》卷三二《五行三》亦略载其事，亦源自《高堂隆传》。萧绎乃概述其事。

15. 卷四《立言篇上》："魏时刘陶语人曰。智者弄愚人。如弄一丸于掌中。"（第167页）

《校注》云："《后汉书》八七《刘陶传》：'刘陶，字子奇，一名伟，

---

① 欧阳询撰，汪绍楹校：《艺文类聚》，上海古籍出版社1982年版。
② 陈寿撰，裴松之注：《三国志》，中华书局1959年版。

颍川颍阴人也，济北贞王勃之后。陶为人居简，不修小节，所与交友，必也同志。好尚或殊，富贵不求合。情趣苟同，贫贱不易意。"

按：《校注》以后汉刘陶为"魏时刘陶"，大误。《三国志》卷一四《刘晔传》："刘晔字子扬，淮南成德人。""少子陶，亦高才而薄行，官至平原太守。"裴松之注引《傅子》曰："陶字季冶，善名称，有大辩。曹爽时为选部郎，邓飏之徒称之以为伊吕。当此之时，其人意陵青云，谓玄曰：'仲尼不圣。何以知其然？智者图国，天下群愚，如弄一丸于掌中，而不能得天下。'玄以其言大惑，不复详难也。"此即萧绎之所本。

16. 卷四《立言篇上》："萧贲忌日拜官。又经醉自道父名。有人讥此事。贲大笑。曰：不乐而已。何妨拜官。温酒之谈。聊慕言在。了无怍色。贲颇读书而无行。在家径偷祖母袁氏物。及问其故。具道其母所偷。祖母乃鞭其母。出货之所得余钱。乞问。乃沽酒供醉。本名涣。兄弟共以其憸。因呼为贲。此人非不学。然复安用此学乎。"（第168页）

《校注》云："按萧贲，字世文，正立子，梁人，性躁薄。（见《南史》五一）"

按：梁代有两萧贲：一为《校注》所云字世文者，乃梁临川王萧宏之孙、萧正立之子，见《南史》卷五一《梁宗室上》；一为字文奂者，南齐竟陵王萧子良之孙、萧昭胄之子，见《南史》卷四四《齐武帝诸子传》。《金楼子》此处所记之萧贲，"颇读书"且有"学"，正与《南史》卷四四之《萧贲本传》"幼好学，有文才"，"好著述"等合。而萧正立之子萧贲，《南史》本传无一字言其学问之事，或是不学之人。又《金楼子》所述萧贲，"祖母袁氏"。考《南齐书》卷四〇《武十七王·竟陵王子良传》有"子良妃袁氏"云云，正与之合。而梁临川王萧宏之妃江氏正为正立之母，见《南史》卷五一《梁宗室上·萧正立传》。因此可断，《金楼子》此述之萧贲乃萧昭胄之子。《校注》误。

又，"温酒之谈"亦是用事。《太平御览》卷五六二引《世说》云：

"桓玄呼人温酒，自道其父名。既而曰：'英雄正自粗疏。'"① 萧贲自道父名，正与桓玄自道其父桓温之名同类，故贲引以自解。

17. 卷四《立言篇下》："夫一妻擅夫。众妾皆乱。一臣专君。群君皆弊。其可忽哉。"（第177页）

按：《校注》失注。申不害《申子·大体》："夫一妇擅夫，众妇皆乱；一臣专君，群臣皆蔽。故妒妻不难破家也，而乱臣不难破国也。"②

18. 卷四《立言篇下》："楚人畏荀卿之出境。汉氏追匡衡之入界。是知儒道实有可尊。故皇甫嵩手握百万之众而不反。岂非儒者之贵乎。"（第179页）

《校注》："《前汉书》八一：'匡衡，字稚圭，东汉承人也。'汉氏追匡衡入界事详见《前汉书》八一《匡衡列传》。"

按："楚人畏荀卿之出境"事，见《韩诗外传》卷四第二五章，亦见《战国策·楚策四》"客说春申君曰"章③；"皇甫嵩不反"事，见《后汉书·皇甫嵩传》④。这些，《校注》皆失注。又，"楚人"云云，自有出处。《后汉书·谢该传》载孔融《上书荐谢该》有云："楚人止孙卿之去国，汉朝追匡衡余平原，尊儒贵学，惜失贤也。"《校注》似未知。

19. 卷四《立言篇下》："王怀祖之在会稽居丧。每闻角声即洒扫。为逸少之吊也。如此累年。逸少不至。及为扬州。称逸少罪。逸少于墓所自誓。不复仕焉。"（第180页）

按：《校注》引《晋书》卷八〇《王羲之传》为释，事虽不谬，但今《晋书》乃唐人所撰，学者周知其取材有不少来自《世说新语》及刘孝标注者。从释事之通例言，此事当引《世说新语》卷下《仇隙》"王

---

① 李昉等：《太平御览》，中华书局1980年版。
② 严可均辑：《全上古三代文》卷四，《全上古三代秦汉三国六朝文》，中华书局1958年版。
③ 缪文远：《战国新校注》，巴蜀书社1987年版。
④ 范晔撰，李贤等注：《后汉书》，中华书局1965年版。

右军素轻蓝田"条刘注引《中兴书》为注。①《中兴书》曰："羲之与述志尚不同,而两不相能。述为会稽,艰居郡境。王羲之后为郡,申尉而已,初不重诣,述深以为恨。丧除,征拜扬州,就征,同行郡境,而不历羲之。临发,一别而去。……述既显授,又检校会稽郡,求其得失,主者疲于课对。羲之耻慨,遂称疾去郡,墓前自誓不复仕。"王述字怀祖,羲之字逸少。

20. 卷五《志怪篇》:"神洲之上。有不死草。似菰苗。人已死。此草覆之即活。秦始皇时。大苑中多枉死者。有鸟如乌状。衔此草坠地。以之覆死人。即起坐。始皇遣问北郭鬼谷先生。云东海亶州上不死之草。生琼田中。"(第222页)

《校注》云:"《史记·秦始皇本纪》六正义引《括地志》云:亶州在东海中,秦始皇使徐福将童男女入海求仙人,止住此洲。"

按:《校注》所引未足释其事。旧题汉东方朔撰《海内十洲记》"祖洲在东海"条有云:"祖洲近在东海之中,地方五百里,去西岸七万里。上有不死之草。草形如菰苗,长三四尺,人已死三日者,以草覆之,皆当时活也。服之令人长生。昔秦始皇大苑中多枉死者横道。有鸟如乌状,衔此草覆死人面,当时起坐而自活也。有司闻,奏始皇,遣使者赍草以问北郭鬼谷先生。鬼谷先生云:此草是东海祖洲上有不死之草,生琼田中,或名为养神芝。其叶似菰苗,丛生,一株可活一人。始皇于是慨然言曰:可采得否?乃使使者徐福发童男女五百人,率摄楼船等,入海寻祖洲,遂不返。"②此即《金楼子》所本。

21. 卷五《志怪篇》:"秦王遣徐福求桑椹于碧海之中。海中止有扶桑树。长数千丈。树两根同生。更相依倚。是名扶桑。仙人食其椹。而体作金光。飞腾元宫也。"(第223页)

---

① 余嘉锡笺疏:《世说新语笺疏》,上海古籍出版社1993年版。
② 《海内十洲记》,《百子全书》本,浙江人民出版社1984年版。

按：《校注》未注所出。旧题汉东方朔撰《海内十洲记》有云："扶桑在东海之东岸。岸直，陆行登岸一万里，东复有碧海。……扶桑在碧海中，……地多林木，叶皆如桑，又有椹树，长者数千丈，大二千余围。树两两同根偶生，更相依倚，是以名为扶桑。仙人食其椹，而一体皆作金光色，飞翔空立。"知此，不仅可明《金楼子》此条之所据，且可资校勘。

22. 卷五《志怪篇》："孔子冢在鲁城北。茔中树以百数。皆异种。鲁人世世无能名者。传言孔子弟子既皆异国之人。各持其国树来种之。孔子茔中。至今不生荆棘草木。"（第229页）

按：《史记》卷四七《孔子世家》裴骃《集解》引《皇览》曰："孔子冢去城一里。……冢茔中树以百数，皆异种。鲁人世世无能名其树者。民传言：孔子弟子异国人，各持其方树来种之。其树柞、枌、雒离、安贵、五味、毚檀之树。孔子茔中不生荆棘及刺人草。"①此当是《金楼子》所据，《校注》失注。

23. 卷五《志怪篇》："东平思王冢在东平。民相传言。思王归国后。思归京师。后葬。其冢上松柏皆西靡。"（第229页）

按：《汉书》卷八〇《宣元六王·东平思王宇传》颜注引《皇览》云："东平思王冢在无盐。人传言：王在国思归京师。后葬，其冢上松柏皆西靡也。"而《太平御览》卷五六〇《冢墓》引《皇览冢墓记》曰："东平思王冢在东平，松皆西靡。"又，《文选》卷四三刘孝标《重答刘秣陵沼书》："东平之树，望咸阳而西靡。"李善注引《圣贤冢墓记》曰："东平思王冢在东平，无盐人传云：王归国，思京师。后葬，其冢上松柏西靡。"《金楼子》显有所据，《校注》失注。

24. 卷五《志怪篇》："青龙元年五月庚辰。芝产于长平之习阳。六月甲子。许昌典农中郎将充奉。以其事闻。色丹紫。质光耀。高尺八

---

① 裴骃集解，司马贞索隐，张守节正义：《史记》，中华书局1959年版。

寸。散为三十六茎。枝干似珊瑚之形。"（第 231 页）

按：《艺文类聚》卷九八缪袭《神芝赞并序》云："青龙元年五月庚辰，神芝产于长平之习阳。许昌典农中郎将蒋充奉表以闻。其色丹紫，其质光耀，其长尺有八寸五分，其本围三寸有三分，上别为三干，分为九枝，散为三十六茎，围则一寸九分，叶径二寸七分，其干委绥，洪纤连属，有似珊瑚之形。"《金楼子》所载显系节略此序而成，且"典农中郎将充奉"当是"典农中郎将蒋充奉表"讹脱所致。《校注》似未知。

25. 卷五《志怪篇》："益阳金人。以杖筑地而成井。遁水竹王。以剑击石而出水。"（第 236 页）

按：《校注》失注。《续汉书·郡国志》"长沙郡"下唐李贤注引《荆州记》："（益阳）县南十里有平冈，冈有金井数百，浅者四五尺，深者不测。俗传云：有金人以杖撞地，辄便成井。"

《华阳国志》卷四《南中志》："有竹王者，兴于遁水。……王与从人尝止大石上，命作羹，从者白无水。王以剑击石，水出，今竹王水是也，破石存焉。"①

26. 卷五《志怪篇》："石言于晋国，石立于泰山，神降于莘，蛇斗于郑。"（第 236 页）

按：《校注》于此所言四事，除"神降于莘"前已有注外，其余三事俱无注。今依次补注如下：

《左传·昭公八年》："八年春，石言于晋魏榆。晋侯问于师旷曰：'石何故言？'对曰'石不能言，或冯焉。不然，民听滥也。抑臣又闻之曰：作事不时，怨讟动于民，则有非言之物而言。今宫室崇侈，民力凋尽，怨讟并作，莫保其性，石言，不亦宜乎！'"

《汉书》卷七五《眭两夏侯京翼李传》："孝昭元凤三年正月，泰山莱芜山南匈匈有数千人声。民视之，有大石自立，高丈五尺，大四十八

---

① 任乃强校注：《华阳国志校补图注》，上海古籍出版社 1987 年版。

围，入地深八尺，三石为足。石立后，有白乌数千下集其旁。"此事亦载《汉书》卷七《昭帝纪》及《汉书》卷二七《五行志》。

《左传·庄公十四年》："初，内蛇与外蛇斗于郑南门中，内蛇死。六年而厉公入。公闻之，问于申繻曰：'犹有妖乎？'对曰：'人之所忌，其气焰以取之，妖由人兴也。人无衅焉，妖不自作。人弃常则妖兴，故有妖。'"此事亦见《汉书·五行志》。

27. 卷五《志怪篇》："龙战于夏庭。树生于殷庙。会稽城门之鼓。击之声闻洛阳。遂得号为雷门。"（第237页）

按：此处述三事，除"龙战于夏庭"事《校注》于《箴戒篇》有注外，其余两事失注。今依次补注之。

《史记·殷本纪》："帝太戊立伊陟为相。亳有祥桑穀共生于朝，一暮大拱。帝太戊惧，问伊陟。伊陟曰：'臣闻妖不胜德，帝之政其有阙欤？帝其修德。'太戊从之，而祥桑死而去。"

《太平御览》卷九一六引《临海记》云："郡西北有白鹤山，周回六十里，高三百丈，有泄水悬注，遥望如倒挂白鹤，因以为名。古老相传，云此山昔有晨飞鹤入会稽雷门鼓中，于是雷门鼓鸣，洛阳闻之。"又，《水经注》卷四〇《浙江水》下有云："（会稽城）阙北百步有雷门，门楼两层，勾践所造，时有越之旧木矣。"①

28. 卷六《杂记篇上》："有人以人物就问司马徽者，徽初不辨其高下。每辄言佳。其妇谏之曰。人以君善士。故质疑问于君。君宜论辨。使各得其所。而一者言佳。二者言佳。岂人所咨问君之意耶。徽曰。汝此言亦复佳。此所以避时也。"（第239页）

《校注》有云："《绀珠集》二：'司马徽居荆州，以刘表不明，度必有变，思退缩以自全；人每与语，但言佳，其妻责其无别。曰：'如汝所言，亦复甚佳。'终免祸。"

---

① 王国维校：《水经注校》，上海人民出版社1984年版。

按：《世说新语》卷上《言语篇》"南郡庞士元"条刘孝标注引《司马徽别传》有云："徽字德操，颍川阳翟人。有人伦鉴识。居荆州，知刘表性暗，必害善人，乃括囊不谈议时人。有以人物问徽者，初不辨其高下，每辄言佳。其妇谏曰：'人质所疑，君宜辨论，而一皆言佳，岂人所以咨君之意乎？'徽曰：'如君所言，亦复佳。'其婉约逊遁如此。"《绀珠集》乃赵宋人朱胜非摘录前人小说异闻编纂而成，《校注》所引显然出自《司马徽别传》。注《金楼子》不引《司马徽别传》而引《绀珠集》，失当。

29. 卷六《杂记篇上》："南阳刘类。好察民间。闻狗逐猪子声。谓吏杀猪。便曳五官掾。孙弼时在职。有三不肯迁也。吏题其门曰。刘府君三不肯。"（第241页）

按：《校注》失注。《三国志》卷一五《梁习传》裴松之注引《魏略·苛吏传》有云："又有高阳刘类，历位宰守，苛慝尤甚。以善修人事，不废于世。……尝案行，宿止民家。民家二狗逐猪，猪惊走，头插栅间，号呼良久。类以为外之吏擅共饮食，不复征察，便使伍百曳五官掾孙弼入，顿头责之。弼以实对，类自愧不详，因托问以他事。……旧俗，民谤官长者有三不肯，谓迁、免与死也。类在弘农，吏民患之，乃题其门曰：'刘府君有三不肯。'类虽闻之，犹不能自解。"观此可知，萧绎乃概述此节以入《金楼子》。然今本《金楼子》讹脱甚多，其文句有不可卒读者，"有三不肯迁之也"即是一例，《魏略》此节可资校补。

30. 卷六《杂记篇上》："夫结绳之约。不可治乱秦之绪。干戚之舞。不可解聊城之围。且熊经鸟伸。非谓伤寒之治。呼吸吐纳。又非续骨之膏。故知济世各有其方也。"（第241页）

按：《校注》失注。《后汉书》卷五二《崔骃传》附《崔寔传》载寔《政论》有云："故圣人能与世推移，而俗士苦不知变，以为结绳之约，可复理乱秦之绪；干戚之舞，足以解平城之围。夫熊经鸟伸，虽延历之术，非伤寒之理；呼吸吐纳，虽度纪之道，非续骨之膏。盖为国之道，有似理身，平则致养，疾则攻焉。夫刑罚者，治乱之药石也；德教者，兴平之粱肉也。夫以德教除残，是以粱肉理疾也；以刑罚理平，是以药石供养也。"萧绎据此而正面述之。

31. 卷六《杂记篇上》："夏侯章为孟尝君所礼。驾驷马。有百人之食。而章见人必毁孟尝君。有人问其故。答曰。臣无功于孟尝君。不尔。则无见君之长也。"（第244页）

按：《校注》失注。《战国策》卷一〇《齐策三》："孟尝君奉夏侯章以四马百人之食，遇之甚欢。夏侯章每言未尝不毁孟尝君也。或以告孟尝君，孟尝君曰：'文有以事夏侯公矣，勿言。'董之繁菁以问夏侯公，夏侯公曰：'孟尝君重非诸侯也，而奉我四马百人之食，我无分寸之功而得此，然吾毁之以为之也。君所以得为长者，以吾毁之者也。吾以身为孟尝君，岂得持言也。'"萧绎实本此而概略言之。

32. 卷六《杂记篇上》："庐陵威王之蓄内也。千门相似。万户如一。斋时悉施木天。以蔽光景。春花秋月之时。暗如深夜。撤烛。内人有不识晦明者。动经一纪焉。所以然者。正以桑中之契。奔则难禁。柳园之下。空床多怨。所以严其制而峻其网。家人譬之廷尉。门内同于苦庐。虽制控坚严。而金玉满堂。土木缇厲。不可胜云。及凶寇济江。而冯陵京邑。王之邸第。迩于路左。重门自启。无复击柝之声。春服初成。遂等阕氏之饰。黄金满匮。前属九虎。白璧千双。后输六部。向之所闭。今之所开。向之所聚。今之所散。屏去三惑。可不戒乎。"（第251页）

《校注》有云："按刘义真永初元年封庐陵王。（见宋书六一）。"

按：考《宋书》卷六一《武三王·庐陵孝献王义真传》，刘义真谥号孝献，宋景平二年（424）被杀，年十八。本传亦无蓄内奢靡之记载。《校注》显误。实则此庐陵王乃萧绎之异母兄萧续。《梁书》卷二九《高祖三王·庐陵王续传》载，续天监八年（509）封庐陵王，中大同二年（547）薨，谥曰威。故称"庐陵威王"。萧绎与萧续早有嫌隙。《南史》卷五三《梁武帝诸子传》萧续本传载："始元帝母阮修容得幸，由丁贵嫔之力，故元帝与简文相得，而与庐陵王少相狎，长相谤。元帝之临荆州，有宫人李桃儿者，以才慧得进。及还，以李氏行。时行宫户禁重，续具状以闻。元帝泣对使诉于简文，简文和之得止。元帝犹惧，送李氏还荆州，世所谓西归内人者。自是二王书问不通。及续薨，元帝时为江州，闻问，入阁而跃，屡为之破。"而萧续亦"耽色爱财，极意收敛，仓储库藏盈溢"。明白了这些，深怀忌刻之心的萧绎在《金楼子》中记"庐陵威王之蓄内"云云，就是很自然的事了。

33. 卷六《杂记篇上》："参丝之绞以弦琴。缓张则挠。急张则绝。"（第252页）

按：《校注》失注。《太平御览》卷八一四引蔡邕《广连珠》："参丝之绞以弦琴，缓张则挠，急张则绝。"又见清严可均辑《全后汉文》卷七四蔡邕文。①

34. 卷六《杂记篇下》："魏绛请施舍积粟。自公以下。有积者尽出之。国无滞粟。亦无困人。公无禁利。又无贪民。行之期年。国乃有节。"（第254页）

《校注》云："魏绛，春秋晋人，魏悼子之子。（见《史记》四四魏世家）"

按：《校注》仅释其人，未知其事。《左传·襄公九年》云："晋侯归，谋所以息民。魏绛请施舍，输积聚以贷。自公以下，苟有积者，尽出之。国无滞积，亦无困人；公无禁利，亦无贪民。祈以币更，宾以特牲，器用不作，车服从给。行之期年，国乃有节。三驾而楚不能与争。"此即《金楼子》所述之蓝本。

35. 卷六《自序篇》："石季伦笃好林薮。有别庐在河南界金谷涧中。涧中又有水碓土窑。"（第265页）

---

① 严可均辑：《全后汉文》卷七四，《全上古三代秦汉三国六朝文》，中华书局1958年版。

按：《校注》失注。《文选》卷四五石季伦《思归引序》有云："余少有大志，……晚节更乐放逸，笃好林薮，遂肥遁于河阳别业。"又，《世说新语》卷中《品藻篇》刘孝标注引石崇（字季伦）《金谷诗叙》曰："……有别庐在河南界金谷涧中，或高或下，有清泉茂林，众果竹柏，药草之属，莫不毕备。又有水碓、鱼池、土窟，其为娱目欢心之物备矣。"萧绎盖据此概略以入《金楼子》。

（原载《黄冈师范学院学报》2009年第5期）

《金楼子》补笺

梁元帝萧绎一生沉酣文史,博极群书。其所撰《金楼子》,杂采子史,抄纂陈言,甚为驳杂;其引事引语,往往与己意混陈,而不标明所自。这些都为后人解读《金楼子》带来不少困难。加之此书大约明代中期以后已经散佚,今存六卷本乃清代乾隆年间四库馆臣自《永乐大典》中掇拾而成,奇零断续,衍脱讹误,因而令人有难以卒读之叹。

对此书文本之校勘,自清代以来,已有不少人做了有益的工作,但笺注此六卷《金楼子》则是差不多两个世纪以后的事。20世纪60年代,台湾学者许德平《金楼子校注》出版。① 此书草创之功,自不可没,但笺注或缺或误,问题不少。时隔40年,许逸民先生《金楼子校笺》问世。② 其书洋洋一百一十余万言,笺证颇为翔实,果然后出转精。但智者千虑,难免一失。笔者研习南朝文史多年,近日得读此书,发现其笺证方面可商可补者仍不少。限于篇幅,今仅补笺15则,供许先生和读者参考。

1. 卷二《后妃篇》"梁宣修容"条:"遥光非王氏不被礼遇,每因晒戏之际,同类多侮慢王氏,修容每尽礼谨肃,王氏恒酾酒酹地曰:'将使自天祐之,吉无不利。'东昏之世,就遥光求金,既而献之,乃从容

----

① 许德平:《金楼子校注》,台湾嘉新水泥公司文化基金会研究论文第103种,1969年。

② 萧绎著,许逸民校笺:《金楼子校笺》,中华书局2011年版。按:以下省称《校笺》。本文所引《金楼子》悉依《校笺》本,且标明页码。《校笺》之标点校勘虽有可商,若其无关于本文,则不加辨析,而仍其旧。

谏曰：'盗憎主人，民恶其上。生于乱世，将使贵人能贪无厌之求，不如早而勿与。'"（第380页）

今按：《易·大有》："上九，自天祐之，吉无不利。"① 同书《系辞上》："《易》曰：'自天祐之，吉无不利。'子曰：'祐，助也。天之所助者，顺也；人之所助者，信也。履信思乎顺，又以尚贤也，是以"自天祐之，吉无不利"。'"又，同书《系辞下》："《易》穷则变，变则通，通则久，是以'自天祐之，吉无不利'。"此即"自天祐之，吉无不利"之所从出。《左传·成公十五年》："初，伯宗每朝，其妻必戒之曰：'盗憎主人，民恶其上。'子好直言，必及于难。"② 是"盗憎主人，民恶其上"盖春秋时俗谚，《校笺》失笺。

2. 卷二《后妃篇》"梁宣修容"条："每语绎曰：'吾垂白之年，虽亲所闻见，然而"德不孤，必有邻"，且妒妇不惮破家，况复甚于此者也。'"（第382页）

今按：《校笺》于"德不孤，必有邻"，引《论语·里仁》以笺③，是，而不知"妒妇不惮破家"亦有出处。《焦氏易林》卷二《观》之《随》："马蹄破车，恶妇破家，青蝇污白，恭子离居。"又，《大过》之《大有》："马蹄车伤，长舌破家。"④《意林》卷二引《申子》："妒妻不难破家。"⑤

3. 卷二《后妃篇》"梁宣修容"条："大同九年太岁癸亥六月二日庚申，薨于江州之内寝，……卜远有期，诏曰：'能施盛德曰宣。可谥宣。'"（第383页）

今按：古者，将葬请谥。《太平御览》卷五六二《礼仪部》引《释

---

① 朱熹：《周易本义》，中国书店1987年版。
② 杨伯峻：《春秋左传注》，中华书局1981年版。
③ 萧绎著，许逸民校笺：《金楼子校笺》，第418页，注113。
④ 焦延寿：《焦氏易林》，《丛书集成初编》本，中华书局1985年版。
⑤ 马总编：《意林》，《道藏要籍选刊》本，上海古籍出版社1986年版。

名》曰:"古者诸侯薨时,天子论行以赐谥。"①《礼记·檀弓下》:"公叔文子卒,其子戍请谥于君,曰:'日月有时,将葬矣,请所以易其名者。'"②梁代亦依此制。《梁书》卷三五《萧子恪传》附《子显传》:"及葬请谥,手诏:'恃才傲物,宜谥曰骄。'"③同书卷二三《太祖五王·安成康王秀传》附《萧机传》:"及将葬,有司请谥。高祖诏曰:'王好内怠政,可谥曰炀。'"并是其例。萧绎所云"卜远"者,即卜下葬之日。《礼记·曲礼上》:"凡卜筮日,旬之外曰'远某日',旬之内曰'近某日'。丧事先远日,吉事先近日。"《校笺》失笺。

4. 卷二《戒子篇》"子夏曰"条:"子夏曰:'与人以实,虽疏必密;与人以虚,虽戚必疏。'"(第496页)

今按:"子夏曰"云云,出《韩诗外传》。其书卷九《子夏过曾子章》有云:"子夏曰:'谨身事一言,愈于终身之诵,而事一士,愈于治万民之功。夫知人者不可以不知,何也?吾尝蓻焉吾田,期岁不收。士莫不然,何况于人乎?与人以实,虽疏必密;与人以虚,虽戚必疏。夫实之与实,如胶如漆;虚之与虚,如薄冰之见昼日,君子可不留意哉!'"④《校笺》失笺。

5. 卷二《戒子篇》"处广厦之下"条:"处广厦之下,细旃之上,明师居前,劝诵在后,岂与夫驰骋原兽同日而语哉?凡读书必以《五经》为本,所谓非圣人之书勿读。"(第499页)

今按:《汉书》卷七二《王吉传》载:"吉上疏谏曰:'夫广夏之下,细旃之上,明师居前,劝诵在后,上论唐虞之世,下及殷周之盛,考仁圣之风,习治国之道,訢訢焉发愤忘食,日新厥德,其乐岂徒衔橛之

----

① 李昉等编:《太平御览》,中华书局1960年版。
② 陈澔:《礼记集说》,上海古籍出版社1987年版。
③ 姚思廉:《梁书》,中华书局1973年版。
④ 韩婴撰,许维遹校释:《韩诗外传集释》,中华书局1980年版。

间哉！'"唐颜师古注："广夏，大屋也；庌，与'廈'同。"① 又，杨雄《法言》卷二《吾子》："观书者譬犹观山及水，升东岳而知众山之逦迤也，况介丘乎？浮沧海而知江河之恶沱也，况枯泽乎？舍舟航而济乎渎者，末矣；舍《五经》而济乎道者，末矣。"②《汉书》卷八七《杨雄传》："（雄）自有大度，非圣哲之书不好也。"观以上所引，则知萧绎此段之所据。《校笺》失笺。

6. 卷三《说蕃篇》"刘睦少好学"条："能属文，作《春秋旨义》、《终始论》及赋颂数十篇。又善史书，当时以为楷则。"（第624页）

今按：《校笺》云："善史书：'善'，原作'喜'，今据《太平御览》卷五九五引《金楼子》、《后汉书·宗室四王三侯·北海靖王兴传》附睦传改。"③ "史书"何指？《校笺》无注。《汉书》卷九《元帝纪》赞曰："元帝多材艺，善史书。"颜师古注引应劭曰："周宣王太史史籀所作大篆。"是此"史书"者非一般意义上之历史书，实乃史籀所创书体大篆。

7. 卷四《立言篇上》"裴几原问曰"条："吾尝欲棱威瀚海，绝幕居延，出万死而不顾，必令威振诸夏。然后度聊城而长望，向阳关而凯入，尽忠尽力，以报国家。此吾之上愿焉。次则清浊一壶，弹琴一曲，有志不遂，命也如何。脱略刑名，萧散怀抱，而未能为也。但性过抑扬，恒欲权衡称物，所以隆暑不辞热，凝冬不惮寒，著《鸿烈》者，盖为此也。"（第810—811页）

今按：此段乃萧绎自述其生平之志愿及所以著《鸿烈》之故。自"吾尝欲"云云至"弹琴一曲"述其上愿及次愿。④ "有志不遂，命也如何"，乃叹上愿之不能遂；"脱略刑名，萧散怀抱，而未能为也"，乃言次愿之不能为。故有下"著《鸿烈》"之举。明乎此，则知"清浊一壶，

---

① 班固撰，颜师古注：《汉书》，中华书局1962年版。
② 扬雄撰，汪荣宝义疏：《法言义疏》，中华书局1987年版。
③ 萧绎著，许逸民校笺：《金楼子校笺》，第627页，注15。
④ 按："弹琴一曲"后之逗号当改为句号。

弹琴一曲"乃写"脱略刑名，萧散怀抱"之隐逸生活，且必有出典。《文选》卷四三嵇叔夜《与山巨源绝交书》有云："今但愿守陋巷，教养子孙，时与亲旧叙阔，陈说平生，浊酒一盅，弹琴一曲，志愿毕矣。"①《校笺》于"清浊一壶，弹琴一曲"仅出校云："'浊'库本作'酒'。"②失笺。又，《校笺》笺"命也如何"，引《文选·李少卿与苏武书》"子归受荣，我留受辱，命也如何"③，似不如引下两事为当：《艺文类聚》卷七五引《三辅决录》："赵岐初名嘉，年三十余，有重疾，卧蓐七年，自虑奄忽，乃为遗令，敕兄子：'可立一员石于吾墓前，刻之曰："汉有逸民，姓赵名嘉，有志无时，命也奈何！"'"④《晋书·庾亮传》附《庾冰传》：冰临卒，谓长史曰："吾将逝矣，恨报国之志不展，命也如何！"⑤不知许先生以为如何？

8. 卷四《立言篇上》"世人有才学不胜朋友"条："性颇尚仁，每宏解网。重囚将死，或许伉俪自看；城楼夜寒，必绨袍之赐，狴牢并遣，犴圄空虚。"（第872页）

今按：观此段文意，知"重囚将死，或许伉俪自看"当是萧绎用事以自表其"性颇尚仁"的。其出典何在？《校笺》失笺。《太平御览》卷六四三引《东观汉记》："鲍昱为沘阳长，县人赵坚杀人系狱，其父母诣昱，自言年七十余，惟有一子，适新娶，今系狱当死，长无种类，涕泣求哀。昱怜其言，令将妻入狱，解械止宿，遂任身有子。"⑥是萧绎盖以鲍昱自比。

9. 卷四《立言篇上》"曾子曰"条："曾子曰：'昔楚人掩口而言，

---

① 萧统撰，李善注：《文选》，中华书局1977年版。
② 萧绎著，许逸民校笺：《金楼子校笺》，第819页，注23。
③ 萧绎著，许逸民校笺：《金楼子校笺》，第820页，注24。
④ 欧阳询撰，汪绍楹校：《艺文类聚》，上海古籍出版社1999年版。
⑤ 房玄龄等：《晋书》，中华书局1974年版。
⑥ 李昉等编：《太平御览》，中华书局1960年版。

欲以说王。王以为慢，遂加之诛。'"（第879页）

今按：曾子，即曾参。然其曰"昔楚人"云云，今存文献无载。《韩非子·内储说下·六微》有云："荆王所爱妾有郑袖者，荆王新得美女，郑袖因教之曰：'王甚喜人之掩口也，为近王，必掩口。'美女入见，近王，因掩口。王问其故，郑袖曰：'此固言恶王之臭。'及王与郑袖、美女三人坐，袖因先诫御者曰：'王适有言，必亟听从。'王言美女前，近王甚，数掩口。王悖然曰：'劓之！'御因揄刀而劓美人。"①萧绎"曾子曰"云云，盖本此。如此，则"曾子"当是"韩子"，或萧绎误记。《校笺》仅释"曾子"及"慢"字②，而于"曾子"所言事失笺。

10. 卷四《立言篇下》"楚人畏荀卿之出境"条："楚人畏荀卿之出境，汉氏追匡衡之入界，是知儒道实有可尊。"（第922页）

今按：《校笺》仅单释"楚人""汉氏"两句各自之出典③，固是，然此段实有来源。《后汉书》卷七九下《儒林·谢该传》载孔融上书荐谢该，有云："楚人止孙卿之去国，汉朝追匡衡于平原，尊儒贵学，惜失贤也。"④《校笺》失笺。

11. 卷五《著书篇》"夫安亲扬名"条："夫安亲扬名，陈乎三德；立身行道，备乎六行。孝无优劣，能使甘泉自涌，邻火不焚。地出兼金，天降神女。腾麈自襞，啸虎还仁。陈拿黄雀之祥，禽兼赤石之瑞。孟仁之笋出林，中华之梓生屋。感通之至，良有可称。"（第1033页）

今按："中华之梓生屋"亦当与"甘泉自涌"等同类，为孝亲感应故事。《太平御览》卷五一一引《东观汉记》有云："应慎字仲华，为东平相。事后母至孝，精诚感应，梓树生厅前屋上，徙置府庭，繁茂长

---

① 韩非撰，陈奇猷集释：《韩非子集释》，中华书局1958年版。
② 萧绎著，许逸民校笺：《金楼子校笺》，第879页，注1、2。
③ 萧绎著，许逸民校笺：《金楼子校笺》，第922—923页，注1、2。
④ 范晔撰，李贤注：《后汉书》，中华书局1965年版。

大。"中，通"仲"。《集韵·送韵》："仲，或省。"① 《说文解字》第八篇上《人部》："仲，中也。"段玉裁注："古中、仲二字互通。"② 中华，即仲华，应仲华也。《校笺》失笺。

又，《校笺》笺"甘泉自涌"，引《太平御览》卷四一一引《东观汉记》："姜诗字士游，广汉雒人。遭值年荒，与妇傭作养母。贼经其里，束兵安步，云'不可惊孝子'。母好饮江水，儿常取水溺死。夫妇痛，恐母知，诈云行学，岁作衣投于江中，俄而涌泉，出于舍侧，味如江水，并且出鲤鱼一双。"又引《后汉书·列女传》"广汉姜诗妻"事，与《东观汉记》略同，末亦仅云："舍侧忽有泉涌，味如江水，每旦辄出双鲤鱼，常以供二母之膳。"文长不录。③ 此虽亦孝亲感应事，但所云"舍侧泉涌，味如江水"，无所谓"甘泉"。晋王嘉《拾遗记》卷六有云："曹曾，鲁人也，本名平，慕曾参之行，改名为曾。家财巨亿，事亲尽礼，日用三牲之养，一味不亏于是。不先亲而食新味也。为客于人家，得新味则含怀而归。不畜鸡犬，言喧嚣惊动于亲老。时亢旱，井池皆竭。母思甘清之水，曾跪而操瓶，则甘泉自涌，清美于常。"④ 显然，萧绎所云"甘泉自涌"事出此。今补正。

另，"禽兼赤石之瑞"，兼，疑为"坚"之误。《华阳国志》卷一〇《先贤士女总赞论》："孟由至孝，遐叶晞风。禽坚，字孟由，成都人也。父信，为县使越嶲，为夷所得，传卖历十一种。去时坚方妊六月。生母更嫁。坚壮，乃知父湮没，鬻力佣赁，得碧珠以求父。一至南中，三出徼外，周旋万里，经时六年四月，突瘴毒狼虎，乃至夷中得父。父相见悲感，夷徼哀之。即将父归，迎母致养。州郡嘉其孝，召功曹，辟

---

① 丁度：《宋刻集韵》，中华书局2005年版。
② 许慎撰，段玉裁注：《说文解字段注》，成都古籍书店1981年版。
③ 萧绎著，许逸民校笺：《金楼子校笺》，第1034—1035页，注4。
④ 王嘉：《拾遗记》，中华书局1981年版。

从事，列上东观。太守王商追赠孝廉，令李苾为立碑铭，迄今祠之。"①禽坚得碧珠以求父事，当即萧绎所云"禽兼赤石之瑞"事，"碧珠"作"赤石"者，或萧绎记忆有误。

12. 卷五《著书篇》"《全德志序》"条："若乃何宗九策，事等神钩；阳雍双璧，理归玄感。"（第1070页）

今按：《搜神记》卷九："京兆长安有张氏，独处一室，有鸠自外入，止于床。张氏祝曰：'鸠来！为我祸也，飞上承尘；为我福也，即入我怀。'鸠遂入怀。以手探之，则不知鸠之所在，而得一金钩，遂宝之。自是子孙渐富，资财万倍。蜀贾至长安，闻之，乃厚赂婢，婢窃钩与贾。张氏既失钩，渐渐衰耗。而蜀贾亦数罹穷厄，不为己利。或告之曰：'天命也，不可力求。'于是赍钩以反张氏，张氏复昌。故关西称'张氏传钩'云。"②"何"各本《金楼子》作"河"，《校笺》校改为"何"，引《三国志·蜀书·先主传》何宗等上言图符瑞谶以劝进刘备事，释"何宗九策"③，或是。如此，则"何宗九策，事等神钩"者，意谓帝王之有天下亦如人生之富贵，乃天命所定，不可力求也。《校笺》于"何宗九策"有笺，而置"神钩"于不顾，今补。

13. 卷五《著书篇》"《全德志序》"条："人生行乐，止足为先。但使樽酒不空，坐客恒满，宁与孟尝问琴，承睫泪下，中山听息，悲不自禁，同年而语也？"（第1070页）

今按：《三国志》卷一二《崔琰传》裴松之注引张璠《汉纪》有云："（孔融）虽居家失势，而宾客日满其门，爱才乐酒，常叹曰：'坐上客常满，樽中酒不空，吾无忧矣。'"④《后汉书》卷七〇《孔融传》略同。

---

① 常璩著，任乃强校注：《华阳国志校补图注》，上海古籍出版社1987年版，第537页。
② 干宝撰，汪绍楹校注：《搜神记》，中华书局1979年版。
③ 萧绎著，许逸民校笺：《金楼子校笺》，第1073—1074页，注10。
④ 陈寿撰，裴松之注：《三国志》，中华书局1962年版。

此萧绎本条"樽酒不空,坐客恒满"之所从出。《校笺》失笺。

14. 卷五《著书篇》"《怀旧志序》"条:"中年承乏,摄牧神州。戚里英贤,南冠髦俊。荫真长之弱柳,观茂宏之舞鹤。清酒继进,甘果徐行。长安郡公,为其延誉;扶风长者,刷其羽毛。"(第1083页)

《校笺》:"长安郡公:未详。'郡',《集成》本作'群'。"①

今按:本条此段,乃萧绎自述其"摄牧神州"时在京师建康与亲朋显贵,文酒赏会,才学增进之事,"长安郡公"之"郡公",沈氏钞本、《丛书集成》本、《百子全书》本、龙溪精舍本皆作"群公"。②"长安群公,为其延誉"乃用汉末王粲事。《三国志》卷二一《魏书·王粲传》:"献帝西迁,粲徙长安,左中郎将蔡邕见而奇之。时邕才学显著,贵重朝廷,常车骑填巷,宾客盈坐。闻粲在门,倒屣迎之。粲至,年既幼弱,容状短小,一坐尽惊。邕曰:'此王公孙也,有异才,吾不如也。吾家书籍文章,尽当与之。'"

另,"扶风长者,刷其羽毛",乃用后汉郑玄从学马融事。马融,扶风茂陵人,《后汉书》卷三五《郑玄传》载:"(玄)乃西入关,因涿郡卢植,事扶风马融。融门徒四百余人,升堂进者五十余生。融素骄贵,玄在门下,三年不得见,乃使高业弟子传授于玄。玄日夜寻诵,未尝怠倦。会融集诸生考论图纬,闻玄善算,乃召见于楼上,玄因从质诸疑义,问毕辞归。融喟然谓门人曰:'郑生今去,吾道东矣!'""扶风长者"指马融。"刷"、"羽毛"比喻培养教育。"长安群公"、"扶风长者"两句,实是萧绎以王粲、郑玄自况,表明自己在"摄牧神州"期间在才学声誉方面得到的提高和褒扬。怀旧之情溢于言表,故有下文"陈怀旧

---

① 萧绎著,许逸民校笺:《金楼子校笺》,第1088页,注14。
② 沈氏钞本即上海图书馆藏沈德寿钞本;《丛书集成》本指中华书局影印《丛书集成初编》第594册《金楼子》;《百子全书》本指浙江古籍出版社影印扫叶山房本《百子全书·金楼子》;龙溪精舍本指四川人民出版社影印《诸子集成补编》第10册龙溪精舍本《金楼子》。

焉"，即有《怀旧志》之撰述。

《校笺》云："扶风长者：谓窦武。《后汉书·窦武传》：'窦武字游平，扶风平陵人，安丰戴侯融之玄孙也。父奉，定襄太守。武少以经行著称，常教授于大泽中，不交时事，名显关西。'按，《文苑英华》卷九四八庾信《周大将军闻嘉公柳遐墓志》：'君器宇祥正，风鉴弘敏，澡身浴德，游艺依仁，汝南令望，扶风长者。'"①虽然如《校笺》所引证，窦武可以称之为"扶风长者"，但用于萧绎"扶风长者，刷其羽毛"句却难圆通。若此句"扶风长者"指窦武，那么"刷其羽毛"之"其"何指？既然"其"字所指不明，则萧绎自况之意如何体现？其实，"长者"一词，周秦以下用例甚多②，言"扶风长者"非必只能指窦武，而不能指马融。再说庾信此墓志明言柳遐"天和某年，归窆于襄阳白沙之旧茔"③，天和乃北周武帝宇文邕年号（566—571），而萧绎死于承圣三年（554）④，是庾信以"扶风长者"称窦武，至少是在萧绎已死十数年以后。其以"扶风长者"称窦武，与萧绎似无关，尤其不影响萧绎以"扶风长者"称马融。这应是毋庸置疑的。

15. 卷五《著书篇》"《职贡图序》"条："臣以不佞，推毂上游。夷歌成章，胡人遥集，款开蹶角，沿泝荆门，瞻其容貌，诉其风俗。"（第1092页）

今按：《文选》卷四左太冲《蜀都赋》："于西则右挟岷山，涌渎发川，陪以白狼，夷歌成章。"刘逵注："白狼夷在汉寿西界，汉明帝时，作诗三章以颂汉德，益州刺史朱辅驿传其诗奏之。"《后汉书》卷八六《西南夷传》："永平中，……在州数岁，宣示汉德，威怀远夷。自汶山以西，前世所不至，正朔所未加，白狼、槃木、唐菆等百余国，户

---

① 萧绎著，许逸民校笺：《金楼子校笺》，第1088页，注16。
② 《辞源》（缩印本）"长者"条，商务印书馆1988年版，第1755页。
③ 庾信撰，倪璠注，许逸民点校：《庾子山集注》，中华书局1980年版，第995页。
④ 姚思廉：《梁书》卷五《元帝纪》，第135页。

百三十余万，口六百万以上，举种贡奉，称为臣仆。辅上疏曰：'臣闻《诗》云："彼徂者岐，有夷之行。"传曰："岐道虽僻，而人不远。"诗人诵咏，以为符验。今白狼王唐菆等慕化归义，作诗三章。路经邛来大山零高坂，峭危峻险，百倍岐道。襁负老幼，若归慈母。远夷之语，辞意难正。草木异种，鸟兽殊类。有犍为郡掾田恭与之习狎，颇晓其言，臣辄令讯其风俗，译其辞语。今遣从事史李陵与恭护送诣阙，并上其乐诗。昔在圣帝，舞四夷之乐，今之所上，庶备其一。'帝嘉之，事下史官，录其歌焉。"此正"夷歌成章"之所从出。《校笺》失笺。

又，《文选》卷一一王文考《鲁灵光殿赋》："胡人遥集于上楹，俨雅跽而相对。仡欺䫡以雕䁈，鶹颥颢而睒睗，状若悲愁于危处，憯嚬蹙而含悴。"张载注："皆胡夷之画形也。人尊于鸟兽，故著于上楹。"此"胡人遥集"之所从出。《校笺》似亦未知。

（原载《黄冈师范学院学报》2013年第1期）

《金楼子校笺》标点举误

梁元帝萧绎所撰《金楼子》十卷，大约明代即已散佚。今存六卷本乃清乾隆年间四库馆臣从《永乐大典》中掇拾而成，奇零断续，衍脱讹误，自然难免，以至令人有难以卒读之叹。对六卷本之校勘，四库馆臣辑录时即偶有校勘文字夹注于文本中。此后，朱文藻、吴骞等续有校记。[①] 当代学者许德平、钟仕伦、刘洪波等亦有校勘文字面世。[②] 至许逸民先生《金楼子校笺》问世，洋洋百十余万言，校勘文字，笺注文本，翔实精审，后出转精。[③] 然而萧绎博览群书，所撰《金楼子》之内容又极为驳杂。加之辑本本身之种种问题，要校笺《金楼子》而做到没有遗憾诚非易事。近日得读许先生大著，依然发现不少问题。今仅就其标点与校勘中窃以为误者，举10例，以资商榷云。

1. 卷一《兴王篇》"梁高祖武皇帝"条："太尉王俭，齐国阿衡，钦上风雅，请为户曹。属司徒竟陵王齐室骠骑，招纳士林，待上宾友之礼。"（第207页）

今按："请为户曹。属……"，"属"当连上读，"户曹属"为一官

[①] 鲍廷博辑刻：《知不足斋丛书》第九册《金楼子》，有仁和朱文藻附订25条，海宁吴骞附订4条。又，国家图书馆藏吴骞、鲍廷博《金楼子》校勘记稿本两种：一题"《金楼子》附校六卷，清吴骞撰，（清鲍廷博校补）稿本一册"；一题"《金楼子》附校六卷，存五：一、三至六，清吴骞撰，稿本一册"。今按：本文引用，简称朱校、吴校。

[②] 许德平：《金楼子校注》，台湾嘉新水泥公司文化基金会，1969年。钟仕伦：《〈金楼子〉研究》，中华书局2004年版。刘洪波：《〈金楼子·兴王〉校读札记》，《古籍整理研究学刊》2008年第2期。

[③] 萧绎著，许逸民校笺：《金楼子校笺》，中华书局2011年版。

职。《梁书·王暕传》:"高祖霸府开,引为户曹属,迁司徒左长史。"同书《萧子范传》:"出为建安太守,还除大司马南平王户曹属,从事中郎。"《隋书·艺术·韦鼎传》:"侯景平,司徒王僧辩以为户曹属,历太尉掾、大司马从事、中书侍郎。"并其证。《南齐书·百官志》于"诸开府仪同三司,骠骑将军,车骑将军,卫将军,镇军将军"等以下有云:"开府仪同如公。凡公督府置佐:……其府佐史则从事中郎二人,仓曹掾,户曹属,东西阁祭酒各一人,主簿舍人御属二人。加崇者,则左右长史四人,中郎、掾、属并增数。其未及开府,则置府亦有佐史,其数有减。"是"户曹属"乃公督府佐史之一。但如骠骑将军、车骑将军、卫将军、镇军将军等"虽未及开府,则置府亦有佐史",只不过员数有减而已。考《南齐书·王俭传》,齐高帝崩,遗诏以俭为侍中、尚书令、镇军将军。齐武帝永明元年,进号卫将军,五年即本号开府仪同三司,固让。六年,重申前命。七年薨。王俭永明六年前虽非开府仪同三司,但其先后为镇军将军、卫将军,亦置府。自然有佐史"户曹属"。《梁书·武帝纪》:"起家巴陵王南中郎法曹行参军,迁卫将军王俭东阁祭酒。"《南史·梁本纪上》更载:"初为卫军王俭东阁祭酒,俭一见深相器异,请为户曹属。谓庐江何宪曰:'此萧郎三十内当作侍中,出此则贵不可言。'"这足证卫将军是置府的,且其佐史有"东阁祭酒""户曹属"。

许先生之所以致误,可能是对"户曹属"一职缺乏了解,其《校笺》有云:"'户曹',即司户参军。《通志·职官略》卷六《总论郡佐》:'司户参军。汉魏以下有户曹掾,主民户,北齐以下,与功曹同。'"殊不知司户参军乃隋初改户曹参军为之,且《通志》明云"郡佐",王俭由宋入齐,未曾为地方官,何来属官司户参军?再说本条上句"太尉王俭"云云,与此句"司徒竟陵王"云云,及下句"范云"云云,皆是主语开头,若"司徒"前连一"属"字,亦有碍文理。

2. 卷一《兴王篇》"梁高祖武皇帝"条:"始齐高在府,梦著屐上太极殿，三人从，一人齐武，一人齐明，一人张天地图而不识，意言是太祖子弟。及践阼，尝与太祖密谋，谓太祖曰：'我辛苦得天下，而祚不传孙。我死，龙子当得。龙子死，当属阿度。此后当还卿，子孙遂至大霸。'"（第209页）

今按：此段中，"太祖"指梁武帝萧衍之父萧顺之。梁武即位，追尊为文皇帝，庙号太祖，见《梁书·武帝纪》。顺之卒于齐永明十年，《金楼子》本条上文"永明十年，太祖登遐"可证。而龙子乃齐武帝小名，阿度为齐明帝小名，分见《南齐书·武帝纪》和《明帝纪》。萧绎此段，毫无疑问是要证明梁武帝得天下乃天命所归，在齐高帝践阼时早已命定了。齐高帝对太祖称"卿"，此"卿"当然只能是"太祖"萧顺之。如《校笺》所断句，"此后当还卿"，则萧顺之当登阼，而顺之于齐武帝永明十年即去世，这岂不表明齐高之语不灵验，萧绎记此语岂不与其用心相矛盾？倘若将"卿"后之逗号移至"子孙"下，则问题也就迎刃而解了。从史实角度讲，齐亡，萧衍及其子萧纲、萧绎先后为皇帝，正是萧顺之之子孙；从本条文理的角度看，"还卿子孙"也正与上文"意言是太祖子弟"相呼应。看来，不是萧绎为文自相矛盾，而是《校笺》断句有误。

3. 卷一《兴王篇》"梁高祖武皇帝"条："后上骑一匹，因化成龙，遂飞上天。此幽赞神明，吉之先见。及受终，太祖允恭宝历。台城内起至敬殿，庶羞百品若殿荐焉。"（第209页）

今按：《校笺》此段断句亦有误。"受终"后之逗号当移至"太祖"后。本文上条已明"太祖"萧顺之于齐永明十年已去世，何来"允恭宝历"？读者不难看出，本段几句之主语都是"上"，即梁武帝萧衍。"受终"者是他，"台城内起至敬殿"者亦是他。"受终太祖"何意？客观地说，萧衍并不是从萧顺之手里继承帝位的，"受终太祖"似乎有些说不通。不过，这种话乃表面文章，文饰之词而已，是认不得真的。当然，"太祖"亦可能是"文祖"之讹。《尚书·舜典》"正月上日，受终于文祖。"孔颖达疏："受终者，尧为天子，于此事终而授与舜，故知终谓尧终帝位之事，终言尧终舜始也。"《梁书·武帝纪上》载萧衍登祚前，齐之策文有云："於戏！王允执其中，式遵前典，以副昊天之望。禋上帝而临亿兆，格文祖而膺大业，以传无疆之祚，岂不盛欤！"是说希望梁王萧衍"格文祖"而登帝位。又载玺书有曰："我高皇所以格文祖而抚归运，畏上天而恭宝历者也。"亦不过说齐高帝萧道成"格文祖"而登祚。此条"受终太祖"或"受终文祖"不过是萧衍登祚称帝之代称而已。

4. 卷一《箴戒篇》"齐郁林王既嗣位"条："齐郁林王既嗣位，恒在内与宦官及官人戏，以玉为堕，公以金掷之。"（第344页）

今按："公以金掷之"，"公"何义？公，有"公然""共同"义，然用于此处均不合。齐郁林王萧昭业，据《南史·齐本纪》载，乃一狂悖无赖之人。其即位不久，"多往文帝崇安陵隧中，与群小共作诸鄙亵掷途赌跳、放鹰走狗杂狡狯"。"其在内常裸袒，著红紫锦绣新衣、锦帽、红縠袴，杂采袒服，好斗鸡。……与文帝幸姬霍氏淫通，改姓徐氏。"此种人行事无所谓"公然"不"公然"。而以金掷堕之事，当是一人一掷，非必"共同"。故"公"当属上读。玉而称"堕公"者，拟人也。如此，则清楚明白。

5. 卷二《戒子篇》"向朗遗言戒子"条："向朗遗言戒子曰：'贫非人患，以和为贵。汝其勉之，以为深戒。酒酌之设，可乐而不可嗜；声乐之会，可简而不可违。淫华怪饰，奇服丽食，慎毋为也。'"（第494页）

今按：《三国志·向朗传》裴松之注引《襄阳记》："向朗遗言戒子曰：'《传》称师克在和不在众，此言天地和则万物生，君臣和则国家平，九族和则动得所求，静得所安。是以圣人守和，以存以亡也。吾，楚国之小子耳，而早丧所天，为二兄所诱养，使其性行不随禄利以堕。今但贫耳，贫非人患，惟和为贵，汝其勉之！'"不难看出，向朗戒子之言，至"汝其勉之"而止。其主旨鲜明，在强调"和为贵"。萧绎节引，要其子"以为深戒"，与同篇"单襄公曰"条举"中朝名士，抑扬于诗酒之际"云云,"末甚悔之"事,教其子"以为深戒"正同。(第492—493页)"以为深戒"乃萧绎语。又,"酒酌之设"至"奇服丽食"乃节自颜延之《庭诰》,观《宋书·颜延之传》载《庭诰》可知,读者可以覆按。而"慎毋为也"亦是萧绎语。故此条标点当改为:"向朗遗言戒子曰:'贫非人患,以和为贵。汝其勉之!'以为深戒。'酒酌之设,可乐而不可嗜';'声乐之会,可简而不可违'。淫华怪饰,奇服丽食,慎毋为也。"

6. 卷二《聚书篇》:"又值吴平光侯广州下,遣何集、曹泐写得书。"(第517页)

今按:"何集"、"曹泐"间顿号当删。有顿号则成两人。实际上,"何集曹泐"即集曹参军何泐。集曹乃集曹参军之省称,官名。南朝齐梁凡公督府皆置有十八曹,"集曹"乃十八曹之一,集曹参军乃集曹之长官,见《南齐书·百官志》。《金楼子》此篇称其僚属或知友,率将官职省称置于其人姓与名中间,如"谢通直彦远""鲍中记泉""萧谘议贲""周录事弘直",依次为通直散骑侍郎谢彦远、中记室参军鲍泉、谘议参军萧贲、录事参军周弘直。"何集曹泐"与之同类。须附带指出的是,《校笺》此误,恐沿自吴光兴先生。吴撰《萧纲萧绎年谱》附录三"《金楼子·聚书篇》疏证"于"何集曹泐"亦加顿号断开,且有注云:"何集、曹泐,未详。"①

7. 卷三《说蕃篇》"司马攸"条:"初,居文帝丧,上以攸至孝毁甚,文明皇太后亲临省攸,攸毁瘠尘墨,貌不可识。太后留攸宅,抚慰旬日。及还中,诏勉攸曰:'若万一加以他疾,将复如何?'"(第631页)

今按:"及还中,诏勉攸曰",当标点为"及还,中诏勉攸曰"。"太后留攸宅,抚慰旬日",其"还",乃还太后宫。"还中",义不可通。"中"属下读,"中诏"者,不经主管官吏而由宫中直接发出的诏

---

① 吴光兴:《萧纲萧绎年谱》,社会科学文献出版社2006年版,第431页。

令。《资治通鉴·宋纪六》"宋文帝元嘉二十一年"下有云:"初,帝以义宣不才,故不用。会稽公主屡以为言,帝不得已而用之,先赐中诏敕之曰:'师护以在西久,比表近还,今欲听许,以汝代之。'"胡三省注:"诏自中出,不经门下者谓之中诏,今之手诏是也。"《校笺》似未明"中诏"之义,故误。

8. 卷四《立言篇上》"案《祭法》"条:"窃寻《孝经》所说,必称先王,盖是先王之行,不敢以不行也。伏见台内别造至敬殿,甘旨百品,月祭日祀。又为寝室,昏定晨省,如平生焉。先帝朔望尽哀恸哭。又宣修容奉造二亲像,朝夕礼敬,虔事孜孜。四十年中,聿修功德,追荐继孝,丁兰无以尚此。绎窃慕考妣之盛,则立尊像,供养于道场,设花幡灯烛,使僧尼顶礼。"(第750页)

今按:"盛则"为一词。"则"者,法则、榜样,"盛"乃修饰语,"盛则"为偏正结构。此词,齐梁人用例甚多。如沈约《宋书·武三王·江夏文献王义恭传》:"上不欲致礼太傅,讽有司奏曰:'圣旨谦光,尊师重道,欲致拜太傅,斯诚弘兹远风,敦阐盛则。'"《梁书·沈约传》载约《郊居赋》有云:"仰休老之盛则,请微躯于夕阳。"《艺文类聚·任昉〈求荐士诏〉》:"夫进贤茂赏,蔽善明罚,前王盛则,咸必由之。"《广弘明集》载萧绎《梁简文帝〈法宝联璧〉序》:"笔削末勤,徒荣卜商之序;稽古盛则,文惭安国之制。"如此等等,不胜枚举。萧绎慕"考妣之盛则"者,即其上文所述梁武及阮修容孝祭父母,朝夕礼亲之事。惟其慕此"盛则",故有下文"立尊像,供养于道场"云云。而断作"慕考妣之盛","则"云云,意有可疑:其因考妣之"盛",才供养以祭;若不盛,则不供养以祭耶?萧绎此条要表述的是自己的孝思,必不至让人有此疑。使人有此疑者,乃因《校笺》断句之误也。

9. 卷四《立言篇上》"萧贲忌日拜官"条:"萧贲忌日拜官,又经醉,自道父名。有人讥此事,贲大笑,曰:'不乐而已,何妨拜官。'温酒之谈,聊慕言在,了无怍色。"(第869页)

今按:"温酒之谈,聊慕言在"亦是萧贲语,引号当至"言在"后。"在"后的逗号当改句号。《礼记·檀弓上》:"子思曰:'丧三日而殡,……丧三年以为极,亡则弗之忘矣,故君子有终身之忧,而无一朝之患,故忌日不乐。'"《太平御览》卷五六二《仪礼部四一》引《世说》:"桓玄呼人'温酒',自道父名,既而曰:'英雄正自粗疏!'"萧贲所曰四句,前两句"不乐而已,何妨拜官"乃以《礼记·檀弓上》"忌日不乐"为据,自释其"忌日拜官"事;后两句"温酒之谈,聊慕言在"乃引桓玄"呼人温酒,自道父名"事,以自释其"经醉,自道父名"。桓玄"英雄正自粗疏",正是萧贲"聊慕言在"之"言"。萧贲意在说明:我也正同桓玄"英雄正自粗疏"。《校笺》释上两句,引《礼记·檀弓上》"忌日不乐",甚是。而笺下两句,引今本《世说新语·任诞》:"桓南郡被召作太子洗马,船泊荻渚,王大服散后已小醉,往看桓。桓为设酒,不能冷饮,频语左右令'温酒来',桓乃流涕呜咽。王便欲去,桓以手巾掩泪,因谓王曰:'犯我家讳,何预卿事!'王叹曰:'灵宝故自达!'"此虽亦是桓玄事,但显然与萧贲"温酒之谈,聊慕言在"不合。《校笺》未明出典,故断句失误,在所难免。

10. 卷五《志怪篇》"豫章有石"条:"豫章有石,以水灌之便热,以鼎置其上灼食则熟。张茂先博物君子也,雷孔章亦一时学士也,入洛,赍此石以示张。张曰:'所谓燃石也,余从兄劢为广州,尝致数片,煮食犹须烧之。'"(第158页)

今按:"豫章有石"事,《水经注·赣水》下引《异物志》:"石色黄白而理疏,以水灌之便热,以鼎著其上,炊足以熟。置之则冷,灌之则热,如此无穷。元康中,雷孔章入洛,赍石以示张公。张公曰:'此谓然石。'"《异苑》卷二、《太平御览》卷五二引曹叔雅《异物志》等所载略同,其中张华语并皆至"然石也"而止。且张华,字茂先,西晋范阳方城人,《晋书》卷三六有传。未见其有为广州刺史的"从兄劢"。考《南史·梁宗室上》有萧劢,字文约。梁武帝从父弟萧昺之子,袭父爵吴平侯，累迁淮南太守、豫章内史，徙广州刺史，征为太子左卫率，卒。赠侍中，谥曰光侯。此人于萧绎为从兄，萧绎与此从兄关系甚洽，撰有《侍中吴平光侯墓志》，见《艺文类聚》卷四八。《金楼子·序》有云："裴几原、刘嗣芳、萧光侯、张简宪，余之知己也。"又《聚书篇》亦有云："又值吴平光侯广州下，遣何集曹沔写得书。"而萧劢又曾官豫章内史，完全可能得到豫章燃石。由此可以断定，"余从兄劢"云云，乃萧绎语，不关张华。故本条张华语应至"所谓燃石也"而止。"也"字后逗号当改句号，下引号应移至此句号后。

（原载《语文知识》2013 年第 1 期）

《金楼子校笺》笺注商榷

南朝梁元帝萧绎《金楼子》十卷，《隋书·经籍志》已有著录①，但此书"明初渐已湮晦，明季遂竟散亡"②。今存六卷本，乃清乾隆年间四库馆臣自《永乐大典》中辑出。南朝是所谓"知识至上的时代"。③受时代风气的熏染及父兄影响，尤其为自身争强好胜性格所决定，萧绎一生勤学不倦，博综群书。其所撰《金楼子》，不仅出入儒道，杂采子史，内容极为驳杂，且其行文之时，引事用典，错杂己意，加之后人辑录转抄过程中带来的种种问题，这些都为今人正确解读和研究《金楼子》造成很大困难，以至让人有难以卒读之叹。

对六卷本《金楼子》的笺注，始于台湾学者许德平先生。20世纪60年代，所著《金楼子校注》面世。④草创之功，自不可没，但存在的问题亦不少。⑤时隔四十余年，许逸民先生大著《金楼子校笺》出版。⑥此书洋洋一百五十余万言，其成就远过《金楼子校注》。笔者近读该著，欣喜之余，发现其笺注亦有可资商榷者，今列出二十四条，略述浅见，

---

① 魏徵等：《隋书》，中华书局1973年版。
② 永瑢等：《四库全书总目提要》卷一一七《子部·杂家》类《金楼子提要》，上海古籍出版社1987年版，影印文渊阁《四库全书》本。
③ 胡宝国：《知识至上的南朝学风》，《文史》2009年第4辑。
④ 许德平：《金楼子校注》，台湾嘉兴水泥公司文化基金会研究论文第103种，1969年。
⑤ 熊清元：《〈金楼子校注〉订补举例》，《黄冈师范学院学报》2009年第5期。
⑥ 萧绎著，许逸民校笺：《金楼子校笺》，中华书局2011年版。本文以下简称《校笺》。

以向许逸民先生和读者请教。

须略作说明的是，本文所引《金楼子校笺》，悉标明页码。《校笺》之笺注文字有过长者，为避烦冗，笔者引录时偶有删略，用省略号表示。

1.《金楼子序》："常贵无为，每嗤有待。闲斋寂寞，对林泉而握谈柄；虚宇辽旷，玩鱼鸟而拂丛著。爱静之心，彰乎此矣。"（第1—2页）

《校笺》："有待：《礼记·儒行》：'儒者居处齐难，其坐起恭敬，言必先信，行必中正。道途不争险易之利，冬夏不争阴阳之和。爱其死，以有待也。养其身，以有为也。'孔颖达疏：'言爱死以待明时'，'言养身为行道德也'。"（第16页）

今按：《校笺》释"常贵无为"，引《老子》第三十七章为说①，笔者无异议；而释"每嗤有待"引《礼记·儒行》，却令人疑惑。"常贵无为，每嗤有待"均是道家的基本思想。"常贵无为"者，贵清静无为，顺应自然，从正面说；"每嗤有待"者，常嗤笑有所依赖、不得逍遥之人，从反面说。前句用《老子》，后句用《庄子》。下文"闲斋寂寞"云云即是清静逍遥生活之写照。"爱静之心，彰乎此矣"，结此几句，而与上文"常贵无为，每嗤有待"相呼应。此"有待"实无关于《礼记·儒行》之"有待"。

钱锺书先生《管锥编》第4册《全晋文》第161"有待"条有云："按'有待'词出《庄子》。《逍遥游》列子御风，'此虽免乎行，犹有所待者也'。《齐物论》景答罔两，'吾有待而然者乎？'列子所'待'者'风'，景所'待'者'形'。《逍遥游》郭象注、《世说·文学》门刘峻注述向秀、郭象'逍遥义'及'支氏《逍遥论》'皆泛论'万物''不失其所待'，'物之芸芸，同资有待'，'若有欲当足'，'非至足无以逍遥'；'无待'则如王夫之《庄子解》卷一云：'不待物以立己，不待事以立功，不待实以立名。晋人每狭用，以口体所需、衣食之资为"有待"，

---

① 萧绎著，许逸民校笺：《金楼子校笺》，第16页，注43。

如……《南齐书·张融传》与从叔永书："但世业清贫，民生多待"，梁元帝《金楼子·自序》："常贵无为，每嗤有待。"'① 钱先生博综群书，已很清楚地论述了"有待"含义之衍变和《金楼子序》"有待"之义。

2.《金楼子序》："裴几原、刘嗣芳、萧光侯、张简宪，余之知己也。"（第2页）

《校笺》："萧光侯：即萧子云，字景乔，南兰陵人。善草隶书，为世楷法。著有《晋书》。太清三年卒，年六十三。《梁书》卷三五、《南史》卷四二并有传。按，《梁书·萧子恪传》附子云传：'子云性沈静，不乐仕进。年三十，方起家为秘书郎。迁太子舍人，撰《东宫新记》奏之，敕赐束帛。累迁北中郎外兵参军，晋安王文学，司徒主簿，丹阳尹丞。时湘东王为京尹，深相赏好，如布衣之交。'"（第20页）

今按：《校笺》以萧光侯为萧子云，除其"按"中引《梁书》本传，萧绎为京尹，"深相赏好，如布衣之交"外，别无证据。笔者以为，其说可能来自吴光兴《萧纲萧绎年谱》。吴谱卷三"太清三年"下"侍中、国子祭酒萧子云卒，年六十三。谥曰光侯"条有云：

> 按：子云谥，诸史不载。《金楼子·序》："裴几原（子野）、刘嗣芳（显）、萧光侯、张简宪（缵），余之知己也。"证诸《梁书》、《南史》二《梁元帝本纪》所述："（梁元帝）与裴子野、刘显、萧子云、张缵及当时才秀为布衣之交"，可知光侯为子云谥。②

吴氏仅将《梁书》、《南史》中所述四人与《金楼子序》中四"知己"对照，即判断光侯是萧子云之谥，理由是不充分的。因为"布衣之交"未必都是"知己"，而"知己"未必都在"布衣之交"之列，二者并不能画等号。《梁书》、《南史》中有"及当时才秀"五字即可证明。其实，吴氏的判断是错误的，理由如下：

---

① 钱锺书：《管锥编》第4册161则，《全晋文》卷一五八"有待"条，中华书局1986年版，第1261—1262页。
② 吴光兴：《萧纲萧绎年谱》，社会科学文献出版社2006年版，第307页。下同。

萧子云不可能谥为"光侯"。学者共知,汉魏以下,未有谥字为"侯"者。《史记正义·谥法解》虽有"执应八方曰侯"之说①,但清乾隆年间官修《续通志·谥略上》之《谥法解》注有云:"以上五言(指帝、皇、王、公、侯),苏洵《谥法》及郑《志》皆不取。夫帝王尊号之不可为谥,苏、郑论之详矣。此五言疑是后人窜入。"②

考南朝有关史料,其书某人谥曰"某侯"者,必前"某"为谥字,后"侯"为爵位,绝无例外。如《宋书》卷四二《刘穆之传》,穆之中子式之,"封德阳县五等侯,谥曰恭侯";③同书卷四五《王镇恶传》,镇恶死后,"追封龙阳县侯,食邑千五百户,谥曰壮侯"。又同卷《刘怀慎传》,怀慎"进爵为侯","谥曰肃侯"。《南齐书》卷二七《刘怀珍、李安民、王玄载传》,怀珍改鄑城县侯,"谥曰敬侯";④李安民封康乐侯,"谥曰肃侯";玄载弟玄邈封河阳县侯,"谥曰敬侯"。《梁书》卷二四《萧景传》,景字子昭,封吴平县侯,"谥曰忠"。⑤《文馆词林》卷四五七梁元帝《郢州都督萧子昭碑铭并序》称其为"吴平忠侯",并有云"谥曰忠侯,礼也"。⑥又《梁书》卷一二《沈约传》,约封建昌县侯,谥曰"隐",《金楼子》卷六《杂记》"丘迟出为永嘉郡"条称其为"沈隐侯"。⑦如此等等,其例特多。萧子云为齐豫章文献王萧嶷之子,《梁书》卷三五《萧子恪传》附有子范、子显、子云传。据此传,此兄弟四人,齐代并为侯爵,梁天监初,皆"降爵为子"。子恪大通三年卒,"谥曰恭";子范,侯景之乱平后,梁元帝追"谥曰文";子显,大同三年卒,"谥曰骄";子云,太清"三年三月,宫城失守,东奔晋陵,馁卒于显灵

---

① 张守节:《史记正义》,中华书局1982年版,《史记》三家注本附。下同。
② 转引自汪受宽:《谥法研究》,上海古籍出版社1995年版,第375页。
③ 沈约:《宋书》,中华书局1974年版。下同。
④ 萧子显:《南齐书》,中华书局1972年版。下同。
⑤ 姚思廉:《梁书》,中华书局1973年版。下同。
⑥ 许敬宗编,罗国威整理:《文馆词林校证》,中华书局2001年版。
⑦ 萧绎著,许逸民校笺:《金楼子校笺》,第1302—1303页。

寺僧房，年六十三"，谥号无载。以上内容，《南史》卷四二《齐高帝诸子传》所载同，唯子恪"谥曰恭"，《南史》作"谥曰恭子"。①由上可知，萧子云在梁代不是侯爵，断无谥为"光侯"的可能。倘若谥字为"光"，亦当如其兄子恪之例，称"光子"，而不可能称为"光侯"。

其实，称"光侯"者，另有其人，此人即梁宗室萧劢。《南史》卷五一《梁宗室上·吴平侯景传》附《子劢传》载：萧劢，字文约。父藐，"袭爵封吴平侯"，"除淮南太守"，"迁宣城内史"，"又迁豫内史"，"徙广州刺史"，"征为太子左卫率"，"卒于道，赠侍中，谥曰光侯"。②《金楼子》卷二《聚书篇》有云："又值吴平光侯广州下，遗何集曹泂写得书"之"吴平光侯"即此人。③其卒，梁元帝为之撰墓志，即《艺文类聚》卷四八所录《侍中吴平光侯墓志》。④

特别值得注意的是，《南史》萧劢本传有下面一段文字：

> 萧（劢）聚书至三万卷，披玩不倦，尤好《东观汉记》，略皆诵忆。刘显执卷策劢，酬应如流，乃至卷次行数亦不差失。少交结，唯与河东裴子野、范阳张缵善。⑤

这里说到刘显、裴子野、张缵，若加上萧劢，岂不也正与《金楼子序》"裴几原、刘嗣芳、萧光侯、张简宪"一致吗？

吴氏未及深思详证，匆忙下判断，失误难免，许先生同于吴说，其误自不待言。

3. 卷一《兴王篇》"梁高祖武皇帝"条："登于晚年，探颐索隐，穷理尽性，究览坟籍，神悟知机。"（第207页）

《校笺》："登：《国语·晋语九》：'君子哀无人，不哀无贿；哀无

---

① 李延寿：《南史》，中华书局1975年版，第1070页。下同。
② 李延寿：《南史》，第1262—1263页。
③ 萧绎著，许逸民校笺：《金楼子校笺》，第517页。
④ 欧阳询撰，汪绍楹校：《艺文类聚》，上海古籍出版社1982年版。
⑤ 李延寿：《南史》，第1263页。

德,不哀无宠;哀名之不令,不哀年之不登。'韦昭注:'登,高也。'"(第212页)

今按:《金楼子》此段之上文述梁武帝,曰"生而灵异"云云,"始在髫发"云云,"及遭献太后忧"云云,至此"登于晚年"云云,显然是以时间先后为序。其"登于晚年"应即今人所谓步入晚年或进入晚年之意。《说文解字·癶部》:"登,上车也。"段玉裁注:"引伸之,凡上升曰登。"① 由"生"而"髫发"而"晚年",就年龄来说,自是逐步上升之过程,故曰"登于晚年"。此"登"乃动词。而《国语·晋语》"年之不登"之"登"乃形容词。若以《国语·晋语》韦昭注"登,高也",释此"登",则为"高于晚年",于萧绎此段话,显然难通。

4. 卷二《后妃篇》"梁宣修容"条:"末持《杂阿毗昙心论》,精研无比,一时称首。三十年中,恒自讲说,自为《杂心讲疏》,广有宏益。"(第381页)

《校笺》:"《杂阿毗昙心论》:略称《心论》。东晋孝武帝太元九年,僧伽提婆首译为中文,名曰《阿毗昙心论》。太元十六年,释慧远整理成四卷。其他译本,尚有北齐那连提耶舍与法智共译本,名曰《阿毗昙心论经》六卷,刘宋僧伽跋摩等译本,名曰《杂阿毗昙心论》十一卷。按,《出三藏记集》卷一〇释慧远《阿毗昙心序》:'《阿毗昙心》者,三藏之要颂,咏歌之微言,管统众经,领其宗会,故作者以"心"为名焉。有出家开士,字曰法胜,渊识远鉴,探深研机,龙潜赤泽,独有其明。其人以为《阿毗昙经》源流广大,难卒寻究,非赡智宏才,莫能毕综。是以探其幽致,别撰斯部。始自《界品》,讫于《问论》,凡二百五十偈,以为要解,号之曰心。……罽宾沙门僧伽提婆,少玩兹文,味之弥久,兼宗匠本,正关入神,要其人情悟所参,亦已涉其津矣。会遇来游,因请令译。提婆乃手执胡本,口宣晋言,临文戒惧,一

---

① 许慎著,段玉裁注:《说文解字段注》,成都古籍书店1981年版,第72页。

章三复。远亦宝而重之,敬慎无违。然方言殊韵,难以曲尽,倘或失当,俟之来宾,幸诸名哲,正其大谬。'"(第403—404页)

今按:丁福保《佛学大词典》"《阿毗昙心论》"条略云:

> 《阿毗昙心论》,凡四卷,略称《心论》。印度法胜造。东晋僧伽提婆及慧远合译。东晋孝武帝太元九年僧伽提婆译为中文,十六年慧远整理成四卷。异译本有北齐那连提耶舍与法智共译之《阿毗昙心论经》六卷,刘宋僧伽跋摩等译之《杂阿毗昙心论》十一卷。①

《校笺》"略称《心论》"云云,与《佛学大词典》此条之关系显而易见。但让人遗憾的是,《佛学大词典》此条将法胜《阿毗昙心论》与《杂阿毗昙心论》混为一谈,说"刘宋僧伽跋摩等译之《杂阿毗昙心论》十一卷"是《阿毗昙心论》的"异译",本来就是错误的。

其实《阿毗昙心论》(亦称《阿毗昙心》,简称《心论》)与《杂阿毗昙心论》(亦称《杂阿毗昙心》,简称《杂心》或《杂心论》)并不是同一著作。且看下面两条材料:

> 刘宋·阙名《杂阿毗昙心序》:如来泥洹数百年后,有尊者法胜,于佛所说经藏中,抄集事要,为二百五十偈,号《阿毗昙心》。其后,复有尊者达摩多罗,览其所制,以为文体不足,理有所遗,乃更搜采众经,复为三百五十偈,补其所阙,号曰《杂心》。新旧偈本凡有六百,篇第之数,则有十一品,篇号仍旧为称,唯有"择品"一品,全异于先。尊者多罗复即自广引绪论,敷演其义,事无不列,列无不辨,微言玄旨,于是昭著。自兹以后,道隆于世,涉学之士,莫不宝之,以为美说。于宋元嘉三年(426),徐州刺史太原王仲德,请外国沙门伊叶波罗于彭城出之。"择品"之半及"论品"一品,有缘事起,不得出竟。至元嘉八年复有天竺法师名求那跋摩,得斯陀含道,善练兹经,来游扬都,更从校定,谘详大义。余不以暗短,

---

① 丁福保:《佛学大词典》,文物出版社1984年版。

厕在二集之末，辄记所闻，以训章句，庶有览者，有过半之益耳。①

又，焦镜法师《后出杂心序》：昔如来泥洹之后，于秦汉间，有尊者法胜，造《阿毗昙心》本，凡有二百五十偈，以为十品。后至晋中兴之世，复有尊者达摩多罗，更增三百五十偈，以为十一品，号曰《杂心》，十品篇目仍旧为名，唯别立"择品"为异耳。

观此二序并参证《校笺》所引慧远《阿毗昙心序》，可知《阿毗昙经》、《阿毗昙心》、《杂阿毗昙心》三者之关系：尊者法胜抄集《阿毗昙经》事要，为二百五十偈，名为《阿毗昙心》；尊者达摩多罗搜采众经，补《阿毗昙心》之所阙，增三百五十偈，并前凡六百偈，号曰《杂阿毗昙心》。

看来，今人著述时，不加分析，照录前人辞书，有时难免以讹传讹。又，《校笺》"按"云云，引慧远《阿毗昙心序》，其实慧远此序与《杂阿毗昙心》无涉，不如引阙名《杂阿毗昙心序》甚或焦镜《后出杂心序》更为简明贴切。

5. 卷二《后妃篇》"梁宣修容"条："又善许负之术，曾正会登楼还，语人曰：'太尉今年必当不济。'时靖惠王尚康胜，咸以为不然。"（第382页）

今按：通观此段，不难看出，此"太尉"指靖惠王，乃以官职代称其人。此古今之常法。靖惠王，即梁武帝异母弟临川王萧宏。其人于梁普通元年迁太尉，七年四月薨。《梁书》卷二二《太祖五王》、《南史》卷五一《梁宗室上》并有传。《校笺》以此"太尉"为职官名，引《唐六典》及注，长达数百字以释，独不言代指太尉萧宏，②实未达一间。

6. 卷二《后妃篇》"梁宣修容"条："方诸、含贞等婚嫁，皆躬自经始。旬日之中，内外众事，爰及礼仪，一时举办。公家发遣，启台悉

---

① 释僧祐撰，苏晋仁、萧炼子点校：《出三藏记集》，中华书局1995年版。下同。
② 萧绎著，许逸民校笺：《金楼子校笺》，第419—420页，注117。

停。外及馈人失礼，接之弥笃。每语绎曰：'吾垂白之年，虽亲所闻见，然而"德不孤，必有邻"，且妒妇不惮破家，况复甚于此者也。'于是爱接弥隆。"（第382页）

《校笺》："馈人：'馈'谓进食于人。《左传》成公十年：'六月丙午，晋侯欲麦，使甸人献麦，馈人为之。'杨伯峻《春秋左传注》：'馈人，为诸侯主持饮食之官，相当于《周礼·天官》庖人。'按，李慈铭《桃花圣解盦日记》己集五二：'所云馈人，犹今言食人。此即斥徐妃事。'"（第418页）

今按：《校笺》引杨伯峻《春秋左传注》，释本条之"馈人"，误。观萧绎本条下文"妒妇不惮破家"云云，知此"馈人"指萧绎妻徐妃应无疑问。徐妃事，《南史》卷一二《后妃·徐妃传》有载，①此不赘。《校笺》"按"引李慈铭"此即斥徐妃事"说，甚是。但徐妃非"诸侯主饮食之官"，引杨伯峻注释此"馈人"显然不合。其实，此"馈人"乃"中馈之人"的省称。《周易·家人》："无攸遂，在中馈。"孔颖达疏："妇人之道，……其所职，主在于家中馈食供祭而已。"②《颜氏家训·风操》："妇主中馈，唯事酒食衣服之礼耳。"③李慈铭《越缦堂读书记·金楼子》有云："按今本既非完书，而其述宣修容事有云：'及馈人失礼，接之弥笃。'每语绎曰：'妒妇不惮破家，况复甚于此者也！'所云'馈人'，犹今言室人，此即斥徐妃事。"④"犹今言室人"，《校笺》引李著作"犹今言食人"，查胡玉缙《四库全书总目提要补正》卷三五《杂家类》"《金楼子》"条所引李慈铭同书，实作"犹今言室人"，⑤与《越缦堂读书

---

① 李延寿：《南史》，第341—342页。
② 王弼、韩康伯注，孔颖达疏：《周易正义》，中华书局1980年版，影印清阮元校刻《十三经注疏》本。
③ 颜之推著，王利器集解：《颜氏家训集解》，中华书局1993年版。下同。
④ 李慈铭：《越缦堂读书记》，中华书局2006年版。
⑤ 胡玉缙：《四库全书总目提要补正》，上海书店出版社1998年版。

记》同。不知《校笺》所引李著是何版本。恐是《校笺》引误。

7. 卷二《后妃篇》"梁宣修容"条："京师起梁安寺，上虞起等福寺，在荆州起禅林、祇洹等寺，浔阳治灵丘、严庆等寺，前后营诸寺佛宝帐百余领，躬事后素，亲加雕饰，妙于思理，若有神功。"（第383页）

《校笺》："后素：《论语·八佾篇》：'子夏问曰："巧笑倩兮，美目盼兮，素以为绚兮，何谓也？"子曰："绘事后素。"曰："礼后乎？"子曰："起予者商也，始可与言《诗》矣。"'何晏《集解》：'郑曰："绘，画文也。凡绘画先布众色，然后以素分布其间，以成其文。喻美女虽有倩盼美质，亦须礼以成之。"'朱熹《集注》：'绘事，绘画之事也。后素，后于素也。《考工记》曰："绘画之事后素功。"谓先以粉地为质，而后施五采，犹人有美质，然后可加文饰。'"（第427页）

今按：《校笺》释"后素"，可谓不厌其烦，然而终有言不及义之嫌。其实本条"躬事后素"之"后素"乃"绘事"之代称。此古人修辞之所谓"抛前藏辞"格。《诗·大雅·皇矣》有"王赫斯怒"句，①后人用"赫斯"代称"王"，如《后汉书·曹节传》"发赫斯之怒"即其一例。此种修辞格，古今学人论之者众，如金人王若虚《滹南遗老集》卷三三、清人陆以湉《冷庐杂识》卷五、近人陈望道《修辞学发凡》等皆有论说。②萧绎用此修辞格非仅此一例，《金楼子·立言篇》"假使逢文明之后，值则哲之君"云云，③"则哲"即"知人"之代称，源自《尚书·皋陶谟》"知人则哲"一语。④明乎此，则所谓"躬事后素"者，不过说阮修容于"佛寺宝帐"亲自绘饰而已，是无须引何晏、朱熹之说，

---

① 朱熹集注：《诗集传》，中华书局1958年版。
② 王若虚：《滹南遗老集》，上海古籍出版社1987年版，影印文渊阁《四库全书》本。陆以湘撰：《冷庐杂识》，中华书局1984年版。陈望道：《修辞学发凡》，上海文艺出版社1959年版。
③ 萧绎著，许逸民校笺：《金楼子校笺》，第788页。
④ 孔安国传，孔颖达等正义：《尚书正义》，中华书局1980年版，影印清阮元校刻《十三经注疏》本。

以致辞费的。

8.卷二《后妃篇》"梁宣修容"条:"日往月来,暑流寒袭,仰惟平昔,弥远弥深。烦晃拔懊,肝心屠裂,攀号腷臆,贯截骨髓。窃深游张之感,弥切苍舒之报。"(第384页)

《校笺》:"苍舒之报:'苍'谓后汉东平宪王刘苍;'舒'字疑乃'京'之形讹,当谓苍弟琅邪孝王刘京。苍、京并有传,见《后汉书》卷四二。按,《后汉书·光武十三·东平宪王苍传》……"①(第438页)

今按:据《校笺》所引《东平宪王苍传》,章帝建初三年,帝因阅刘苍生母光烈阴皇后旧器服,怆然动容,因特赐苍、京书。"送光烈皇后假紒帛各一,及衣一箧,可时奉瞻,以慰《凯风》寒泉之思"云云。无片言只字言及所谓苍、京之"报",不知许先生何所据而云然。且"京"、"舒"字形迥异,"形讹"之说亦难有说服力。

其实,苍、仓古通,"苍舒"即"宿仓舒"。《太平御览》卷四一三引萧广济《孝子传》云:"宿仓舒,陈留尉氏人也。年七岁,遭荒,父母饥苦。仓舒求自卖与颍川王氏,得大麦九斛。后王氏免之,累官,除上党太守。后寻觅父母,经太原南郭,忽见母,遂还旧居。母卒,悲号而死。"②萧绎此处上句所谓"游张之感"者,用《论语·子张》"祭思敬,丧思哀"之意;此句进一步,悲痛极而切思如仓舒亡身以报母也。《隋书·经籍志》著录:"《孝子传》十五卷,晋辅国将军萧广济撰。"③萧绎《金楼子·著书篇》有云:"《孝德传》三袟,三十卷。金楼合众家《孝子传》成此。"④萧绎对仓舒之故事应该是熟悉的,其用仓舒事自可不必有疑。

9.卷二《后妃篇》"梁宣修容"条:"询求故实,赡恤乡党,扶老携

---

① 《金楼子校笺》抄《后汉书·东平宪王苍传》颇繁,今略。
② 李昉等:《太平御览》,中华书局1960年版。下同。
③ 魏徵等:《隋书》,第976页。
④ 萧绎著,许逸民校笺:《金楼子校笺》,第1001页。

幼,并沐恩猷。"(第 381—382 页)

《校笺》:"猷:谋画。《诗·小雅·采芑》:'方叔元老,克壮其犹。'王先谦《诗三家义集疏》:'韩"犹"作"猷",鲁"犹"亦作"猷"。《传》:"壮,大;犹,道也。"《笺》:"犹,谋也。"'"(第 413 页)

今按:此条"恩猷"为一词,乃"恩泽"之意。萧绎之前,南齐谢朓等《侍筵西堂落日望乡》联句诗即有"幸遇庆筵渥,方且沐恩猷"句①,"恩猷"即恩泽。至宋代,此词亦常用。《宋大诏令集》卷三一大观三年八月十三日《皇第十三子朴特授检校太尉充镇洮军节度使、上柱国、雍国公食邑实封制》有云:"赐以上公之仪,秉钺与旄;委以元戎之任,策勋躐等。衍邑实租,并茂恩猷,用隆国体。"②又,同书大观三年九月十三日《皇第十四子特授检校太尉充镇江军节度使、上柱国、徐国公食邑实封制》有云:"备上公之威仪,有鸾其旗;壮中军之徒御,策勋躐等。衍邑食租,并示恩猷。"这些"恩猷"都是"恩泽"之意,别无他义。《校笺》将"恩猷"拆开,单释"猷"字,显然未明"恩猷"之义。

10. 卷二《戒子篇》"单襄公曰"条:"中朝名士,抑扬于诗酒之际,吟咏于啸傲之间,自得如山,忽人如草,好为辞费,颇事抑扬。末甚悔之,以为深戒。"(第 493 页)

《校笺》:"中朝,犹朝中。《史记·范雎蔡泽列传》:'昭王临朝叹息,应侯进曰"臣闻'主忧臣辱,主辱臣死'。今大王中朝而忧,臣敢请其罪。"'"(第 493 页)

今按:此释"中朝,犹朝中",误。此处之"中朝"乃指西晋王朝。此义,徐震堮先生《世说新语校笺》附录《世说新语词简释》释云:"中朝:晋南渡以后,称西晋为中朝,以其在中原也。"③其举证甚多,此

---

① 谢朓撰,曹融南校注:《谢宣城集校注》,上海古籍出版社 1991 年版,第 414 页。
② 司义祖整理:《宋大诏令集》,中华书局 1962 年版。
③ 刘义庆撰,徐震堮校笺:《世说新语校笺》,中华书局 1984 年版,第 552 页。

不赘。"中朝名士"乃专有名词。《世说新语·文学》"袁彦伯作名士传成"条,刘孝标注有云:"(袁)宏以夏侯太初、何平叔、王辅嗣为正始名士,阮嗣宗、嵇叔夜、山巨源、向子期、刘伯伦、阮仲容、王濬仲为竹林名士,裴叔则、乐彦辅、王夷甫、庾子嵩、王安期、阮千里、卫叔宝、谢幼舆为中朝名士。"① 中朝名士王衍(字夷甫)、乐广(字彦辅)等人,惟谈玄理,留连诗酒,抑扬人物,不务实际,后人有所谓"清谈误国"之评。《世说新语·轻诋》"桓公入洛"条,刘孝标注引《晋阳秋》曰:"夷甫将为石勒所杀,谓人曰:'吾等若不祖尚浮虚,不至于此!'"② 又,《晋书》卷四三《王衍传》载:衍字夷甫,西晋琅琊临沂人,"将死,顾而言曰:'呜呼!吾曹虽不如古人,向若不祖尚浮虚,戮力以匡天下,犹可不至今日。'"③ 王衍死前所言即萧绎所述"末甚悔之"之依据。可惜许先生未明此点,而将"颇事抑扬"后加句号,以至"末甚悔之"之主语不明。实则"以为深戒"才是萧绎戒子之语,而"中朝名士,……末甚悔之"乃萧绎对"中朝名士"之述评。故"抑扬"后之句号当与"末甚悔之"后的逗号互换。造成此误者,似亦因许先生未明"中朝名士"何指之故。

11. 卷二《聚书篇》:"为丹阳时,启请先官书,又就新渝、上黄、新吴写格五戏,得少许。"(第516页)

《校笺》:"新吴,谓新吴侯萧景先。景先,齐高帝萧道成从子。本名道先,避讳改名景先。官至丹阳尹。《南齐书》卷三八、《南史》卷四一并有传。按,《南齐书》本传:'建元元年,迁太子左卫率,封新吴县伯','世祖即位,征为侍中','寻进爵为侯'。"(第523页)

今按:考《南齐书》之《武帝纪》及《萧景先传》,萧景先大约病卒于齐永明五年(487),而萧绎为丹阳尹,据吴光兴《萧纲萧绎年谱》

---

① 刘义庆撰,徐震堮校笺:《世说新语校笺》,第146页。
② 刘义庆撰,徐震堮校笺:《世说新语校笺》,第447页。
③ 房玄龄等:《晋书》,中华书局1974年版。

考证，在梁普通三年（522）。①《校笺》所附《萧绎年谱》同。②是萧景先虽有新吴侯之封，然其人早在萧绎为丹阳尹前三十多年即已去世，萧绎何能"就"其写书？考《梁书》卷一《武帝纪》载，齐和帝玺书有"今遣使持节、兼太保、侍中、中书监、兼尚书令汝南县开国侯亮，兼太尉、散骑常侍、中书令新吴县开国侯志，奉皇帝玺绂"云云，③是齐末王志曾为新吴侯。然据《梁书》卷二一《王志传》，王志卒于天监十二年（513），④萧绎为丹阳尹远在此后，且萧绎生年，据《梁书》卷五《元帝纪》为天监七年（508），天监十二年萧绎仅五岁，亦非"就"人抄书之年龄。那么萧绎所云"新吴"侯不可能是萧景先，也不可能是王志，究竟是谁呢？据南北朝诸史，梁代宗室封侯者应甚多，然史书未能尽载。此"新吴"既与"新渝、上黄"并列，身份亦必相当。新渝侯萧暎、上黄侯萧晔，据《南史》卷五二《梁宗室下·萧晔传》，简文帝萧纲为太子时，他们并在"东宫四友"之列。而萧纲为太子始于中大通三年（531），见《梁书》卷三《武帝纪下》及卷四《简文帝纪》。因知，萧绎为丹阳尹时，此二人是在世的宗室诸侯。新吴侯亦当如是。但此人究竟是何人，既然无从考知，还是本古人阙疑之义为妥。

12. 卷二《聚书篇》："及临汝灵侯益州还，遂巨有所办。后又有乐彦春、刘之遴等书，将五千卷。又得南平嗣王书，又得张雍州书，又得桂阳藩王书。"（第517页）

《校笺》："张雍州：谓张敬儿（？—483），南阳冠军人。仕宋为越骑校尉。桂阳王刘休范反，隶骠骑大将军萧道成，受命杀之，以功除骁骑将军。继为雍州刺史，镇襄阳，在任贪残。入齐，官至散骑常侍、车骑大将军。武帝疑其有异志，杀之。《南齐书》卷二五、《南史》卷四五

---

① 吴光兴：《萧纲萧绎年谱》，第99页。
② 萧绎著，许逸民校笺：《金楼子校笺》，第1425页。
③ 姚思廉：《梁书》，第29页。
④ 姚思廉：《梁书》，第320页。

并有传。按,《南齐书》本传:'敬儿始不识书,晚既为方伯,乃习学《孝经》、《论语》。'"(第546页)

今按:《校笺》以"张雍州"为张敬儿,有三可疑:其一,据《南齐书》本传,张敬儿乃一贪残武夫,始不识书,晚乃学《孝经》、《论语》,未必有藏书;其二,张敬儿死于齐永明元年(483),而萧绎撰《聚书篇》自云"吾今年四十六岁"①,则时当承圣二年(553),是距张敬儿死已七十年矣,世事沧桑,敬儿即使有书,亦当另有主人,萧绎有何必要说是张敬儿之书? 其三,通观《聚书篇》,萧绎以职官称某人,其人必是当代人,如"刘选部孺"、"鲍中记泉"、"萧谘议贲"、"刘中记缓"、"周录事弘直"、"王谘议僧辩"、"兰左卫钦"、"张湘州缵"、"张豫章绾"、"韦护军叡",等等,《校笺》之相应笺注已明。"张雍州"不应例外,也当是当代人。

其实,此人就是张缵。《南史》卷五六《张弘策传》附《张缵传》云:缵大同五年为尚书仆射,后改为湘州刺史,太清二年又改为雍州刺史。"晚颇好积聚,多写图书数万卷。……初,缵之往雍州,资产悉留江陵,性既贪婪,南中赃贿填积。及死,湘东王皆使收之,书二万卷并撵还斋。"②萧绎此篇前称"张湘州缵",为何此又称"张雍州"? 乃因前所述是"张湘州""饷书",其时张缵为湘州刺史;后称"张雍州"者,雍州刺史是张缵最终官职,且这次是"得"其遗留藏书二万卷。两次得书有此不同,故不必有重复之疑。

13. 卷三《说蕃篇》"曹衮好学读书"条:"曹衮好学读书,左右常恐精力为病,苦谏之。每弟兄游娱,衮独覃思经典。文学、防辅相与言曰:'受诏察公举措,有过当奏,及有善,亦宜以闻,不可匿其美也。'遂共表称陈衮美。"(第627页)

---

① 萧绎著,许逸民校笺:《金楼子校笺》,第517页。
② 李延寿:《南史》,第1387—1388页。

《校笺》:"'文学',即太子文学。《晋书·职官志》:'王置师、友、文学各一人。景帝讳,故改师为傅。'又《通典》卷三十《职官一二》:'文学,汉时郡及王国并有文学,而东宫无闻。魏武置太子文学,自后并无。'"(第629页)

今按:《校笺》"'文学'即太子文学",说误。此"文学"乃王文学而非太子文学。沈约《宋书》卷四〇《百官下》述王国官,有云:"晋武帝初,置师、友、文学各一人。师即傅也。景帝讳师,改为傅。宋世复改为师。其文学,前汉已置。"《校笺》所引《晋书·职官志》及《通典》亦表明汉、晋时王国并有"文学"之置。那么曹魏时王国是否置有文学一职呢?《宋书》、《晋书》、《通典》似未明言。但考诸史籍,曹魏实依汉旧,有王国文学之置。《三国志》卷一六《魏书·郑浑传》裴松之注引《晋阳秋》:"(郑袤)初为临菑侯文学,稍迁至光禄大夫。"①《晋书》卷四四《郑袤传》:"魏武帝初封诸子为侯,精选宾友,袤与徐幹俱为临淄侯文学,转司隶功曹从事。"《三国志》卷二一《魏书·王粲传》裴松之注引《魏略》曰:"(邯郸)淳一名竺,字子叔。……初平时,从三辅客荆州。荆州内附,……时五官将博延英儒,亦宿闻淳名,因启淳欲使在文学官属中。"《三国志》卷二一《魏书·徐幹传》:"始文帝为五官将,……幹为司空军谋祭酒掾属,五官将文学。"又同卷《刘劭传》裴松之注引《魏略》:"(苏)林字孝友,……建安中,为五官将文学,甚见礼待。"《晋书》卷三七《安平献王孚传》:"魏陈思王有俊才,清选官属,以孚为文学掾。"《三国志》卷二八《魏书·毌丘俭传》:"俭袭父爵,为平原侯文学。"《太平御览》卷二四八《职官部四六》"王文学"下引《晋诸公赞》曰:"扶风王年八岁,聪明,善诗赋,中表奇之。魏烈祖以为齐王芳文学。"如此等等,都是明证。再说萧绎此条中之"文学"若是太子文学,理当服务于东宫,怎么可能来到中山王曹衮身边长

---

① 陈寿撰,裴松之注:《三国志》,中华书局1982年版。下同。

期工作呢?

由上所考,我们可以得出结论,萧绎此条中之"文学"乃中山王衮之僚属,非"太子文学"。

14. 卷四《立言上》"案《祭法》"条:"《王沈集》称:'日䃅垂泣于甘泉之画,杨雄显颂于麒麟之图。'遂画先君先妣之像。《傅咸集·画赞》曰:'敬图先君先妣之容像,画之丹青。'曹休画其父像,对之流泣,诚可悲也。"(第750页)

《校笺》:"杨雄显颂于麒麟之图:当谓杨雄作《校猎赋》事,其中有句云'麒麟之囿',因疑'图'乃'囿'字之误。"(第756页)

今按:"杨雄显颂于麒麟之图"者,意谓杨雄因麒麟阁之图画而显颂。此句正与上句"日䃅垂泣于甘泉之宫"句法一致。"日䃅"见甘泉宫中其母之画像而"垂泣"事,《校笺》引《汉书·金日䃅传》以笺证之,①甚是。而扬雄奉命即麒麟阁中赵充国之图画作"颂"事,《校笺》则未明。

《汉书·苏建传》附《苏武传》载:汉宣帝甘露三年,"上思股肱之美,乃图画其人于麒麟阁",②计有霍光、张安世、韩增、赵充国等十一人。又《汉书·赵充国传》:"初,充国以功德与霍光等列,画未央宫。成帝时,西羌尝有警,上思将帅之臣,追美充国,乃召黄门郎杨雄即充国图画而颂之。"杨雄此"颂",即《太平御览》卷五八八《文部四》引《文章流别论》所云"杨雄《赵充国颂》",亦即刘勰《文心雕龙·颂赞》所谓"子云之表充国"。③《校笺》仅因杨雄《校猎赋》有"临麒麟之囿"一句,即疑萧绎所引《王沈集》"图"为"囿"之误,有强彼以就我之嫌。"杨雄《校猎赋》事"与萧绎此段述后人见先人、功臣图像而悼泣思念这一主旨毫无关系。

---

① 萧绎著,许逸民校笺:《金楼子校笺》,第755页。
② 班固撰,颜师古注:《汉书》,中华书局1962年版。
③ 刘勰撰,周振甫注释:《文心雕龙注释》,人民文学出版社1981年版。

另外,《校笺》将"遂画先君先妣之像"一句置于《王沈集》称云云引号之外,且释"先君先妣"曰:"谓梁武帝、阮修容。"① 此亦误。试想,此句前有所引《王沈集》,后有所引《傅咸集》及接述曹休事,中间插入一句萧绎自述语,成何文理? 通观此段,末句"诚可悲也"才是萧绎自己的感叹,而此感叹乃因《王沈集》、《傅咸集》所云和曹休之表现而产生,故"遂画先君先妣之像"必是《王沈集》中语。王沈"画先君先妣之像"乃因上两句所述之事之影响,观其所用"遂"字即可知。故"麒麟之图"后的引号当移至"先君先妣之像"后。

15. 卷四《立言下》"管子曰"条:"吾假延晷漏,常虑奄忽,幼好狂简,颇有勤成。诸生孰能传吾书者,使黄巾、绿林、不能攘夺;炎上润下,时为保持。则关西孔子,此名方丘;东里先生,梦中相报。"(第946页)

《校笺》:"方丘:未详。疑谓死后薄葬。《后汉书·杨震传》:'震行至城西几阳亭,乃慷慨谓其诸子门人曰:"死者士之常分。吾蒙恩居上司,疾奸臣狡猾而不能诛,恶嬖女倾乱而不能禁,何面目复见日月! 身死之日,以杂木为棺,布单被裁足盖形,勿归冢次,勿设祭祀。"一饮鸩而卒,时年七十余。'"(第948页)

今按:"方丘"之"方"与《金楼子·杂记篇下》"诸葛、司马二相"条之"方之司马,理大优乎"及《广弘明集》卷二九梁武帝《净业赋并序》"方此非譬"之"方"同义。②《广韵·阳韵》:"方,比也。"③ "丘"者,孔丘。"方丘",比于孔丘也。"关西夫子,此名方丘",用《后汉书·杨震传》"诸儒为之语曰'关西孔子杨伯起'"之典。萧绎用此典,着意在"诸儒"以"关西孔子"称杨震,以暗自比于孔子。只不过不如

---

① 萧绎著,许逸民校笺:《金楼子校笺》,第756页。
② 萧绎著,许逸民校笺:《金楼子校笺》,第1326页。释道宣编:《广弘明集》,上海古籍出版社1991年版。
③ 陈彭年等:《广韵》,中国书店1982年版,影印泽存堂本。

其在同书《立言上》"周公没五百年有孔子，孔子没五百年有太史公，五百年运，余何敢让焉"①俨然自比孔子来得直接。如果说"关西夫子，此名方丘"有希望"诸生"认同他是当代孔子之意，则下句"东里先生，梦中相报"则用《后汉书·周磐传》周磐梦见先师东里先生事，而从东里先生托梦之角度说，意在暗示自己百年之后仍将不忘诸生。

令人疑惑的是，《校笺》释"关西夫子"已引证《后汉书·杨震传》，而于"方丘"之意"未详"，且"疑谓死后薄葬"；又引《后汉书·周磐传》周磐梦见先师东里先生事，却另引《论语·宪问》及《史记·郑世家》之"东里子产"以释"东里先生"，难道后汉周磐之先师东里先生就是春秋时郑国的东里子产？萧绎此条主旨在希望诸生向学且能传其学于后世，与"死后薄葬"何关？许先生似释事而忘义。

16. 卷四《立言下》"曹植曰"条："诸葛亮曰：'曹子建论光武，上将则难比于韩、周，谋臣则不敌良、平。'时人谈者，亦以为然。吾以此言诚欲美大光武之德，而有诬一代之俊异。何哉？

"追观光武二十八将，下及马援之徒，忠贞智勇，无所不有，笃而论之，非减曩时。所以张、陈特显于前者，乃自高帝动多阔疏。故良、平得广于忠信，彭、勃得横行于外。语有'曲突徙薪为彼人，焦头烂额为上客'，此言虽小，有似二祖之时也。……光武上将非减于韩、周，谋臣非劣于良、平。原其光武策虑深远，有杜渐曲突之明。高祖能疏，故张、陈、韩、周有焦烂之功耳。黄琼言：'光武创基于冰泮之中，用兵于枳棘之地。'有奇功也。或曰：'光武之时，敌宁有若项羽者？'余应之曰：'昔马援见公孙述自修饰作边幅，知无大志，推羽之行。皆较然可见，而胡有疑也。'仲长公理言：'世祖文史为胜。'晋简文言：'光武雄豪之类，最为规检之风。'世诚以为子建言其始，孔明扬其波，公理导其源，简文宏其说。则通人之谈，世祖为极优矣。"（第950页）

---

① 萧绎著，许逸民校笺：《金楼子校笺》，第798页。

《校笺》:"张陈:谓张耳、陈馀,《史记》卷八、《汉书》卷三二并有传。彭周:谓彭越、周勃。越,《史记》卷九十、《汉书》卷三四并有传。勃,《史记》卷五七、《汉书》卷四十并有传。"(第958页)

今按:首先要指出的是,《校笺》标点此段,于诸葛亮语至"谋臣不敌良平"而止,视其下为萧绎语,此大误。若诸葛亮评光武只是转述曹植之意,且仅两句话,全无自己的见解,萧绎有何必要引用?又如何与下文"孔明扬其波"前后照应?

实则此段中,诸葛亮语应至"故张、陈、韩、周有焦烂之功耳"而止。此段话,先揭出曹子建关于光武"将则难比于韩、周,谋臣则不敌良、平"之语为批评之对象,肯定其用意之善而指出其"有诬一代之俊异"的问题,然后比较分析高祖、光武策略之异,得出"光武上将非减于韩、周,谋臣非劣于良、平",而韩、周、良、平之所以显功,乃因高祖"动多阔疏"的结论。此段话,逻辑严密,前后呼应,文气一贯。

清人张澍所编《诸葛忠武侯文集》正文卷二辑有诸葛亮《论光武》一文,注明出自"《金楼子》第四卷《立言篇》",所录即至"故陈、张、韩、周有焦烂之功耳"止。① 清人丁晏《曹集铨评》于曹植《汉二祖优劣论》后辑"将则难比于韩、周,谋臣则不敌良、平"为佚文,并有云:"下又引武侯语云:光武上将非减于韩、周,谋臣非劣于良、平。即用子建语诘难。"② 是张澍、丁晏皆以诸葛亮语应至"有焦烂之功耳"为止也。如此,则《校笺》于"诸葛亮曰"云云下标点、分段之误自不待言。

再看"张、陈"、"彭、周"何指。笔者上文已明,诸葛亮此段话,全就光武"上将则难比于韩、周,谋臣则不敌良、平"发论。良、平,张良、陈平;韩、周,韩信、周勃。③ 此四人乃刘邦主要谋臣、良将,

---

① 诸葛亮撰,张澍整理:《诸葛忠武侯文集》,中华书局1960年版。
② 转引自曹植著,赵幼文校注:《曹植集校注》,人民文学出版社1984年版,第104页。
③ 萧绎著,许逸民校笺:《金楼子校笺》,第957页,注19、20。

皆以功封侯，《史记》、《汉书》并有传。诸葛亮此段话中，"韩、周"、"良、平"、"张、陈"、"彭、勃"，或称姓，或称名，皆不出此四人。其称"彭、勃"者，对应于"韩、周"，"彭"当是"信"字之误。若如《校笺》所说"张、陈"指张耳、陈馀，"彭"指彭越，则不仅破坏了全段话逻辑的统一性，且高祖集团，如此三人者不少，此三人何足作为其良将、谋臣之代表？诸葛何等人，会如此作文？看来，非诸葛作文之失，乃《校笺》笺释之误。

17.卷五《著书篇》"夫安亲扬名"条："孝无优劣，能使甘泉自涌，邻火不焚。"（第1033页）

《校笺》："甘泉自涌：《太平御览》卷四一一引《东观汉记》：'姜诗字士游，广汉雒人。遭值年荒，与妇佣作养母。贼经其里，束兵安步，云"不可惊孝子"。母好饮江水，儿尝取水溺死。夫妇痛，恐母知，诈云行学，岁作衣投于江中，俄而涌泉出于舍侧，味如江水。井旦出鲤鱼一双。'又，《后汉书·列女传》：'广汉姜诗妻者，同郡庞盛之女也。诗事母至孝，妻奉顺尤笃。母好饮江水，水去舍六七里，妻常泝流而汲。……其子后因远汲溺死，妻恐姑哀伤，不敢言，而托以行学不在。姑嗜鱼鲙，又不能独食，夫妇常力作供鲙，呼邻母共之。舍侧忽有泉涌，味如江水，每旦辄出双鲤鱼，常以供二母之膳。'"（第1034页）

今按：《校笺》所引《东观汉记》、《后汉书·列女传》中姜诗及其妻行孝事，均仅云舍侧泉涌，"味如江水"，无所谓"甘泉"。晋王嘉《拾遗记》卷六："曹曾，鲁人也。本名平，慕曾参之行，改名为曾。家财巨亿，事亲尽礼，日用三牲之养，一味不亏于是。不先亲而食新味也。为客于人家，得新味则含怀而归。不畜鸡犬，言喧嚣惊动亲老。时亢旱，井池皆竭，母思甘清之水，曾跪而操瓶，则甘泉自涌，清美于常。"① 显然，萧绎所云"甘泉自涌"事出此。《校笺》误。

---

① 王嘉撰，萧绮录：《拾遗记》，中华书局1981年版。

18. 卷五《著书篇》"《职贡图序》"条："尼丘乃圣，犹有图人之法；晋帝君临，实闻乐贤之象。甘泉写阏氏之形，后宫玩单于之图。"（第1092页）

《校笺》："图人之法：《汉书·艺文志》：'《孔子徒人图法》二卷。'清朱彝尊《经义考》卷二二一：'《孔子徒人图法》二卷，按：《徒人图法》、《三朝记》，《汉书·艺文志》俱在《论语》部，所谓《徒人图法》者，殆即《家语》所谓"弟子解"，《史记》所谓"弟子籍"也。'按，《史记·仲尼弟子列传》：'太史公曰：学者多称七十子之徒，誉者或过其实，毁者或损其真，钧之未睹厥容貌，则论言弟子籍，出孔氏古文近是。余以弟子名姓文字悉取《论语》弟子问并次为篇，疑者阙焉。'"（第1099页）

又，"乐贤之象：《晋书·五行志中》：'成帝咸和六年正月丁巳，会州郡秀孝于乐贤堂，有麇见于前，获之。孙盛以为吉祥。夫秀孝，天下之彦士；乐贤堂，所以乐养贤也。自丧乱以后，秀孝策试，乏四科之实。麇兴于前，或斯故乎？'又《北堂书钞》卷七九'会乐贤堂'引《晋中兴书》：'咸和六年，会秀才于乐贤堂，庙见也。'按，《至大金陵新志》：'乐贤堂，晋肃宗为太子时所作'"。（第1099页）

今按：《职贡图序》者，序其所以画"职贡图"也。"尼丘乃圣"云云，乃援古以为例耳。所谓"图人之法"，意即图画人物之方法；所谓"乐贤之象"，即乐贤堂之画像。《校笺》笺证"图人之法"、"乐贤之象"，费三百余字，竟无一字言及人物图像事，令人不解。

其实，此两句别有出典。《论语·八佾》："子夏问曰：'巧笑倩兮，美目盼兮，素以为绚兮，何谓也？'子曰：'绘事后素。'"[①]《太平御览》卷六五七引《晋书》曰："彭城王纮上言：'乐贤堂有先帝手画佛象，经历寇难，而此堂犹存，宜敕作颂。'帝下其议。蔡谟曰：'佛者，夷狄

---

① 杨伯峻译注：《论语译注》，中华书局2009年版。

之俗，非经典之制。先帝量同天地，多才多艺，聊因临时而画此象，至于雅好佛道，所未及闻也。'"（《晋书·蔡谟传》略同）尼丘，即孔子。"图人之法"即"绘事后素"；晋帝，即晋成帝司马衍，"乐贤之象"即"先帝手画佛象"。

19. 卷五《志怪篇》"余丙申岁娠"条："尔日，天雷震西州厅事，两柱俱时粉碎，于时莫不战慄。"（第1159页）

《校笺》："西州厅事：谓扬州刺史治所。《资治通鉴》卷一二三《宋纪五》：'段（今按，当是"殷"之误）景仁既拜扬州，羸疾遂笃，上为之敕西州道上不得有车声。'胡三省注：'扬州治所在建康台城西，故谓之西州。宋白曰：秣陵县，秦属鄣郡。'《丹杨图》曰：自句容以西属鄣郡，以东属会稽郡，武帝元封二年，改鄣郡为丹杨郡，置扬州刺史，理秣陵，西州桥、冶城之间是其理处。刘繇为扬州刺史，始移理曲阿。孙策号此为西州。"（第1160页）

今按：考《资治通鉴》卷一二三《宋纪五》知，"殷景仁既拜扬州"云云，事在宋文帝元嘉十七年（440）。①此时扬州刺史镇西州，胡三省注是不错的。但《校笺》以此为据，断定萧绎所云"丙申岁"（即梁天监十五年，516）扬州刺史治所仍在西州，则错。

本来，西州、东府的主人，孙吴时已有定制。宋张敦颐《六朝事迹编类》卷一"六朝宫殿"条引《吴实录》有云："有曰东府，盖宰相之所居也；有曰西州，盖诸王之所宅也。"即是明证。②不过，到东晋，情况已有变化。《元和郡县图志》卷二五"西州"条云："州廨。王敦及王导所创也。后会稽王道子于东府城领州，故号此为西州。"③是西州在东晋时已为扬州刺史治所。至于东府，则依旧为宰相所居。《世说新语·言语》"谢景重女"条刘孝标注引《丹阳记》："东府城西，有简文

---

① 司马光撰，胡三省注：《资治通鉴》，上海古籍出版社1987年版。
② 张敦颐撰：《六朝事迹编类》，南京出版社1989年版。
③ 李吉甫：《元和郡县图志》，中华书局1983年版。

为会稽王时第,东则孝文王道子府。道子领扬州,仍住先舍,故俗称东府。"(《文选》卷六〇谢惠连《祭古冢文并序》李善注引《丹阳记》同)司马道子以丞相领扬州,仍居东府,可以为证。

时至南朝,以宋孝武帝孝建三年(456)为界,分为前后两阶段。前段大体依东晋旧例,宗室诸王以宰相录尚书事而兼扬州刺史者居东府,其他任扬州刺史者,包括异姓宰相录尚书事兼扬州刺史皆居西州。孝武帝孝建三年,西阳王刘子尚非宰相录尚书事而为扬州刺史,本当居西州,但当时荧惑守南斗,孝武废西州旧馆,使子尚居东府城以厌之,"西州竟废"。事详《宋书》卷八二《沈怀文传》。自此以后,直至陈代,在通常情况下,不论是否是宰相录尚书事,扬州刺史皆居东府。这些,笔者有《南朝之扬州刺史及其治所考析》一文,[1]可以参看,此不赘述。梁代,西州乃诸王府第,扬州刺史治所在东府。《校笺》未知六朝扬州刺史治所之变迁,其误自然难免。

20. 卷六《杂记上》"余以九日从上幸乐游苑"条:"余以九日,从上幸乐游苑,被敕押,伏蒙敕板军主。新从荆还,人马器甲,震耀京辇,百姓观者如堵墙焉。"(第1283页)

《校笺》:"伏蒙敕板军主:'敕板',犹诏书。《后汉书·杨震传》:'割用板之恩。'李贤注:'板谓诏书也。'"(第1284页)

今按:此条中"被敕"、"伏蒙敕",两"敕"含义应同,均指皇帝的诏命。《校笺》以"敕板"为一词,且释为"诏书",则"伏蒙敕板军主"即"伏蒙诏书军主",义不可通。实则此"板"乃动词,官制术语。熟悉六朝史者皆知,晋南北朝时,王公大臣及地方长官可以临时委任官吏。授官时,书其辞于板以授,称为板或板授。此与《后汉书·杨震传》之"板"意义不同。如参军一职,《宋书·百官志》有云:"除拜则为参军事,府板则为行参军。晋末以来,参军事、行参军又各有除、

---

[1] 熊清元:《南朝之扬州刺史及其治所考析》,《黄冈师专学报》1994年第4期。

板。"即是明证。再看"军主",《文选》卷六〇任彦昇《齐竟陵文宣王行状》:"宋镇西晋熙王、南中郎邵陵王并镇盆口,世祖毗赞两藩而任总西伐。公时从在军,镇西府板宁朔将军、军主,南中郎板补行参军署法曹。"① 又,《南齐书》卷三〇《曹虎传》:"明年,江州蛮动,敕虎领兵戍寻阳,板辅国将军、伐蛮军主。"是军主亦可板授,自无疑问。明乎此,则"伏蒙敕板军主"者,意谓受诏命板授军主也。《校笺》此误与吴光兴《萧纲萧绎年谱》同。吴谱于"大同五年"有云:"九月九日,湘东王绎新自荆州还,九日从帝幸乐游苑,受敕为军主。"② 其下引据正是《金楼子》此条。显然吴氏是以"伏蒙敕板军主"为"受敕为军主"。而《校笺》所附"主要参考书目"正有此书。③《校笺》之释是否受吴谱之影响,不得而知。

21. 卷六《杂记上》"余以九日从上幸乐游苑"条:"曲蒙恩宴,自夜至朝,奉玉裕之温,入铜龙之省。曈昽日色,还想安仁之赋,徘徊月影,悬思子建之文。"(第1283页)

《校笺》:"子建之文:子建即曹植,字子建。植今存诸文中,未见有言及'徘徊月影'者,疑此所谓'文'乃兼称《七哀诗》。《文选·曹子建七哀诗》:'明月照高楼,流光正徘徊。……'"(第1289页)

今按:南朝时,有所谓文、笔之别,凡言"文"、"文者"即包括诗在内。《文心雕龙·总术篇》:"今之常言,有文有笔,以为无韵者笔也,有韵者文也。"《梁书》卷八《昭明太子传》:"五言诗之善者,为《文章英华》二十卷。"此所谓"文章",无疑指诗。再略举几例:《宋书》卷八二《沈怀文传》:"怀文少好玄理,善为文章,尝为楚昭王二妃诗,见称于世。"《南齐书》卷五二《丘灵鞠传》:"灵鞠好饮酒,臧否人物,在沈渊座,见王俭诗,渊曰:'王令文章大进。'灵鞠曰:'何如我

---

① 萧统编,李善注:《文选》,中华书局1977年版。
② 吴光兴:《萧纲萧绎年谱》,第216页。
③ 萧绎著,许逸民校笺:《金楼子校笺》,第1508页。

未进时.'"《梁书》卷四九《庾肩吾传》:"齐永明中,文士王融、谢朓、沈约文章始用四声,以为新变,至是转拘声韵,弥尚丽靡,复逾于往时。"《昭明文选》名曰"文选",所选"文"自卷一九后半至卷三一全都是诗,且曹植《七哀诗》"明月照高楼"一首正在卷二三《哀伤》类中,岂能说"植今存诸文中,未见有言及'徘徊月影'者"萧绎《金楼子·立言篇》有云:"吟咏风谣、流连哀思者谓之文。"① 曹植《七哀诗》正是萧绎所谓"流连哀思"之作,是标准的"文"。《校笺》对"文"体之认识,有混同古今之失,因而也就"疑"所不当疑。

22. 卷六《杂记篇下》"殷汤取士于商贾"条:"齐桓取士于车辕,大汉取士于奴仆。"(第1305页)

《校笺》:"齐桓取士于车辕:谓得管仲。《史记·管晏列传》:'管仲夷吾者,颍上人也。少时常与鲍叔牙游,鲍叔知其贤。管仲贫困,常欺鲍叔,鲍叔终善遇之,不以为言。已而鲍叔事齐公子小白,管仲事公子纠。及小白立为桓公,公子纠死,管仲囚焉。鲍叔遂进管仲。管仲既用,任政于齐,齐桓公以霸,九合诸侯,一匡天下,管仲之谋也。'"(第1306页)

今按:《校笺》云"齐桓取士于车辕,谓得管仲",固然不错,但所引《史记·管晏列传》云云,却与"车辕"毫无关系,令人生疑。实则当引《吕氏春秋》为据。《吕氏春秋》卷二四《不苟论·赞能》载,管仲被囚于鲁,桓公从鲍叔之议,欲相管仲。"于是乎使人告鲁曰:'管夷吾,寡人之仇也,愿生得之而亲加手焉。'鲁人许诺,乃使吏鞹其拳,胶其目,盛之以鸱夷,置之车中。至齐境,桓公使人以朝车迎之。"②

23. 卷六《杂记篇下》"魏绛请施舍"条:"今若开府,并以济民,忽值妖贼,便当束手。此刘虞惜放火,所以见诛;仲堪赈贫民,于兹窜

---

① 萧绎著,许逸民校笺:《金楼子校笺》,第966页。
② 吕不韦撰,陈奇猷校释:《吕氏春秋校释》,上海古籍出版社2002年版。

矣。"（第1309页）

《校笺》："仲堪：谓殷仲堪，陈郡长平人。……按，《晋书》本传：'仲堪自在荆州，连年水旱，百姓饥馑，仲堪食常五椀，盘无余肴，饭粒落席间，辄拾以噉之，虽欲率物，亦缘其性真素也'，'玄顿巴陵，而馆其谷。玄又破杨广于夏口。仲堪既失巴陵之积，又诸将皆败，江陵震骇。城内大饥，以胡麻为廪。仲堪急召佺期，佺期率众赴之，直济江击玄，为玄所败，走还襄阳。仲堪出奔酂城，为玄追兵所获，逼令自杀，死于柞溪'，'仲堪少奉天师道，又精心事神，不吝财贿，而殆行仁义，吝于周急，及玄来攻，犹勤请祷。然善取人情，病者自为诊脉分药，而用计倚伏烦密，少于鉴略，以至于败。'"（第1311—1312页）

今按：《校笺》释"仲堪赈贫民"，洋洋三百余字，所引《晋书》不仅无"赈贫民"事，而且恰恰相反，言其"殆行仁义，吝于周急"。其实，"仲堪赈贫民，于兹窜矣"，萧绎是言之有据的。不过不是唐修今本《晋书》，而是别本《晋书》。《太平御览》卷一〇〇《皇王部·桓玄》引《晋书》载：安帝隆安中，"王恭又与庾楷起兵讨江州刺史王愉及谯王尚之兄弟。（桓）玄、仲堪谓恭事必克捷，一时回应。仲堪令玄与杨佺期为前锋，玄至盆口，获王愉。诏以玄为江州，各西还，屯于寻阳，共相结约，推玄为盟主。后荆州大水，仲堪振恤饥者，仓廪空竭。玄乘其虚而伐之，至江陵，仲堪数道拒之，不克。佺期自襄阳来救，期败走，殷仲堪亦见害。"

24. 卷六《杂记篇下》"高贵乡公赋诗"条："高贵乡公赋诗，给事中甄歆、陶成嗣各不能著诗，受罚酒。"（第1327页）

《校笺》："甄歆陶成嗣：《永乐大典》卷一二〇四引《金楼子》作'甄陶成嗣'，以二人仕履阙如，未详孰是。曹髦爱好作诗，亦见于史。《三国志·魏书·三少帝纪》：'（甘露二年）五月辛未，帝幸辟雍，会命群臣赋诗。侍中和逌、尚书陈骞等作诗稽留，有司奏免官，诏曰："吾以暗昧，爱好文雅，广延诗赋，以知得失，而乃尔纷纭，良用反仄。

其原逌等。主者宜敕自今以后,群臣皆当玩习古义,修明经典,称朕意焉。"'"(第1328页)

今按:《校笺》此笺,无"罚酒"事。《初学记》卷一二引《魏高贵乡公集》曰:"幸华林,赐群臣酒。酒酣,上援笔赋诗,群臣以次作。二十四人不能著诗,授罚酒,黄门侍郎钟会为上。"[1] 此盖萧绎所据。甄欿、陶成嗣或在被罚酒之列。《隋书·经籍志》"《魏明帝集》七卷"下小注"梁又有《高贵乡公集》四卷,亡"。《高贵乡公集》或载有被罪二十四人名单,惜其书唐初已亡,今无从考见矣。

(原载《台大中文学报》2012年第38期)

---

[1] 徐坚:《初学记》,中华书局1962年版。

建安之部

曹丕《黎阳作》三首写作时间考辨

曹丕《黎阳作》三首"句格纵横,节奏缜密,殊有人主气象"(明胡应麟《诗薮》外编卷一),与他清丽哀婉"有公子气,有文士气"(明钟惺、谭元春《古诗归》卷七)的多数诗篇相比,别具一格。弄清楚这三首诗的写作时间,对于探讨曹丕的诗歌创作道路、风格变化是不无意义的。

较早把这三首诗的写作时间问题提出来的是近人黄节先生。在所著《魏文帝诗注》中据《魏志》所载曹魏"用兵于黎阳"的史实和诗的内容不合,他判定《黎阳作》三首"未能断其为何年矣"。[1] 近年张可礼同志《三曹年谱》将此三首诗及另一首《黎阳作》合为《黎阳作》四首,列于建安八年作,云"是年曹丕从征,由邺附近至黎阳,写《黎阳作》诗四首"。并加说明:"'千骑随风靡,万骑正龙骧,金鼓震上下,干戚纷纵横'等句,写出师行军,雄壮威武。又诗中有'朝发邺城,夕宿韩陵','行行到黎阳'等句,知此次行军是由邺城往黎阳。考《武帝纪》、《文帝纪》,唯是年大规模用兵于黎阳。诗盖作于是年由邺附近至黎阳途中。"[2]

"建安八年作"之说是否可信?这三首诗是否真的"未能断其为何年"?笔者就张、黄二说加以辨析,并提出个人的浅见,以就正于方家。

先讨论一下"建安八年作"之说。

---

[1] 黄节:《魏武帝魏文帝诗注》,人民文学出版社1958年版。
[2] 张可礼编著:《三曹年谱》,齐鲁书社1983年版。

建安八年前后，曹操出征袁氏的情况如何，是否有由邺进军黎阳之事？这是判断"建安八年作"之说是否正确的关键问题，必须首先弄清楚。考《三国志·魏志·武帝纪》及《郭嘉传》，建安七年夏五月，袁绍死。其子袁谭、袁尚屯黎阳。秋九月，曹操从官渡进军黎阳。建安八年三月，破黎阳，袁氏兄弟败退到邺。黎阳从此掌握在袁氏的手中。同年四月，曹操乘胜向邺进军，因听从郭嘉之谋而退兵，五月还许，留贾信屯黎阳。八月，曹操南征刘表，驻军西平。十月回师北上，再至黎阳。直到建安九年八月，才平定邺。由此可知：一、建安八年，邺在袁氏手中。这年三月攻黎阳是由官渡出兵的。这与曹丕诗中所云"朝发邺城"方向恰恰相反。二、建安八年四月曹操向邺进军，即使到达了邺附近，旋即回黎阳还许，也是还军不是进军。这与曹丕诗中所写出师"靖乱"之内容完全不合。黄节先生说曹丕这三首诗所写，当是定邺以后的事，是很正确的。(见其《魏文帝诗注》)张可礼同志说诗是写从邺城到黎阳的出征的，固然不错，但这与建安八年曹操"用兵于黎阳"有何关系呢？

显然，从史实看，这三首诗与建安八年用兵于黎阳之事无关。同时，从诗的本身来分析，建安八年的曹丕也不可能写出这样的诗。何以见得？

第一，从诗中作者的身份看。这三首诗的内容连贯，合成一组，都是用第一人称写出征之事的。诗中一则曰"舍我高殿，何为泥中"，再则曰"我独何人，能不靖乱"，三则曰"我徒我车，涉此艰阻"。诗中的"我"，无疑是作者曹丕自指。无须细细品味诗中作者的口气，单看"我独何人，能不靖乱？"两句不遮不掩，把"靖乱"作为自己的责任，那"当今之世，舍我其谁"的架势，曹丕写这三首诗时的身份地位就可想而知。黄节先生云此"非五官中郎将之言"。考之史传，曹丕生于中平四年（187），建安十六年（211）为五官中郎将。若此诗作于建安八年，则曹丕年才十七，任五官中郎将还是再过八年的事。试问他此时无官无职，一随父从征的少年公子而已，岂敢如此狂言？曹丕能写又敢于写这样的诗，抑或在曹操死后，自己身居军队统帅之位时；否则，他置曹操于何种地位？

　　第二，从诗中所用典故看。一般说来，用典，就是借用古事来表达作者要反映的现实生活内容的一种手法。因此，所用典故的含义必须与作者所表达的思想内容相一致。《黎阳作》三首有两处重要的用典。一处是第一首诗中"在昔周武，爰暨公旦，载主而征，救民涂炭"。接着便是前引两句"我独何人，能不靖乱"。据《史记·周本纪》载，周文王崩，武王即位，修文王绪业，"九年，武王上祭于毕，东观兵，至于盟津，为文王木主，载以车。中军，武王自称太子发，言奉文王以伐，不敢自专。……遂兴师"。显然，曹丕在这里是用周武王伐纣的故事来比这次出征"靖乱"。他自己既然以周武王自居，曹操无疑就是被比为周文王了。值得深思的是：建安八年曹操不仅没有死，而且正是出征袁氏之军的统帅。曹丕什么典故不好用，偏要用武王载文王木主而征的典故？他在当时用这样的典故，难道不怕人笑骂他比拟不伦、咒骂乃父吗？想来，"博闻强识，才艺兼该"（《魏志·文帝纪评》）的曹丕，断不至如此不通。那么，从另一角度来看，这一典故的运用，也使我们有理由相信，这诗不可能作于曹操在世之时。再一处用典故是第三首诗中"追思太王德，胥宇识足臧"两句。太王，古公亶父也。《诗·大雅·绵》有句云："古公亶父，来朝走马，率西水浒，至于岐下。爰及姜女，聿来胥宇。"关于这诗句，《史记·周本纪》上说，古公亶父复修后稷之业，积德行义，国人皆戴之。因狄人侵扰，他不愿与之争夺，率众迁至岐下，"及他旁国闻古公仁，亦多归之"。考《魏志·武帝纪》知，自建安四年以后，曹操与袁氏集团的矛盾激烈到水火不容的地步。灭掉袁氏这个盘踞在黄河以北的最大势力，以建立巩固的北方根据地，进而南下，肃清宇内，使全国一统，这是曹操的战略方针。但曹丕在写出征之事的诗中用这样的典故，用意何在？倘若定此诗写于建安八年，曹丕从曹操出征黎阳进攻袁氏的途中，那么，他用这个典故岂不等于说曹操不该用武力而该用仁义来感化袁氏兄弟吗！不可想象，曹丕会如此迂阔，与曹操大唱反调。看来，这首诗不可能是建安八年所作。这个典故的运用，也应该别有所指。

通过以上分析，我们认为，说这三首诗作于建安八年是不合实际的。据诗意推断，它们只能作于曹操去世以后。但是否如黄节先生所说"未能断其为何年"呢？其实，这三首诗的写作时间是可以断定的。这时间是延康元年七月曹丕南征到达黎阳以前。

《魏志》载，曹操建安二十五年正月死后，曹丕继位为丞相、魏王，从袭王位到当皇帝的六七年中，他尽管几次亲征，但由邺城出发，"行行到黎阳"的，只有延康元年一次。关于这次出征的原因，《魏志·文帝纪》语焉不详，分析起来，无外乎国内与国外两个方面。国外方面，尽管在建安二十四年底，孙权已向曹操上书称臣了，但魏、吴边境的摩擦，并未停息。这在《吴志·吴主传》裴注引《魏略》所载孙权给曹丕的信中是有明白叙述的。魏吴关系如此，魏蜀呢？刘备于建安二十四年五月夺取汉中，七月自称为汉中王，且念念不忘的是"兴复汉室，攘除奸凶"。从国内看，曹丕好不容易嗣了魏王之位，清除了曹植的党羽丁氏兄弟，把各诸侯赶到了封地，自己的地位是否就完全巩固了？这国内国外的问题无疑使这位新任魏王面临着严重考验。曹丕这次南征，堂而皇之的目的是"靖乱"，是"忿吴夷之凶暴，灭蜀虏之僭逆"（见《全三国文·卫觊〈大飨碑〉》），但扬兵耀武，并借以显示自己的力量，巩固自己的地位，恐怕也是重要原因。

这次出征的情况，《魏志·文帝纪》载，延康元年六月辛亥，曹丕治兵于东郊，"庚午，遂南征。秋七月，……孙权遣使奉献，蜀将孟达率众降，武都氐王杨仆率种人内附，居汉阳郡。甲午，军次于谯"。

在"居汉阳郡"下，裴注引《魏略》"载王自手笔令曰：'日前遣使宣国威灵，而达即来，吾惟春秋褒仪父，即封拜达，使还领新城太守。

近复有扶老携幼，首向王化者。吾闻夙沙之民自缚其君以归神农，豳国之众襁负其子而入丰、镐，斯岂驱略迫胁之所至哉？乃风化动其情，而仁义感其衷，欢心内发使之然也。以此而推之，西南将万里无外，权、备将与谁守死乎！"

又《魏志·贾逵传》云："文帝即王位，以邺县户数万在都下，多不法，乃以逵为邺令。……大军出征，复为丞相主簿祭酒……从至黎阳，津渡者乱行，逵斩之，乃整。至谯，以逵为豫州刺史。"

将以上史实结合起来看，曹丕这次出征的情况是很清楚的。那么它是否与《黎阳作》三首的实际相吻合呢？回答是肯定的。

其一，曹丕这次出征的路线是由邺城出发，经黎阳至谯。这与诗中所写"朝发邺城、夕宿韩陵"，"行行到黎阳"正相一致。诗中"行行到黎阳"者，不过说出征到达了黎阳这个中途站而已。黄节先生和张可礼同志都把"行行到黎阳"理解成"用兵于黎阳"，因而胶柱鼓瑟，当然得不出正确的结论。

其二，曹丕这次率军出征既然是曹操已死，他自已嗣位为丞相、魏王以后半年多的事情，那么，他在诗中用周武王载文王木主而征的典故，表示要继承曹操的遗志，平定海内，说出"我独何人，能不靖乱"这样的壮语就是顺理成章的了。也正因为用了这样的典故，才恰切表达了他当时的心情、身份。

其三，师出以后，既有孙权遣使奉献，又有蜀将孟达、武都氏王杨仆等或降或附，这对于新上任而面临严重考验的曹丕，当然是个极大的鼓舞。他的自信、畅快的心情是可想而知的。古公亶父以仁义使旁国诚心归附，他曹丕岂不同古公亶父一样？了解了这点，曹丕在手令和诗中一而再地以古公亶父自比就没有什么不可理解的了。

写到这里，也许有人要问：这三首诗前两首四言的和后一首五言的，情调并不相同，难道是一时所作吗？曹丕这样以古公亶父自比，是不是这次出师就不战而还呢？我说，必是先作了两首四言的，后来有孙权奉献，孟达归降等事，而又值雨去天晴，因而喜情所至，发为咏吟，才有了第三首五言的。客观生活起了变化，诗的情调当然就不同。不过，这前两首与后一首的写作虽不同时，想必不会时隔太久，因为由邺城到黎阳，即使路途"艰阻"，也不要很久的时间。至于这次出征的后文，恕不赘述。曹丕确然是不战而还，而且在归途中演了一幕接受禅位的喜剧——当了皇帝了。

（原载《黄冈师专学报》1985 年第 2 期）

王粲《从军诗五首》后四首系年考辨

《文选》卷二七载有王粲后期的代表作《从军诗五首》。其第一首（"从军有苦乐"）首见于《三国志·魏志·武帝纪》裴松之注。裴注置此首于建安二十年曹操西征张鲁事后，并云："是行也，侍中王粲作五言诗以美其事。"《文选》李善注略同。笔者亦无异议。这里只说其第二至第五首的系年问题。这后四首诗的作年，现存史料无明确记载。第一个为之系年的是李善。他注《文选》，于此四首之"凉风厉秋节"首云："《魏志》曰，建安二十一年，粲从征吴。作此四首。"（按：《魏志·王粲传》只云："建安二十一年，从征吴。""粲"字当是李善为表意明确而加的。"作此四首"是李善的判断，非《魏志》本文。李善注《文选》引用古籍时，往往撮取原文以就己意。这是众所周知的。此处言"《魏志》曰"云云，亦当作如是观。）此后，清人吴淇《六朝选诗定论》、陈祚明《采菽堂古诗选》，以至近人陆侃如先生《中古文学系年》（人民文学出版社1985年版）及今人徐公持先生《建安七子诗文系年考证》（《文学遗产增刊》第14辑，中华书局1982年版），俞绍初先生校点《王粲集》附《王粲年谱》（中华书局1980年版），吴云、唐绍忠两同志《王粲集注》（中州书画社1984年版）等皆从李善说。李善说似乎已成定论。

李善说实际上包含两层意思：一、这四首诗是王粲在一次从征孙吴的途中所作；二、这次征吴是在建安二十一年。对于第一层意思，从此四首诗中"我军顺时发，桓桓东南征"，"从军征遐路，讨彼东南夷"，"率彼东南路"，"朝入谯郡界"等所反映的行军路线及诗中所写自然景象所显示出的时令（下文将详述）的一致性来看，是无可怀疑的。但第二层意思，即是说这四首诗的作期在建安二十一年，笔者就不敢苟同了。本文就此试作考辨，幸方家教之。

且看下面的材料：

（建安二十一年）冬十月，治兵，遂征孙权，十一月至谯。二十二年春正月，王军居巢。二月，进军屯江西郝溪。（《三国志·魏志·武帝纪》）

建安二十一年，（粲）从征吴。二十二年春，道病卒。（《魏志·王粲传》）

维建安二十二年正月十四日（今本为"二十四日"，此据赵幼文先生《曹植集校注》说改）戊申，魏故侍中关内侯王君卒。（曹植《王仲宣诔序》）

将这三条材料合而观之，可知：曹操建安二十一年十月始出征，十一月至谯，二十二年正月至居巢，从征的王粲正月十四日即死于军中。显然，如果他这四首诗作于此次从征途中，则其时间只能在建安二十一年冬季。但这个时间范围与这四首诗本身给我们提供的写作时间是完全矛盾的。

首先，从诗中所反映的典制看。第一首开头四句即云："凉风厉秋节，司典告详刑。我军顺时发，桓桓东南征。"这里引人注目的是"秋节""顺时"四字。言"秋节"，当然是秋天，这实际上已经点明了这次出征的季节。"顺时"何解？李善注这四句诗有云："《礼记》：孟秋之月，凉风至，用始行戮。天子乃命将帅选士厉兵，以征不义。""《礼记》曰：举事必顺其时。""顺时，应秋以征也。"李善注已清楚地表明了"顺时"二字的含意。王粲"强记洽闻，幽赞微言"（曹植《王仲宣诔》），"魏国既建"，"时旧仪废弛，兴造制度，粲恒典之"（《魏志·王粲传》）。可见他精于礼仪典制的。他说"我军顺时发"，绝不可能是不分秋、冬，不讲典制的信口开河。"秋节""顺时"呼应，从另一个角度来看，正表明了王粲注意到了他所写的这次出征合于礼制"应秋以征"

的特点。因此,这四首诗的作期当是秋天。

再看诗中所写的自然景象。若诗作于建安二十一年征吴途中,则诗人摄入诗篇的当是自邺至谯途中冬天的自然景象。但诗中出现的却是这样的句子:"蟋蟀夹岸鸣,孤鸟翩翩飞";"草露沾我衣";"藿蒲竟广泽,葭苇夹长流";"寒蝉在树鸣","黍稷盈原畴",等等。据笔者亲历所知,自邺(今河北省临漳县)至谯(今安徽省亳州市)这一带地区,当今农历十月、十一月已是水寒草枯的时候了。蟋蟀和寒蝉早已藏入地下,成熟的庄稼也早已收获完毕,越冬的农作物如大麦小麦等还是幼苗。这时的田野是萧条荒冷的,不可能有王粲此四首诗中所写的那种景象。当然,古今气候会有所变化,但这种变化可以说是微不足道的,所以,以今推古,大致不差。我们不妨再看看古人涉及蟋蟀、寒蝉以及有关农事的文字。《诗·豳风·七月》有云:"七月在野,八月在宇,九月在户,十月蟋蟀入我床下。"晋初张载《七哀诗二首》之二有云:"秋风吐商气,萧瑟扫前林。阳鸟收和响,寒蝉无余音。白露中夜结,木落柯条森。"《礼记·月令》云:"季秋之月","农事备收","是月也,霜始降"。这些告诉我们:黄河流域中原地区蟋蟀八月就不在野外鸣叫了,到深秋九月寒蝉已停止了歌唱,田野里的庄稼已收获完毕,草上的露水开始凝为霜花了。这些同样证明,王粲《从军诗五首》后四首所写不是冬天而是秋天。更明确地说,应是夏历七、八月的景象。

其实,建安诗人的诗中,与上引王粲这四首诗中描写自然景象的诗句相类似的句子并不少见。如:

凉风动秋草,蟋蟀鸣相随。冽冽寒蝉吟,蝉吟抱枯枝。(徐幹《于清河见挽船士新婚与妻别》)

漫漫秋夜长,烈烈北风凉……彷徨忽已久,白露沾我裳。……草虫鸣何悲,孤雁独南翔。(曹丕《杂诗二首》之一)

秋风发微凉,寒蝉鸣我侧。(曹植《赠白马王彪》)

由这些例子不难看出,蟋蟀之鸣,寒蝉之吟,白露之沾衣,等等,都是作为秋天的典型景象展现在诗人笔下的。不可想象,建安"七子之冠冕"的王粲会把秋天的典型景象当作冬天的景象来描写?我们相信王粲这四首诗必是写秋天的景象,他此次从征必在秋天。

以上论述充分说明,这四首诗不是建安二十一年从征孙吴时作,李善说是错误的。它的作期当在某年秋天开始的征吴途中。那么,这个"某年"到底是哪一年呢?

考《魏志》,自王粲建安十三年附曹至建安二十二年正月卒的这段时间,曹操征吴有建安十四年、十七年、十九年、二十一年,凡四次。而秋天开始的征吴,则唯有建安十九年一次。《魏志·武帝纪》述此次出征云:"秋七月,公征孙权","冬十月","公自合肥还"。这个出征时间正与《礼记》"孟秋之月……以征不义"相合,是粲诗"顺时"二字的根据。另外,曹植《东征赋》、杨修《出征赋》亦记此次出征事(详《东征赋序》及陆侃如先生《中古文学系年》)。杨修赋有云:"汎从风而回舻,徐日转而月移,旆已入乎河口,殿尚集于园池。"写曹操军队乘船由邺城玄武池经漳水入黄河,声势浩大。这与王粲此四首诗所述"泛舟盖长川""方舟顺广川""连舫逾万艘,带甲千万人"云云相似。船入黄河以后的行程,杨修赋文残缺,文献别无详载。但既然是水路征吴,则其经谯是无疑的。事实上曹操建安十四年、十七年、二十一年征吴都是走水路过谯的(分别详曹丕《浮淮赋序》、《临涡赋序》及《魏志·武帝纪》)。此次当然不会例外。这也与此四首诗中"朝入谯郡界"相吻合。而且由邺至谯,顺流而下,舟船行驶大约也不要多长时间即可到达。曹军七月出征,到谯亦必在七八月间,这正与这四首诗所写七、八月之自然景象一致。看来,王粲这四首诗所写与建安十九年的出征实际是无一不合了。

对于这次出征,曹魏集团内部是有不同意见的。在《魏志·武帝纪》"秋七月,公征孙权"句后,裴注引《九州春秋》云:

> 参军傅干谏曰:"……今举十万之众,顿之长江之滨,若贼负固深藏,则士马不能逞其能,奇变无所用其权,则大威有屈而敌心未

能服矣。……"公不从，军遂无功。

可以为证。曹植《东征赋序》有云："神武一举，东夷必克。"杨修《出征赋》亦云："信大海之可横，焉江湖之足忌。"王粲此四首诗中"今我神武师，暂往必速平"之语与之正可以说是如出一辙——都强调这次出征必能很快胜利。这固然可以认为是王粲等人对曹操出征的奉谀之词，但若从这些语句十分明显地与傅幹语言相反对这一点看，说他们是有意地针对傅幹等反对出征的人而发，恐怕也是站得住脚的。因此，笔者认为，这也是王粲此四首诗作于建安十九年征吴途中的一个佐证。

至于李善的判断，因为他未提出具体根据，我们也就无从准确地知道其失误的原因。这里不妨作一点推测。

萧统《文选·序》言其编例有云："凡次文之体，各以汇聚；诗赋体既不一，又以类分；类分之中，各以时代相次。"细考李注，发现他对萧统"类分之中，各以时代相次"的话很重视。对同一作家的若干同题作品，若有确凿的系年根据，他就引出根据，为之系年，如王粲之《从军诗五首》之一（"从军有苦乐"）即是根据《魏志·武帝纪》裴注而为之系年的。否则，他就依据《文选》的编次顺序，或定为同一时期作（如曹植《杂诗六首》），或不加判断。绝不否定《文选》的已有次第。《从军诗五首》第一首的作期，他已知是建安二十年，而后四首排在第一首之后，且明显与第一首不是同时所作（第一首说"征关右"，后四首说征"东南"），尽管没有确凿的根据，他也以为必在建安二十年以后了。而建安二十一年是王粲最后一次从征，《魏志》本传又有明确记载，所以他就定这后四首诗作于这次出征途中了。如果这样的推测比较合理的话，李善的失误就在于他太相信《文选》中《从军诗五首》的编次顺序而忽视了这后四首诗本身的实际。李善以后的一些学者，大概也是太相信李善的判断，犯了与李善相类似的错误。

（原载《黄冈师专学报》1990年第2期）

《曹植新探》若干问题之商榷

《曹植新探》(黄山书社 1984 年版。以下简称《新探》)是到目前为止,为数甚少的研究曹植的专著之一。著者对于曹植的为人为文及其在中国文学史上的地位和影响,做了比较全面的探讨,提出了自己的看法。已故著名学者余嘉锡先生在其《疑年录稽疑·自序》中云:"书之美恶,不过三四分与八九分之别耳。若曰每着一语,必检尽群书,沈思博考而后下笔,务令毫发无憾,一字莫能增损,必不可得之数也。故读前人之书,不可惟其说之从。虽眼前经史,亦必覆检原书,审其是否。又当知其所引据之外,尚有他书。如折狱然,必具两造,甲以为如此者,安知乙之言不如彼,比而证之,而后曲直乃见,所谓实事求是也。"遵照余先生宝贵的指示,以实事求是之态度读此专著,发现果有若干未善之处。笔者不揣浅陋,在此或详或略地写出,虽无益于大雅,或有资于商榷。

一、关于曹植的经历及其作品的年代

弄清作家的主要经历、作品的写作年代,是研究作家作品的基础。历来的文学研究者都比较重视这个方面的工作。《新探》非作家传记,不是作品系年,当然不一定要对这些都做详细考证。但在涉及这些问题时,做审慎稳妥的判断,却又是至关重要的。在这方面,《新探》在吸收前人研究成果的同时,也间有考论。不过,仍有值得商榷之处,兹举几例于下。

其一，关于曹植是否随父西征张鲁的问题。建安二十年三月，曹军西征张鲁；曹植可曾从征？元刘履《选诗补注》、清朱绪曾《曹集考异》都认为曹植从征了。近人黄节先生《曹子建诗注》力排旧议，认为曹植并未从征。论证颇有说服力。此后，余冠英先生《三曹诗选》、徐公持先生《建安七子诗文系年考证》等均从黄说。黄说已成定论。独《新探》反对黄说，仍执旧议。在《曹植的经历》一节中，著者有如下一段批评文字：

> 近人黄节反对此说（按：指曹植从征说），理由是："考《文选》魏文帝《与钟大理书》李善注引《魏略》曰：'太祖征汉中，太子在孟津，闻（钟）繇有玉玦，欲得之，而难公索，使临淄侯转因人说之。繇即送之。太子与繇书'云云。故书中有曰：'令舍弟子建因荀仲茂，时从容喻鄙旨。'据此，则太祖征张鲁时，子桓、子建皆未从军入西京，可证也。"（《曹子建诗注》）黄节这种说法是站不住脚的。因为他把"太祖征汉中"与"太祖征张鲁"两事混为一谈，由此而推出的结论当不然能成立。据《三国志·武帝纪》记载："王自长安出斜谷，军遮要以临汉中，遂至阳平。备因险拒守。"事在建安二十四年三月；"公西征张鲁，至陈仓，……自陈仓出散关，至河池。"事在建安二十年三、四月。据此，曹植从征张鲁的经历，大体可以认定，毋庸置疑。

在著者看来，黄节先生作为立论依据的《魏略》中"太祖征汉中，太子在孟津"云云，事在建安二十四年，与建安二十年"太祖长征张鲁"是两回事。黄节先生把两事"混为一谈"，所以结论不能成立。

实际上，建安二十年西征张鲁，曹军是到了汉中的。著者只截取了《魏志·武帝纪》记叙此事的文字的前半，给人造成一种似乎曹军未到汉中的假象。原文的后半说：

> 秋七月，公至阳平。张鲁使弟卫与将杨昂等据阳平关，横山筑城十余里。攻之不能拔，乃引军还。贼见大军退，其守备解散。公

乃密遣解㑊、高祚等乘险夜袭，大破之。斩其将杨任，进攻卫，卫等夜遁，鲁溃奔巴中。公军入南郑，尽得鲁府库珍宝。巴、汉皆降。复汉宁郡为汉中；……十二月，公自南郑还，留夏侯渊屯汉中。

显然，建安二十年和建安二十四年西征之地一样是汉中，只不过征讨的对象不同。要给这两次西征一个称呼，若就征讨对象言，便是"征张鲁""征刘备"，就征讨之地言则都是"征汉中"。其实，称征张鲁之役为"征汉中"，魏晋刘宋时人的著作中并不乏其例。如《魏志·郭淮传》"文帝为五官将，召淮署为门下贼曹，转为丞相兵曹令史，从征汉中。太祖还，留征西将军夏侯渊以拒备，以淮为渊司马"。据《魏志·曹爽传》裴注引《汉晋春秋》所云，司马宣王对夏侯尚说过"昔武皇帝再入汉中"的话，所谓司马懿把征刘备称为"再入汉中"，他心目中征张鲁自然是"入汉中"了。《后汉书·五行志》亦云："（建安）二十年秋，曹公攻汉中，（张）鲁降。"可见古人并非如《新探》著者那么拘泥。

既然"征张鲁"和"征刘备"皆可称为"征汉中"，那么剩下的问题就是黄节先生所引《魏略》"太祖征汉中，太子在孟津"云云，究竟是在哪一次。考曹操生平，尽管御军三十年、征战数十次，但西征至汉中的，只有这两次。我们且从建安二十四年曹军征汉中，曹丕在何处来着手考察。若这次曹丕不在孟津，那么黄节先生所引《魏略》所云，必是建安二十年征张鲁时之事。且看下面两条材料：

  时（按：指建安二十三年九月）太祖在长安，召彰诣行在所。彰自代过邺，太子谓彰曰："卿新有功，今西见上，宜勿自伐，应对常若不足者。"彰到，如太子言，归功诸将。（《魏志·任城王彰传》）

  大军未反（返），讽潜结徒党，又与长乐卫尉陈祎谋袭邺。未及期，祎惧，告之太子。诛讽，坐死者数十人。（《魏志·武帝纪》：建安二十四年"九月，相国钟繇坐西曹掾魏讽反，免"下，裴注引《世语》）

建安二十三年九月，曹军西征刘备已到长安，曹丕在邺会见了将赴长安的曹彰；建安二十四年九月，出征刘备的大军未返，曹丕已在邺城处理了一场未遂的叛乱。这些清楚地表明曹军西征刘备，曹丕不在孟津，而是在邺城留守。至此，我们可以肯定，黄节先生的结论是站得住脚的。

其实，《新探》著者似乎太性急，把黄节先生反对旧说的根据看掉了一截。黄节先生接着还说："又《文选》陈孔璋《为曹洪与魏文帝书》李善注引文帝集序曰：'上平定汉中，族父都护还书与予，盛称彼方土地形势，观其辞，知陈琳所述为也。'此尤足见子桓未尝从征。则子建此时受子桓之命，因荀仲茂以说钟繇献玦，亦未从征，可证也。"据《魏志·王粲传》，陈琳卒于建安二十二年，安有建安二十四年还代曹洪作书与曹丕的道理？倘若著者细看黄节先生的全部理由，大概不致于贸然否定他的结论吧。

因有此一误，《新探》对曹植某些作品的作年和其他有关问题的判定亦随之而误，在此权不赘述。

其二，关于《神龟赋》的作期问题。在《曹植的辞赋》一节中，著者认为"曹植三十八岁徙封东阿王时"作《神龟赋》。显然，这是沿用清丁晏《曹集铨评》的说法。《铨评》云："陈琳《答东阿王笺》：并示《龟赋》，披览粲然。即此赋也。王三十八岁徙封东阿，此赋在东阿时作。"赵幼文先生《曹植集校注》驳之云："案琳死于建安二十二年，植徙东阿，则在曹叡太和三年，距琳死时已在十二年之后。则琳怎有可能得读而与植信呢！琳信说：'君侯体高世之才。'若植在东阿，已封王爵，从称谓考虑，只应称君王而不得称曰君侯了。此题乃后人臆改，非原式也。"案赵说极是。现存建安文人之作，题目不可靠的不在少数。前引《文选》陈孔璋《为曹洪与魏文帝书》即是一例，若有人定陈琳此作写于曹丕被尊为魏文帝之后，岂非笑话乎？丁晏未加思索，相信文章的不可靠的题目，并由此判断《龟赋》之作期，大误。《新探》的著者未曾详考，轻信丁说，并进而推论曹植借神龟"被转送，不能主宰本身的命运",来"象征自己'虽有王侯之号',却不得不在监国使者的严密监视下。远离京师,就国僻壤"云云,其误自不待言。

除上所述之外,《新探》中还有一些史实失考的问题。如丁仪、丁廙被诛,据《魏志·曹植传》是在曹丕为魏王期间,而著者在《曹植的经历》一节中却说在曹丕即帝位以后。再如,王粲、曹植皆有《公宴》诗,粲诗有云:"愿我贤主人,与天享巍巍,克符周公业,奕世不可追。"显然是侍常喜以周公自比的曹操之宴时所作。而曹植诗开首即云:"公子敬爱客,宴终不知疲。"宴会的主人无疑是公子曹丕。粲、植所写当是两次不同的宴会。《新探·曹植的经历》一节中却以为粲、植两作同时,粲诗是和植诗的。又,据《魏志·崔琰传》,"植,琰之兄女婿也。"则崔琰为曹植妻崔氏之叔父。而著者在《曹植的家世》一节中说崔琰为曹植前妻崔氏之兄。如此等等。

二、关于前人议论的理解和引用

引用前人的议论来帮助说明自己的观点,能使读者对某一问题的研究有历史的了解,更重要的是往往能增强文章的说服力。但这种引用必须建立在对前人议论的正确理解与把握的基础上。如果前人议论原意在彼,而引者的用意在此,那倒不如不引用的好。《新探》中,著者因误解前人议论而引用不当,甚至妄加引申的例子,笔者曾撰文指出过一处。(《读书札记·关于"作威作福"》,《黄冈师专学报》1986年第2期)下面再权举两例。

其一,关于江淹《陈思王曹植赠友》一诗的理解和引用问题。

在《曹植的诗歌》一节中,著者云:

> 曹植对建安文人的体贴和礼遇,曾经博得当时和后代很多作家的赞赏……南朝诗人江淹有《陈思王曹植赠友》诗言及其事说:"君王礼英贤,不吝千金璧。双阙指驰道,朱宫罗第宅。……延陵轻宝剑,

季布重然诺。处富不忘贫,有道在葵藿。"联系曹植对建安诸子的爱护和他们之间相处的融洽,江淹的称扬确非溢美之词。

这里因误解了江淹的诗而引用失当。《陈思王曹植赠友》诗见于《文选》卷三一,是江淹《杂体诗三十首》之一。昭明太子将其列入《杂拟》类。原诗总题下有江淹的自序,云:"关西邺下,既已罕同,河外江南,颇为异法,今作三十首,学其文体,虽不足品藻渊流,庶亦无乖于商榷。"这些都说明这是一首拟作,是江淹学曹植的"文体",或者说代曹植作的一首赠友诗。因此,诗中所云"君王"云云,乃是江淹模拟曹植的口吻"称扬"曹操(操建安二十一年五月为魏王),而非江淹作诗"称扬"曹植。

其二,关于谢灵运《拟魏太子邺中集·平原侯植》一诗的理解和引用问题。

《曹植文学上的成就与影响》一节中,著者引谢灵运《拟魏太子邺中集诗·平原侯植》一首,以说明"谢灵运对曹植晚年的不幸遭遇深表同情",失误与对江淹诗的理解和引用相类,读者不妨复按。

拟作肇自汉代,魏晋六朝尤盛。陆机、谢灵运、江淹都是拟作的高手,这是众所周知的事实。早在30年代,朱自清先生即在《古文学的欣赏》一文中明确说过:"谢灵运有《拟魏太子邺中集》,综合的拟写建安诗人,用他们的口气作诗。江淹有《杂拟》诗三十首,也是综合而扼要的分别拟写历代无名(?)的五言诗人,也用他们自己的口气。"江、谢拟植之诗是否另有寄意,那是另一个问题,但无论如何不是在评论曹植,这是可以肯定的。不知《新探》何以有如此之误。

三、关于曹植评价方面的问题

《新探》最后一节《曹植文学上的成就与影响》里说:"我们只有从曹植的整个创作实际出发,并结合时代背景和作者身世去研究他的思想和作品，才能得出正确的结论。"并且批评建国以来的古典文学研究，说："回顾三十多年来古典文学研究的成败得失，主观性、片面性、表面性的毛病不时可以发现。有的是先有主观判断，后到文学史上搜寻材料以附和己说；有的研究古代作家作品时，往往忽视其前后左右的纵横联系，而是抓住一星半点材料孤立地进行研究，下判断，作结论。这种攻其一点，不及其余的研究成果，自然难免漏洞百出，贻笑大方。"看来，著者是主张站在科学的立场上，实事求是地评价作家作品的。但我们细读《新探》，发现著者对曹植的评价却不时地违背了这些，有时甚至存在他自己所批评的那种现象。

其一，孤立"研究"，失之片面。在《曹植的诗歌》一节中，著者说，建安时期，"为了摆脱人生的艰难和困扰，建安诗人纷纷转向酗酒、游仙"。而在《曹植的辞赋》一节中，著者又说："曹植一生致力于功名事业，他反对醉生梦死，虚度年华。在《酒赋》里借矫俗先生之口鲜明地提出反对酗酒的行径，……表明曹魏集团在他们创业前期，颇能积极进取，保持着斗志昂扬的精神状态，这正是曹魏王业日隆的重要原因之一。"根据曹植的一篇《酒赋》，进行如此推论，恐怕不妥。就说曹植吧，他是建安诗人之一，他究竟是"转向酗酒"，还是"反对酗酒"呢？翻开曹植集，其诗文中涉及歌咏饮酒、劝人畅饮的不在少数。曰"肴来不虚归，觞至反无余"(《赠丁廙》)；曰"清醴盈金觞，肴馔纵横陈"(《侍太子坐》)；曰"置酒高殿上，亲友从我游"(《箜篌引》)；曰"归来宴平乐，美酒斗十千"(《名都篇》)；曰"不醉无归来，明灯以继夕"(《当车以驾行》)；曰"愿举太山以为肉，倾东海以为酒"(《与吴季重书》)，等等。再联系曹植的生平，建安二十二年"与杨修、应场等饮酒醉，走马于司马禁门"(《文选》六臣注李周翰云)；建安二十四年因醉不能受命；黄初二年因"醉酒悖慢"而被贬。《魏志》本传也说他"任性而行，饮酒不节"。曹植与酒的关系可知。说曹植有很强的功名心，我们不否认；说他反对纵酒，并说这是他进取精神之表现，岂不是错把表面文章当事实,"抓住一点,不及其余"吗?

在《曹植的文学理论》一节中,著者在看出了曹植文质兼重的观点后接着说:

> 曹植从文质兼重的原则出发,反对脱离现实和为文而文的创作倾向。他和建安七子都各有吟咏池苑草木之篇,曹植则注重"表之遗翰,遂因辞势,以讥当世之士"(《柳颂序》),寄寓深远,与批判社会现实巧妙联系起来,充分发挥文学的讽谏作用。

事实上,真正吟咏池苑草木之篇,曹植集中并没有几篇,从内容上看,多属平庸之作。像《槐赋》,寄意是有的,如"畅沈阴以博覆,似明后之垂恩";然而这只不过是借槐树枝叶之博覆,颂曹操之恩德广大,怎么也与批判现实联系不起来。又《宜男花颂》,据晋人周处《风土记》载,"宜男,草也。高六七尺,花如莲,宜怀妊妇人,佩之必生男"。曹植颂之,大概是为荒淫的明帝求男嗣服务的。其他如《芙蓉赋》、《芙蓉池》诗,似乎亦没有什么"批判社会现实"的内容。怎么能仅据一篇残存的不足六十字的《柳颂序》说曹植的这类作品"寄寓深远……"呢?

其二,"主观判断",曲为之说。

在《曹植的文学理论》一节中,为了证明曹植在评论实践中墨守文质统一的批评标准,著者举其《王仲宣诔》为例,说曹植评王粲的创作"文若春华,思若涌泉,发言可咏,下笔成篇",是"兼颂文采和思想两方面"的。说"文若春华"指文采,当然不错,若说这十六字还包括思想内容,我们却怎么也看不出来。"思"在此指文思,是就创作过程而言,"思若涌泉"是说王粲文思敏捷,绝非指文章之思想内容!后二句亦似不为"质"。

仍然是在《曹植的文学理论》一节中,著者在分析曹植的文学"批评论"时,引用了曹植《与杨德祖书》中的一段话:"盖有南威之容,乃可以论于淑媛;有龙渊之利,乃可以议于断割。刘季绪才不能逮于作者,而好诋诃文章,掎摭利病。昔田巴毁五帝、罪三王,訾五霸于稷下，一旦而服千人，鲁连一说，使终身杜口。刘生之辩，未若田氏，今之仲连，求之不难，可无叹息乎？"后面，著者分析说："曹植的批评论强调批评者要尊重文学特点和作家劳动成果，反对信口雌黄和恣意妄评，用心是好的。……但是这种批评论也容易被引向另一极端，认为不懂创作者也就没有批评的资格，把批评与创作等同起来。这样有意地把文学批评神秘化，无形中必将取消广大读者发表意见的权利，这就与曹植的初衷相违。"

如果我们不抱偏见，实事求是地看《新探》所引曹植的那段话，结论只能如钱锺书先生在《管锥编》第三册第77条中给它归结的一样："意谓能作文者方许评文也。"而《新探》著者认为这样的认识"与曹植的初衷相违"。不知著者从何看出了曹植的初衷！曹植才思敏捷，这是他的特点。他也曾因此得到曹操的宠爱（《文选·杨德祖〈答临淄侯笺〉》李善注引《典略》有云："临淄侯以才捷爱幸。"《魏志》本传亦言，植"以才见异"）。但这似乎也成了他的包袱，以才高自居，"负才凌物"（《晋书·司马孚传》）。因而论人论文也每以"才"为说："刘季绪才不逮于作者"，"以孔璋之才，不闲于辞赋"，自己是"怀此王佐才，慷慨独不群"，等等。刘勰《文心雕龙·知音》云："陈思论才，亦深排孔璋，敬礼请润色，叹以为美谈，季绪好诋诃，方之于田巴，意亦见矣。故魏文称'文人相轻'，非虚谈也。……才实鸿懿，而崇己抑人者，班、曹是也。"刘勰此说确为的论，我们不必曲为之辩。

其三，随意解释，自相矛盾。同一《名都篇》，著者两次谈到。先一次是为了证明曹植的"人生观也含有剥削阶级追求享受，消极颓废的思想因素"，而举此诗中"我归宴平乐，美酒斗十千，脍鲤臇胎鰕，炮鳖炙熊蹯"等句为例，说这是曹植"对自身王侯之家的豪华宴饮表现心安理得，在作品中极力夸耀"。后一次在分析曹植诗歌的思想内容时，作者抄引了全诗，接着分析说："诗人在这里讽刺了贵族子弟饱食终日，无所用心，一味追求游猎宴乐的腐朽堕落行径。"著者对同一《名都篇》的主旨，一时说是"自夸"，一时说是"讽刺"别人，究竟是"自夸"还是"讽刺"呢？读者读到这类地方，难免对《新探》的严肃性产生怀疑。

除上所述之外，《新探》对魏代"九品中正制"、曹植的政治思想等问题的评价，似亦有商讨的必要，然而这些问题涉及的面较广、较复杂，是需要专文讨论的，此处就不谈了。

（原载《黄冈师专学报》1989 年第 1 期）

《曹植集校注》商兑

赵幼文先生《曹植集校注》（人民文学出版社1984年版），首次对曹植集全校全注，其得失利钝，江殷先生已做了较全面的评价（《〈曹植集校注〉得失评》，《文学遗产》1987年第4期）。或许是拘于文体和篇幅，江文对该书之校和注的批评较为简略。笔者在阅读该书过程中，亦随手记下了一些似可商补的地方，今仅就其中有关校、注部分，略加整理，不避吹求之讥，本责备于贤者之旨，草此小文，以补江文所未及并供读者参考。

先说校。

《校注》以《曹集铨评》为底本，兼采众家校勘成果，亦不乏自己之精见。然失校、误校疑所不当疑者亦有之。

一、失校

《魏德论》："于是汉氏归义，顾音孔昭。"注〔四三〕顾音，顾谓眷顾。指刘协禅位之诏书。

元按："顾音"不词，当是"德音"之误。《诗·小雅·鹿鸣》："我有嘉宾，德音孔昭。""德音"一词，汉魏人常用，如《文选》卷四一李少卿《答苏武书》："时因北风，复惠德音。"蔡邕《答对元式诗》："君子博文，贻我德音。"邯郸淳《赠吴处玄诗》："既受德音，敢不答之。"皆其例。曹植此处乃用《诗经》成句，称颂刘协禅位之诏书。"德"、"顾"形近而误，当校正为"德"。

《上九尾狐表》："黄初元年十一月二十三日于鄄城县北，见众狐数十首在后。"

元按：沈约《宋书·符瑞志》亦载此事，文云："魏文帝黄初元年十一月甲午，九尾狐见鄄城。"据陈垣《二十史朔闰表》，黄初元年十一月癸酉朔，甲午为二十二日。《宋书》与曹植集必有一误。以理校之，曹植集此表中"二十三"必是"二十二"之误。

《应诏诗》："骖騑倦路，载寝载兴。"

元按：曹植此诗，《魏志》本传录载，作"再寝再兴"，《文选》卷二〇亦作"再寝再兴"。清王先谦《诗三家义集疏》卷九《小戎》疏引曹植此诗亦作"再寝再兴"。《诗·秦风·小戎》"载寝载兴"，《韩诗》"载"作"再"。曹植习《韩诗》（说详《诗三家义集疏》），用《韩诗》成句，故作"再"，不作"载"，当校"载"为"再"。

另，《宝刀赋序》："建安中，家父魏王，乃命有司造宝刀五枚。"《校注》〔二〕："家父，《铨评》：'程脱此二字，从《御览》三百四十六增。'案宋刊本《曹子建文集》无此二字。"

元按：《校注》按而不断，实则当以有"家父"二字为是。北齐颜之推《颜氏家训·风操》有云："陈思王称其父为家父，母为家母。"王利器《集解》引卢文弨曰："陈思王集宝刀赋序：'家父魏王乃命有司造宝刀五枚。'"是颜之推所见曹植此序即有"家父"二字，故当以有为是。

二、误校

《魏德论》："侯民非复汉萌，尺土非复汉有。"《校注》〔五五〕："侯民，案疑当作一民。《孟子·公孙丑》章：'尺地莫非其有也，一民莫非其臣也。'《魏志·武帝纪》裴注引《魏略》：'侍中陈群、尚书桓阶奏曰：尺土一民，皆非汉有。'刘协《册诏魏王禅代天下诏》曰：'当斯之时，尺土非复汉有，一夫岂复朕民。'皆作一民或一夫，未有作侯民者。且古籍似亦未见侯民联文。况魏晋文制，字有常检，故当作一民为得，侯是误字。"

元按：此说似辩。然"侯"与"一"，字形迥异，何由而致误，殊不可解。吴淇《六朝选诗定论》云："凡文词有不通者，则取其人之他作互证之，盖一手所出，决无自为矛盾也。"考曹植《毁鄄城故殿令》有云："周之亡也，则伊洛无隻椽；秦之灭也，则阿房无尺桷。……大魏龙兴，隻人尺土，非复汉有。"此一文之中，两以"隻""尺"对举，看来，曹植有自己的用字习惯，未必尽同他人。以曹植证曹植，则知"侯"当是"隻"字之误。"隻萌"者，一民也。（《文选》卷七司马长卿《子虚赋》："地可垦辟，悉为农郊，以赡萌隶。"郭璞注引韦昭曰：萌，民也。）"侯""隻"形近，手民易误也。

《释愁文》："忧心如醉。"《校注》〔四〕："醉，《铨评》：'《艺文》三十五作焚。案疑作焚字是。《诗经·云汉篇》：'忧心如熏。'毛传：熏，灼也。'焚、熏义同。"

元按：当以"醉"字为是。《诗·秦风·晨风》："忧心如醉。"又《王风·黍离》："中心如醉"，《韩诗》亦作"忧心如醉"。曹植常用《韩诗》成句，如《应诏诗》"忧心如酲"，即用《小雅·节南山》成句。据笔者初步统计，现存曹植作品，用《诗经》成句达40处以上。此处亦必是用《诗经》成句。

三、疑所不当疑

《平原懿公主诔》："扃关一闿，曷其复晰！"《校注》〔五六〕："曷其，案其字疑误。《武帝诔》：'曷时复形。'语意正同，其或当作期，盖残脱致误。"

元按："其"字不误。《诗·王风·君子于役》："君子于役，不日不月，曷其有佸。"郑笺："行役反无日月，何时而有来会期。"朱熹《诗集传》："君子行役之久，不可计以日月，而又不知其何时可以来会也。"是"曷其"即何时也。曹植此处亦用《诗经》成词。

《九咏》："由倒裳而求领。"《校注》〔二八〕："由疑当作犹。《尔雅·释言》：'犹，若也。'"

元按："由"乃"犹"之通假字。"犹"，古人多借"由"代之。仅《孟子》一书，"由"通"犹"即有10例（据杨伯峻先生《孟子词典》

统计）。不独先秦，汉末人亦往往如此借用，如郑玄注《尚书·多方》"开顾天"句，云："'顾'由视念也。"曹操《善哉行》："快人由为叹，抱情不得叙。"此两"由"字皆"犹"之通假字。唐孔颖达云："古者由、犹二字义得通用。"（黄节《汉魏乐府风笺》引）曹植亦借"由"为"犹"，"由"非误字。

《谢妻改封表》："夙夜忧叹，念报罔极。"《校注》〔一五〕："忧叹，案叹疑当作勤。《诗经·卷耳序》：'朝夕思念，至于忧勤也。'《吕览·古乐篇》高注：'勤，忧也。'此盖曹植句所本。"

元按："叹"字不误。《三国志·蜀志·诸葛亮传》载亮《出师表》有云："受命以来，夙夜忧叹，常恐托付不效，以伤先帝之明。"（《文选》卷三七诸葛孔明《出师表》同）亮此表早于曹植此表五年作，而其时已有"夙夜忧叹"之语，可证植表"叹"字当非误字。

另，《鰕䱉篇》："鰕䱉游潢潦，不知江海流。"《校注》〔一〕："《铨评》：'《乐府》三十云：曹植拟《长歌行》为《鰕䱉》，一曰《鰕鳝篇》。《诗纪》云：一曰《鰕鮔篇》。《集韵》：鮔，上演切。《玉篇》：鱼似蛇，同鳝。'案《楚辞》王注：'鰕，小鱼也。'今借作鰕。䱉，《山海经·北山经》郭注：'䱉，鱼似蛇。'今作鳝。"

元按：沈德潜《说诗晬语》卷下有云；"乐府《鰕䱉篇》，䱉同鳝，水族之细者，从旦不从且。李于鳞误用鰕䰞，押入鱼、虞韵，后人读同疽音，不知其非也。古人造字，有䱉无䰞，看《说文》等书自见。"（《清诗话》本，上海古籍出版社1978年版）查《乐府诗集》卷三〇《相和歌辞五·鰕䱉篇》下郭茂倩引《乐府解题》曰："曹植拟《长歌行》为《鰕䱉篇》"（中华书局1979年版），不作"䰞"。查《说文》，无"䰞"及"䱉"字，唯"鳝"，段注云："其字亦作䱉，俗作鳝。"又《山海经·北山经》（袁珂校注本，上海古籍出版社1980年版）："其中多滑鱼，其状如鳝。"郭璞注："鳝鱼似蛇，音善。"显然《校注》"䰞"字是"䱉"之误。为免造成新的讹误，故附此指出。

次说注。

《校注》"选录前贤研究成果，并附己意（《校注前言》），颇为精详，然亦有疏失。今分别情况，略述如下。

一、误释词语

这有两种情况：

1. 援用旧注而沿误

《鰕䱇篇》："汎泊徒嗷嗷。"《校注》〔一四〕："汎泊，案汎泊犹纷泊，一声之转，俱双声謰语。《文选·蜀都赋》刘注：'纷泊，飞薄皃。'"

元按："此说祖黄节先生《曹子建诗注》。然"飞薄"义于此难通。徐仁甫先生《曹植〈鰕䱇篇〉"汎洦徒嗷嗷"解》释"汎泊"即"汎洦"，乃"凡百"之增体。谓"凡百者，众人也"（详其所著《古诗别解》，上海古籍出版社 1984 年版），甚为精审。以"凡百"指众人，汉魏人习用，《古文苑》邯郸淳《汉鸿胪陈纪碑》："兹海内所为嗟悼，凡百所以失望也。"《文选》卷二〇应玚《侍五官中郎将建章台集诗》："凡百敬尔位，以副饥渴怀。"即其例。当以徐说为是。

《文帝诔》："钟鼓锽锽。"《校注》〔四三〕："锽锽，《文选·东京赋》：'钟鼓喤喤。'薛注：'喤喤，鼓声也。'案此形容钟鼓齐鸣而作洪亮之声。"

元按：《诗·周颂·执竞》："钟鼓喤喤。"毛传："喤喤，和也。"王先谦《诗三家义集疏》卷二四《执竞》注："三家'喤'作'锽'。"陈奂《诗毛氏传疏》卷二六有云："《尔雅》：锽锽，乐也。《汉书·礼乐志》、《说文》引诗作'锽'，与《尔雅》同。今诗作'喤喤'者，假借字。《有瞽》篇亦作'喤喤'。云'和'者，谓钟与鼓声相应和。《荀子·富国篇》撞钟击鼓而和，诗曰：'钟鼓喤喤。'"据上可知：一、曹植用三家诗成句；二、薛综释"喤喤"未确，诗明言"钟鼓"，则"锽锽"非只鼓声，当以《毛传》说为是。

2. 新注未的

《离思赋》："愿我君之自爱。"《校注》〔一二〕："我君，盖谓曹操。"

元按：《校注》以"我君"为指曹操，有三不通：其一，赋言"念慈君之光惠"，称操为"慈君"，两句之后又变换而称之为"我君"，此于文不通；其二，据赋序，此次曹操出征，曹植从行，父子在一块，却用上了"愿我君"云云，这种离别嘱勉之语，此于理不通；其三，汉魏时人用"自爱"之语，乃表兄弟友朋之间嘱勉之意，如孔融《与王朗书》："谈笑有期，勉行自爱。"李陵《答苏武书》："努力自爱。"曹丕《与吴质书》："行矣自爱。"应休琏《与从弟君苗君胄书》："慎夏自爱。"如此等等可证。"自爱"之语岂是"天性仁孝"（《魏志·曹植传》裴注引《文士传》载丁廙语）的曹植对尊父的口气！赋序明言："建安十六年，大军西讨马超，太子留监国，植时从焉。意有怀恋，遂作离思之赋。"显然，曹植所怀恋慰勉的是曹丕，不是曹操。"愿我君"云云是对曹丕说的，"我君"应指曹丕。

又，同上篇："水重深而鱼悦，林修茂而鸟喜。"《校注》〔一五〕："《吕氏春秋·仲春纪·功名》：'水泉深则鱼鳖归之，树木盛则飞鸟归之，庶草茂则禽兽归之，人主贤则豪杰归之。'"

元按：《吕氏春秋》此语乃来自《荀子·致仕》篇。《致仕》有云："川渊深而鱼鳖归之，山林茂而禽兽归之，刑政平而百姓归之，礼义备而君子归之。"按注释通例，当引《致仕》此段以注为当。

《释思赋》："况同生之义绝。"《校注》〔五〕："同生，同父所生。"

元按："同生"一词，自周秦至于六朝，文籍中使用很多，皆指同母所生。《左传·襄公三十年》："罕、驷、丰同生。"杜预注："罕，子皮；驷，子皙；丰，公孙段也。三家本同母兄弟也。"汉景帝与梁孝王同母所生，《汉书》载汉武帝诏曰："梁王、城阳王亲慈同生。"袁谭、袁尚同母所生，王粲《与袁谭书》、《与袁尚书》称他们为"同生"。梁沈约《宋书》中《明四王传》、《孝武十四王传》多次用到"同生"一词，都指同母所生。陶渊明《与子俨等疏》："汝等虽不同生，当思四海皆兄弟之义。……他人尚尔，况同父之人哉！""不同生"而"同父"，犹为明证。现存曹植之作，除本篇外，还有三次用到"同生"一词：《赠白马王彪》："奈何念同生，一往形不归。"《任城王诔·序》："矧我同生，能不憯怀。"《圣皇篇》："板盖因内顾，俛仰慕同生。"前两次指曹彰，后一次指曹丕。彰、丕与植皆卞后所生。本篇用法不当例外。曹植本篇，据其序，知为公子整出养族父作。《魏志·武文世王公传》载，曹操25男，李姬生公子乘、公子整、公子京。"同生"当是指整之同母兄弟而言。

《妾薄命》其二："进者何人齐姜。"《校注》："齐姜，疑借《诗经·硕人篇》'齐侯之子'作喻，比喻年轻而美之女。"

元按：周代齐国姜姓多美女。古代诗歌中常以齐姜为美女之典型。《诗·陈风·衡门》："岂其取妻，必齐之姜？"《汉乐府·陇西行》："取妇得如此，齐姜亦不如！"皆其证。后世亦有沿用，如《升庵诗话》卷六载《弦超赠神女诗》："琅疏琼牖洞房，中有美女齐姜。"即是其例。曹植此诗与《诗经·硕人篇》无直接关系。

《赠白马王彪》："谒帝承明庐。"《校注》〔一〇〕："案《说苑·修文篇》：'天子左右之路寝，谓之承明，何也？曰：承乎明堂之后者也。'是承明指天子所居，寝息之所。曹植与兄弟盖以骨肉之亲，得接见于宫内。"

元按：此说以承明为天子寝息之所，是误解"路寝"之义。《诗·卫风·硕人》毛传云："君听朝于路寝，夫人听内事于正寝。"张衡《西京赋》："正殿、路寝，用朝群辟。"薛综注："周曰路寝，汉曰正殿。群辟，谓王侯公卿大夫士也。"又，曹丕《校猎赋》："登路寝而听政，总群司之纪纲。"据知，路寝乃天子听政之处，非"寝息之所"也。

二、误注词语出处

《与杨德祖书》："鲁连一说，而终生杜口。"

元按：《校注》释此事，引《文选》李善注，并云："又见《史记·鲁仲连列传》、《索隐》。"实则《索隐》未述其事，述其事的是《正义》。

《制命宗圣侯孔羡奉家祀碑》："受命溥将。"《校注》〔八六〕："溥将，《诗·商颂·那篇》：'我受命溥将。'"

元按：《商颂·那》无此句。此句出《商颂·烈祖》。

《任城王诔》："光辉圭璋。"《校注》〔一九〕："圭璋，《诗经·旱麓篇》：'如圭如璋，令闻令望。'"

元按：《旱麓》无此句。此句出《大雅·生民之什·卷阿篇》。

《文帝诔》："如砥之平。"《校注》〔七五〕："《诗经·大东篇》：'其平如砥。'"

元按：《大东》无此句。只有"周道如砥，其直如矢"之语。

又，同上："靡瞻靡顾。"《校注》〔一六七〕："《诗经·四月篇》句。"

元按：《四月》篇无此句。《小雅·小弁》："靡瞻匪父，靡依匪母。"及《小雅·蓼莪》："顾我复我，出入腹我。"此或是曹植所本。

三、当注而未注

《节游赋》："建三台于前处。"《校注》〔三〕："三台，谓铜爵、金虎、冰井台。……冰井台建于何时，史阙载。"

元按：冰井台建于何时，《魏志》固未载，然郭茂倩《乐府诗集》卷七五引《邺都故事》有云："汉献帝建安十五年筑铜爵台，十八年筑金虎台，十九年作冰井台。"可补《魏志》之阙。

《谏取诸国士息表》："愚诚以挥涕增河，鼷鼠饮海，于朝万无损益，于臣家计甚有废损。"《校注》〔二七〕："鼷鼠，《庄子·逍遥游篇》：'偃鼠饮河，不过满腹。'《释文》引李注：'偃鼠，鼷鼠。'《博物志》：'鼠之最小者，或谓之耳鼠。'增河、饮海以喻增损极微。"

元按：《校注》释"鼷鼠饮海"甚详确，然"挥涕增河"亦有所本，《淮南子·诠言训》："以数杂之寿，忧天下之乱，犹忧河水之少，泣而益之。"似可补《校注》之未及。

（原载《古籍整理研究学刊》1997年第1期）

《曹植生平八考》两误

一、这次曹植不在军中

徐公持先生《曹植生平八考·建安中曾否就国考》(《文史》第10辑)，排比"建安中曹植封侯后可以考知的全部行止"，有云：

> 二十一年十月至明年三月，曹操再次东征孙权，植从征。事见植撰《王仲宣诔》。王粲卒于是行，植诔有"携手同征"句，可知其在军中。

笔者认为，曹操这次征孙权，曹植不在军中。这里先申述一下我们的理由，徐先生致误的原因，留待后面再谈。

据《三国志·魏志·武帝纪》，曹操建安二十一年十月征孙权，十一月至谯，二十二年正月驻军居巢，二月进军屯江西郝溪，三月引军还。是行王粲从，并卒于二十二年正月一十四日（参《曹植集校注》中《王仲宣诔》注)，则王粲卒于居巢无可置疑。明白了这点，我们再来分析《王仲宣诔》中与王粲之卒有关的部分。为省读者翻检之劳，且把原文摘抄一段在下面：

> 翩翩孤嗣，号恸崩摧。发轸北魏，远迄南淮。经历山河，泣涕如颓。哀风兴感，行云徘徊，游鱼失浪，归鸟忘栖。呜呼哀哉！吾与夫子，义贯丹青。好和琴瑟，分过友生。庶几遐年，携手同征。如何奄忽，弃我夙零。……丧柩既臻，将反魏京，灵輤回轨，自骥悲鸣。

这段文字，先叙王粲之子奔丧的情况。无父曰孤，"孤嗣"当指王粲之子。"北魏"与"南淮"对言，前者指邺城，后者指居巢。王粲之子得知父死的噩耗，从邺城赶到居巢，一路上悲痛万分。接着，曹植回顾了自己与王粲的深情厚谊以及面对丧柩的悲哀。其最当注意者，是"丧柩既臻，将反魏京"两句。柩，《礼记·曲礼》云："在床曰尸，在棺曰柩。"段注《说文解字》"匶"下有云："虚者为棺，实者为柩。"是装有遗体之棺材方能称为柩。此处之"丧柩"必是指装有王粲遗体之棺材。魏京，指邺城。这两句意思是说：装有王粲遗体之棺材已至，将返回邺城。王粲既然死于居巢，丧柩又将返回邺城，那么这所"臻"之地，必不是居巢，也不是邺，而当是这两地之间的某地。那么曹植是不是随丧柩自居巢来此某地的呢？曹植诔文云："丧柩既臻"，而不言所臻之地，表明他自己先已在某地。"臻"者，臻他自己所在之地，故可以不言其地。若他是随丧柩而来，则所"臻"之地必然说出，否则于文难通。这是一。"丧柩既臻"还表明此诔不作于居巢。曹植如果从居巢随丧柩而来，怎么会不在居巢作诔，而要在返邺的途中作？这是二。这两点足以说明曹植不是自居巢来。现在，我们可以下结论了：曹操此次出征孙权，曹植不在军中，也不在邺城。

那么曹植当时所在何地？《魏志·后妃传》裴注引《魏书》云："二十一年，太祖东征，武宣皇后、文帝及明帝、东乡公主皆从。"是曹丕从征了。曹操东征、西征，有时留子守孟津以为后援，如建安二十年西征张鲁，留曹丕守孟津即其例。而这次曹丕从征了，则很可能曹植在孟津留守。王粲的丧柩自居巢往邺城，途经孟津，曹植念及昔好，哀悼友生，而有此诔之作，是完全合乎情理的事。

现在，我们可以回过头来分析徐先生的判断了。在徐先生看来，曹植说"携手同征"，是指他自己与王粲一起从征孙权。实际上曹植原意并非如此。考《诗·邶风·北风》有"惠而好我，携手同行"之语，是写"我"对友好之人的希望的。曹植《七启》"时与吾子，携手同行"，即用了此成句。诔文"携手同征"亦是用此成句，不过略加改变罢了（用"征"代"行"。《尔雅·释言》："征，行也。"）。"庶几遐年，携手同征",是说希望与王粲长久同行共止,亦即常在一起。曰"庶几",曰"遐年",显然是未然之事,与此次征孙权无关。徐先生割裂了前后文的联系,机械地理解"携手同征"四字,因而致误。

二、关于曹行女的卒年

《曹植生平八考·妻室子女考》考证曹植之女曹行女之卒年,有云:

> 植又有《行女哀辞》,其序云:"行女生于季秋,而终于首夏。三年之中,二子频丧。"关于此女卒年,《文选》李善注曰:"陈思《行女哀辞》曰'家王征蜀汉'。"可知行女之亡,正在曹操以魏王身份亲征刘备的时候,此当指建安二十四年三月开始的那次汉中战役。《哀辞》序谓"终于首夏",首夏即四月,正是曹操出征后的第二个月。

徐先生显然是认为行女卒于建安二十四年四月。但这个结论是不可靠的。考《文心雕龙·哀吊》有云:"建安哀辞,惟伟长差善。《行女》一篇,时有恻怛。"观刘勰的口气,他似乎见过徐幹(字伟长)所作《行女哀辞》,他的话是可以相信的。同题同时作文是邺下文人的习尚,曹植所作之《行女哀辞》与徐幹同时,当无疑问,而徐幹卒于建安二十三年二月(据《中论序》)。可见曹植《行女哀辞》当在此前。又据《魏志·武帝纪》,曹操建安二十一年五月进爵为魏王,《哀辞》遗句称曹操为"家王",可见其又当作于建安二十一年五月后。建安二十一年五月后,二十三年二月前之"首夏",唯有建安二十二年四月。这就是曹行女"终"的可靠时间。

徐先生的结论的主要依据是"家王征蜀汉"句。其误也正出在对这句的理解上。这句话可以有两种理解:其一,指曹操当了魏王后"征蜀汉";其二,在曹操当了魏王后,曹植作诔时称他为魏王以前的"征蜀汉"。(此种情况,古有其例,参杨树达《古书疑义举例续补·以后称前例》)考《魏志》,曹操生平西征"蜀汉"有两次:第一次是建安二十年三月西征张鲁，二十一年二月还邺；第二次是建安二十三年七月西征刘备，二十四年五月还长安。（实际上曹操戎马一生，并未打到蜀郡，这两次也只到汉中。称"蜀汉"者，盖因蜀、汉两郡相邻而连及）徐先生没有发现刘勰关于徐幹作《行女哀辞》的记载，又拘束和限于对"家王征蜀汉"的第一种理解，所以致误。

最后，不妨对曹植为什么在《行女哀辞》中言及"家王征蜀汉"作一推测。行女卒于建安二十二年四月，而植诔云"三年之中，二子频丧"，则其首女金瓠当卒于建安二十年。曹操这一年三月征张鲁，次年二月还邺，是金瓠卒时，曹操正在"征蜀汉"。曹植因哀行女之殇而想到金瓠，进而把"家王征蜀汉"作为金瓠卒的时间背景来叙述，应该说是顺理成章的事吧！

（原载《文史》第 39 辑）

《建安七子集校注》证误

今人对于建安七子集的整理、研究，据笔者所知，用力较多的是俞绍初和吴云两位先生。俞先生重在整理，有新辑校本《王粲集》和《建安七子集》分别于1980年和1989年由中华书局出版。吴先生重在校注，紧随俞先生之后，有《王粲集注》（与唐绍忠合撰，中州书画出版社出版）和《建安七子集校注》（吴云主编，天津古籍出版社出版）分别于1981年和1991年问世。两位先生于建安七子可谓功臣矣。然整理、校注古籍确然不是容易的事。笔者阅读两位先生的大著，受益不少，但也发现了一些失误。本文以吴先生主编的《建安七子集校注》为主，间亦涉及俞先生的《建安七子集》，将笔者私见以举例方式写出，向吴先生及读者请教。

且分标点和注释两方面谈。先说标点。

1.孔融《肉刑论》：语所谓洛阳豪徒韩伯，密加笞三百，不中一，髡头至耳发诣膝。此自为刑，非国法之意。

元按：此段文字应标点为：语所谓："洛阳豪徒韩伯密，加笞三百不中一，髡头至耳发诣膝。"此自为刑，非国法之意。

今略加申述。"语"，谣谚也。"洛阳"云云者，意为洛阳豪徒韩伯密犯罪，当加笞刑三百，但没有一笞打在他身上；本当受髡刑，耳部以上的头发都应剃掉，但其头发依然长垂至膝。这当然是官府枉法所致，故下文云："此自为刑，非国法之意。"如此标点，文从字顺，意思清楚明白。且考今存载籍，知后汉时这类谣谚并不少见。如《太平御览》卷四六五引谢承《后汉书》载有人歌："苍梧陈君恩广大，令死罪囚有后代,德参古贤天报施。"范晔《后汉书·皇甫嵩传》引百姓歌曰:"天下大乱兮市为墟,母不保子兮妻失夫,赖得皇甫兮复安居。"皆其例。

吴先生在其书《后记》中言校注时参考了中华书局1989年版新辑校本《建安七子集》,当即俞先生之大著。笔者寻检之,发现俞先生之误与吴先生全同。俞先生还于"膝"字后出校语云"'语所谓'以下至此,文当有脱误。"显然俞、吴二先生都未能弄明白此段文字之意。

2. 王粲《七释》:于是文籍大夫闻而叹曰:"於呼!圣上(元按:当是'人'之误排)居上国无室,士人之不训在列之耻。[9]我其释诸,弗革乃已。"

校注:[9]上国:古称中原之国为上国,相对边境夷狄少数落后民族而言。无室士人之不训:国中百姓、士人,没有不受教化的。在列:指潜虚丈人。耻:指有违圣人之教。

元按:此段文字,按正文之标点,"无室"属上读,而据注释,则"无室"与"士人"连。此校注者自相矛盾。且《校注》对"在列"及"耻"的解释,令人莫名其妙。想来这都是因校注者未明文意而误加标点引起的。实则,"室士"者,蓬室之士,指隐居不仕之人;"训",教诲也;"列",犹《论语·季氏》"陈力就列"之"列",位也;"在列"即在位。是自"圣人"至"耻",应标点为:"圣人居上,国无室士。人之不训,在列之耻。"意为:圣人在上,国家无隐居不仕之人。有人得不到教诲,是在职为官的人的耻辱。文籍大夫感到有职责去开导"违世遁俗"的潜虚丈人,故接着说:"我其释诸,弗革乃已。"

复检俞先生《建安七子集》,因知吴先生标点之所自,颇感遗憾。

再说注释。

《校注》之注释失误颇多,略加分类,大体有三:曰未知天文,曰未通训诂,曰未明出典。今分别举证如下。

一、未知天文

3. 陈琳《武军赋并序》：于此武军，当天符之佐运，承斗刚而曜震。[9]……于是武臣赫然，飚炎天之隆怒，叫诸夏而号八荒。尔乃拟北落而树表，晞垒壁以结营。[13]

校注：[9]斗刚：即斗纲。指北斗七星的第五星至第七星，即斗柄，斗杓。古人认为是群星之纲纪。《汉书·律历志》上："斗纲之端，连贯营室，织女之纪指牵牛之初，以纪日月，故曰星纪。"曜：日月星辰的总称。

元按：《校注》释"斗刚""曜"，均取自新版《辞源》，孤立看，本不误，但结合全句，则使人莫知所云。实际上，"曜"，照耀；"震"，东方也（《易·说卦》："震，东方也。"）；"斗刚（纲）曜震"者，即所谓"斗柄东指"也。《鹖冠子·环流》云："斗柄东指，天下皆春。"是"承斗刚而曜震"，乃说袁绍此次攻打公孙瓒，时值春日也。检《后汉书·献帝纪》知，"建安四年三月，袁绍攻公孙瓒于易京，获之"。与陈琳此赋所述时节完全一致。《校注》昧于天文，且置"震"字于不顾，故误。

校注：[13]拟：计划。北落：北方人的聚居处。因公孙瓒在袁绍之北，这里指公孙瓒处。晞：晒干。垒壁：军营的围墙。

元按：《校注》释"北落"有望文之嫌。晞，当为"睎"字之误，班固《西都赋》"于是睎秦岭，睋北阜"之"睎"即此字，远望也。《校注》失校（俞先生《建安七子集》同）。否则，"晒干垒壁"成何语？其释"垒壁"亦误。据《史记·天官书》及张守节《正义》（中华书局1982年版，第1309页）知："北落""壁垒"皆为星名，在北宫玄武虚、危二宿之南。壁垒，一名垒壁，横列在营室南，为天军之垣垒。北落在垒壁旁。后汉张衡《思玄赋》有"观壁垒于北落兮，伐河鼓之磅硠"之句，可为佐证。陈琳此赋"拟北落"云云两句，乃说袁绍连夜向北进军，以北落星作为前进的标识，远望着垒壁星而扎营。《校注》不知天文，将天上的星宿移到了地面。

二、未通训诂

4. 孔融《荐祢衡疏》：足以昭近署之多士，增四门之穆穆。[48]

校注：[48] 释此两句之意云：倘祢衡能被皇帝所任用，……从而使百官仪表美好，容止端庄恭敬。

元按：祢衡即使被皇帝任用，又如何能使"百官仪表美好"？难道他要给百官修容整貌？再说，祢衡本是颇为狂傲的人物，并非谦谦道学，这一点孔融不会不知道。但他为什么要以"仪表""容止"为言荐祢衡？可疑。考"多士"一语出自《诗·大雅·文王》"济济多士，文王以宁"，是说文王之国人才众多，文王赖以为安。"四门穆穆"出自《尚书·舜典》"宾于四门，四门穆穆"，是说舜流放了四凶浑敦、穷奇、梼杌、饕餮以后，开四方之门，以礼迎四方来朝之诸侯宾客，因而"四门穆穆"。"四门穆穆"何解？杨伯峻《春秋左传注》说："《五帝本纪》云：'宾于四门，四门穆穆'，诸侯远方宾客皆敬。是以'宾客皆敬'释'四门穆穆'。《集解》引马融云：'四门，四方之门。诸侯群臣朝者，舜宾迎之，皆有美德也。'是以'皆有美德'释'四方穆穆'。"窃以为"皆有美德"和"宾客皆敬"是可以统一起来的："皆有美德"是就来朝者之"内美"言，"宾客皆敬"则就其外态言，是"内美"的表现。《宋书·乐志》载缪袭《魏鼓吹曲辞·应帝期》"万国皆附亲，四门为穆穆"可资佐证。据此，孔融用《大雅·文王》及《尚书·舜典》之典故于此，是说若使祢衡为朝官，则足以显明朝廷之多士，使来朝者更加恭敬朝廷。无关乎朝廷百官之仪表。

5. 王粲《赠士孙文始》：庶兹永日，无愆厥绪。[9]

校注：[9] 庶兹，差不多如此一样。永日：天天，长日。愆：过失。绪：端绪，苗头。此二句言差不多每天都是在这种和乐的气氛里度过，并没有什么过失的苗头。

元按：《校注》释"庶"为"差不多"，于此处不确，当为希冀之词，表未然之事。兹，此也，指上文所写的友好情谊。愆，此处当作动词，"丧失"之意。释为"过失"，则成了名词。绪，初也，指前此的友情。这两句是说，但愿这样的友情长此下去，永不失去。《校注》之释迂曲难通。

6. 王粲《大暑赋》：气呼吸以祛裾[12]，汗雨下而沾裳。

校注：[12] 祛：举也。《后汉书·班固传》："祛黦帷。"裾：衣袖。

元按：祛，俞先生《王粲集》作"祛"。其校语云："'祛裾'，《御览》作'祛短'，古香斋本《初学记》三作'秪和'，《四部丛刊》影宋本《古文苑》二十一及张本均作'怯短'，意皆欠通，严本作'祛裾'，义较长，今据改。"又段注《说文解字》第八篇上"祛"字下云："《集韵》以前无'祛'字。"《集韵》乃宋人丁度撰，成书于宋宝元二年（1039），是王粲不可能用到'祛'字。各本有作'祛'者，当为传写之误，故应作"祛"。"祛裾"何义？扬雄《剧秦美新》："权舆天地未祛，睢睢盱盱。"《文选》李善注释之曰："言混沌之始，天地未开，万物睢盱而不定。"是以"开"释"祛"。又段注《说文解字》于"祛"字下引《兒宽传》李奇注曰："祛，开也，散也。凡褰开曰祛。"是"祛"训"开"之证。"裾"，此处当训为衣襟。"祛裾"即解开衣襟。宋玉《风赋》"有风飒然而至，王乃披襟而当之"，刘桢《大暑赋》"披襟领而长啸，冀微风之来思"之"披襟"即王粲"祛裾"之比。王粲此句是说，天气炎热，人直喘气而解开衣襟。《校注》释"祛裾"为举袖，令人不解：举袖干什么？

7. 王粲《浮淮赋》：凌惊波以高骛，驰骇浪而赴质。加舟徒之巧极[11]，美榜人之闲疾。

校注：[11] 加：更有。

元按：此四句乃排比句。"凌""驰""加""美"俱作动词。"加"乃"嘉"之通假字。《说文解字》："嘉，美也。从壴，加声。""加"、"嘉"同声通假。

8. 王粲《柳赋》：枝扶疏而罩布，茎森梢以奋扬。[8]

校注：[8]森：繁密貌。奋扬：有力地伸展。森：严木作"槮"，《类聚》作"森"，据改。

元按：此二句乃对句，前句描写柳枝，后句描写柳茎（即柳干）。"扶疏"乃联绵词，"森梢"，双声心纽，亦联绵词。"森梢"亦作"箾蔘"（司马相如《上林赋》）、"橚槮"（张衡《西京赋》）、"萧森"（张景阳《杂诗》），乃"森梢"之倒转。这正如"于悒"、"郁抑"倒转为"抑郁"一样，词形变，其义不变。《校注》改"槮"作"森"，大可不必。"森梢"何义？《文选》卷八《上林赋》李善注引郭璞曰："箾蔘，支（元按：即枝）竦擢也。"又卷二九张景阳《杂诗》六臣吕向注曰："萧森，条长貌。"郭璞、吕尚之注，其意近，都是说，萧森乃树木枝条向上伸长的样子。故知王粲此二句，前句言柳枝扶疏四布，是从横的方面写；后句写柳干向上伸长，是从纵的方面写。《校注》只释"森"，未得其解。

9. 王粲《七释》：枇杷都柘[20]，龙眼荼实。

校注：[20]柘：一为黄桑，亦称奴柘，果可食，亦可酿酒。一为甘蔗。

元按：枇杷、都柘、龙眼、荼实为四种可食之物。《校注》未知"都柘"即"甘蔗"，只单释"柘"，因而横生枝节。考《楚辞》宋玉《招魂》有"胹鳖炮羔，有柘浆些"之句，六臣本《文选》于"柘"下小注云："五臣作'蔗'"。王逸注云："柘谓蔗也。"是"柘"、"蔗"同音通假之证。则"都柘"即"都蔗"。汉刘向《杖铭》"都蔗虽甘，殆不可杖"，魏曹植《矫志》"都蔗虽甘，杖之必折"，是"都蔗"即甘蔗之证。

10. 阮瑀《筝赋》：平调定均[16]，不疾不徐。迟速合度，君子之衢也。

校注：[16]平调：均平调和。《后汉书·宋意传》："今诸国之封，并皆膏腴，风气平调，道路夷近。"定均：不偏不倚。

元按：《校注》释"平调"，取自新版《辞源》。然彼"平调"乃指地理气候，此"平调"乃就音乐言。《校注》强彼就此，实对不上号。其释"定均"亦误。"平调定均"中"平"、"定"都是动词。"调"指乐调，自不待言；"均"即"韵"，如六臣注《文选》成公子安《啸赋》"音均不恒，曲无定制"之"均"下小注有"五臣作韵"四字，李善注亦云："均，古韵字。"又曹植《白鹤赋》"聆雅琴之清均"，亦可证。《文选》嵇康《琴赋》"改韵易调，奇弄乃发"之"改韵易调"正与阮瑀"平调定均"同一句式，可资参证。故知"平调定均"即调定韵调，因而有下文"不疾不徐"，与气候无涉。

三、未明出典

11. 孔融《与韦修甫书》：西土之人，宗服令德，鲜仇崇好[12]，以顺风化，万里雍穆，如乐之和。[15]

校注：[12] 鲜仇：张本作"解仇"。[15] 如乐之和：此句承上句写西土之人的和睦融洽。

元按："如乐之和"乃用典。宋吴曾《能改斋漫录》卷六《和戎如乐和》条云："孔融《与韦休甫书》曰：'西土之人，宗服令德，解仇崇好，以顺风化，万里雍穆，如乐之和。虽为国家威灵感应，亦实士穀堪事之效也。'按，《左传》：'晋悼公语魏绛曰："子教寡人和诸戎狄，以正诸华。八年之中，九合诸侯，如乐之和，无所不谐。请与子乐之。"乃知融用此语。'"

韦休甫（《校注》于孔融文题误"休"为"修"，或是排印之误）为凉州刺史，而凉州汉民与少数民族和睦相处，故孔融以《左传》襄公十一年十月晋悼公称叹魏绛之语以赞之。《校注》似未知。

附带说一句，"鲜仇"当为"解仇"。俞先生辑校本作"解仇"，吴曾所引亦作"解仇"。"解仇"与"崇好"俱为动宾短语，于义为长。"鲜"、"解"盖形近而误，当取张本为妥。

12. 陈琳《神女赋》：汉三七之建安，荆野蠢而作仇。[2]赞皇师以南假，济汉川之清流。[3]感诗人之攸叹，想神女之来游。[4]

校注：[2]汉三七之建安：即汉献帝建安二十一年。因为三七为二十一。荆野：这里指吴国。荆：春秋时楚国的古称。[3]汉川：即汉水。……曹操此次南征，由邺至谯，由谯至居巢，并不经过汉水。所以，陈琳在这里称汉川，应是泛指一般的河流。[4]攸叹：长叹。诗人：这里指宋玉。宋玉有《高唐赋》、《神女赋》，写楚襄公梦幸神女之事。但其主旨正如李善在《文选·高唐赋》题下《注》曰："此赋盖假设其事，风谏淫惑也。"此即诗人攸叹之意。

元按：笔者此条旨在辩证注[4]之误。然欲明乎此，先须辨明此赋之作年。陆侃如《中古文学系年》（人民文学出版社1985年版）系此赋于建安十三年下，云："似是本年事。"俞先生《建安七子集》附《建安七子年谱》亦系此赋于此年，并云："疑赋文之'三七'为'十三'之抄误。"徐公持《建安七子诗文系年考证》（《文学遗产增刊》第14辑，中华书局1982年版）同，其释云："'三七'一语，当指献帝年号建安于汉祚中之顺序，非指建安中之年序也。且建安二十一年，并无'荆野'作仇事。""故'三七'二字，断非谓建安二十一年，盖言献帝为第二十一代汉天子也。"郁贤皓、张采民《建安七子诗笺注》（巴蜀书社1988年版）附《建安七子年表》亦云建安十三年陈琳从征刘表"作《神女赋》"。诸家理由不尽相同，但认为此赋作于建安十三年曹操南征刘表时，则是一致的。笔者认为这一看法是正确的。且说"汉川"不指汉水而指一般河流，毫无根据，不可信。故此注[2]、[3]之误自不待言。

再说注[4]。攸叹，不是长叹，而是所叹。同是陈琳，其《大荒赋》"仍皇灵之攸舒兮，爰稽余之所求"，"攸"、"所"互文可证。叹，除有慨叹义外，还有称叹义。如曹操《短歌行》其二"孔子所叹，并称夷吾",孔融《论盛孝章书》"孝章要为有天下大名,九牧之民所共称叹",皆其例。本赋下文有"既叹尔以艳采,又悦我以长期",犹为力证。总之,此处之"叹"乃称叹之义。诗人,此处指《诗·周南·汉广》的作者,不是指宋玉。建安作家惯以"诗人"称《诗经》之作者。如王粲"常闻诗人语:'不醉其无归'"(《公宴诗》),"诗人美乐土,虽客犹愿留"(《从军诗》其五)即是。《诗·汉广》:"汉有游女,不可求思。"薛君《韩诗章句》云:"游女,汉神也。"建安作家多习《韩诗》(参清王先谦《诗三家义集疏》),陈琳当亦习《韩诗》。是则陈琳"感诗人之攸叹,想神女之来游"者,乃因其人从曹操南征荆州,"济汉川之清流",有感于《诗·周南·汉广》所称叹的汉水女神,因而盼望其来游。曹植《九咏》"感《汉广》兮羡神女",可与陈琳此二句相参证。惟其如此,陈琳于赋之下文写神女之美丽形象及对之倾慕之情,才顺理成章。校注者未明此二句之真正出典,其解释牵强难通。

13. 王粲《为刘荆州谏袁谭书》:使王室震荡,彝伦攸斁[4]。

校注:[4]彝伦:伦常。古指人与人之间的道德关系。《书·洪范》:"我不知其彝伦攸叙。"

元按:《校注》释彝伦,大体来自《辞源》。令人遗憾的是"彝伦攸斁"来自《尚书·洪范》原句,校注者似未知。《洪范》原文有云:"箕子乃言曰:'我闻在昔鲧陻洪水,……。帝乃震怒,不畀洪范九畴,彝伦攸斁,鲧则殛死。'"

14. 应场《报庞惠恭书》:值鹭羽于苑丘,骋骏足于株林;发明月之辉光,照妖人之窈窕。[21]斯亦所以眩耳目之视听,亡身命于知友者也。

校注:[21]妖人:美人。妖:丰丽、妖媚。窈窕:美好的姿貌。以上四句指对方的荒淫无度。

元按:《校注》引《诗·陈风·宛丘》注"值鹭羽于苑丘",引《陈风·株林》注"骋骏足于株林",甚是。然下二句亦出自《陈风》,失注。考《陈风·月出》首章即云:"月出皎兮,佼人僚兮,舒窈纠兮,劳心悄兮。""发明月之辉光"即"月出皎兮","照妖人之窈窕"即"佼人僚兮,舒窈纠兮"。"妖人"即"佼人","窈窕"即"窈纠"。《陈风·月出》乃"刺好色也。在位不好德而美色焉"(《诗小序》),正与《宛丘》"刺幽公也。淫荒昏乱,游荡无度焉"及《株林》"刺灵公也。淫于夏姬,驱驰而往,朝夕不息焉"相类似。应玚借此三诗讽刺庞惠恭"眩耳目之视听,亡身命于知友",恰当有力。不过,前两诗是明用,《月出》是暗用。《校注》仅释"妖人"、"窈窕",实乃失其大者。

另外,《校注》于不难考见之有关人物,付之阙如,亦令人遗憾。今举一例如下:

15. 孔融《圣人优劣论》:荀愔等以为圣人俱受乾坤之醇灵。[2]

校注:[2]荀愔:生平事迹待考。

元按:《三国志·魏志·荀彧荀攸贾诩传》裴松之注引《荀氏家传》有云:"(荀攸之叔父)衢子祈,字伯旗,与族父愔俱著名。祈与孔融论肉刑,愔与孔融论圣人优劣,并在融《集》。祈位至济阴太守,愔后征有道,至丞相祭酒。"可补《校注》之阙。

(原载《古籍整理研究学刊》1997年第6期)

嵇康未官中散大夫吗？

《文学遗产》1992年第6期沈元林《嵇康曾官中散大夫吗？》一文（以下简称沈文），对"已成定论"的嵇康曾官中散大夫一事提出了疑问。笔者读后，觉得沈文破绽颇多，其考论不足以推翻已成的定论。今略述鄙见，以就教于沈先生和读者。

综观沈文，知其怀疑的理由主要有三：其一，在刘义庆《世说新语》（以下简称《世说》）以前，言嵇康官中散大夫者，只刘孝标注《世说·德行》所引《文章叙录》之"康以魏长乐亭主婿，迁郎中，拜中散大夫"一条。道是《世说》为了"风光人物"，一见此条，即"铺张宣扬，'嵇中散'的称谓遂流传开去"。其二，若谓嵇康曾官中散大夫，则与其"实际""难符，带来了一连串的疑点"。其三，唐杜佑《通典》记载：中散大夫，"魏晋无员"；故嵇康不可能任此职。

今按：沈文貌似有理，实则这些理由根本不能成立。

先说其一。《世说》问世之前，有《文章叙录》记载了嵇康官中散大夫事。沈文并没有否认这一点。照常理，沈文若认为《世说》"嵇中散"之称不可靠，得首先论定《文章叙录》的此条记载不可信才行。然而，令人奇怪的是沈文对此只字不提，而去大谈《世说》之称"嵇中散"如何不可靠！这岂不是弃其本而逐其末吗？之所以如此，想来恐怕是沈先生对《文章叙录》一书未及考究吧。

《文章叙录》一书，《世说》刘孝标注引用时未标撰人，但撰人并非不可考。早于刘孝标注《世说》80年，裴松之在《三国志注》中就已经标明了（据近人余嘉锡《世说新语笺疏·文学第四》"康僧渊初过江"条考证,刘孝标注《世说》,时在梁天监六、七年之间,即公元507—508年。裴松之注《三国志》,据其所作《上三国志注表》,时当刘宋元嘉六年,即公元429年)。其《魏志·王粲传注》有"荀勖《文章叙录》"云云。而荀勖其人,《晋书》有传,初仕魏,入晋为中书监,官至尚书令,太康十年(289)以老病卒。其生年虽未详,要当与嵇康(223—262)同时而略后。且嵇康在当时并非无名之辈。嵇康下狱时,"太学生数千人请之,于时豪俊皆随康入狱"(《世说》刘注引王隐《晋书》)。而嵇康被司马昭杀害时,荀勖正任大将军司马昭府从事中郎(参《通鉴》卷七八《魏纪十》"景元三年")。因此,荀勖不可能不知道嵇康的情况,也毫无必要替嵇康安上一个中散大夫的假头衔。他记载嵇康曾"拜中散大夫",应当是权威的、可信的。事实上,裴、刘二人多次称引《文章叙录》,对其所叙史实,未曾有半点怀疑。沈文若定要怀疑,总该有些根据吧?

荀勖以后,两晋时期,陆续有不少有名人物称嵇康为"嵇中散"。请看下面的材料:

1. 梁释慧皎《高僧传》卷一《帛远传》:"孙绰《道贤论》以法祖匹嵇康,论云:'帛祖衅起于管蕃,中散祸作于钟会。二贤并以俊迈之气,昧其图身之虑,栖心事外,轻世招患,殆不异也。'"

2. 《文选》卷二一颜延年《五君咏·嵇中散》李善注引孙绰《嵇中散传》曰:"嵇康作《养生论》,入洛,京师谓之神人。"

3. 《初学记》卷一七,《全晋文》卷五三李充《九贤颂·嵇中散》:"肃肃中散,俊明宣哲。笼罩宇宙,高蹈玄辙。"

4. 《太平御览》卷四四七引袁宏《七贤序》:"阮公瑰杰之量,不移于俗,……中散遗外之情,最为高绝。"

5. 《太平御览》卷五九六,《全晋文》卷一四四袁宏妻李氏《吊嵇中散文》有云:"故彼嵇中散之为人,可谓命世之杰矣。"

6. 《初学记》卷一七,《全晋文》卷八三有谢万《七贤·嵇中散赞》。逯钦立《先秦汉魏晋南北朝诗·晋诗》卷一四四有谢道韫《拟嵇中散咏松诗》。

上述材料中，孙绰，《晋书》有传。据曹道衡先生考证，他生于晋愍帝建兴二年（314）（详《晋代作家六考》一文，见《中古文学史论文集》），然则上距嵇康之被杀仅52年，距荀勖之卒仅20余年。李充，《晋书·文苑传》有传。其生年在西晋后期（亦见《晋代作家六考》），则很可能略早于孙绰。袁宏，《晋书》亦有传，太元（376—396）初年卒，年49，则其生略后于孙绰。谢万乃东晋名相谢安之弟，谢道韫是谢安之兄之女，他们叔侄与袁宏约略同时。

这些人都称嵇康为"嵇中散"，难道还不足以说明荀勖以后、《世说》问世之前，"嵇中散"之称的普遍性吗？《世说》称"嵇中散"的根据还不充分吗？今人若不能证明以上诸人都是造假，以上各条材料都不可信，那么嵇康曾官中散大夫之事就不应否定。《世说》于史实固然不无疏失，但因此而推定其称"嵇中散"也是"散散漫漫地写小说"，则未免厚诬古人了。

沈文二、三两方面的理由实际紧密相关，为行文的方便，放在一起辨析。

沈文云："《通典·职官十六·文散官·光禄大夫以下》：'中散大夫，王莽所置，后汉因之，后置三十人（汉官曰光武中兴置），魏晋无员。'既然这个中散大夫已在'魏晋无员'，那么这个疑点，就已经是显而易见的。"

其实，所谓"无员"并非无任职者。沈文显然误解了"无员"之义。梁沈约《宋书·百官志下》在叙述了"左光禄大夫、右光禄大夫"之建制职掌等之后，接云：

中散大夫，王莽所置，后汉因之。前汉大夫皆无员，掌论议。后汉光禄大夫三人，中大夫二十人，中散大夫三十人。魏以来复无员。自左光禄大夫以下，养老疾，无职事。中散，六百石。

将《通典》所述与此相校，毫无疑问，前者本之于后者。沈约云"前汉大夫皆无员"，而又云"掌论议"，则"无员"非无任职者，其意已很明确。为了说明问题，再举一例：同书"光禄勋"条下有云；"郡举孝廉以补三署郎。……凡有中郎、议郎、侍郎、郎中四等，无员，多至万人。""无员"而"多至万人"，显然"无员"不是无任职者。事实上，魏晋为中散大夫者亦非只嵇康一人。《晋书·文苑·罗含传》有云："（含）年老致仕，加中散大夫，门施行马。"又《隋书·经籍志四》有"晋中散大夫罗含集三卷"。可见晋人罗含即曾加官中散大夫。魏晋置有中散大夫一职，应该是铁案难移了。

那么，"无员"之官究竟是什么性质的官？

近读《南齐书》，见《崔祖思传》有如下文字：

> 上（按：指齐太祖萧道成）初即位，祖思启陈政事，曰："……无员之官，空受禄力。三载无考绩之效，九年阙登黜之序。国储以之虚匮，民力为之凋散。能否无章，泾渭混流。宜大庙之南，弘修文序，司农以北，广开武校。台府州国，限外之职，问其所乐，依方课习，各尽其能。"

《通鉴》卷一三五《齐纪一》叙此事，胡三省注云："无员之官，员外官也，下所谓限外之人是也。禄者，所食之禄，力者，所役之人。"原来，"无员之官"乃是员外官，有俸禄，有仆役，不考绩，无登黜。而"中散大夫"这种无员之官，前引沈约《宋书·百官志》说得亦明白："养老疾，无职事"，"六百石"。

嵇康在魏末以皇族姻亲而又体弱多病（嵇康《与山巨源绝交书》即曾言"吾多病困"，"又有心闷疾"），担任这一"无职事"而有俸禄的挂名官职，于当时的政治气氛和嵇康的性情也正是合理合情的。也正唯其如此，嵇康才能闲居"陋巷"，才有条件服食、饮酒（参王瑶《中古文学史论集》中《文人与药》），也才会有钟会"卧龙不可起"之议论。同样，中散大夫既然不是像沈文所想象的那样，是使人物"风光"、"意气扬扬"、"光宗耀祖"的官职,那么陈寿《三国志·王粲传》所附二十余字《嵇康传》、嵇喜所写二百字左右的短文和裴松之《三国志·王粲传》的几条注文等,均未载嵇康为中散大夫事也就值不得大惊小怪了。况且他们本不是要为嵇康作详传嘛!总之,明白中散大夫之职掌、待遇等问题,沈文所述几个"疑点"也就可以涣然冰释了。

(原载《黄冈师专学报》1993年第3期)

读书札记八则

一、关于"作威作福"

《曹植新探》于《曹植的经历》一节中，著者在论列了曹丕嗣位魏王及为皇帝期间打击拥植派的事实以后，有一段评述。为避断章取义之嫌，我权且把它抄在下面：

> 对曹丕这一系列挟嫌报复的行为，史家早有微辞相讽，陈寿评曹丕"若加之旷大之度，励以公平之诚，迈志存道，克广德心，则古之贤主，何远之有哉"（《三国志·文帝纪》）；刘勰称"魏文帝下诏，辞义多伟，至于作威作福，其万虑之一弊乎？"（《文心雕龙·诏策》）这些当然不为凭空议论，而是隐有所指的。由此不难看出曹丕性格上阴险的一面，当他尚未把宝座夺到手中之前，谦虚谨慎，在邺下很能笼络文士，颇具宽大为怀的政治家风度，从而推动了魏国文学的发展。当他爬上权力的顶峰后，则一反常态，顺己者昌，逆己者亡，生杀予夺，为所欲为，充分暴露出作为剥削阶级代表人物的丑恶嘴脸，离旧式的明君典型应该说尚有颇大的距离。①

著者对曹丕的批评，我们暂且存而不论。这里要提及的，是对刘勰一句话的理解，即《新探》著者认为刘勰那句话是指斥曹丕"作威作福"（"生杀予夺，为所欲为"意也）。刘勰果真是这个意思吗？弄清楚这个问题，必须对这句话的来历作一番考察。

---

① 钟优民：《曹植新探》，黄山书社1984年版，第41—42页。以下简称《新探》。

"作威作福"一语出自《尚书·洪范》:"惟辟作福,惟辟作威,惟辟玉食。臣无有作福作威玉食,臣之有作福作威玉食,其害于而家,凶于而国。"意思很清楚:"作福"、"作威"、"玉食"是辟(天子)独有的权利,臣子不能有,否则于家于国都有危害。

那么,这"作威作福"与曹丕有何联系呢?据《三国志·魏志·蒋济传》载,曹丕当了皇帝以后,"诏征南将军夏侯尚曰:'卿腹心重将,特当任使,恩施足死,惠爱可怀,作威作福,杀人活人。'"大臣蒋济见了这个诏书,当着曹丕的面说是"亡国之语","帝忿然作色而问其故,济具以答。因曰:夫'作威作福',《书》之明诫。'天子无戏言',古人所慎。惟陛下察之。于是帝意解,遣追取前诏。"原来,曹丕在给夏侯尚的诏书中用到了"作威作福"一语。

曹丕诏书的意思是授给夏侯尚以生杀予夺之大权,而蒋济以《尚书·洪范》上的话为立论的依据,认为夏侯尚作为人臣不能有这样的权利。天子说话是要算数的。夏侯尚能"作成作福",岂不是行使起天子的职权来了!那曹家的天下将处于何种地位呢?所以,他批评这个诏书是"亡国之语",曹丕明白了这个意思,也就追回了这个诏书。

由此看来,刘勰那句话中说到的"作威作福",确然如《新探》著者所云"不为凭空议论";但"所指"并不是曹丕"生杀予夺,为所欲为"打击拥植派,而是在肯定了曹丕的多数诏书"辞义多伟"的同时,指出给夏侯尚的这封诏书是其"千虑之一弊",是个错误的诏书。再说,刘勰《文心雕龙·诏策》篇论的是文体,又何必另生枝节批评曹丕的为人呢?

综上所述,刘勰那句话的意思只是就诏书本身而言,无关于曹丕的性格和为人。《新探》的著者不明事情的原委,因而误解了刘勰的本意,这是必须指出的。

二、曹植《行女哀辞》的作年

《曹植集校注》于《行女哀辞》后按云："据《魏志·武帝纪》：'建安二十三年秋七月，治兵，遂西征刘备。'哀辞遗句'家王征蜀汉'，则此文之作，或在二十四年首夏后也。"①

按：此说误。《太平御览》卷五九六引挚虞《文章流别论》云："建安中，文帝、临淄侯各失稚子，命徐幹、刘桢等为之哀辞。"又，刘勰《文心雕龙·哀吊》亦云："建安哀辞，惟伟长差善。《行女》一篇，时有恻怛。"挚虞是西晋初人，与曹植时代相去不远。刘勰时代虽稍晚，但观其口气，他似乎见过徐幹（字伟长）所作的《行女哀辞》。因此，他们的话应该是可靠的。据此，徐幹为曹植的稚子行女之殇作过《行女哀辞》当属可信。同题同时作文是建安时期邺下文人的习尚。毫无疑问，曹植《行女哀辞》当与徐幹之作同时。据《三国志·魏志》及裴松之注，徐幹是卒于建安二十二年冬之大疠疫的。由此可以推知，曹植《行女哀辞》必作于建安二十二年冬以前。

又，《魏志·武帝纪》载，建安二十一年"夏五月，天子进公爵为魏王"。公，指曹操。曹植《行女哀辞》遗句既然称曹操为"家王"，则其必作于建安二十一年五月曹操为魏王以后。

《行女哀辞》序中有"行女生于季秋，而终于首夏"之句。首夏，四月也。

由上文所述，我们完全可以得出这样的结论：曹植《行女哀辞》作于建安二十二年四月后，冬天以前。

那么，这样的结论是否与"家王征蜀汉"句相矛盾？《校注》不正是据此句来判断曹植"此文之作，或在建安二十四年首夏后"吗？问题

---

① 赵幼文：《曹植集校注》，人民文学出版社1984年版，第182页。以下简称《校注》。

是出在对于这句话的理解上。

"家王征蜀汉"与行女之殇到底有何关系，因曹植原文残缺，我们不得而知。这句话本身可以有两种理解：（一）指曹操当了魏王以后，征蜀汉；（二）指在曹操当了魏王以后，曹植称其在此之前的某次征蜀汉。考《魏志》，曹操生平西征"蜀汉"有两次：第一次是建安二十年三月西征张鲁，二十一年二月还邺；第二次是建安二十三年七月西征刘备，二十四年五月还长安。《校注》拘于第一种理解，以为曹操建安二十一年五月为魏王，此后征蜀汉，当然就只能是建安二十四年的"征蜀汉"了。因而得出了他的错误的结论。实际上，如果取第二种理解，认"家王征蜀汉"是指曹操第一次征蜀汉，那就与我们前面的结论没有什么矛盾可言了。

三、邺都、魏都和魏京

《曹植集校注》于《愁霖赋》后按云："《艺文》卷二载曹丕、应玚《愁霖赋》。丕赋句云：'脂余车而秣马，将言旋乎邺都。'丕不称邺为魏都或魏京而称邺都，似在曹操尚未为魏公时。魏公已后，便称邺为魏都或魏京了，观《朔风诗》、《王仲宣诔》可证。则此赋之创作时期，必在建安十九年之前可以推知。"①

显然，《校注》是根据建安文人对邺的称谓的变化来断定曹植《愁霖赋》的作期的。实际经过了三步：（一）确认曹操为魏公以前，邺被称为邺都，为魏公以后便称为魏都或魏京了；（二）曹丕《愁霖赋》称邺为邺都，可见是作于曹操为魏公以前；（三）曹植《愁霖赋》与曹丕同题同时，故也作于曹操为魏公以前，即"必在建安十九年之前"。

按《校注》作为推论基础的第一步，就站不住脚。据《魏志·武帝

---

① 赵幼文：《曹植集校注》，第53页。

纪》，曹操建安十八年五月为魏公。但建安文人，包括曹氏兄弟，在建安十九年以后的作品中，依然有称邺为邺城或邺都的，并非如《校注》所云"魏公以后，便称邺为魏都或魏京了"。请看下面的例子：

1. 公命临淄，守于邺都。（杨修《出征赋》）
2. 翊日浮黄河，长驱旋邺都。（曹丕《孟津诗》）
3. 歌舞入邺城，所愿获无违。（王粲《从军诗五首》之一）
4. 拊襟倚舟樯，眷眷思邺城。（王粲《从军诗五首》之二）
5. 朝发邺都桥，暮济白马津。（王粲《从军诗五首》之四）

此五例中，例1作于建安十九年，例2作于建安二十年，例3—5作于建安二十一年。这些都是斑斑可考，研究者们已有定论的。①

曹植《朔风诗》和《王仲宣诔》中称邺为魏都或魏京，固然是作于曹操为魏公以后，但由此而反推，说凡是称邺为邺都或邺城的作品都是作于曹操为魏公以前，那是不可靠的。因为，正定理成立，逆定理却不一定成立！正确的结论应该是：魏都或魏京是曹操为魏公以后，曹魏集团中人对邺的称法；而邺都、邺城则不拘前此还是后此。弄清了这点，《校注》对曹植《愁霖赋》写作时间的推断之误，也就不言而喻了。

四、吴质籍贯小考

吴质是建安时期比较重要的作家。关于他的籍贯，《三国志·魏志·王粲传》说他是"济阴人"。据《续汉书·郡国志》，济阴乃郡名，后汉时其属县有11个，地域较广，作为籍贯似嫌宽泛。然而此外史籍中别无明确记载。要知其具体籍贯，还须考证。

---

① 杨修《出征赋》、曹丕《孟津诗》分别作于建安十九年和建安二十年，详见陆侃如《中古文学系年》下册、张可礼《三曹年谱》。王粲《从军诗》之一作于建安二十一年，详见《魏志·武帝纪》裴松之注；之二、之四作于建安二十一年，详见《文选》李善注、俞绍初《王粲集》附录二《王粲年谱》、陆侃如《中古文学系年》。

近读《晋书》,发现如下两则材料:

  吴隐之字处默,濮阳鄄城人,魏侍中质六世孙也。(《良吏传·吴隐之传》)

  (青龙二年)景怀皇后崩,景帝更娶镇北将军濮阳吴质女,见黜,复纳(羊)后。(《后妃传上》)

按:《魏志·王粲传》及裴注告诉我们,吴质曹魏时期曾任过振威将军、北中郎将,假节都督河北诸军事,"太和四年,入为侍中"。查清洪饴孙《三国职官表》,魏侍中也只有一个吴质。因此,可以断定此濮阳吴质当即《魏志·王粲传》中之吴质。但《魏志》说他是"济阴人",而《晋书》却说是"濮阳鄄城人",不同郡,岂不矛盾?考《续汉书·郡国志》,济阴郡属县有"鄄城"。王先谦《集解》云:"《晋志》改属濮阳国。"《晋书·地理志上》濮阳国属县中也正有"鄄城"。原来,吴质是后汉济阴郡鄄城人。《晋书》鄄城改属濮阳国,故与《魏志·王粲传》所记郡望不同。而后汉鄄城在今山东鄄城北不远,因此,吴质的籍贯应是今山东鄄城县。

这里需要附带指出的是,今人著述有说吴质是今山东菏泽人的(李宝均《曹氏父子与建安文学》),这大约是误把隋代济阴郡的治所当成了吴质的具体籍贯,因为隋代济阴郡的治所在今山东菏泽。

(原载《学术研究》1989年第2期)

五、曹丕这一次不在邺城

《中国历代著名文学家评传》第一卷(山东教育出版社1983年版)在评述曹丕"邺城时期"中说,建安二十年,曹军西征张鲁,曹丕在邺城留守。此说实误,请看下面的材料:

  《文选·魏文帝〈与钟大理书〉》李善注引《魏略》云:"太祖征

汉中，太子在孟津……"

《文选·魏文帝〈与朝歌令吴质书〉》李善注引《典略》云："（吴）质为朝歌长，大军西征，太子南在孟津小城，与质书。"书中有云："五月十八日，丕白。"

《文选·陈孔璋〈为曹洪与魏文帝书〉》李善注引《文帝集序》曰："上平定汉中，族父都护还书与余，盛称彼方土地形势……"书中有云："十一月五日，洪白。前初破贼，情侈意奢，说事颇过其实，得九月二十日书……"

考曹操生平，西征之事只有三次：一是建安十六年七月西征马超，一是建安二十三年七月至建安二十四年西征刘备，一是建安二十年西征张鲁。建安十六年西征马超时，曹丕留守邺城。其《感离赋序》："建安十六年，上西征，余居守，老母诸弟皆从。"又《魏志·甄后传》裴注引《魏书》："十六年七月太祖征关中，武宣皇后从，留孟津，帝（按：指曹丕）居守邺。"《魏志·程昱传》裴注引《魏书》："太祖征马超，文帝留守。"皆可证。建安二十三年七月至建安二十四年西征刘备，曹丕在何处，史无明文，但亦可考见。《魏志·任城王彰传》云："时（建安二十三年七月）太祖在长安，召彰诣行在所。彰自代过邺，太子谓彰曰：'卿新有功，今西见上，宜勿自伐，应对常若不足者。'彰到，如太子言，归功诸将。"又《魏志·武帝纪》："（建安二十四年）九月，相国钟繇坐西曹掾魏讽反，免。"裴注引《世语》曰："大军未反，（魏）讽潜结徒党，又与长乐卫尉陈祎谋袭邺。未及期，祎惧，告之太子。诛讽，坐死者数十人。"据此两条材料，可知曹操西征刘备已到长安，曹丕在邺；曹操出征大军未返，曹丕已在邺诛了企图谋反的魏讽等人。显然，曹丕此次是在邺留守而未从征。

据上所考，建安十六年、建安二十三年至二十四年这两次西征，曹丕都在邺留守，那么前引《文选》李注中三条材料里"征汉中""西征""平定汉中"必皆指建安二十年曹军西征张鲁事。再者，西征张鲁之役，据《魏志·武帝纪》是建安二十年三月出征，建安二十一年二月还邺。曹丕与吴质及与在出征军中的曹洪书信往返，也正是在这段时间里。这一切说明建安二十年西征张鲁，曹丕不在邺城，而在孟津，是确定无疑的了。

（原载《学术研究》1988年第4期）

六、徐幹附曹在建安十一年

徐幹何时依附曹魏，研究界的说法颇不一致。有说在建安初（徐公恃：《建安七子论》，《文学评论》1981年第1期），有说在建安九年（陆侃如：《中古文学系年》），有说在建安十年左右（刘指渐：《建安文学编年史·前言》，《重庆师院学报》1984年第1期），有说在建安十一二年左右（陈祖美：《建安诗风的衍变》，《文艺研究》1983第6期），还有说在建安十二年（赵幼文：《曹植集校注》附《曹植年表》）。徐幹附曹在建安十三年以前，因有其文赋为据，已无问题。但究在何年，说者都没有提出可靠的根据，读者自然无从判断。因此有进一步考究的必要。

严可均辑《全三国文》卷五十五，有"与徐幹同时人"（严氏案语）为徐幹《中论》所作序文。其中云：

> 董卓作乱，劫主西迁，……君避地海表。自归旧都，州郡牧守礼命蹴踏连武，欲致之。君以为纵横之世，乃先圣之所厄困也，岂况吾徒哉。……故绝迹山谷，幽居研几，用思深妙，以发疾瘵，潜伏延年。会上公拨乱，王路始辟，遂力疾应命，从戎征行。

这里提供了"旧都"和"上公拨乱"两个重要信息。

先说"旧都"。谢灵运《拟魏太子邺中集·徐幹》诗亦述及徐幹出处："置酒饮胶东，淹留憩高密。此欢谓可终，外物始难毕。摇荡箕濮情，穷年迫忧栗。末涂幸休明，栖集建薄质，已免负薪苦，仍游椒兰室。"诗谓徐幹"淹留憩高密"后即进入了仕途。因知"归旧都"即指"憩高密"。"高密"是前汉高密国之治所,故得称为"旧都"。再说"上公拨乱"。自董卓之乱至建安十二年,曹操征战至高密所在地者,仅有建安十一年征管承之役。《魏志·武帝纪》云:"秋八月,公东征海贼管承,至淳于,遣乐进、李典击破之。""十二年春二月,公自淳于还邺。"淳于即距高密不远,后汉同属北海国。曹操在淳于闻隐居高密的徐幹之名,而征召之,这是情理之中的事。据此可以得出结论:徐幹是在建安十一年曹操征管承时"应命"附曹的。

(原载《学术研究》1988年第4期)

七、王粲籍贯辨正

王粲的籍贯,今人主要有两说:一说在河南修武,如李宝均《曹氏父子和建安文学》(上海古籍出版社1978年版)、郭预衡《中国散文史》上册(上海古籍出版社1986年版)等;一说在今山东邹县西南,如余冠英《汉魏六朝诗选》(人民文学出版社1978年版)、朱东润主编《中国历代文学作品选》(上海古籍出版社1979年版)等。两说都有影响,以致有人不加分辨,将两说并存,如吴云、唐绍忠《王粲集注·前言》(中州书画社1984年版)、曹大中《〈登楼赋〉——王粲弃刘归曹的信号与准备》(《中州学刊》1987年第3期)即是。因此有再作考辨的必要。

据《三国志·魏志》叙王粲籍贯,为"山阳高平"。考《三国志》,其叙传主之籍贯有两类:(一)指明郡(国)县。如《董卓传》说董卓"陇西临洮人"。陇西是郡名,临洮是陇西属县。(二)只指出郡(国)名,不言属县。如《方技传·朱建平传》:"朱建平,沛国人。"沛国是郡国名,属豫州。故《王粲传》之"山阳"为郡名,"高平"为属县名,当无问题。再检《续汉书·郡国志》，"山阳郡"下属县中正有高平县。山阳郡高平县故城今在何处？笔者检阅《中国历史地图集》及其他有关地图，对照古今地名方位，得知其地确在今山东邹县西南。不过1963年分置微山县时，又已划入了微山县。

至于"河南修武"说，乃是误把"山阳高平"之山阳郡当作河内郡之山阳县所致。肯定是弄错了。还要附带提及的是，近来有人说王粲籍贯在今山东金乡（隋文：《谈谈建安七子》，《文史知识》1988年第3期），那是误把山阳郡的治所昌邑当成了王粲的籍贯，因为后汉昌邑县故城在今山东金乡西北。

（原载《学术研究》1989年第3期）

八、曹植《赠丁仪》诗作年辨析

曹植《赠丁仪》一诗的作期，余冠英《三曹诗选》云：

> 丁仪字正礼，沛郡人。据《魏志·曹植传》注引《魏略》，曹操曾打算把女儿嫁给丁仪，被曹丕阻挠，丁仪因此怨曹丕，而和曹植亲近。曹操有一个时期要立曹植做太子，丁仪曾有意促成其事，因而被曹丕所忌。曹丕即位后不久丁仪就被杀。这诗大约作于曹丕初即王位的时候，为曹植所意料不到的那些压迫还未发生，只见到丁仪没有得到封赏，怕他心里不安，而以诗安慰他。①

北京大学中国文学史教研室编《魏晋南北朝文学史参考资料》、李景华主编《三曹诗文赏析集》等都采用此说。因曹丕即王位在建安二十五年，所以徐公持《曹植诗歌的写作年代问题》更直接地定"余冠英说"为建安二十五年。他肯定此诗为曹植诗歌中"创作背景情况已基

---

① 余冠英选注：《三曹诗选》，人民文学出版社1961年版，第109页。

本弄清，并明确地被考定为某年所作"的十首诗之一。

其实，《赠丁仪》一诗不作于建安二十五年，余说实误。

此诗前四句："初秋凉气发，庭树微销落。凝霜依玉除，清风飘飞阁。"写的是眼前实景，诸家析此无异议。可知诗当作于某年初秋。按：建安二十五年，《魏志·曹植传》载："文帝即王位，诛丁仪、丁廙并其男口，植与诸侯并就国。"从行文顺序可知，丁氏兄弟被诛在先，"植与诸侯并就国"在后。曹植何时就国？史无明文。但至迟不会在本年夏至节以后。《太平御览》卷五二八引曹植《求祭先王表》可证。表云："臣虽比拜表，自计违远以来，有逾旬日垂竟（至境？）。夏节方到，臣悲伤有心……计先王崩来，未能半岁。""违远"，远离邺都也。是作表时曹植已就封国。"夏节"，夏至节也；先王，曹操也。操死于本年正月，表云"先王崩来，未能半岁"，是本年夏至节前十余日植起程就封国，丁氏兄弟之诛则更在其前，这应该是铁案难移的。如此，曹植怎能在本年初秋写诗安慰夏至前被诛的丁仪呢？

然则此诗究作于何时？今人张可礼《三曹年谱》建安二十三年九月，云：

《曹植传》注引《魏略》曰："太祖既有意欲立植，而仪又共赞之。及太子立，欲治仪罪。"知丕为太子时即欲治仪。《赠丁仪》曰："在贵多忘贱，为恩谁能博"，殆责丕不能容纳仪。丕建安二十二年十月为太子，二十五年正月嗣位，诛仪。《赠丁仪》又有"初秋凉气发"句，诗当写于是年或明年初秋。①

张说是合理的。

（原载《学术研究》1991年第4期）

----

① 张可礼编著：《三曹年谱》，齐鲁书社1983年版，第160—161页。

杂丛部

说"缓歌慢舞凝丝竹"

"缓歌慢舞凝丝竹"是白居易的名诗《长恨歌》中的一句。这句诗该怎样理解？一些古代诗歌选注本大都以"结合""配合"或"紧扣"释"凝"字，说这句诗的意思是缓歌慢舞与管弦乐配合得很紧。

笔者认为，这样解释是值得商榷的。

且从"凝"字说起。《说文解字》："冰，水坚也。从仌从水。凝，俗冰从疑。"可见"凝"本是"冰"的俗字，所以《字林》云："凝，冰也。"不过，"冰""凝"很早就分工了。"冰"独占了"水坚"之义，"凝"则用来表示由液态的水变成固态的冰的过程。《淮南子·精神训》云："冰之凝不若其释也。""凝"、"释"对言可以为证。"凝"字由这个意义引申，有形成、巩固、专注、滞涩、缓慢诸义项。显然，把"凝"字解为"结合""配合"或"紧扣"，就词的一般意义上看，是缺乏根据的。

那么，是否白居易诗中"凝"字有这种特殊用法呢？翻开白居易的诗集，用"凝"字的诗句很多。如：

猩猩凝血点。(《蔷薇》)

残莺着雨慵休啭，落絮无风凝不飞。(《酬李十二侍郎》)

含情凝睇谢君王。(《长恨歌》)

凝情不语空所思。(《晚秋夜》)

如此等等，或述色彩的形成，或状物态的变化，或写情感的专注，都无作"结合""配合"或"紧扣"解者。读者或许要说，这些例子都与写音乐无关，不能说明问题。那么，我们再看看白居易诗中写音乐用到

"凝"字的句子：

> 弦凝指咽声停处，别有深情一万重。(《夜筝》)
>
> 冰泉冷涩弦凝绝，凝绝不通声渐歇。(《琵琶行》)

前首中，"凝""咽"并举，"凝"无疑是形容弦振动频率低，振幅小，渐至淹滞不动，所以接着是"声停"；后首中"凝绝"即凝结，也是说琵琶弦的淹滞如冰泉冷涩，故下文说"凝绝不通声渐歇"。

笔者遍考白居易诗中的"凝"字，发现绝无当"结合""配合"或"紧扣"解者。"缓歌慢舞凝丝竹"之"凝"当然不应该例外。把"凝"字解为"结合""配合"或"紧扣"，大概是从歌舞用丝竹伴奏这一点生出的解释，未免望文之嫌。

我们知道，魏晋南北朝诗人是习惯用"逐"字来表示乐器与乐器、乐器与歌舞之间的配合的。如陆机《拟东城一何高》诗有云："长歌赴促节，哀响逐高徽。"王训《应令咏舞》诗有云："倾腰逐韵管，敛色听张弦。"简文帝《赋乐器名得箜篌》诗有句云："钏响逐弦鸣，衫回半障柱。"只要翻开《玉台新咏》，这种例子随处可见。再说，与韩愈、李贺等在用字造语上着意求奇、求新的作风不同，白居易是个注意诗歌语言通俗性的诗人，他绝不会故意标新立异，用"凝"字来表示歌舞与管弦乐的"配合"或"紧扣"，而不顾用字的习惯。

王力先生主编的《古代汉语》下册第二分册注此句云："凝，慢慢拉长声音，这里指乐器奏出缓慢的旋律。这句是由三个偏正词组组成，意思是说：缓歌慢舞配上奏出缓慢旋律的丝竹。"

笔者同意这一解释。下面略作申述。

用"凝"字形容音乐缓慢的旋律，早在南北朝时就有人用过。如谢朓《入朝曲》有句云："凝笳翼高盖，叠鼓送华辀。"《文选》李善注云："徐引声谓之凝。"显然《古代汉语》把"凝"字解为"慢慢拉长声音"不仅是从"凝"字的一般意义——缓慢上讲的，也是有根据的。同时，从句法上看，说"缓歌慢舞凝丝竹"是三个偏正词组所组成,这在白居易诗中也不乏其例。如"虹裳霞帔步摇冠"(《霓裳羽衣歌(和微之)》)即是。

现在的问题是,这句诗究竟包含了怎样的内容,在全诗中起何作用?这是我们需要进一步思考的。

在"缓歌慢舞凝丝竹,尽日君王看不足"两句后,紧接着的是"渔阳鼙鼓动地来,惊破霓裳羽衣曲"。此后,写海上仙山中的太真,又说她:"风吹仙袂飘飘举,犹似霓裳羽衣舞。"可见,玄宗所"看不足"的是杨贵妃表演的《霓裳羽衣舞》,乐工伴奏的曲子自然是《霓裳羽衣曲》了。因此了解《霓裳羽衣曲》演奏的情况,对我们正确理解"缓歌慢舞凝丝竹"是有帮助的。

《霓裳羽衣曲》曲谱无传,但赖有白居易《霓裳羽衣歌(和微之)》一诗及其自注,可以使我们知其梗概。诗中写奏曲之情况云:"散序六奏未动衣","中序擘騞初入拍","繁音急节十二遍","跳鹤曲终长引声"。其自注云:"散序六遍无拍,故不舞","凡曲将毕,皆声拍促速,唯霓裳之末,长引一声。"《唐书·礼乐志》亦云:"明皇时,河西节度使杨钦忠献《霓裳羽衣曲》十二遍。凡曲终必遽,惟《霓裳羽衣曲》将毕引声益缓。"这告诉我们:一、全曲先是散序,不舞,中序才开始舞;二、从开始舞直至曲将终以前,都是繁音急节;三、曲将终时,乐器才慢慢拉长声音,舞蹈的节奏也随之而缓慢。明白了这些,我们再回到本题。"缓歌慢舞凝丝竹",表明歌、舞、管弦乐是同时进行,且用"缓""慢""凝"这三个近义词来分别修饰,可见这句诗写的不是"不舞"的"散序",不是"繁音急节"的"中序",只能是霓裳羽衣舞、曲一次将终的情景。歌、乐将歇,杨贵妃的霓裳羽衣舞又快演完一次了。然而玄宗整天看了一次又一次,总无满足的时候。诗人选举歌舞将歇这一特定时间里玄宗的表现来写,正突出了这位风流天子沉湎歌舞,迷恋于杨妃姿色的精神面貌。因而也就有力地跌出了下文"渔阳鼙鼓动地来"。白居易不愧是大诗人,他并非泛泛地写歌舞。想来,似乎只有这样理解这句诗，才不致于辜负白居易的一片深心。

（原载《语文教学与研究》1987 年第 3 期）

"主人下马客在船……"别解

白居易的名作《琵琶行》诗有云:"主人下马客在船,举酒欲饮无管弦。"这两句诗该怎么理解?中国社会科学院文学研究所编《唐诗选》,朱东润先生主编的《中国历代文学作品选》,顾学颉、周汝昌两位先生选注的《白居易诗选》等,都选了《琵琶行》,但都对这两句诗没有加注,似乎是认为没有注释的必要。吴熊和、蔡义江、陆坚合著的《唐宋诗词探胜》,只注了"主人"一词,说是"作者自称"。这当然不错,但是读者总觉得有点避重就轻。对这两句解释得较详细的是霍松林先生。他在所著《白居易诗译析》中把这两句翻译成:"主人下了马走进客人的船中,拿起酒想喝却没有音乐助兴。"

霍松林先生在其书的前言中说他"试图尽可能按照直译的原则用现代汉语翻译唐诗"。这当然是很好的意图。不过,照霍先生的"直译",这两句诗的主语都是"主人"——白居易自己。这就不能不引起读者的疑问:第一,从句法上看,前一句诗是"主人"和"客人"并举,"主人下马"和"客在船"是并列关系,与下文"主人忘归客不发"是一样的结构。照霍先生的"直译",原诗岂不成了"主人下马在客船"吗?怎么能把"客"从主语的位置上拉下来呢?第二,从情理上看,唐人送客往往是主人陪客人同到分手之地,并举酒劝客以致别意。"劝君更尽一杯酒,西出阳关无故人。"(王维《送元二使安西》)"今日送君须尽醉,明朝相忆路漫漫。"(贾至《送李侍郎赴常州》)"荆南渭北难相见,莫惜衫襟着酒痕。"(岑参《奉送贾侍御使江外》)还可以举出很多。唐人的这些送别诗句都是明证。白居易的这两句诗,照霍先生的"直译",

好像这时主人置客人于不顾，独自下马上船，举酒欲饮，这未免厚诬了古人——如此不讲礼貌。

那么，"主人下马客在船"，主人从马上下来，客人在船上，各不相干，怎么理解呢？实际上，这句诗运用了互文的修辞法，唐代贾公彦《仪礼疏》云："凡言互文者，是二物各举一边而省文，故云互文。"这两句诗的主语都是"主人"和"客"两人。意思是说，主人和客人都从马上下来，一起来到船上。他们举起酒杯饮酒，没有音乐助兴。只因为字数和音节的限制，把主语"主人"和"客"在前一句中分开说了，而后一句的主语则承前一句而省略。

互文是古代诗词中常用的一种修辞法，比起一般的散化句法结构，有其特殊性。我们读古代诗词时，必须正确地把握这种特殊性，否则是容易误解诗句的本意的。

说"飞车跨山鹘横海"

"飞车跨山鹘横海",是苏轼《荔枝叹》诗中的一句。对这句诗,时下的一些古代诗文选本,如朱东润先生主编的《中国历代文学作品选》、钱锺书先生的《宋诗选注》,吴鹭山、夏承焘、萧湄三位先生合编的《苏轼诗选注》等都解为:飞车跨山如鹘横海。这种解释把"飞车"当成主语,似乎太注重于这一句诗句法的完整性了。窃意以为"飞车跨山"并非这句诗的主语,它和"鹘横海"一样是比喻。现将理由略述如下。

《新唐书·杨贵妃传》云:"妃嗜荔支,必欲生致之。乃置骑传送,送走数千里,味未变已至京师。"杨贵妃要吃的是鲜荔枝,并不会担心荔枝的多少。因为一颗鲜荔枝可致,千万颗鲜荔枝也就可致,无非多派些人马而已。她是玄宗的宠妃,多派些人马成什么问题!所以关键是递送的速度。人骑着马奔跑无论如何总比马拉着车奔跑要快些,这是常识。苏诗此句是要极言递送荔枝速度之快,这由与此句构成因果关系的下句——"风枝露叶如新采"可知。因而,就情理言之,此句当是写"骑"送。

早在苏轼以前,晚唐诗人杜牧就有"一骑红尘妃子笑,无人知是荔枝来"(《过华清宫绝句》之一)之句。苏轼这首诗受杜牧诗的启发是显而易见的。古代一人一马为一骑。毫无疑问,杜牧诗中写的是骑马递送荔枝。杜牧所处时代与玄宗天宝年间相隔只几十年,写以骑马递送荔枝未必是想当然。且《舆地纪胜》"涪州有妃子园,当时以马递,七日七夜至,故杜牧《华清宫诗》……"云云,可为佐证。又,清代洪昇的名剧《长生殿》中《进果》一出亦写使臣骑马挑篮为贵妃递送荔枝。把这些联系起来看,骑马递送荔枝应是唐代的实际情况。苏轼没有必要、也不会将骑马递送改为车送。

既然是骑马递送,那"飞车"又是什么意思呢?《山海经·海外西经》云:"奇肱之国……其人一臂三目,有阴有阳,乘文马。有鸟焉,两头,赤黄色、在其旁。"郭璞注:"其人善为机巧,以取百禽;能作飞车,从风远行。汤时得之于豫州界中,即坏之,不以示人。后十年西风至,复作遣之。"原来苏诗"飞车"即出于此。他这诗的意思是说,递送荔枝之"骑"速度之快如神话中的飞车跨山,如鹘鸟横绝大海那样。

把"飞车跨山"和"鹘横海"都解为比喻,苏轼诗中有这样的句法吗?回答是肯定的。苏轼是很善于用比喻的诗人。他使用的比喻不仅多而新奇,并且常常一句诗中连用两个比喻。例如:

笋如玉箸楂如簪。(《越州张中舍寿乐堂》)

簟纹如水帐如烟。(《南堂》)

这些比喻句都用了比喻词,意思很明显。还有不用比喻词的,如:

断弦离柱箭脱手,飞电过隙珠翻荷。(《百步洪》之一)

这两句写水势迅急,一泻千里,如断弦离柱,如箭脱手,如飞电过隙,如荷叶上的水珠翻落。每一句两个比喻而不用比喻词,正与"飞车跨山鹘横海"是一样的句法。如果只注重于每一句句法上的完整性,是难得确解的。

(原载《黄冈师专学报》1986年第2期)

《学林》点校商榷

王观国《学林》是宋人所撰学术笔记中颇有价值的一种。1988年，中华书局出版了点校本。笔者近来研阅该本，发现其点校可商榷之处不少，今不揣谫陋，录出数条，略加整理，以就教于方家。

1. 以上《左氏传》所引《书》。杜预《解》皆曰："逸《书》也。"观国按："杜预所谓逸《书》者，今《书》皆有之，当是伏生口传之《书》所无，而在科斗古文则有之，杜预亦未尝见科斗书耳。《礼记·坊记篇》引《君陈》曰：'尔有嘉谋嘉猷，入告尔君于内。女乃顺之于外。'曰：'此谋此猷，惟我君之德。'郑康成注曰：'君陈盖周公之子，伯禽弟也。《名篇》在《尚书》，今亡。'"①（卷一"书篇"条）

元按：此段文字标点当改为：以上《左氏传》所引《书》，杜预《解》曰："逸《书》也。"观国按：杜预所谓逸《书》者，今《书》皆有之，当是伏生口传之《书》所无，而在科斗古文则有之，杜预亦未尝见科斗《书》耳。《礼记·坊记》篇引《君陈》曰："尔有嘉谋嘉猷，入告尔君于内。女乃顺之于外，曰：'此谋此猷，惟我君之德。'"郑康成注曰："君陈盖周公之子，伯禽弟也。名篇，在《尚书》，今亡。"

今略作说明如下：一、"杜预解"乃杜预《春秋经传集解》之省称，"解"当加书名号。全句意为：以上《左氏传》引用之《书》，杜预《春秋经传集解》都说："逸《书》也。""以上《左氏传》所引《书》"不

---

① 中华书局点校本为竖排版，今改横排，故引号、书名号等亦改为相应之横版形式，人名、地名号则取消，拙文涉及人名、地名即作说明。

能单独成句，故其后之句号当改逗号。二、"杜预未尝见科斗书耳"之"书"，据上文知，指科斗文《尚书》，非一般之书籍，故当加书名号。三、《尚书》有《君陈》篇，宋蔡沈《书经集传》云："君陈，臣名。唐孔氏曰：周公迁殷顽民于下都，周公亲自监之。周公既殁，成王命君陈代周公。此其策命之词。史录其书，以君陈名篇。今文无，古文有。"今按：王观国所引"《君陈》曰"云云，见于今本《尚书·君陈》，皆成王告诫君陈之语，"尔"、"女"皆指称君陈，"此谋此猷，惟我君之德"亦是成王教给君陈说的话，合"女乃顺之于外"，意为：你到外面谦逊地说："此谋此猷，惟我君之德。""名篇"乃以君陈之名命篇之意，《尚书》无《名篇》篇，故"《名篇》"之书名号当去掉。

2.《书序》本自为一篇，不在众篇之首。至孔安国作《传》，乃分《序》于众篇之首，故孔安国《尚书序》曰："并《序》凡五十九篇。《书序》，序所以为作者之意，昭然义见，宜相附近。故引之各冠其篇首，定五十八篇，是也。"（卷一"诗书序"条）

元按：此段标点问题有二：其一，"是也"乃王观国之判断，非孔安国《尚书序》之语。各本《尚书序》皆无此二字。其二，"《书序》，序所以……宜相附近"为因，"故引之各冠其篇首"为果，联系紧密，语气一贯，不应用句号断开。然则标点当改如下：故孔安国《尚书序》曰："并《序》凡五十九篇。《书序》，序所以为作者之意，昭然义见，宜相附近，故引之各冠其篇首。定五十八篇。"是也。

3.《后汉书·卫宏传》曰："郑康成作《毛诗笺》，章怀太子注曰：'笺，荐也。荐成毛义也。'引张华《博物志》曰：'郑注《毛诗》曰笺，不解此意。或云毛公尝为北海相，郑康成是郡人，故以为敬云'。"（卷一"故什笺"条）

元按：章怀太子李贤，唐人。刘宋范晔作《后汉书》怎么可能谈到他呢？标点必误。考《后汉书·卫宏传》知，只"郑康成作《毛诗笺》"一句是《卫宏传》文。"笺，荐也"云云，乃王观国转述的章怀太子的注文。因此，当标点为：《后汉·卫宏传》曰："郑康成作《毛诗笺》。"章怀太子注曰："笺，荐也，荐成毛义也。"引张华《博物志》曰："郑注《毛诗》曰笺，不解此意。或云毛公尝为北海相，郑康成是郡人，故以为敬云。"

4.《礼记·大学篇》曰："《诗》云瞻彼淇奥菉竹猗猗。"此正用菉字。（卷一"木瓜诗"条）

元按：《诗·卫风·淇奥》有"瞻彼淇奥，菉竹猗猗"句，故当标点为："《诗》云：'瞻彼淇奥，菉竹猗猗。'"

5.《书》曰："格则承之庸之，否则威之。"陆德明《音义》曰："否音鄙。《易·遁》卦九四，好遁，君子吉，小人否。"王弼注曰："否音臧否之否，君子好遁，故能舍之；小人系恋，是以否也。"《鼎》卦初六："鼎颠趾。""利出否。"王弼注曰："否，不善之物也。"（卷一"臧否"条）

元按：陆德明《音义》所曰只"否音鄙"三字，"好遁，君子吉，小人否"乃《易·遁》卦九四爻辞，与《音义》无涉。而"鼎颠趾，利出否"乃《鼎》卦初六爻辞，其意一贯，不当断为两句。故此段当标点为：《书》曰："格则承之庸之，否则威之。"陆德明《音义》曰："否音鄙。"《易·遁》卦九四："好遁，君子吉，小人否。"王弼注曰："否音臧否之否。君子好遁，故能舍之；小人系恋，是以否也。"《鼎》卦初六："鼎颠趾，利出否。"王弼注曰："否，不善之物也。"

6. 又班固作《汉书》，于《司马迁传》言，"差以豪厘"，而于《东方朔传》则言"失之豪厘"。于《司马迁传》言"谬以千里"，而于《东方朔传》言"差以千里"。（卷一"厘"条）

元按：显而易见，"于《司马迁传》言"后面的逗号当去掉，"失之豪厘"后边的句号宜改为分号。

7.《春秋》成公十三年《左氏传》曰："吾与汝同好弃恶，复修旧德。"陆德明《音义》曰："复音服，又扶又反。"成公十八年夏，楚子，郑伯伐宋。宋鱼石复入于彭城。《左氏传》曰:"郑伯侵宋,遂会楚子伐宋。纳宋鱼石、向为人、鳞朱、向带、鱼府焉,以三百乘戍之而还。书曰'复入'。凡去其国,国逆而立之,曰'入';复其位,曰'复归'。诸侯纳之,曰'归';以恶曰'复入'。"……观国按:……成公十三年《左氏传》:所谓复修旧德者,乃再修旧德也,当音扶又反。十八年《传》曰:"复归复入者,乃反归反入也。"当音服。(卷二"复覆"条)

元按:此段标点主要问题有二:其一,"成公十八年"前承上文省略"《春秋》"二字,其后两句乃《春秋》经文,故当标点为:成公十八年:"夏,楚子、郑伯伐宋,宋鱼石复入于彭城。"其二,"观国按"后,自"成公十三年"至"当音服",乃王观国对《左氏传》所用"复"字之音义所下的结论,非《左氏传》原文,故当标点为:成公十三年《左氏传》所谓"复修旧德"者,乃再修旧德也,当音扶又反。十八年《传》曰:"复归""复入"者,乃反归反入也,当音服。

8. 观国按:《前汉·食货志》曰:"发吏卒间岁万余人。齐王僧孺有书万余卷,梁沈约有书二万卷,萧励聚书三万卷。"(卷二"春秋经字数"条)

元按:《梁书·王僧孺传》云:"僧孺好坟籍,聚书至万余卷,率多异本,与沈约、任昉家书相埒。"据知,王观国所指当为此王僧孺,故"齐王僧孺"当校改为"梁王僧孺"。又"齐王僧孺有书"以下三句,显然不是《前汉·食货志》所可能有的文字,而应是王观国之叙述语,故引号只当至"万余人"后为止。

9.《大田》诗曰:"《大田》,刺幽王也。"言矜寡不能自存焉。(卷二"矜"条)

元按:"言矜寡不能自存焉"紧接前语,亦《小雅·大田序》语,当移入引号内。

10. 故孔安国《尚书序》曰:"伏羲、神农、黄帝之书,谓之《三坟》,言大道也。少昊、颛顼、高辛、唐、虞之书,谓之《五典》,言

常道也。三皇五帝，自古圣人言之著矣。孔子定书，……垂衣裳而天下治。"（卷三"史记五帝纪"条）

元按：考孔安国《尚书序》知，自"三皇五帝，自古圣人之著矣"……至"垂衣裳而天下治"皆非孔《序》中语，乃王观国所述之词。然则后半引号应至"言常道也"而止。

11.《志》又曰："衡，平也，权，轻重也，衡所以任权而均物平轻重也。其道如底，其在天也，佐助璇玑，斟酌建指，以齐七政，故曰玉衡。"《论语》云："'立则见其参于前也，在舆则见其倚于衡也。'此衡在前居南方之义也。"……观国按：《论语》，子张问行，子曰："言忠信，行笃敬，虽蛮貊之邦，行矣。言不忠信，行不笃敬，虽州里，行乎哉？立则见其参于前也，在舆则见其倚于衡也，夫然后行。"（卷三"律历志"条）

元按："此衡在前居南方之义也"一句非《论语》之文，乃班固《志》（即《汉书·律历志》）中语。自"衡，平也"至此句，都是《汉书·律历志》之文，故"《论语》云"三字前后的各半边引号都应去掉。又"观国按"所引《论语》之文见于《论语·卫灵公》篇，是一段完整的原文，故自"子张问行"至"夫然后行"应加引号，而点校者所加引号应改为单引号。

12.《唐书·张嘉正传》曰："嘉正历并州长史，奏事京师，明皇善其政，且许以相。及宋璟等罢，帝欲用嘉正，而忘其名，……"（卷三"读史"条）

元按：张嘉正当即张嘉贞。两《唐书》、《资治通鉴》、《明皇杂录》、《容斋随笔》皆作张嘉贞。王观国避宋仁宗讳（参后第23条引卷七"曹娥碑"条）故改"贞"为"正"，当改回。按王观国因避讳而改"贞"为"正"之处还有如卷七"千文"条"卞忠正"，同卷"摄提"条及卷八"陬"条之"摄提正于孟陬"，都应改回。

13.《欧阳公诗话》曰："平明谏草朝天去。"（卷五"草"条）

元按：欧阳修有《六一诗话》，《诗话》是《六一诗话》之省称，故"《欧阳公诗话》"当标为"欧阳公《诗话》"。又，"平明谏草朝天去"今本《六一诗话》（中华书局点校本《历代诗话》本）作"袖中谏草朝天去"，依《点校说明》，当出校记。

14. 古之贤者清贫，多食菜茹，而何曾日食万钱，犹云无下箸处，炊饼上不坼作十字则不食。朱异子鹅炰鳝不辍于口，而庾亮噉薤留白。（卷五"鲑"条）

元按：何曾，人名，《晋书》有传。"日食万钱"云云，乃何曾之事。故"何曾"二字下，当依本书点校例加人名号。《南史·朱异传》载："（异）好饮食，极滋味声色之娱，子鹅炰鳝不辍于口。"据此知，朱异乃人名，"子鹅"乃一词。点校者将"朱异子"当成人名而加人名号，误。

15. 春秋宣公二年二月壬子，宋华元帅师，及郑公子归生帅师战于大棘，宋师败绩。（卷五"饮食祸福"条）

元按：考《春秋》，知自"二月壬子"至"宋师败绩"，皆《春秋》鲁宣公二年经文原文，故此段文字当加引号，"宣公二年"后当加冒号。又按：标点者于《春秋》经文当加引号而未加，如此例者不少，如卷六"蔑"条："《春秋》隐公元年三月，公及邾仪父盟于蔑。"同卷"台"条："《春秋》襄公十二年三月，莒人伐我东鄙，围台。"同卷"鄢"条："《春秋》隐公元年夏五月，郑伯克段于鄢。"又同卷"檇"条："《春秋》定公十四年五月，于越败吴于檇李。"兹不一一改正。

16. 杜子美《怀李白诗》曰："方山读书处，头白好归来。"注诗者曰："方山未详。"观国按：《后汉·郡国志》，庐江郡寻阳县，刘昭注引释惠远《庐山记》曰："有方俗先生，出商、周之际，居其下，受道于仙人，时谓所止为仙人之庐。"又引《豫章旧志》曰："方俗先生字君平，夏、商之苗裔。"又《建康实录》曰："隆安六年，桓玄遗书于方山惠远法师。"然则方山者，庐山也，李太白尝游庐山旧矣。（卷六"方山条"）

元按：宋太祖名匡胤，观国避讳，故改书"匡"为"方"。依本书

《点校说明》"方"当改回为"匡"。

17.《前汉·地理志后序》曰:"竢我于著乎而"。颜师古注曰:"《齐国风》著诗之词也。著,地名,即济南郡著县,音直庶反。"(卷六"著"条)

元按:"而"字后面的句号当移入引号内,自毋庸赘言。"著"是地名,然《齐风》中之《著》诗乃篇名,"竢我于著乎而"乃《齐风·著》诗之一句,故"著诗"之"著"当加书名号。

18.《前汉·地理志》曰:"尧遭洪水,怀山襄陵,天下分绝,为十二州,使禹治之。水土既平,更制九州。"(卷六"九州"条)

元按:此段见《汉书·地理志上》。颜师古注有云:"怀,包也;襄,驾也。言水大泛溢,包山而驾陵也。"是"怀山"非专有名词,点校者加上专名号,误。

19.㕑字,毗至切,下从畁字。《书》曰:"畁,国名也。"此即舜封象于有庳者也,庳字下从卑,字书曰部弭切,下也,又中伏舍也,又屋庳也。……《邹阳传》曰:"昔者,舜之弟象日以杀舜为事,及舜立为天子,封之于有卑。"又用卑字者,班固假借用之耳。而服虔注曰:"卑,音畁与之畁,非也"。(卷六"㕑"条)

元按:此段标点问题有二:其一,自汉许慎《说文解字》以来,分析字形结构惯例,无曰某字"从×字"者,只曰"从×"。查《尚书》亦无"畁,国名也"之语。"字书曰"云云,与下文"字书曰"同。"庳字下从卑"云云,别是一意。因此,自"㕑字"至"又屋庳也"当标点为:㕑字,毗至切,下从畁,字书曰:"畁,国名也。"此即舜封象于有庳者也。庳字下从卑,字书曰:"部弭切,下也,又中伏舍也,又屋庳也。"其二,查《汉书·邹阳传》服虔注知,"非也"二字不是注文,当是王观国之语。点校者以为服氏注文,误。

20.《史记·楚汉以来侯者年表》有瓵讟侯杅者,又建元以来《王子侯年表》有城阳顷王子瓵侯刘息,徐广注曰:"瓵一作报。"(卷六

"瓠"条）

元按：考《史记》知，"《楚汉以来侯者年表》"当校正为"《建元以来侯者年表》"，"杆者"当是"扞者"之误，"《建元以来王子侯年表》"当校正为"《建元以来王子侯者年表》"。

21. 赵璘《因话录》曰："柳子厚善书，当时重其书，湖湘以南士人，皆学其书。柳氏前有公权，后有子厚，有此二人。"（卷七"柳子厚书"条）

元按：赵璘《因话录》（上海古籍出版社1979年版）卷三《商部》下有云："元和中，柳柳州书，后生多师效，就中尤长于章草，为时所宝。湖湘以南童稚悉学其书，颇有能者。长庆已来，柳尚书公权又以博闻强识工书，不离近侍。柳氏言书者，近世有此二人。"将王氏所引与此对勘，即知与赵氏原文出入甚大。如：赵氏云"童稚"而王氏曰"士人"；赵氏之意，子厚书元和（805—820）中即"为时所宝"，公权长庆（821—824）以来方有"工书"之名，而王氏言"前有公权，后有子厚"。点校者自言，书中引文有明显错误的，则加校注。（详《点校说明》）然则当依例加校注。

22. 陶渊明作《孝士传赞》曰："黄香九岁失母，事父竭力，以致孝养，暑月则扇床枕。"……在《渊明传》则云事父，在《东观汉记》则云事母，世患无所质证。（卷七"扇枕"条）

元按："《渊明传》"乃前文陶渊明所作《孝士传》之省称，故当改标为"渊明《传》"。

23. 观国读《南史》，刘显幼聪敏，号神童，齐武帝时为尚书郎，有沙门讼田，帝大书曰："卜下贝。"国讳陟盈切。（宋仁宗名桢，王观国宋人，故避讳，不敢直书"贞"字，故改书"卜下贝"而加字注。）有司未辨，遍问莫知，显曰："卜贝文为与上人。"帝因忌其能，出之。（卷七"曹娥碑"条）

元按：考《南史·刘显传》，显梁天监初举秀才，辨帝书"贞"字之事，在其为尚书仪曹郎后，官国子博士时。故"齐武帝"当是"梁武帝"之误，当校正，且自"刘显"至"陟盈切"当标点为：刘显幼聪敏，号神童。梁武帝时，为尚书郎。有沙门讼田，帝大书曰："卜下贝国讳，陟盈切。"

24. 许慎《说文》曰："粊，音秘，鲁东郊地名也。"案今本《说文》，"粊，恶米也。"《周书》有粊誓，无鲁东郊地名语。（附录《学林考证》"卷二·粊"条）

元按：考《说文》知，"《周书》有《粊誓》"乃许慎语。故标点当为：案今本《说文》："粊，恶米也。《周书》有《粊誓》。"无"鲁东郊地名"语。

25. 按遟为遲字，籀文非俗书改其体也。（附录《学林考证》"卷一〇·繾叠"条）

元按：《说文》二下《辵部》有云："籀文遲从屖。"则"籀文"当连上读为妥。

26. 据《颜氏家训·书证篇》云："《晋中兴书》，太山羊曼，常颓纵任侠，饮酒诞节，兖州号为䰍伯。此字更无音训。梁孝元帝尝谓吾曰：'由来不识，惟张简宪见教，呼为䰍羹之䰍，自尔便遵承之，亦不知所出。'简宪是湘州刺史张赞谥也，江南号为硕学。"案，法盛世代殊近，当是耆老相传，俗间又有䰍䰍之语，……从黑更无义旨，据颜氏此说，……。（附录俞樾《读王观国学林》）

元按：据《颜氏家训·书证》篇（王利器集解本，上海古籍出版社1980年版）知，自"案，法盛世代殊近"至"从黑更无义旨"亦颜氏原文。且俞氏于"从黑更无义旨"后云"据颜氏此说"，则此前之文字乃引颜氏之说，其意甚明。即使未能查对原文也不当误。标点者以之为俞樾之语，令人不解。故引号应延至"从黑更无义旨"后。

（原载《古籍整理研究学刊》2000年第1期）

《汉唐方志辑佚》举误

《汉唐方志辑佚》(以下简称《辑佚》)一书，北京图书馆出版社1997年12月第1版。书前有傅振伦老先生的《序》和撰者的《前言》及《编例》。《序》称撰者为"中国文献学家、方志学家"，"从事地方史志工作多年，或著书立说，或编纂省志，成绩卓著，蜚声全国"。《前言》自云："十余年来，从四十余种、六千余卷类书、地志、史书、子书中，共辑出汉唐方志四百四十种，约四十万字。"《编例》有曰："为保持原貌，均原文照录，加现代标点"，"古籍历经传钞、常有传钞人羼入之文字。凡此情况，均在佚文下注明"，"佚文凡实词有误或诸书不一者，以他校法予以比勘，附于文后"。

有"蜚声全国"的专家下"十余年"的功夫，按比较科学的《编例》撰出此书，质量一定不错吧。然而，笔者翻检一过，一种莫名的受骗之感油然而生；这是一本错误百出、令人失望的书！今举出其中若干例，标明原书页码，略加辨正，供翻阅是书者参考。

1. (圉城) 归陈城，苦楚之难修，干戈于境，以虞其患，故曰圉。(第8页)

按：此释圉城之名的由来，毋庸赘言，当标点为：(圉城) 旧 (按此条出自《太平寰宇记》卷一《雍邱县》引《风俗传》，原本作"旧"，《辑佚》误作"归"，或是排印之误，今改正。) 陈城苦楚之难，修干戈于境以虞其患，故曰圉。

2. 陈留县裘氏乡，有澹台、子羽冢。又有子羽祠，民祈祷焉。(第11页)

按：澹台灭明，字子羽，孔子弟子。见《史记·仲尼弟子列传》。《辑佚》将"澹台子羽"一分为二，是不知人名而误。

3. 秦之先曰伯翳，佐舜拢驯鸟兽。锡姓曰嬴氏。其后分封，以国为姓。有徐氏、郯氏、黄氏、江氏。（第11页）

按："拢"当为"扰"字之讹。扰驯，驯服也。"赢"当为"嬴"之讹。东汉王符《潜夫论·志氏姓》有云："其子伯翳，能议百姓以佐舜禹扰驯鸟兽，舜赐姓嬴。"是为佐证。又，"鸟兽"及"以国为姓"后的句号皆应改为逗号。

4. 仇香，字季和，为书生。性谦恭勤恪，威矜庄貌，不为昼夜易容，言不为喜怒变声。（第17页）

按："貌不为昼夜易容，言不为喜怒变声"乃对句，"貌"当属下读。"威矜庄"必有脱文。《后汉书·循吏·仇贤传》王先谦《集解》引惠栋曰："苏林《广旧传》云：'仇香性谦恭勤恪，威严矜庄，貌不为昼夜易容，言不为喜怒变声。'"知"威"后脱"严"字。《辑佚》未知校勘以致误。

5. 高慎，字孝甫，郭质少华，口不能剧谈。嘿而好沉深之。谋为从事，号曰临虎，故人谓之嶷然不语。名高孝甫。（第17—18页）

按："嘿而好沉深之"不成语，当连下"谋"字为句。"临虎"不辞，《太平御览》卷二六五所引原文为"卧虎"，《辑佚》误"卧"为"临"。"嶷然不语，名高孝甫"是"人"之所"谓"，故当加引号，而"语"后的句号当改为逗号。

6. 吴祐为胶东相。安丘男子毌丘长共母到市。遇醉客骂母，长怒杀之，为吏所得系狱。祐问知无子，令妻入，遂有身。临刑啮指断吞之。谓妻曰："若生男，名曰吴生"。云，"我临死吞指为誓，属子报吴君。"（第18页）

按：范晔《后汉书·吴祐传》亦载此事而较此为详。此辑标点多误，当订正为：吴祐为胶东相，安丘男子毌丘长共母到市，遇醉客骂母,长怒杀之,为吏所得,系狱。祐问知无子,令妻入,遂有身。临刑,啮指断,吞之,谓妻曰:"若生男,名曰吴生,云我临死吞指为誓,属子报吴君。"

7. 许嘉年十三,父给亭治道坐,不竟,当得鞭。嘉叩头流血,请得免,由是感激读书。(第22页)

按:"坐",获罪;"不竟",未完成任务。"坐不竟",意谓因未能完成"治道"任务而获罪。故"坐"后的逗号当移于其前。又,"叩头流血"为"请"的方式,其间不当加逗号,逗号当移于"请"字后。

8. 周盘,字坚伯,安成人。江夏都尉,遗腹子也。居贫约而养母,俭薄诵诗,至汝坟末章,慨然而叹。(第25页)

按:周盘,范晔《后汉书》有传。据传,盘未为江夏都尉。此处文意乃谓周盘为江夏都尉之遗腹子,故"江夏都尉"后的逗号当删,其前的句号亦宜改为逗号。又,"俭薄"乃不充裕之意,与"诵诗"拉扯不到一起,当与"养母"连读。"诗"乃指《诗经》,非泛称,《汝坟》为《诗·周南》之一篇,并当加书名号。《汝坟》末章云:"鲂鱼赪尾,王室如毁。虽则如毁,父母孔迩。"薛君《韩诗章句》云:"言鲂鱼劳则尾赤,君子劳苦则颜色变。以王室政教如烈火矣,独触冒而仕者,以父母甚迫近饥寒之忧,为此禄仕。"君子为赡养迫近饥寒的父母,不顾自身安危而出仕,此"居贫约而养母俭薄"的周盘之所以"慨然而叹"也。

9. 薛勤,字恭祖,仕郡为功曹。陈仲举年十五,为父赍书诣勤,勤顾而察之,明日造焉。仲举父出迓勤,勤曰:"足下有不凡子,吾来候之不从卿也,言义尽日。"(第25页)

按:"候之",谓候问仲举,与"不从卿也"当逗断。"言义尽日"乃叙述语,非薛勤之言,当移于引号外。薛勤之言止于"不从卿也",故"也"字后之逗号当改句号。

10. 昔子夏处西河之上,而文侯拥彗。邹子居黍谷之阴,而昭王陪乘夫布衣,穷居韦带之士。王公大人所以屈体而下之者,为道存也。

（第29页）

按：《辑佚》注明此则辑自《御览》卷四七四《礼贤》引《秦记》。实则此"秦"字为"奏"之讹。《文选》卷四〇《奏记》类录阮嗣宗《诣蒋公》一首，文有云："籍死罪死罪。伏惟明公以含一之德，据上台之位，群英翘首，俊贤抗足。开府之日，人人自以为掾属，辟书始下，下走为首。子夏处西河之上而文侯拥篲，邹子居黍谷之阴而昭王陪乘。夫布衣穷居韦带之士，王公大人所以居体而下之者，为道存也。籍无邹、卜之德而有其陋，猥见采擢，无以称当。"《辑佚》不知校勘而以《奏记》为《秦记》，且其标点更令人莫明其妙。

11. 宫墙西有两铜井，连御沟。名曰濛氾。（第34页）

按："铜井"后之逗号当删，"御沟"后之句号应改为逗号。

12. 薛山者，昔有薛伯道居此山。不知何时，人好稼植，缘海散芫菁子。今海边尚有此菜，云伯道所种。（第43页）

按：据文意，"不知何时人"承上"薛伯道"而言，"好稼植"亦指薛伯道。故"不知何时"后之逗句当移至"人"字之后。

13. 珊瑚生大秦国，有洲在涨海中。距其国七八百里，名珊瑚树。洲底有盘石，水深二十余丈。珊瑚生于石上，初生白软，弱似菌。国人乘大船载铁网，先没在水下，一年便生网目中。其色尚黄，枝柯交错，高三四尺，大者围尺余。三年色赤，便以铁钞发。其根系铁网于船。绞车举网，还载凿恣意所作。（第48页）

按：此段辑自《世说新语》之《汰侈》篇刘孝标注。按《辑佚》如此标点，文意缠夹不清。今依徐震堮先生《世说新语校笺》（中华书局1984年版）本标点如下，供读者比较：

珊瑚生大秦国，有洲在涨海中，距其国七八百里，名珊瑚树洲，底有盘石，水深二十余丈，珊瑚生于石上。初生白，软弱似菌，国人乘大船载铁网先没在水下，一年便生网目中。其色尚黄，枝柯交错，高三四尺，大者围尺余。三年色赤，便以铁钞发其根，系铁网于船，绞车举网。还,裁凿恣意所作。

14. 陈业,字文理。业兄度海倾命。时依上止者五六十人,骨肉消烂而不可辨别。业仰皇天誓,后土曰:"闻亲戚者必有异焉。"因割臂流血,以洒骨上,应时歃血,余皆流去。(第51页)

按:据文意,"闻亲戚者必有异焉"乃陈业语,此以为"后土"语,误。故"皇天"后当加逗号,"誓"字后之逗号当移至"后土"之下。

15. 故扬州别驾从事戴矫,赞曰:"猗猗茂才,执节云停,志励秋霜,冰洁玉清。"(第53页)

按:"赞"乃文体名。刘勰《文心雕龙·颂赞》有云:"然本其为义,事生奖叹,所以古来篇体,促而不广,必结言于四字之句,盘桓乎数韵之辞,约举以尽情,昭灼以送文,此其体也。"此段佚文"赞曰"后正是用以"奖叹"的四言韵语,故知"故扬州别驾从事戴矫赞"当加篇名号,"赞"字前之逗号当删。

16. 孔姥墩,昔有孔氏之妇,少寡。有子八人训以义,方夜则读书,昼则力田。(第54页)

按:"义方"为一词,意为做人的正确道理。《左传·隐公三年》:"石碏谏曰:臣闻,爱子教之以义方,弗纳于邪。"《蔡中郎集》卷九《司徒袁公夫人马氏碑铭》:"义方之训,如川之流。"并是其例。《辑佚》将其拆开,误。故"有子八人"后当加逗号,"义"字后的逗号当移至"方"字之后。

17. 和帝时,策问阴阳不和,或水或旱。方正郁林布衣养奋,字叔高,对曰:"天有阴阳,阴阳有四时,四时有政令,春夏则予惠,布施宽仁;秋冬则刚猛,盛威行刑,赏罚杀生,各应其时。则阴阳和,四时调,风雨时,五谷升。"(第66页)

按:如此标点,养奋之对语层次不清。"四时有政令"和"盛威行刑"后的逗号当改为句号,"各应其时"后的句号当改为逗号。

18. 罗威,字德仁,南海番禺人也。有邻家牛数食其禾,既不可逐,

又为断刍。多著牛家门中，不令人知数。数如此，牛主惊怪，不知为谁。阴广求，乃觉是威。（第66页）

按："断刍"乃切铡过的喂牲口的草料，罗著于牛主家门中的即是此物。其"不令人知"者，非此物之"数"，而是著此物于牛主家门之事。"数数"，屡次也。《辑佚》未明文意而误加点断。是"断刍"后的句号当改为逗号，"不令人知"后当加逗号，"数"字后的句号当移至"如此"后取代原逗号。"不知为谁"后的句号宜改逗号。

19. 邓盛，字伯直，为秭归令，闻母病，解印绶决去。太尉马公嘉其所履服，竟辟之，初入府为主簿。（第67页）

按："履"，行也。"所履"，指邓盛闻母病即去官的行为。"服"，指居丧。"服竟"，意即居丧期结束。古代子为父母服丧三年，居丧期间不得居官治事，故太尉马公虽"嘉其所履"，亦要等邓盛"服竟"，方"辟之"。因此，"所履"后当加逗号，"服"后的逗号当移至"竟"字之后。

20. 洛阳有四关。东为城皋，南伊阙，北孟津，西函谷。表里犹内外也。（第69页）

按：此段乃辑自《文选》卷二八《乐府》下鲍明远《结客少年场行》李善注。鲍诗有云："升高临四关，表里望皇州。"李善乃引陆机《洛阳记》"洛阳有四关：东为城皋，南伊阙，北孟津，西函谷"以注"四关"。"表里，犹内外也"，是李善之语，与《洛阳记》无涉，《辑佚》以为《洛阳记》之文，显误。又，"四关"后的句号宜改为冒号，自不待言。

21. 太子宫，在太宫东簿室门外。中有承华门再建。谓立愍怀太子国储，以对阊阖，故谓之再也。（第70页）

按：此段辑自《文选》卷二四《赠答》陆士衡《赠冯文罴迁斥丘令一首》李善注。陆诗有云："阊阖既辟，承华再建。"李善引陆机《洛阳记》"太子宫在太宫东簿室门外，中有承华门"以注"承华"，"再建，谓立愍怀太子。国储以对阊阖，故谓之再也"，乃李善之语，非《洛阳记》之文,《辑佚》误辑,当删。至于其标点之误,毋庸复言。

22. 娄望,字次之,雍丘人也。少受《春秋》于少府丁子,然以节操称。(第79页)

按:范晔《后汉书·儒林》有《丁恭传》、《楼望传》。据知,丁恭字子然,曾官少府;楼望字次子,陈留雍丘人,受业于恭。因此,"丁子"后的逗号当移至"然"字之后。又,依《辑佚》之《编例》,"娄"与"楼"、"次之"与"次子",皆当出校。

23. 荥阳有免井,汉沛公避项羽追,逃于井中,有双鸠集其上。人云:"沛公逃入井。"羽曰:"井中有人。"鸠不集其上,遂下道。沛公遂免难。(第96—97页)

按:"井中有人,鸠不集其上"是假设关系复句,是项羽判断井中无人的话。项羽因看到鸠集于井上,所以断定井中无人,沛公不在井中,故率军离去。《辑佚》的标点令人莫明其妙。

24. 刘瑜,字季节,举方正对策。高第人呼为长须方正。(第101页)

按:方正,汉代选举科目之一;对策,考试方式之一种;高第,指考试成绩优等。这些,略知古代文化常识的人都明白。故此段文字当标点为:刘瑜,字季节,举方正,对策高第,人呼为"长须方正"。

25. 三山,太湖中白波天合三点黛色。陇士龙赠顾彦先诗云:"我家五湖阴,君住三山阳"是也。(第103页)

按:"陇"显为"陆"字之讹,"赠顾彦先诗"当加篇名号。"陆士龙《赠顾彦先诗》"云云及其前"三点黛色"都是释证"三山"的,故此段当标点为:三山,太湖中白波天合,三点黛色,陆士龙《赠顾彦先诗》云"我家五湖阴,君住三山阳"是也。又,《玉台新咏》卷三录陆士龙原诗,此两句作"我在三川阳,子居五湖阴",依《辑佚》之《编例》,当出校。

26. 贞女谢仙女者,谢承孙也。吴归命侯采仙女,充后宫仙女。乃灸面服醇醯,以取黄瘦,竟得免。(第107—108页)

按:"仙女"乃谢仙女之省称。"灸面、服醇醯"的主语是"仙女"。故此段当标点为:贞女谢仙女者,谢承孙也。吴归命侯采仙女充后宫,仙女乃灸面、服醇醯以取黄瘦,竟得免。

27. 陶侃为郡主簿,太守张夔妻病,远迎医。天时寒雪,举朝惮之。侃曰资于事父以事君。此小君犹人母也,安有亲病而难迎医。乃自启行,僚属皆愧之。(第110—111页)

按:"'资于事父以事君'。此小君犹人母也,安有亲病而难迎医?"是陶侃之语,当加引号。其中"资于事父以事君"出自《孝经·士章》,当加单引号。其前"日"当是"曰"字之讹,"曰"后当加冒号。

28. 湘水之出于阳朔,则觞为之,舟至洞庭,日月若出入于其中也。(第125页)

按:此段当标点为:湘水之出于阳朔,则觞为之舟;至洞庭,日月若出入于其中也。"觞为之舟"者,形容湘水之初出,水之浅小仅能浮起酒杯。"日月若出入于其中"者,形容湘水流至洞庭湖,水深广无边,日月就像出入于其中一样。曹操《步出夏门行·观沧海》写沧海之广大,有云:"日月之行,若出其中。"盖此句所本。

29. 文虔,字仲儒,为郡功曹吏。时霖雨废人业,太守忧悒,召虔补户曹,虔奉教斋戒,在社三日,夜梦白头翁谓曰:"尔来何迟?"虔具白所梦。太守曰:"昔禹梦青,衣男子,称苍水使者,禹知水脉当通,若掾此梦,将可比也。"明日果大霁。(第126页)

按:"吏"当为"史"字之讹,"功曹史"为郡府属官,掌吏员之选拔任免。"召虔补户曹"之主语为太守,句意已尽,当改逗号为句号。"昔禹梦青衣男子称苍水使者,禹知水脉当通"为太守所述一事(按:事见《吴越春秋·越王无余外传》),"通"字后逗号当改句号。"青衣男子称苍水使者"为禹所梦之内容,语意连贯,不当逗断。

30. 秦兼天下,改州牧为刺史。朱明之明,则出巡行封部;玄英之月则还,诣天府表奏。(第128页)

按：此则辑自《太平御览》卷二五五，后一"明"字《御览》作"时"，此误。《尔雅·释天》："夏为朱明，冬为玄英。""朱明之时，则出行巡封部"与"玄英之月，则还诣天府表奏"相对，故"还"字后的逗号当移至"月"字后。

31. 其树，自径尺至于合抱，叶密如冬青，木性坚重。其根，工人多取为阮，咸槽弹弓棋局。（第137页）

按：阮咸，人名，魏末竹林七贤之一，《晋书·阮籍传》有附传。因其人善音乐，故"乐器有似琵琶而圆者曰阮咸"（唐李匡乂《资暇录》卷下）。阮咸槽、弹弓、棋局为三物，故"阮"字后逗号当删，"槽"、"弓"二字后当分别加顿号。

32. （北固山）回岭入江，悬水峻壁。旧北固作固字。梁高祖云"作镇作固，诚有其语"。然北望海口，实为壮观。以理而推，宜改为顾望之顾。（第169页）

按：《辑佚》定此段为《京口记》佚文，并就"梁高祖"加校语云："'梁'，据《元和志》江南道润州丹徒县，为'宋'之讹。"《京口记》为宋太常卿刘损撰，《隋书·经籍志》有著录。刘宋人所撰《京口记》当然不可能记梁高祖之事，《辑佚》所校似有理。然考《南史·梁宗室·临川靖惠王宏传》附《萧正义传》知，改"固"为"顾"者确为"梁高祖"萧衍而不是宋高祖刘裕。故"旧北固作固字"以下文字当非《京口记》原文。

又，味"梁高祖云"以下语气，似皆出自梁高祖之口，故"云"后当加冒号，"诚有其语"后的引号当移至句末，"实为壮观"后的句号亦宜改为逗号。

33. 谢鲲，通简有识，不修威仪。……邻家有女尝往挑之，女方织以梭投，折其两齿。既归，傲然长啸曰："犹不废我啸歌。"（第175页）

按："谢鲲"后的逗号宜删。据文意，乃谢鲲挑邻家女，邻家女以梭投谢鲲。故"邻家有女"及"女方织"之后均应加逗号。"傲然长啸"

并不是修饰"曰"的,故其后当加逗号。

34. 铜牛山,旧传常有一黄牛出山岩食草,采伐人始见,犹谓是人所养,或有共驱蠡之垂,及辄失,然后知为神异。(第183页)

按:"犹谓是人所养"后的逗号当改句号,因下句别是一意。"垂"义同"功败垂成"之"垂","垂及"即"将及"。"之"为代词,代指此牛。"或有共驱蠡之垂"不成语,故"垂"字后的逗号应移于其前。

35. 至于夏水,襄陵沿溯阻绝,或王命急宣有时云:"朝发白帝,暮至江陵。"其间一千二百里,虽乘奔御风不为疾也。(第210页)

按:"夏水"后的逗号当移至"襄陵"后,"有时云"之"云"字当是衍文,其后的冒号和引号并应去掉。此段文字与旧初中语文课本所选《水经注·三峡》一段略同,不知《辑佚》的标点为何有如此之误。

36. 江夏郡城西,临江有黄鹤矶,又有鹦鹉洲。侯景令宋子仙夜袭江夏,藏船于鹦鹉洲。(第217页)

按:《辑佚》定此段为《荆州记》佚文。《荆州记》三卷,宋临川王侍郎盛弘之撰,《隋书·经籍志》著录。侯景,梁时人,《梁书》卷五六有传。《荆州记》当然不可能载其事迹。按《辑佚》之《编例》,当注明。又,"江夏郡城西临江"乃指黄鹤矶的方位,故中间不当用逗号分开,逗号当去掉。

37. 邓遐,襄阳人也。勇力绝人。历位冠军、将军、数郡太守,号名将。(第228—229页)

按:"襄阳人也"后的句号宜改逗号。"冠军将军"为将军名号,中间的顿号当去掉。

38.(武当山)山形特秀,异于众岳。……晋咸和中,历阳谢允舍罗邑宰隐遁斯山,故亦曰谢罗山焉。(第230页)

按:谢允,人名。舍,弃也。"历阳谢允舍罗邑宰"意为历阳人谢允弃罗邑宰之职,故"舍"后的逗号当移至"宰"字后。

39. 有鸒鸟,形色鲜洁,自爱毛羽。其只者,或鉴水向影,悲鸣自

绝，方知孤鸾，对镜为不虚矣。（第239页）

按：刘宋刘敬叔《异苑》卷三："罽宾国王买得一鸾，欲其鸣，不可致。饰金笼，飨珍羞，对之愈戚，三年不鸣。夫人曰：'尝闻鸾见类则鸣，何不悬镜照之？'王从其意。鸾睹影，悲鸣中宵，一奋而绝。"（中华书局1996年版）此即"孤鸾对镜"之事。故此段文字中，"悲鸣自绝"后的逗号当改句号，"孤鸾"后的逗号当删。

40. 寒岭去大阳川三十里，有雀鼠同穴。山鸟如家雀，色小白。鼠小黄而无尾。凡同穴地，皆肥沃壤，尽软熟如人耕，多生黄花紫草。（第263页）

按：此段当标点为：寒岭去大阳川三十里，有雀鼠同穴山。鸟如家雀，色小白；鼠小黄而无尾。凡同穴地皆肥沃，壤尽软熟如人耕，多生黄花紫草。

41. 北海靖王兴，性敦笃仁厚。长有明略兄弟，少为光武所抚育，恩爱如子。（第294页）

按：《后汉书·宗室四王三侯列传》载，光武长兄伯升为更始帝所害，有二子章、兴，光武"抚育恩爱甚笃"，兴"为人有明略"。又，张莹《汉纪》亦云："兴性敦笃仁厚，长有明略。"（王先谦《后汉书集解》引惠栋曰）因知"长有明略"乃指刘兴，"为光武所抚育"者非只刘兴，而是刘兴、刘章兄弟。故"仁厚"后的句号当改为逗号，"兄弟"后的逗号当移于其前。

42. 昔欧冶子涸，若耶之溪而出铜，破出堇之出而出锡。（第323页）

按：《三国志·郤正传》裴松之注引《越绝书》载，薛烛为越王勾践相宝剑，云欧冶子造纯钩之剑时，"赤堇之山破而出锡，若耶之溪涸而出铜"，因天之精以诫之。因知此处"出堇"之"出"当为"赤"字之讹，依《辑佚》之《编例》当出校。"涸"字后的逗号当删。

43. 贞元中，杜黄裳知贡举。试珠还合浦，赋，进士林藻赋成，凭几假寐，梦人谓之曰："君赋甚佳，但恨未叙珠来去之意尔！"（第405页）

按：《珠还合浦赋》乃杜黄裳主持考试的试题。下文"赋成"及"君赋甚佳"之"赋"均指《珠还合浦赋》。此题乃用东汉孟尝为合浦太守，革易前弊，因而去珠复还之事，事见《后汉书·循吏·孟尝传》。故"知贡举"后的句号当改逗号，"珠还合浦赋"当加篇名号，"浦"后的逗号当去掉，"赋"后的逗号当改为句号。

44. 颖水清，灌氏宁；颖水浊，灌氏族无何；颖水色变，果为族灭。（第420页）

按："颖"为"颍"之讹。"颍水清，灌氏宁；颍水浊，灌氏族"乃《史记·魏其武安侯列传》所载颍川儿歌。故"灌氏族"后当加句号，"无何"后的分号当改为逗号。

（原载《古籍研究》2003年第3期）

《全唐诗典故辞典》偶识

《全唐诗典故辞典》（湖北辞书出版社1989年版）诚如有的评论所说，"是一部具有一定学术价值和鲜明艺术特色的工具书。对唐诗的爱好者、研究工作者和教学工作者都不失为良师益友"[①]。但这样一部洋洋300万言的巨帙辞书要做到毫发无憾是困难的。笔者在翻阅过程中，凡偶有所疑，皆操笔识之。今不揣谫陋，录出如下，供此书再版时参考。

1."一抔土"条（第7页）。[出典]《汉书》卷五十《张释之传》："释之免冠顿首谢曰：'法如是足也……今盗宗庙器而族之，有如万分一，假令愚民取长陵一抔土，陛下且何以加其法乎？'"

按：《汉书》此段文字一字不易照抄《史记·张释之冯唐列传》。按通例，既云"出典"，当是原始出处。且本《辞典》编辑"凡例"亦明言："出典，征引典故原文，指明出处。尽量引用较早的出处。"因而本条出典当以引《史记·张释之冯唐列传》为宜。

与此同类，第319页"五禽戏"条、第488页"石庆数马"条、第811页"池塘春草句"条，原引[出典]分别为《后汉书·方术传·华佗传》、《汉书·万石君传》、《南史·谢惠连传》，亦应分别改用《三国志·魏书·方技传·华佗传》、《史记·万石张叔列传》、《诗品》卷中"宋法曹参军谢惠连"条文。因为前者基本上是抄自后者的。

2."丁兰刻木"条（第30页）。[释义]晋时，河内丁兰因父母不及供养而丧，刻木人事若父母，因木人受辱甚至杀人复仇。以孝行受到朝

[①] 杨柳：《读〈全唐诗典故辞典〉》，《文学遗产》1989年第1期。

廷表彰。

按：[出典]引晋孙盛《逸人传》原文，但《逸人传》原文并未言丁兰为何时人。[释义]云"晋时""丁兰"，误。建安诗人曹植《鼙舞歌·灵芝篇》咏孝子，有云："丁兰少失母，自伤早孤茕。刻木当严亲，朝夕致三牲。暴子见陵侮，犯罪以亡形。丈人为泣血，免戾全其名。"可见汉末即已有"丁兰刻木"之传说了。与孙盛同时代的干宝在《搜神记》中亦记了丁兰的故事："丁兰，河内野王人。年十五丧母，乃刻木作母事之，供养如生。邻人有所借，木母颜和则与，不和不与。后邻人忿兰，盗斫木母，应刀血出。兰乃殡殓，报仇。汉宣帝嘉之，拜中大夫。"（《太平御览》卷四八二引）可见丁兰是汉代人。

3. "大家东征"条（第107页）。[释义]西汉曹大家曾随子东征。

按：[出典]引《后汉书》卷八十四《列女传·曹大家传》及《文选》卷九汉曹大家《东征赋》，甚是。然曹大家乃东汉著名史学家班彪之女、班固之妹，东汉人。[释义]云"西汉曹大家"，显误。

4. "牛女"条（第343—344页）。[出典]南朝梁·吴均《续齐谐记》："桂阳成武丁有仙道，常在人间，忽谓其弟曰：'七月七日，织女当渡河，诸仙悉还宫。吾向已被召，不得停，与尔别矣。'弟问：'织女何事渡河？去当何还？'答曰：'织女暂诣牵牛，吾复三年当还。'明日失武丁。至今云织女嫁牵牛。"

按：牵牛织女的传说，汉代即有记载。《艺文类聚》卷四《岁时》引东汉崔寔《四民月令》云："七月七日……设酒脯时果，散香粉于筵上，祈请于河鼓（牵牛）、织女，言此二星神当会。"《岁华纪丽》卷三引应劭《风俗通》云："织女七夕当渡河，使鹊为桥。"曹植《九咏注》："牵牛为夫，织女为妇，各处河之傍，七月七日得一会同。"因此，以"牛女"出典为《续齐谐记》不妥。

5. "平乐"条（第508页）。[释义]平乐为汉代宫观名，始建于西汉，在长安上林苑。东汉明帝时，迁建于洛阳。后用作指宫苑，唐人常用以喻指宫廷游宴。[例句]③美酒非如平乐贵,十升不用一千钱。(杨凝《戏赠友人》)这里谓己酒不如宫廷御酒,有戏谑意味。

按:建安诗人曹植《名都篇》诗写与朋友游猎宴饮之乐,有"归来宴平乐,美酒斗十千"之句。杨凝诗意显然是说自己没有曹植宴平乐时那样昂贵的美酒。曹植此两句无疑是杨诗的出典。因此[例句]③应归入第1099页"陈王宴平乐"条[例句]中,或删去。

6."仲宣独步"条(第735—736页)。[出典]《隋书》卷三十五《经籍志四》:"唐歌虞咏,商颂、周雅,叙事缘情,纷纶相袭。自斯以降,其道弥繁。……平子艳发于东都,王粲独步于漳、滏。"[释义]东汉末文学家王粲字仲宣,其诗赋之才获得史家"独步于漳、滏"的评价,意指其成就出众。[例句]仲宣独步,子建八斗。(李瀚《蒙求》)

按:汉献帝建安二十一年,曹植《与杨德祖书》历数"今世作者",有"昔仲宣独步于汉南,孔璋鹰扬于河朔,伟长擅名于青土"云云。李瀚诗"仲宣独步"实出于此。

7."刘桢沈痼(刘桢病)"条(第775页)。[出典]《三国志》卷二十一《魏书·王粲传》:"粲与……东平刘桢字公干并见友善。干为司空军谋祭酒掾属,五官将文学。"南朝宋·裴松之注引《先贤行状》:"干清玄体道,六行修备,聪识洽闻,操翰成章,轻官忽禄,不耽世荣。建安中,太祖特加旌命,以疾休息。后除上艾长,又以疾不行。"[释义]刘桢字公干,曾任曹操属吏,有文才,曾因患病不能就任新职。后因用作卧病的典故。

按:此[出典]与"刘桢沈痼"完全是两码事。《魏书·王粲传》所云"干"者,指徐幹,非刘桢公干。此传前半传王粲,接着交代王粲与徐、陈、阮、应、刘五人"并见友善",以为过渡。下面依次介绍"干"如何,"琳"如何,"瑀"如何,"玚、桢"如何。五人均称其名。所以"干"一定是指徐幹,不可能是刘桢。下"玚、桢"如何,才是介绍应玚、刘桢。弄明白了这一点,裴注所引《先贤行状》之"干"同样是指徐幹，不是指刘桢，就是不言而喻的了。因有此一误，其［释义］亦随之而误。据现有材料，刘桢并无"因患病不能就任新职"事。《文选》卷二三载刘公干《赠五官中郎将四首》是唯一言及刘桢病的文字，但也只言其卧病漳滨，不能随曹丕出征的悲伤。实际上，"刘桢沈痼"之"沈痼"即《赠五官中郎将四首》之二"余婴沈痼疾"之"沈痼"。"刘桢沈痼"即"公干病"。所以"刘桢沈痼"条与第368页"公干病"条应是同出《赠五官中郎将四首》之二。

8. "刘君亲"条（第772页）。［出典］《文选》卷四十三南朝宋·刘孝标《重答刘秣陵沼书》："刘侯既重有斯难，值余有天伦之戚，竟未之致也。"［释义］南朝梁·刘孝标在《重答刘秣陵沼书》中有"值余有天伦之戚"语，申明他同刘沼有亲戚关系。［例句］劳君车马此逡巡，我与刘君本世亲。（武元衡《送崔判官使太原》）这里用刘孝标与刘沼的亲戚关系比拟作者与崔氏的关系。

按：［出典］"宋·刘孝标"，而［释义］"梁·刘孝标"，［出典］误。刘孝标卒于梁武帝普通三年，《梁书》有传，当是南朝梁代人。

又［释义］所云，使人莫名其妙。"天伦"，《文选》李善注："《穀梁传》曰：兄弟，天伦也。何休曰：兄先弟后，天之伦次。""戚"，忧伤也，非亲戚之意。刘孝标，平原郡平原县人；刘沼，中山魏昌人。二人不同郡。现存史籍亦无二刘有亲戚关系的记载。孝标此句不过是说：刘沼作有重难《辨命论》的文章，正值我有兄弟之悲，未便送给我。何从"申明"了他与刘沼有亲戚关系呢？因有此误，故对武元衡诗句的理解亦误，此毋庸赘言。

9. "沈钱（投钱饮）"条（第1046页）。［出典］晋·崔豹《古今注》卷下《草木》："沈酿者，汉郑弘为灵文乡啬夫，行官京洛。未至宿一埭，埭名沈酿。于埭逢故旧友人，四顾荒郊，村落远绝，酤酒无处，情抱不伸。乃以钱投水中，依口而饮，饮尽酣畅，皆得大醉，因更为沈酿川。"［例句］②常怪投钱饮，事与贤达疏。（韦应物《至西峰兰若受田妇馈》）这里是因受到田妇宴饮款待而联想到郑弘投钱得酒的传说，为凭空得到饮食感到不安。

按：韦诗"投钱饮"并非用"沈钱"典故。应劭《风俗通义·愆礼》有云："太原郝子廉，饥不得食，寒不得衣，一介不取诸人。曾过姊饭，留十五钱默置席下，去。每行饮水，常投一钱井中。"韦诗此两句是说郝子廉投钱饮水，不是贤达的行为。以此来为自己受田妇之馈分疏。编者对韦诗此两句的解释迂曲难通。

10. "陈王抗表"条（第1099页）。[出典]《三国志》卷十九《魏书·陈思王植》："太和元年，徙封浚仪。二年，复还雍丘。植常自愤怨，抱利器而无所施，上疏求自试。"[释义]三国魏人陈王曹植，自伤抱负难以施展，曾上表魏文帝要求任用。

按：据《陈思王植传》，曹植上疏求自试在魏太和二年。而太和二年乃魏明帝曹叡在位的第二年。其时文帝曹丕已去世两年了。[释义]"魏文帝"当是"魏明帝"之误。

11. "河东赋"条（第1320页）。[释义]西汉人杨雄曾向汉武帝刘彻献《河东赋》。

按：据《汉书》卷八十七《杨雄传》，雄天凤五年卒，年71岁，元延二年上《河东赋》。依此而推，知杨雄生于汉宣帝甘露元年，献《河东赋》在汉成帝刘骜在位的第23年。其时距武帝刘彻之死已七十余年了。[释义]"汉武帝刘彻"应改为"汉成帝刘骜"。

12. "浮云游子"条（第1747页）。[出典]《文选》卷二十九《古诗十九首》其一："浮云蔽白日，游子不顾反。"[释义]《古诗·行行重行行》咏闺人对游子的思念，诗中将"浮云"与"游子"相联系，谓游子在外心有所惑，行不顾返。后因用作咏游子的典故。

按：汉魏以来，"浮云"这一意象在诗文中有两种喻义：一是着眼于其飘荡无定的特点，用以比喻身无定处的游子。较早的如曹丕《杂诗二首》之一："西北有浮云，亭亭如车盖。惜哉时不遇，适与飘风会。

吹我东南行，行行至吴会……"其中"浮云"即是比喻游子。唐人多用这一比喻，如"吴会一浮云，飘如远行客"（李白《淮南卧病书怀寄蜀中赵征君蕤》）；"浮云游子意"（李白《送友人》）。［例句］①"浮云终日行"，③"浮云失旧乡"，喻义属此种。一是着眼于浮云遮蔽太阳，用以比喻邪臣蒙蔽皇帝或邪佞害公正。本页下"浮云蔽日"条之"浮云"即是。《古诗十九首》其一"浮云蔽白日"之"浮云"是比喻迷惑游子的邪佞，与用以比喻游子的"浮云"，喻义自不相同。因此，窃以为本条［出典］当引曹丕《杂诗二首》之一《西北有浮云》一首。［例句］②"浮云蔽我乡，踯躅游子吟"当删，或移入"浮云蔽白日"条下。

（原载《黄冈师专学报》1997 年第 2 期）

漫谈拄杖

拄杖，在我国有悠久的历史。先秦儒家经典《礼记》即说人"五十始衰"，可以使用拄杖了；并且还对不同年龄层次的老人使用拄杖的范围做了规定："五十杖于家，六十杖于乡，七十杖于国，八十杖于朝。"（《王制》）由此可以推想周代使用拄杖已经较普遍了。此后历代相沿，时至今日，手持拄杖的老人时常可见。下面就拄杖的用料、外饰、用途及古代赐杖之礼制略作概述，姑名之曰漫谈。

一

老年人大概都希望得到一根好拄杖。拄杖的好坏既与用拄杖的人的审美趣味有关，更主要的则决定于拄杖所用的材料和外形装饰。就所用材料看，古人常用的是竹杖、木杖和藜杖。

且从藜杖谈起。藜是一种草本植物，其茎有节，似竹。可以为杖。《庄子·让王》："原宪华冠縰履，杖藜而应门。""杖藜"即拄着藜杖。或许是因为用藜作杖较早且藜杖也较普通，所以后代诗文中常用"杖藜"来泛指扶杖而行。如"白头老罢舞复歌，杖藜不睡谁能那"（杜甫《夜归》），"铁桥石柱连空横，杖藜欲趁飞猱轻"（苏轼《游罗浮山一首示儿子过》）等。

木杖中较名贵的是灵寿木制作的杖，即灵寿杖。灵寿木，据晋人刘逵注左思《蜀都赋》，说是产生于四川涪陵县的一种树木。而《汉书·孔光传》颜师古注更说这种木"似竹，有枝节，长不过八九尺，围三四寸，自然有合杖制，不须削治也"。灵寿木天然生成杖的形状，当然受到人们的珍视。"建安七子"之一的王粲有《灵寿杖颂》。颂文云："兹杖灵木，以介眉寿。奇干贞正，不待矫揉。据贞斯直，杖之爱茂。"（《艺文类聚》卷六九）正道出了灵寿杖的特点。汉平帝时元太后赐给太师孔光的就是这种杖。

竹杖中，古人珍爱的有斑竹杖、邛竹杖和桃枝杖。

斑竹杖是用湘妃竹做的。这种竹表皮上有点点红斑，用它做拄杖有天然的美。宋代著名爱国诗人陆游《老学庵笔记》云："拄杖，斑竹为上。竹欲老瘦而坚劲，斑欲微赤而点疏。贾长江诗云：'拣得林中最细枝，结根石上长身迟；莫嫌滴沥红斑少，恰是湘妃泪尽时。'善言拄杖者也。然非予有此癖亦未易赏音。"看来陆游确是鉴赏到了这种拄杖的美的。正因为斑竹杖有这种特殊的美，所以古人往往把它作为馈赠老朋友的礼物，并且形诸吟咏。梁朝建安太守到溉赠给前辈新安任昉斑竹杖，有《饷任新安斑竹杖因赠诗》，中唐诗人李嘉祐有《裴侍御见赠斑竹杖》诗，有名的苦吟诗人贾岛《赠梁浦秀才斑竹拄杖》诗，都是例子。

邛竹，刘逵《蜀都赋注》云："出兴古盘江以南，竹中实而高节，可以为杖。"唐张守节《史记正义》亦说："邛都邛山出此竹，因名邛竹。节高实中，或寄生，可为杖。"这表明名竹是四川的特产，特点是中实而节高。所以戴凯之《竹谱》说："竹之堪杖，莫尚于邛。"《史记·大宛传》载西汉张骞出使西域时，曾在大夏国（今阿富汗北部）见到了邛竹杖，而大夏国人说是从身毒（今印度）买来。可知西汉时，邛竹杖已经广销国外了。我国古代文人亦喜用邛竹杖。唐王维有"床下阮家屐，窗前筇竹杖"（《谒璿上人》）的诗句，北宋黄庭坚有"稍喜过从近，扶筇不驾车"（《次韵德孺五丈新居病起》）的诗句。陆游《露坐》之二亦有"岸帻临窗意未便，又拖筇杖出庭前"。王、黄、陆都是大诗人，他们都用邛竹杖。

至于桃枝杖，晋常璩《华阳国志》说："巴地竹木之贵者，有桃枝、灵寿。"刘逵《蜀都赋注》说："桃枝，竹属也，出垫江县。"而宋人胡仔《苕溪渔隐丛话》说："岭外人多种此。"元胡三省《通鉴注》又说："今江南有之。"可能桃枝竹原产于巴蜀，后来移植到岭外、江南。这种竹别有特点。《尔雅》上说："桃枝，四寸有节。"晋郭璞注云："今桃枝节间相去多四寸。"《苕溪渔隐丛话》更说它"叶如棕（zōng），身如竹，密节而实中，犀理瘦骨，天成拄杖也。"三国时曹操杀了杨修，曾赠八节角桃枝杖一根给杨修之父杨彪，以示安慰。唐代宗广德元年（763），年已52岁的诗圣杜甫漂泊到四川，当时梓州留后章彝赠给他二根桃枝杖。杜有《桃竹杖引赠章留后》一诗述及其事。

二

再说拄杖的外饰。

从杖头的装饰看，古人常提到的有鸠杖、龙头杖（或称龙杖）。所谓鸠杖，是杖头雕饰着鸠鸟的拄杖。汉代君王每年八月授给70岁以上老人的拄杖就是鸠杖，隋代亦同。北魏太和二十年三月孝文帝元宏赐给老年大臣的也是鸠杖。杖头为什么以鸠鸟为饰呢？古人传说鸠是一种食物不噎之鸟，持鸠杖可以使老人不噎。上文提到的到溉赠给任昉的斑竹杖也是鸠杖。任昉《答到建安饷杖诗》即云："扶危复防咽，事归薄暮人。"可见任昉是相信鸠杖可以防老人噎咽的。但与任昉略晚一点的庾信却不信这些，他在《竹杖赋》中借楚丘先生之口把拄杖扶危防咽的作用都否定了。这显然失之偏激。不过用现代科学的眼光看，防咽之说恐怕只是一种心理作用而已。

龙头杖，顾名思义，是杖头雕饰有龙头的拄杖。杖头以龙头为饰也与古代传说密切相关。《后汉书·方术传》载：汝南费长房从仙人壶公入深山学道，后辞归，翁与一竹杖，曰："骑此任所之，则自至矣。既至，可以杖投葛陂中也。"长房乘杖，须臾来归，自谓去家适经旬日，而已十余年矣。即以杖投陂，顾视则龙也。(《神仙传》所记略同）费长房所用竹杖原来是一条龙，乘上它须臾即能到家，这样的龙杖不正是老人们所惊羡的吗？因而费长房的龙杖也就成为后人赋竹或竹杖常用的典故了。如梁元帝萧绎《赋得竹诗》："作龙还葛水，为马向并州。"梁张正见《赋得阶前嫩竹》："欲知抱节成龙处，当于山路葛陂中。"庾信《邛竹杖赋》："蕴诸鸣凤之律，制以成龙之杖。"等等。龙头杖也就是在这样的背景和文化心态中产生了。唐人诗中提到这种杖的就不少，如骆宾王《出石门》诗"暂策为龙杖，何处得神仙"，施肩吾《山居乐》诗"手持十节龙头杖"即是。元宪宗曾赐给老臣石天麟一根金龙头杖（《元史·石天麟传》）。杨家将戏剧中，佘太君所用的那根"上打昏君，下打奸臣"的龙头杖，更是众所周知的了。

除了杖头的装饰之外，古人还往往在拄杖上刻上几句自戒或赞颂该杖的韵语，即所谓杖铭。汉代崔瑗、冯衍，晋代傅咸，直到明代张岱等，很多人都有杖铭传世。张岱作的杖铭有的诙谐风趣，别具一格。如其《又为赵我法铭杖》云："坐勿肯坐，卧勿肯卧，步履如飞，有杖则荷，如言尔杖国之年也则唾。""杖国之年"指70岁。赵我法是位武人，年虽老而身体康健，根本不用拄杖，置拄杖不过附庸风雅而已。所以张岱为他写了这不无嘲讽之意的杖铭。

三

古人所用拄杖的来源大抵有三：一是自备，二是朋友赠送，三是君王赏赐。一、二两个来源古今相同，无须细说，值得一谈的是君王赐杖。

我国是礼仪之邦，尊老是几千年来的传统。早在周代就有赐老人拄杖的制度。《礼记·月令》说"仲秋八月……养衰老，授几杖"。即是说周代统治者每年仲秋八月都授给老人几案、拄杖。但这老人是否包括一般庶民？很难说。因为《礼记·杂记》还说到"古者贵贱皆杖，叔孙武叔朝，见轮人以其杖关毂而輠轮者，于是有爵而后杖也"。意思是说最先老人不分贵贱都可以用拄杖，制车轮的工人用杖穿于车毂中回转车轮，叔孙武看见了，认为庶民行为粗鄙，不配用杖，所以此后无爵者不得用杖了。既然无爵位者不得用杖，君主当然不会授予他们拄杖。由此可以推知，《月令》说的授杖之制大概是对有爵位者讲的。北朝庾信《邛竹杖赋》说："鲁分以爵，汉锡以年。"指出了姬、汉赐杖之制的区别。汉代以年龄授杖，有史籍为证。《续汉书·礼仪志》云："仲秋之月，县道皆案户比民，年始七十者，授之以玉杖。"（宋罗愿《尔雅翼》载与此同）直到隋代，这种制度还在延续。《隋书·礼仪志》："都下及外州人年七十以上赐鸠杖黄帽。"

普通老百姓是否真的能得到这个恩赐，文献不足，未能证明。但年老的大臣，君王赐之拄杖以示优礼则是于史有征的。《礼记·曲礼》说："大夫七十而致事，若不得谢，则必赐之几杖。"魏黄初二年冬十月，曹丕赐杨彪几杖，有诏云："夫先王制几杖之赐，所以宾礼黄耇，褒崇元老也。昔孔光、卓茂皆以淑德高年受兹嘉锡。公故汉宰臣，乃祖以来，世著名节，年过七十，行不逾矩，可谓老成人矣。所宜宠异以章旧德。其赐公延年杖及冯几，谒请之日便使杖入……"杨彪，黄初六年卒，年84。是黄初二年正80岁。《礼记·王制》"八十杖于朝"，曹丕赐杨彪拄杖，诏其"谒请之日，便使杖入"，是遵循了旧礼的。自汉代以后，享受这种优礼的人在史书上是时有所见的。

正因为君王赐杖的对象是老年人，所以这所赐之杖常被称为齿杖；又因为是君王所赐，故又有"王杖"之名。《周礼·秋官·伊耆氏》云："伊耆氏……共王之齿杖。"郑玄注："王之所以赐老者之杖。郑司农云：谓年七十当以王命受杖者。今时亦命之为王杖。"1981年甘肃武威磨咀子18号汉墓出土的鸠杖上系有10枚木简，上面载有汉成帝建始二年（前31）的诏书："七十受王杖者，比六百石，入宫廷不趋。……有敢征召侵辱者，比大逆不道。"这是著名的"王杖"简，可以证明郑氏之说不诬。唐柳宗元《植灵寿木》诗有云："敢期齿杖赐，聊且移孤茎。"是说他不敢期望君王赏赐齿杖，所以自己移植灵寿木准备将来制作拄杖。

四

最后就拄杖的用途略说几句。

拄杖最主要的用途当然是辅佐老人，因而它有"扶老"这一别称。东晋末大诗人陶渊明《归去来辞》写其归隐田园的乐趣，有"策扶老以流憩，时矫首而遐观"之语。这"扶老"即指拄杖。五代王仁裕《开元天宝遗事》卷下《夜明杖》条："隐士郭休有一拄杖，色如朱染，叩之则有声。每出处遇夜则此杖有光，可照十步之内。登危陟险，未尝失足，盖杖之力焉。"光"可照十步之内"有夸张之嫌，"杖之力"是不可否认的。在古代，拄杖还有一个现在已经过时了的用途。那就是在杖头挂钱。古人用金属硬币，可以装在小布袋里，也可以用线穿起来。老年人拄着杖到酒店买酒喝，常把钱挂在杖头上。南朝刘义庆《世说新语·任诞》记载，晋人阮修"常步行，以百钱挂杖头，至酒店便独酣畅"。宋代大诗人苏轼也有"万里云山一破裘，杖端闲挂百钱游"的诗句（见《赠王子直秀才》）。因为杖头钱常是老人用来买酒的，所以古人也常用杖头钱来代指买酒钱。如唐贺兰进明《行路难》五首之一有"但愿亲友长含笑，相逢不乏杖头钱"的句子，"不乏杖头钱"即不乏酒钱。

一根小小的拄杖，涉及我国古代的政治、文化、社会风习等等。要仔细研究起来，绝非这篇小文所能胜任。若能引起人们对"拄杖文化"的兴趣，笔者的目的也就达到了。

（原载《文史杂志》1990年第6期）

后 记

我撰写第一篇学术性论文到现在已经四十余年了，这集子中所收都是杂志上公开发表过的。所涉刊物有《文史》、《中国史研究》、《中华文史论丛》、《文献》等十数种。篇幅长者三万字以上，短者不足千字，内容不出六朝范围，而主要是南朝文史考实。

重阅这些文稿，回想起自己过往的人生历程，感慨万千，顾影自叹，垂垂老矣！

我1949年出生在湖北红安县南一个贫瘠落后的小山村，父母都是勤劳本分的农民。我一兄两弟两妹。在那缺衣少食的状况下，在我兄长读高中三年级时，我也好不容易读到了高中一年级，1968年我无可奈何地回乡务农。个中的艰辛、失望、痛苦，绝非文字所能形容。1971年，我有幸被区和公社两级政府机构所在地的中心小学选用为民办教师，不久又将我转为公办教师。这应该是我人生的一个转折，我又可以读书学习了。1977年，我考上了华中师范学院中文系。毕业后，被分配到黄冈师范学院，此后，就一直工作、生活在这里。

人到老年，往往容易怀旧。有时，我独坐书房，想起了我那辛劳一生的父母，看着他们的遗像，禁不住泪眼模糊。是他们在那样艰难的情况下，不顾外人的闲言冷语，让我去上学。我还忘不了小学、初中时的一些老师，是他们给我一支笔或一个练习本，并三番五次到我家劝说我的父母，说我能成才，应该坚持读下去。我也忘不了我在小学工作时的几位可敬的领导，他们平时关心、支持我；当我申请参加高考时，他们很是不舍地批准了，还鼓励我说我一定能考取！否则，我怎么能到大学工作，成为一名教授，有这本论文集！

　　本《珠明山居丛稿》得以出版全是陈志平教授的热心和一手操办的结果，志平读大学本科期间，我曾是他古代文学课程的老师。他博士毕业后回母校工作，我们性情和专业方向又相近，故交往颇密。他诚朴、勤勉，执着于学术，我们合作撰写了《金楼子疏证校注》、《萧绎集校注》等著作。对于他为《丛稿》所付出的辛劳，我深表谢意。

　　时下，名为"六朝"、"中古"或"魏晋南北朝"文学论集者不少，为避因袭之嫌，且我的住宅就在古城黄州之珠明山，故姑名之曰《珠明山居丛稿》，别无他意，特赘此说明。

熊清元

二〇二二年十一月